STUDIENKURS POLITIKWISSENSCHAFT

Lehrbuchreihe für Studierende der Politikwissenschaft an Universitäten und Hochschulen

Wissenschaftlich fundiert und in verständlicher Sprache führen die Bände der Reihe in die zentralen Forschungsgebiete, Theorien und Methoden der Politikwissenschaft ein und vermitteln die für angehende WissenschaftlerInnen grundlegenden Studieninhalte. Die konsequente Problemorientierung und die didaktische Aufbereitung der einzelnen Kapitel erleichtern den Zugriff auf die fachlichen Inhalte. Bestens geeignet zur Prüfungsvorbereitung u.a. durch Zusammenfassungen, Wissens- und Verständnisfragen sowie Schaubilder und thematische Querweise.

Michael T. Oswald

Das Regierungssystem der USA

3., aktualisierte und erweiterte Auflage

Onlineversion
Nomos eLibrary

Die Deutsche Nationalbibliothek verzeichnet diese Publikation in der Deutschen Nationalbibliografie; detaillierte bibliografische Daten sind im Internet über http://dnb.d-nb.de abrufbar.

ISBN 978-3-8487-6950-6 (Print)
ISBN 978-3-7489-1062-6 (ePDF)

Die Vorauflage war 2012 bei UTB (Nomos) erschienen unter dem Titel „Das Regierungssystem der USA. Eine Einführung" (Autoren: Prof. Dr. Winand Gellner, Martin Kleiber, M.A.).

3., aktualisierte und erweiterte Auflage 2021

Für Levi

Vorwort

Das politische System der USA diente lange Zeit als Vorbild für andere Westliche Demokratien. Seine Verfassung fing den Geist der Aufklärung ein und fixierte zum ersten Mal in der Geschichte allgemeine Menschenrechte und Handlungsfreiheit für alle – zumindest auf dem Papier. Seine Konstruktion als gewaltenteilendes als auch gewaltenverschränkendes Regierungssystem sorgt häufig für Verständnisprobleme. Dazu tragen zudem seine lange Historie, die Pfadabhängigkeit seiner Entstehung und bisweilen als ‚eigenartig' empfundene Institutionen bei – wie das System der Wahlleute. Zudem lösten sich im Lauf der Zeit einzelne Gewalten von dem, was sich die Gründerväter in Bezug auf Normen, Vertrauen oder Kompromisse vorgestellt hatten. Heute dominiert die Politik eine ideologische Polarisierung, die bereits seit der Amtszeit Bill Clintons erkennbar war und sich über die Regierungszeiten von George W. Bush und Barack Obama hinweg vertiefte. Schließlich erreichte die Spaltung der Gesellschaft mit der turbulenten Präsidentschaft Donald Trumps einen neuen Höhepunkt.

Die Politik in den USA dreht sich zunehmend um über die Parteizugehörigkeit aufgezogene Fronten. Mit dieser Konstellation ist die amerikanische Politik in eine Phase geraten, die zum (Ver-)Schwinden des non-kontroversen Sektors (Fraenkel 1991) geführt hat und in der die Verachtung des politischen Gegners leitend ist. Zudem hat der Wandel der Gesellschaft – und vor allem ihre Spaltung – starke Auswirkungen auf die Funktionsfähigkeit des Regierungssystems, insbesondere in Form von Blockaden im politischen Prozess. Die parteipolitische Polarisierung führte u. a. im Winter 2018/19 zum längsten Stillstand des politischen Lebens. Was ursprünglich als Umsetzung des Pluralismus gedacht war, der wohl in keiner anderen politischen Nation so stark ausgeprägt ist, könnte damit zum Scheitern des ‚Experiments' USA führen.

Beim Studium des politischen Systems der USA drängt sich die Verwandtschaft zu den westeuropäischen Staaten auf, die sich in kulturellen, wirtschaftlichen und politischen Dingen mit Händen greifen lässt. Dabei bleibt ein Gefühl von Fremdheit und Unsicherheit darüber, wie sich die europäischen Traditionen im Kontext eines so diversen Kontinents spiegeln. Schon für Alexis de Tocqueville (1805–1895) war die Reise nach Amerika so aufschlussreich, dass er uns bis heute nicht nur einen Klassiker der Reiseliteratur, sondern auch die erste empirische politische Analyse eines außereuropäischen politischen Systems hinterlassen hat.

Es wäre verwegen den Anspruch zu erheben, hier etwas auch nur entfernt Vergleichbares vorzulegen. Dennoch ist das Ziel dieses Buches, das amerikanische politische Regierungssystem so zu betrachten, wie es sich die Verfassungsväter wahrscheinlich vorstellten, und es darauf hin zu untersuchen, wie diese Ordnung im 21. Jahrhundert aussieht; zu einer Zeit also, in der zwar die Gesellschaft der USA tief gespalten und das Mediensystem zerklüftet ist, während trotz allen anderen aufstrebenden Mächten die Weltpolitik weiterhin durch die amerikanische Hegemonialstellung dominiert wird. Im vorliegenden Buch werden die einzelnen Gewalten erklärt und ihre Funktion in die Entstehungsgeschichte der Nation eingebettet. Zudem finden sich Kapitel zu Wahlen, zum amerikanischen Populismus und zu Veränderungen des Mediensystems. Die Grundlagen der USA werden nicht nur erklärt, sondern mit anschaulichen Beispielen und Exkursen dargelegt. Dabei ist es unmöglich, allen nötigen Aspekten nachzugehen und jede Dimension der politischen Gesamtkonstellation zu erfassen. Dennoch kann sich ein gemeinsamer Nenner formulieren lassen, der so bislang in der durchweg verdienstvollen deutschen Amerika-Literatur noch nicht genügend herausgearbeitet wurde. Es handelt sich dabei um das Phänomen des *Gridlock*, des Politikstaus, der für die amerikanische Politik als prägend angesehen werden kann. Bereits die erste Amtsperiode von Barack Obama stand spätestens zur Zwischenwahl 2010 im Zeichen von *Gridlock*. Diese für ihn und seine Partei verheerenden Kongresswahlen 2010 kann als Phase eines extremen *Gridlocks* bezeichnet werden. Nicht zuletzt führte die Verhärtung der Fronten schließlich auch zur Wahl Donald Trumps. Entscheidend ist, dass wir trotz aller gegenläufigen Momentaufnahmen in der amerikanischen Innen- und Außenpolitik kein wirklich dauerhaftes Ungleichgewicht und daher auch keinen wirklichen *Fortschritt* zu mehr gleichförmiger und zielgerichteter Politik zu erkennen vermögen. Es handelt sich bei den USA vielmehr um ein politisches Gemeinwesen, das zwischen Markt und Staat, Privatheit und Öffentlichkeit sowie in der Außenpolitik zwischen Interventionismus und Isolationismus schwankt und dabei keine dauerhafte Richtungsentscheidung gefällt hat. Genauso wenig wie es *typische* US-Amerikaner gibt, gibt es *typisch* US-amerikanische Politik, es sei denn, man sieht das Idealziel amerikanischer Politik darin, dass sich auf Dauer keine der Kräfte im Machtparallelogramm der Vereinigten Staaten durchzusetzen vermag. Dies gilt auch für die Ära Trump, in der die *Checks und Balances* herausgefordert, jedoch nie gebrochen wurden – auch die Trump-Regierung fügte sich beispielsweise stets Gerichtsentscheidungen. Insoweit kann man *Gridlock* durchaus als prozedurale Voraussetzung und gleichzeitig als Beschreibung des Pluralismus ansehen, der wohl in keiner anderen politischen Nation so stark ausgeprägt ist. Gleichwohl ist die ideologische Polarisierung in den USA Anlass genug, neu über *Gridlock* nachzudenken und eine völlig überarbeitete Fassung dieses Buches zu erstellen. Neben vielen Aktualisierungen finden sich mehrere Kapitel zur Präsidentschaft Trumps, zum amerikanischen Populismus und zu Veränderungen im Bereich der Medien. Um die Politik in den USA und die Umbrüche, Konflikte etc. richtig einordnen zu können, ist allerdings ein Blick auf die Geschichte und Staatswerdung der USA unverzichtbar. Diese Grundlage wird zu Beginn des Buches in knapper Form gelegt.

Ein einführendes Lehrbuch, das sich neben der interessierten Öffentlichkeit im Besonderen an Studierende der Politikwissenschaft und der Amerikanistik wendet, stellt immer einen Kompromiss zwischen Wissenschaftlichkeit und Verständlichkeit dar. Beiden Anforderungen sollte man nach Möglichkeit gerecht werden. Im Zweifelsfall waren die größere Aktualität und bessere Lesbarkeit leitend. Die Auswahl der Einzelthemen entspricht im Wesentlichen den gängigen Einführungswerken und eigenen Forschungsschwerpunkten.

Danken möchte ich Elisabeth Haas und Mario Schäfer für die redaktionelle Mitarbeit – für alle verbleibenden Fehler ist allein der Autor verantwortlich. Auch Sabine Lörner sei für ihre kreative Mithilfe bei der Erstellung der Abbildungen gedankt. Ein besonderes Dankeschön möchte ich Prof. Dr. Winand Gellner aussprechen, der mich nicht nur zehn Jahre lang vom Studium bis durch die Post-Doc-Zeit begleitet hat, sondern mir auch die Grundlage für dieses Buch bereitgestellt hat. Meine wissenschaftliche Karriere war nur durch seine Nachwuchsförderung möglich. Der größte Dank gebührt Valentina, Ava und Levi – vor allem einfach dafür, dass es euch gibt.

Passau, März 2021 *Dr. Michael Oswald*

Inhalt

Abbildungsverzeichnis

Tabellenverzeichnis

Einleitung

Nach knapp 250 Jahren ihres Bestehens sind die USA nicht mehr jenes politische System, das die Gründerväter visioniert hatten. Die politische Radikalisierung und der Gesellschaft haben die politischen Entscheidungsträger nicht nur in eine permanente Pattsituation gebracht, auch das politische System galt immer wieder als gefährdet. Allerdings hat sich das System der Checks and Balances auch in der tubulenten Präsidentschaft Donald J. Trumps bewährt und das politische System ist nach wie vor intakt, wenn auch mit Defiziten. Die älteste noch funktionierende demokratische Republik der Welt büßte damit jedoch an seiner ‚Leuchtturmfunktion' ein, Vorbild für die Demokratien in der Welt zu sein. Dennoch ist es eines der politischen Leitsysteme, in dem Demokratie und Menschenrechte auf Basis einer liberalen Staatsphilosophie zum ersten Mal in einem Flächenstaat umgesetzt werden sollten.

Die Vereinigten Staaten von Amerika sind nach einem Klassiker der politikwissenschaftlichen Literatur die erste *Neue Nation* (Lipset 1979). Auch Alexis de Tocqueville sprach von den USA als der ersten modernen Massendemokratie. Insoweit ist es nach wie vor relevant, sich mit den USA zu beschäftigen, umso mehr, weil die Rolle der heute, und bis auf Weiteres einzigen, Supermacht in der Weltpolitik nach wie vor umstritten und unklar ist. Genauso wie die USA der erste moderne Staat und damit ein Modernisierungspionier waren, wurden sie spätestens nach dem Ende des Kalten Krieges auch als letzte politische Macht der Moderne gesehen. Francis Fukuyama sprach seinerzeit vom Ende der Geschichte und hatte damit den endgültigen Triumph des Liberalismus amerikanischer Prägung vor Augen (Fukuyama 2006). Wenngleich diese Einschätzung wohl genauso voreilig und falsch wie diejenige von Friedrich Hegel war, der im preußischen Staat den Gipfel und die Vollendung staatlicher Herrschaft sah, bleibt doch zu fragen, ob die mit den USA begonnene moderne Staatlichkeit auch mit den USA zu ihrem Ende gekommen ist. Denn alles das, was unter den Stichwörtern *Individualisierung* und *Globalisierung* diskutiert wird, und in der Konsequenz nichts anderes darstellt als eine faktische *Amerikanisierung*, prägt das Weltgeschehen auf eine fast imperiale Weise, deren Ende trotz entsprechender Vorhersagen nicht absehbar ist. Ungeachtet alles vermeintlichen Wissens über diese erste und letzte moderne Nation herrscht immer noch vergleichsweise wenig Verständnis für diesen Staat und seine politisch-kulturellen Grundlagen. Auch die angebliche ökonomische, kulturelle und ideologische Nähe zu anderen Staaten der westlichen Welt erweist sich bei genauerem Hinschauen als trügerisch: Die USA sind mehr als nur eine moderne Ausgabe westlicher Demokratien und sie sind uns politisch-kulturell ferner als oft angenommen wird. Nicht zuletzt ist dieser *American Exceptionalism* in der Selbstwahrnehmung der Amerikaner stets präsent – bei Beobachtern jedoch oft nicht.

Amerikanische Vorstellungen von der Gewaltenteilung und -verschränkung, der Rolle der Medien, Parteien und Interessengruppen im politischen Meinungs- und Willensbildungsprozess sind im Vergleich zum europäischen parlamentarischen Politikverständnis so unterschiedlich, dass Missverständnisse im transatlantischen und transpazifischen Diskurs oft zwangsläufige Folge sind. Dabei ist die Frage danach, wie die komplizierte Binnenkonstellation des gewaltenteilenden Systems der USA mit den politisch-kulturellen Befindlichkeiten zusammenhängt, entscheidend für das Verständnis der weltpolitischen Rolle der *Hyperpuissance* (Hubert Védrine). Die USA sind das de facto Laboratorium der politischen Moderne und insoweit gezwungen, den Herausforderungen der modernen Massendemokratie gerecht zu werden. In anderen Westlichen Staaten werden diese Entwicklungen mit Verzögerungen rezipiert und adaptiert. Auch wenn sich der für kulturelle Phänomene festgestellte Verzögerungseffekt von etwa zehn Jahren verkürzt haben mag und mitunter einer beinahen Gleichzeitigkeit nahekommt, hat die politische Amerikanisierung in den restlichen Demokratien erst ansatzweise ihren Niederschlag gefunden. Von der Regierungstätigkeit über den parlamentarischen Entscheidungsprozess, von den Problemen der vertikalen Gewaltenteilung bis hin zur Rolle von Interessengruppen, Parteien und Medien haben die USA Institutionen entwickelt, die für moderne politische Prozesse prägend, wenn nicht vorbildhaft sind. Dies mag in Bezug auf einige Entwicklungenaus demokratietheoretischer Perspektive bedauert werden, gleichwohl ist gut beraten, wer anhand der USA studiert, wie politische Prozesse im modernen Staat ablaufen. Zu vieles wird ansonsten durch den Schleier der eigenen nationalen, politisch-kulturellen und traditionalen Gepflogenheiten wahrgenommen. Wer die politische Zukunft der westlichen Welt verstehen will, muss sich ohnehin zwingend mit der Gestalt amerikanischer politischer Institutionen auseinandersetzen.

1. Vom Recht frei zu sein und sein Erbe in der Politischen Kultur

Am 4. Juli 1776 wurde die Loslösung der amerikanischen Kolonien vom Königreich Großbritannien besiegelt: Der Zweite Kontinentalkongress in Philadelphia verabschiedete an jenem Tag die Unabhängigkeitserklärung. Sie war die erste offizielle Erklärung der Vertretung eines Volkes, in der sein Recht auf Souveränität eingefordert wurde. Die zentrale Aussage der Unabhängigkeitserklärung lautet:

Kernsatz
Alle Menschen sind gleich geschaffen und mit unveräußerlichen Rechten ausgestattet, zu denen das Recht auf Leben, die Freiheit und das Streben nach Glück gehört; diese gilt es, durch eine vom Volk eingesetzte Regierung zu schützen.

Allein der Gedanke war hierbei revolutionär. Bis der ähnlich lautende Passus ‚Alle Menschen sind frei und gleich an Würde und Rechten geboren' in die *Allgemeine Erklärung der Menschenrechte* einging, sollte es noch bis 1948 dauern.

Bis die Kolonien eine zentrale Regierung einsetzten, die den Schutz der jener Rechte gewährleisten würde, vergingen noch zwölf weitere Jahre. Zunächst waren die Delegierten auf den Wahrung der Selbstbestimmung ihrer jeweiligen Einzelstaaten bedacht. Sie beschlossen daher auf dem Kontinentalkongress am 15. November 1777 lediglich einen lockeren, aber dennoch beständigen Zusammenschluss der im Grunde souveränen Einzelstaaten: Sie gründeten die *Perpetual Union* mit den *Articles of Confederation* (vgl. hierzu Kapitel 2). Diese *Articles of Confederation* bilden im Grunde die erste Verfassung der Vereinigten Staaten, auch wenn sie heute lediglich als Vorläufer der USA gesehen wird – schließlich waren sie nur ein Staatenbund. Die Regierung der *Articles of Confederation*, der Kongress, erhielt daher auch lediglich die Befugnis, Verträge und Allianzen zu schließen, Streitkräfte zu unterhalten und Geld zu prägen. Mehr Eingriffe in die Souveränität wollten die Einzelstaaten zunächst nicht wagen.

Die *Articles of Confederation* waren gerade einmal zehn Jahre alt, als sie auf einem Treffen von Delegierten der Einzelstaaten reformiert wurden. Am Ende der schließlich vier Monate währenden Konferenz wurde jedoch eine völlig neue Regierungsform aus der Taufe gehoben und die Delegierten unterzeichneten am 17. September 1787 die finale Version der amerikanischen Verfassung. Sie schufen mit ihr das Regierungssystem der heute ältesten demokratischen Republik der Welt.

Verfassungen sind Rahmenordnungen von Staaten und ihre zentralen Rechtsdokumente. Meist sind diese als zusammenhängende Texte verfasst. Die Verfassung der USA ist vergleichsweise kurzgehalten, abstrakt und bisweilen gar vage formuliert. Zudem ist sie vergleichsweise schwer zu ergänzen und zu verändern (vgl. hierzu Kapitel 2). Möglicherweise hat sie jedoch gerade deshalb bereits so lange Bestand. Dass sie Jahrhunderte überdauern würde, war jedoch bei weitem nicht klar. Im Gegenteil, nach dem Verfassungskonvent 1787 soll Benjamin Franklin der Überlieferung zufolge auf die Frage, was das neue politische System denn nun sei, geantwortet haben: „It's a Republic if you can keep it". Franklin war sich demnach bewusst, dass dieses als *Experiment* verstandene politische Modell auch von kurzer Dauer hätte sein können. Zudem stellte er klar, dass die USA genau genommen keine Demokratie sondern eine Republik sind. Das Wort ‚Demokratie' kommt in der Verfassung auch nicht vor. Die USA wurden spezifisch als eine föderale, – aber dennoch demokratische – Republik entworfen, deren Zuschnitt einerseits demagogische Führer verhindern, andererseits aber auch eigennützige Interessen einer Mehrheit blockieren können soll. Vor jener Form der Tyrannei wurde schließlich schon in Demokratietheorien der Antike gewarnt. Auch wussten die Gründerväter, dass die real existierenden Republiken von Rom und Athen untergegangen sind. Ein ausgeklügeltes Verfassungsdesign war also nötig, um das *Experiment* der Republik stabil zu halten.

Kernsatz

Die USA sind ein ‚am Reißbrett' entworfenes, republikanisches Regierungssystem. Es ist darauf zugeschnitten, Tyranneien der Mehrheit, der Minderheit oder Einzelner zu verhindern.

Benjamin Franklin

Benjamin Franklin (1706–1790) war Wissenschaftler, Verleger/Herausgeber, Politiker und Diplomat. Franklin handelte den Pariser Vertrag von 1783 zur Beendigung des amerikanischen Unabhängigkeitskrieges aus und war sowohl an der Ausarbeitung der Unabhängigkeitserklärung als auch der US-Verfassung beteiligt. Franklin war auf dem Verfassungskonvent 1787 gewählter Repräsentant von Pennsylvania und mit seinen 81 Jahren der älteste Delegierte. Obwohl er nie Präsident der Vereinigten Staaten wurde, gilt er als einer der bedeutendsten Gründerväter. Oft wird Franklin mitunter gar als ‚Erster Amerikaner' bezeichnet. Er unterzeichnete als einziger der Gründerväter alle vier Schlüsseldokumente, aus denen die USA hervorgingen: die Unabhängigkeitserklärung (1776), den Bündnisvertrag mit Frankreich (1778), den Vertrag von Paris über den Frieden mit Großbritannien (1783) und die Verfassung (1787). Seit 1914 ist Franklins Konterfei auf der 100 Dollar Banknote zu finden.

Das Design der Republik hielt schweren Krisen wie dem Bürgerkrieg stand. Aber knapp 250 Jahre nach der Verabschiedung der Verfassung verlaufen politische Prozesse nicht mehr so, wie es die Gründerväter visioniert hatten. Zudem sorgt auch die Ausrichtung des Systems von 1787 heute für Probleme: Mittlerweile wird den Bürgern schließlich weitaus mehr politische Entscheidungsfähigkeit zugeschrieben als dies vor 250 Jahren noch der Fall war und einigen erscheinen Institutionen wie das Wahlleutesystem antiquiert (vgl. hierzu Kap. 8). Auch kann der Schutz der Minderheiten – oder auch der kleineren Staaten – zu einer Tyrannei der Minderheit mutieren. Dies gilt gerade im Kontext von Präsidentschaftswahlen, die trotz einer Minderzahl der Stimmen im landesweiten Ergebnis gewonnen wurden. Bislang war dies zwar nur vier Mal der Fall, unter demokratietheoretischen Gesichtspunkten können derlei Ergebnisse dennoch kontrovers diskutiert werden (vgl. auch hierzu Kap. 8). Obwohl die Gründerväter mit einem ausgeklügelten System die Tyranneien von Mehrheiten, Minderheiten oder gar Einzelner verhindern wollten, zeigt sich, dass auch die USA nicht vor solchen Erscheinungen gefeit sind. Die Gründe hierfür liegen jedoch weniger am Verfassungsdesign, als an der zunehmend gesellschaftlich divergierenden Auffassung, was die USA sein sollen.

1.1 Die Gründung eines neuen Staates & das Erbe der Revolution

Die Entstehungsgeschichte der USA ist stark verbunden mit dem Freiheitsgedanken: Die ersten Pilger waren auf der Suche nach religiöser Freiheit und der Unabhängigkeitskrieg gegen das Mutterland Großbritannien war ein Streben nach Loslösung von der Monarchie, also nach politischer Freiheit.

Exkurs: Die ersten Pilger

Die erste erfolgreiche englische Kolonie war Jamestown, die am 14. Mai 1607 in der Nähe von Chesapeake Bay gegründet wurde. Das erste Schiff britischer Pilger, die Mayflower, kam erst am 11. November 1620 in Neuengland an. Obwohl es ursprünglich in der Nähe des Hudson River (heutiges New York) landen sollte, gingen die Passagiere im heutigen Plymouth, Massachusetts, an Land. Hier gründeten sie die erste permanente Neu-England-Kolonie. 45 der 102 Kolonisten starben im Winter 1620/21, auf den sie nicht vorbereitet waren. Bereits während der 66-tägigen Überfahrt brachte Elizabeth Hopkins ihr Kind ‚Oceanus' zur Welt. Das zweite Kind, das auf der Mayflower geboren wurde, Peregrine White, kam bereits im Hafen von Provincetown zur Welt. Das erste Kind, das von britischen Eltern in Nordamerika geboren wurde, war jedoch Virginia Dare. Virginia wurde schon 1587 in der Roanoke-Kolonie geboren. Die Roanoke-Kolonie gilt heute allerdings als die ‚verlorene Kolonie', da sie 1590 verlassen aufgefunden wurde und zum Verbleib der Bewohner bis heute lediglich verschiedene Theorien kursieren.

Auch wenn das Ideal der USA bisweilen schon zu Beginn verraten wurde – vor allem durch die Versklavung von Menschen – sind sie eine auf Ideen basierende Nation, die in dieser Form bewusst geschaffen wurde. Dies sorgte für eine spezifische nationale Identität, die ihr den Status eines Sonderfalls unter den westlichen Regierungssystemen einräumt. Ernst Fraenkel hat diese Beschaffenheit des politischen Systems der USA folgendermaßen beschrieben:

> „Wenn bei dem Studium des amerikanischen Regierungssystems der Eindruck entstanden sein mag, dass es allzu künstlich, wenn nicht gar gekünstelt sei, sollte darüber nicht verkannt werden, dass ihm eine geniale künstlerische Vision zu Grunde liegt. Das großartigste Kunstwerk, das die westliche Hemisphäre hervorgebracht hat, sind die Vereinigten Staaten von Amerika" (Fraenkel 1981: 346-347).

Fraenkel ist zunächst in historischer Perspektive beizupflichten, denn die Gründerväter haben nach dem Unabhängigkeitskrieg einen völlig neuen Typus von Staat entworfen. Zudem wurde in der Verfassung die kulturelle Identität der Revolutionszeit eingefangen, die bis heute so stark wie in wohl keinem anderen Land nachwirkt. Die europäischen Monarchien jener Zeit, mit den ihnen nachgefolgten politischen Systemen, haben diesen Geist im Vergleich oftmals eingebüßt.

Ernst Fraenkel

Ernst Fraenkel (1898–1975) war ein deutsch-amerikanischer Politikwissenschaftler und Jurist. Er war Mitbegründer der Nachkriegs-Politikwissenschaft in der Bundesrepublik Deutschland und gründete das John-F.-Kennedy-Institut für Nordamerikastudien der Freien Universität Berlin und war dessen erster Direktor.

Die Bürger Nordamerikas waren nach der Unabhängigkeitserklärung und dem Sieg über die britische Krone zur institutionellen Sicherung ihrer politischen Freiheiten geradezu ermutigt. Für sie hatte sich das neue, für gut befundene Staatswesen durchgesetzt. Und tatsächlich war in den bald 250 Jahren US-amerikanischer Geschichte der Bestand ihrer Verfassung bislang nur einmal ernsthaft gefährdet: während des amerikanischen Bürgerkrieges (1861–1865). Die Pfadabhängigkeit der *Politischen Kultur* und die Verfassung als Quelle für die nationale Identität sind daher nach wie vor leitende Elemente in der Politik. Trotz – oder vielleicht auch gerade wegen – einer zunehmenden *Polarisierung* wird von den meisten politischen Lagern immer wieder ein Bezug zur Verfassung hergestellt und gelebt. Die USA können damit unter den westlich geprägten Ländern die größte politische Kontinuität vorweisen, selbst wenn diese zwangsläufig auch verzerrt ist: Der Geist einer über zwei Jahrhunderte zurückliegenden Vergangenheit kann schließlich nicht vollkommen akkurat rekonstruiert werden. Dennoch sehen nach wie vor viele Amerikaner ihre Nation in einer langen und andauernden Erfolgsgeschichte. Und hierfür zeichnen sie die Verfassungsväter als verantwortlich. Auch wenn in den USA viele Geschichtsbezüge neu gedeutet und Elemente der Politischen Kultur zunehmend kritischer betrachtet werden, sind zumindest die Gründer bei vielen Amerikanern noch relativ unantastbar.

Politische Kultur (in Anlehnung an Almond und Verba)

Die Politische Kultur ist definiert durch die in einer Gesellschaft vorhandenen Einstellungen, Überzeugungen und Emotionen gegenüber politischen Sachfragen. Sie umfasst also auch geteilte Ansichten und normative Urteile in Bezug auf das politische System. Die vorherrschenden Werte und Einstellungen tangieren häufig politische Prozesse und verleihen diesen Sinn oder auch Ordnung. Das Verhalten Einzelner im politischen System ist daher oft pfadabhängig zur Politischen Kultur. Jedes politische System ist sowohl in eine bestimmte Politische Kultur eingebettet als auch von ihr geprägt. Politische Systeme haben wiederum Effekte auf die Politische Kultur.

Polarisierung

In der Regel finden wir politische Einstellungen innerhalb westlicher Gesellschaften wie eine ‚Gaußsche Glocke' verteilt. Das heißt, die Mehrheit der politischen Einstellungen ist um eine ‚Politische Mitte' zentriert, während zu den Rändern hin die Kurve sehr stark abflacht. Geht jedoch die Politische Mitte verloren und die Ränder werden stärker, ist ein Polarisierungsprozess im Gange. Polarisierte Gesellschaften sind in Demokratien rar, denn sie bestehen genau genommen erst, wenn extreme politische Ansichten in der Öffentlichkeit dominieren und die Kurve eher einem langgezogenen U gleicht. Dabei besteht die Gefahr, dass die Demokratie durch ein demokratisches Mehrheitsverfahren ‚abgeschafft' werden könnte. Die Weimarer Republik ist ein Beispiel für eine polarisierte Gesellschaft.

Das Amerika der Revolutionszeit (1765–1783) setzte sich aus einer heterogenen Gemeinschaft zusammen, die jedoch verschiedene Elemente vereinte: der Wunsch nach Loslösung von der britischen Krone, das Schutzbedürfnis religiöser Frömmigkeit, die aufklärerische Überhöhung des Individuums und der Vorabend der industriellen Revolution (vgl. hierzu den Exkurs zu den Puritanern in diesem Kapitel). Aus diesen Veränderungen resultierten spezifische politische Wertvorstellungen. In der typischen, idealisierten Form handelt es sich um die Werte der Freiheit, der Gleichheit, der Volkssouveränität, des Individualismus und der Verschiedenheit in der Einheit. Jene Werte sind nicht nur in die Verfassung eingegangen, sie sollten auch den Fortbestand des jungen Staatswesens garantieren.

Freiheit bedeutet zunächst, dass die Staatsbürger als Individuen freie Wesen sind. Diese Freiheit der Einzelnen stößt nach dem liberalen Staatsverständnis, von dem die USA stark geprägt sind, erst dort an ihre Grenzen, wo sie die Freiheit der anderen beeinträchtigt. Diese Betrachtung ist insbesondere deshalb relevant, da die Freiheitsrechte der amerikanischen Verfassung zunächst als Schutzrechte gegen die staatliche Gewalt formuliert wurden: Der Staat sollte primär die Grundrechte und insbesondere die Freiheiten der Einzelnen schützen. Ein solches Staatsverständnis beruht auf der Idee eines fiktiven Gesellschaftsvertrages und einer von vornherein begrenzten staatlichen Macht. Die Bürger vertrauen dem Staat einen Teil ihrer Freiheiten an, sie geben diese in Bezug auf das Einhalten erlassener Gesellschaftsregeln ab. Im Gegenzug erhält der Staat einen begrenzten Regierungsauftrag und muss sich an der Verpflichtung messen lassen, die Freiheiten der Individuen zu schützen. Kommt der Staat dieser Aufgabe nicht ausreichend nach, verliert er seine Existenzberechtigung. Dieses an John Lockes Vorstellungen orientierte Verständnis von Mittel und Zweck staatlicher Gewalt hätte im ausgehenden 18. Jahrhundert kaum entfernter von der europäischen Realität der Ständegesellschaften oder dem von idealistisch-rousseauistischen Vorstellungen geprägten revolutionären Frankreich sein können. Daher ist gerade die Umsetzung dieser Ideen selbst revolutionär.

John Locke

John Locke (1632–1704) war ein britischer Philosoph, dessen Schriften zu den wichtigsten der Neuzeit zählen. Seine Werke hatten einen massiven Einfluss auf die Aufklärung und die Staatsgründung der USA. Locke gilt als einer der Begründer des liberalen Theoriemodells und war einer der wichtigsten Vertragstheoretiker. In seinen Schriften setzte er sich auch für das Recht auf Gewissens- und Religionsfreiheit ein.

Jean-Jacques Rousseau

Jean-Jacques Rousseau (1712–1778) war ein in der Schweiz geborener Philosoph, Schriftsteller und politischer Theoretiker. Er ist nicht nur einer der wichtigsten Vertragstheoretiker, seine weiteren Publikationen, wie jene zur sozialen Ungleichheit, sind bis heute Standardwerke der Politischen Philosophie. Seine Schriften wirkten zudem direkt in die Französische Revolution.

Die Bedeutung der Idee(n) von Freiheit für jedwede Bereiche der amerikanischen Politischen Kultur kann kaum überschätzt werden. Dies ist insbesondere der Fall, da hiermit zunächst die politische Freiheit gemeint ist. Durch die Verbindung der politischen Freiheit mit der Idee, das Eigentum zu schützen, geht indes auch häufig die wirtschaftliche Freiheit einher. Die Bewahrung dieser beiden individuellen Freiheiten war über die Jahrhunderte hinweg eine zentrale Forderung an die Politik.

Exkurs: Eigentum und das Streben nach Glück

Für Locke war auch das Grundrecht auf Eigentum ein wichtiges Element seiner Staatstheorie. Damit kann das in der Unabhängigkeitserklärung proklamierte ‚Pursuit of Happiness' auch als Streben nach Wohlstand verstanden werden, schließlich war die ursprüngliche Formulierung bei Locke „life, liberty and estate". James Madison schrieb in seinem Essay *Property* Folgendes: „Government is instituted to protect property of every sort; as well that which lies in the various rights of individuals, as that which the term particularly expresses. This being the end of government, that alone is a just government, which impartially secures to every man, whatever is his own."

Voraussetzung für den Genuss der Freiheit ist die *Gleichheit*. Sie ist historisch im Sinne einer spezifischen Auffassung von Gerechtigkeit zu verstehen.

Exkurs: Der Schleier des Nichtwissens

Gleichheit lässt sich als Fairness des Prozesses verstehen, wie dies unter anderem in moderner Fassung von dem Moralphilosophen und Gesellschaftstheoretiker John Rawls ausgeführt wurde. Jener Prozess ist dabei zwischen Individuen vertragsmäßig abgesichert und über dessen tatsächlichen Rahmenbedingungen liegt ein in der Theorie vorstellbarer ‚Schleier des Nichtwissens'. Dieser Schleier soll höchstmögliche Gerechtigkeit versprechen, da durch seine ‚Verhüllung' der tatsächlichen Gegebenheiten nicht bekannt ist, welche Position ein Individuum in einer Gesellschaft einnehmen wird (Rawls 1971).

Das ursprüngliche Gleichheitsverständnis in den USA ist jedoch anders als bei vielen Gerechtigkeitstheorien nicht als eine des Ergebnisses zu sehen, sondern vielmehr hinsichtlich der möglichen Chancen. Ein Unterschied in den Startbedingungen wird in dieser Perspektive historisch als legitim verstanden. Dazu zählen Vorteile durch die soziale Herkunft oder die Schulbildung. Vor dem Hintergrund dieser Chancengleichheit konnte sich ein Individualismus als treibende Kraft in dem kapitalistisch geprägten Produktionssystem der USA entwickeln, das auf der Leistungsfähigkeit jeder einzelnen Person beruht. Diese Neigung zu einer Beschränkung der Gleichheit auf gerechte Startbedingungen wirkt bis heute als einer der Gründe gegen die Einführung eines Wohlfahrtsstaates europäischer Prägung in den USA. Diese Form von Chancengleichheit wird von einem großen Teil der Amerikaner als beständig verstanden, ein zunehmend größerer Teil der Gesellschaft trägt diese Idee der Chancengleichheit jedoch heute nicht mehr. Diese gegenläufige Entwicklung geht mit einer Fokussierung auf den Leitsatz der *Equity* statt der *Equality* einher. In der Demokratischen Partei wird das bisherige Paradigma von *Equality* allmählich von der Forderung nach *Equity* abgelöst. Dies sind Anzeichen eines größeren Wandels der Politischen Kultur.

Kernsatz

Equality ist die Chancengleichheit in Hinsicht auf Möglichkeiten; *Equity* stellt auf gleiche Ausgangsbedingungen ab. Dies ist das progressive Verständnis von Gleichheit.

Dennoch gilt nach wie vor: In den USA sind Marktprozesse weit mehr als in den Systemen Europas als das Ergebnis des Handelns Einzelner zu verstehen. Auf Basis eines pluralistischen Kräfteparallelogramms führt jenes Handeln zur Realisierung eines als unbekannt vorausgesetzten und erst *ex post* feststellbaren Gemeinwohls. Dies ist eine wesentliche Voraussetzung für die (arbeits-)ethische und moralische Qualität dieses Systems. Klar erkennbar sind in dem hier eingefangenen politischen Denken der Verfassungsväter die Ideen der schottischen Moralphilosophen, allen voran David Hume und Adam Smith. Viele der Verfassungsgeber waren mit der Staatslehre von der Antike bis zur Aufklärung vertraut und die Essenzen dieser Lehren wurden zur Grundlage des politischen Systems: Die im System der USA umgesetzte Idee der strikt begrenzten Macht der Regierung (*Limited Government*) sowie die Trennung und Kontrolle der einzelnen Gewalten (*Checks and Balances*) haben ein deutliches Vorbild: Sie ähneln stark den Modellen der Gewaltenteilung und -verschränkung, wie sie von Locke und Charles de Montesquieu formuliert wurden. In der amerikanischen Staatsphilosophie sind zudem die Ansätze von Denkern wie William Blackstone, Thomas Paine oder eben Adam Smith erkennbar.

Mit der politischen Freiheit und den Ideen der Vertragstheoretiker aus der Zeit der Aufklärung ist das Prinzip der *Volkssouveränität* (*Popular Consent*) verbunden. Sie ist eines der Kernstücke des modernen Demokratieverständnisses. Folgt man Lockes Ideen, ergibt sich die Souveränität eines Herrschers aus der Zustimmung der Bürger. Obwohl die heute recht gespaltene Gesellschaft in den USA dieses Prinzip immer schwieriger umsetzen lässt, bildet jene Idee von Volkssouveränität nach wie vor das Fundament des amerikanischen Regierungssystems. Zuträglich für diese Entwicklung war, dass in der puritanischen Lehre ein unmittelbarer Kontakt aller zu Gott möglich schien. In den ersten Gemeinden der ‚Neuen Welt' schwächte dies die Glaubwürdigkeit des in Europa noch vorherrschenden Gottesgnadentums.

Exkurs: Die Puritaner

Die Puritaner waren englische Protestanten, die im 16. und 17. Jahrhundert versuchten, die Kirche von England von römisch-katholischen Praktiken zu ‚reinigen'. Ihrer Auffassung nach wurde die englische Kirche unzureichend reformiert. Die Puritaner standen mit ihrer Reform-Theologie dem calvinistischen Glauben sehr nahe. Sie traten für eine größere Reinheit der Anbetung und Lehre sowie für persönliche und unternehmerische Frömmigkeit ein. Vor allem unter der Herrschaft König Charles I. (1625–1649), emigrierten viele von ihnen nach Nordamerika, um dort ihre Glaubensvorstellungen frei leben zu können. Bis heute trägt die Verbindung von Calvinismus und Kapitalismus sehr zum ökonomischen Selbstbild und Handeln vieler Amerikaner bei.

Bereits mit den ersten Siedlungen und später mit der Verfassung wurde die aufklärerische Idee der *Volkssouveränität* zum ersten Mal politisch in einem föderalen Großflächenstaat institutionell umgesetzt. Die Bürger eines Gemeinwesens sollten von nun an ihr eigenes Schicksal bestimmen können und sollen. Der Glaube, dass nur das Volk sich selbst Legitimität verschaffen kann, spiegelt sich in den repräsentativen und in den plebiszitären Realisierungen amerikanischer Institutionen wider. Hier existieren vor allem auf staatlicher Ebene meist wesentlich mehr Mitbestimmungsmöglichkeiten als in den Demokratien Europas. Daher besteht das spezifisch amerikanische Verständnis einer individuell gedachten Volkssouveränität bis heute fort. Viele Bürger jedweder politischen Couleur stehen einer ‚politischen Klasse' grundsätzlich skeptisch gegenüber – von Libertären, über Konservative bis hin zum linken liberalen Flügel (siehe Exkurs). Systemisch zeigt sich dies in den zahlreichen Wahlen sowie in den weitreichenden Gesetzen zur Offenlegung und Rechenschaftspflicht staatlichen Handelns umgesetzt.

Exkurs: Liberalismus

In den USA sind die Liberalen, also *Liberals,* die politisch eher links-progressiven. Entgegen dem ursprünglichen Verständnis des Liberalismus treten sie in einigen Feldern für eine stärkere staatliche Regulation ein, vor allem in der Sozial- und Wirtschaftspolitik. Diese Veränderung des Begriffsverständnisses ist auf Franklin D. Roosevelt zurückzuführen. Roosevelt lancierte seine stark regulatorischen *New-Deal*-Maßnahmen unter einer liberalen Transformationsidee während der Zeit der Großen Depression (1929-1941), die infolge der Weltwirtschaftskrise von 1929 eintrat. Durch diese Maßnahmen wollte Roosevelt den Liberalismus retten, denn er sah ohne jene Maßnahmen das Ende des kapitalistischen Systems kommen.

Das Konzept eines letztlich selbstverantwortlichen Volkes entstand historisch aus der Ablehnung des britischen Kolonialregimes. In diesem lag die Souveränität des Staates bei der Monarchie. Die Revolutionäre in den USA waren jedoch davon überzeugt, dass eine selbstbestimmte Regierung ihr nationales Recht sei, so sah dies zumindest Gründervater Thomas Paine: „a government of our own is our national right“. In systematischer Formulierung lautet diese Maxime: Staat und Regierung beruhen auf der Zustimmung des Volkes; beide sind ihm daher verantwortlich. Die emphatische und klassische Formulierung findet sich in der Präambel der Verfassung, die in der jüngeren deutschen Vergangenheit ihren Niederschlag in der Parole ostdeutscher Revolutionäre fand: „Wir sind das Volk“. In den USA lautete sie: „We the *People* [...] do ordain and establish this Constitution for the United States of America“.

Kernsatz

Die Republik der Vereinigten Staaten setzt auf die Verantwortlichkeit der Repräsentanten gegenüber dem Volk durch die Wahlurne.

Der in den USA hochgeschätzte *Individualismus* speist sich aus einer Synthese mehrerer Elemente, die in der amerikanischen Identität positiv besetzt waren und nach wie vor sind. Dazu zählen:

- das auf sich selbst gestellte Leben in einer mitunter feindlichen Lebensumgebung
- der calvinistische Glaube
- die politischen Ideale der britischen Vertragstheoretiker
- und die ökonomische Freiheit.

Diese Elemente haben im Bewusstsein vieler Amerikaner bis heute die Nation groß gemacht. Ersichtlich wird aus ihnen auch ein eigennütziges Kalkül, das auf einem durchaus skeptischen Menschenbild beruht. Dieses durchzieht im Grunde die gesamte Verfassung. Im Unterschied zu Vordenkern wie Locke und Montesquieu schimmert in ihr oft eine eher realistische, wenn nicht skeptische Perspektive durch, die aus Schriften Niccolò Machiavellis oder der hobbesschen Theorie bekannt ist. James Madison schrieb hierzu in Federalist Nr. 51: „Wenn die Menschen Engel wären, bräuchte es keine Regierung.“ Die berühmte Annahme von Thomas Hobbes, dass Menschen ohne eine Regierung sich in einem ‚Krieg aller gegen alle‘ befinden, mag für einige Verfassungsväter die Notwendigkeit eines Staates mit einer gewissen Macht begründet haben. Der Staat sollte jedoch nach den Erfahrungen aus dem Britischen Königreich nicht mehr als Leviathan alle Bürger und ihre Rechte in sich vereinen. Der Regierungsauftrag sollte klar begrenzt werden. Aber auch das Wissen um einen stets möglichen *Machiavellian Moment* war auch den Revolutionären nicht fremd.

Exkurs: *Machiavellian Moment*

Unter dem als *Machiavellian Moment* bekannten Motiv ist die Republik auf der Tugend der politisch verstandenen *Virtú* begründet. Übersetzt könnte *Virtú* als eine *Fähigkeit zu gewagter Eigeninitiative* beschrieben werden. Machiavellis Verwendung des Begriffs *Virtú* ist eng mit jenem dem Konzept der Tugendethik verbunden. Es handelt sich allgemein um die wünschenswerten Wesensmerkmale eines Menschen, im Gegensatz zu *Vizio* (Laster). Um die *Virtú* muss immer gekämpft werden. Da Menschen und damit auch die Herrscher korrupt, eigennützig und anfällig für die Missachtung der *Virtú* sind, befinden sich Staaten immer in der Gefahr, zugrunde zu gehen. Diese Überlegung eines immer drohenden Verfalls menschlicher Ordnung, hat bei Machiavelli zur Annahme eines zyklischen Geschichtsprozesses geführt. Für die amerikanische Republik steht der *Machiavellian Moment* symbolisch für die ‚republikanische Synthese': Die USA wurden mit der Furcht vor Korruption geboren, sie vereint aber den Wunsch, die klassische Tugend zu fördern.

1.2 Glaube und Realität

Die beherrschenden Eigeninteressen im *Individualismus* sind freilich heterogen, sodass grundsätzlich allen die Freiheit zur Verwirklichung des eigenen Lebensentwurfes gelassen werden muss. Trotz der Prägung durch unterschiedliche Interessen bildet erst diese *Verschiedenheit*, verstanden als *Diversity*, die Grundlage des Staatswesens. Schließlich sollte gerade hieraus ein *einheitliches* Gemeinwesen entstehen. Dies ist repräsentiert durch die aus dem Staatswappen bekannte Losung: *e pluribus unum – aus vielen eines.*

Lange Zeit verstanden sich Amerikaner insoweit trotz aller Unterschiedlichkeiten als ‚ein' Volk, das sich seine Regierung selbst bestimmt. Gewählte Repräsentanten, die dem Prinzip der Mehrheitsregierung, der *Majority Rule* mit dem Schutz der *Minority Rights* verpflichtet sind, verliehen dem staatlichen Handeln bis in das 21. Jahrhundert Legitimität. Thomas Jefferson sagte in seiner ersten Amtsantrittsrede: „All, too, will bear in mind this sacred principle, that though the will of the majority is in all cases to prevail, that will to be rightful must be reasonable; that the minority possess their equal rights, which equal law must protect, and to violate would be oppression." Dieses Staatsverständnis ist heute noch leitend für demokratische Systeme: Die Mehrheitsregel wird verfassungsrechtlich durch die Rechte Einzelner begrenzt. Damit soll eine Tyrannei der Minderheit ebenso verhindert werden wie eine Tyrannei der Mehrheit.

Thomas Jefferson / Der *Louisiana Purchase*

Thomas Jefferson (1743–1826) war eine der führenden Persönlichkeiten in der frühen Entwicklung der USA. Er war der Hauptautor der Unabhängigkeitserklärung sowie der erste Staatssekretär (1789–1794), der zweite Vizepräsident (1797–1801) und der dritte Präsident der USA (1801–1809). Jefferson diente in der Legislative von Virginia und auf dem Kontinentalkongress. Er war außerdem Gouverneur von Virginia. Jefferson gründete auch die University of Virginia und war einer der Advokaten der individuellen Freiheit als Kernbedeutung der amerikanischen Revolution. Als eine der wichtigsten Errungenschaften der Präsidentschaft von Thomas Jefferson gilt der *Louisiana Purchase*. Der Kauf von Louisiana im Jahr 1803 erweiterte das Territorium der USA um rund 2.144.476 km^2, was in etwa einer Verdopplung seiner vormaligen Fläche gleichkommt. Das damals in Besitz von Frankreich befindliche *Louisiana Territory*, reichte vom Mississippi im Osten bis zu den Rocky Mountains im Westen und vom Golf von Mexiko im Süden bis zur kanadischen Grenze im Norden. Frankreich erhielt für den Kauf etwa 15 Mio. $, was ca. 250 Mio. $ heutiger Kaufkraft entspricht.

Exkurs: Der dunkle Schatten über Jeffersons Person

Obwohl Jefferson in der Unabhängigkeitserklärung mit seiner Losung ‚all men are created equal', das Paradigma der Ungleichheit qua Geburt ablöste, liegt in Bezug zur menschlichen Gleichheit ein dunkler Schatten auf seiner Person. Jeffersons Ideale zur Sklaverei und zum Sklavenhandel hätten die USA im Grunde zu ihrer Abschaffung verpflichten müssen. Er prangerte den internationalen Sklavenhandel an und er verbot ihn schließlich als Präsident. Dennoch war er der Präsident mit den wohl meisten Versklavten: Jefferson ‚besaß' im Laufe seines Lebens wohl über 600 Menschen. Ein DNA-Test legt außerdem nahe, dass Jefferson mindestens ein Kind mit einer seiner Sklavinnen, Sally Hemings, gezeugt hat. Es ist wahrscheinlich, dass er der Vater all ihrer sechs Kinder war. Auch in dieser Diskussion deutet sich ein Paradigmenwechsel an: Während Hemings in der Vergangenheit meist als eine Art ‚Geliebte' Jeffersons beschrieben wurde, wird deren Beziehung heute aufgrund der Machtverhältnisse vermehrt im Kontext von sexueller Gewalt diskutiert. Die tatsächliche Natur ihrer Beziehung ist nicht überliefert; sexueller Missbrauch von Sklavinnen durch ihre ‚Herren' war jedoch keine Seltenheit.

Bis zur letzten Jahrtausendwende sahen sich die meisten Amerikaner – trotz politischer Differenzen – als Teil ‚eines' Volkes unter ‚einem' Präsidenten. Auch wenn es freilich politische Gegner gab, waren in der Regel politische Führer zumindest akzeptiert. In der Amtszeit Georg W. Bushs (2001–2009) mehrten sich die Stimmen, die ihn nicht als ‚ihren' Präsidenten anerkannten – vor allem nach dem Kriegsbeginn in Afghanistan und Irak. Unter Obama und Trump erreichte diese Ablehnung der jeweils anderen Seite seit dem Bürgerkrieg nie gekannte Ausmaße, selbst wenn die Gesellschaft in den unruhigen späten 1960er Jahren wahrscheinlich stärker zerrüttet war. Dabei sind sowohl eine polarisierte Politik als auch eine Politik nur für einen Teil der Gesellschaft generell als unamerikanisch zu klassifizieren: Jede Regierung soll nach amerikanischem Verständnis als Ziel das Wohlergehen des Gemeinwesens haben. Mehrheitsregierung und Minderheitenschutz gehören deshalb in diesem Verständnis – zumindest theoretisch – untrennbar zusammen. Zugleich ist realistisch betrachtet diese Übereinkunft der demokratischen Republik nur so lange beständig, wie in ihr ein ‚guter Staat' gesehen wird. In Anbetracht einer Abweichung ist paradoxerweise ein autoritärer Einschlag durchaus im kulturellen Erbe erwünscht – vor allem im christlich-konservativen Gesellschaftssegment. Auch dies kann als Vermächtnis der puritanischen Auffassung verortet werden.

Das amerikanische politische Selbstverständnis wird häufig als *American Creed* bezeichnet. Dieses ist ein politisches Ideal und kann durchaus auch als ideologische Überhöhung der politischen Traditionen einer ehedem Menschen als Versklavte haltenden bürgerlichen Oberschicht gesehen werden. Auch der amerikanische Traum der Gleichheit und der Gleichwertigkeit ist spätestens dann ausgeträumt, wenn man sich in den Elendsquartieren des Landes umschaut. Aber obwohl in heruntergekommenen Apartments oder Wohnwagen oftmals Armut vorherrscht, wird dieser Traum vehement – und gegebenenfalls sogar mit Waffengewalt – verteidigt.

Die wichtigste Funktion der genannten Ideale liegt insoweit vor allem in ihrer Symbolkraft. Sie dienen der Rechtfertigung und Verteidigung des *American Way of Life* und sind typisch für eine nach wie vor funktionierende Deutungskultur, die mit der tatsächlichen Soziokultur oft nicht übereinstimmt. Der *American Dream* kann daher auch als Stabilisierungsmechanismus des Staates gesehen werden, denn jeder hat in dieser Vorstellung die Möglichkeit, ‚es' zu schaffen. ‚Es' bedeutet hierbei nicht klischeehaft, vom ‚Tellerwäscher zum Millionär', sondern vielmehr die Chance auf ein ‚gutes Leben' mit Eigenheim, PKW und ausreichend Entertainment-Faktoren. Das Bild wird noch komplizierter und komplexer, wenn man sich das Spannungsverhältnis im Selbstverständnis der amerikanischen Gesellschaft anschaut: Welche Vorstellungen von den USA bestehen bei wem, was Amerika ist und was es sein soll? Dies divergiert im 21. Jahrhundert diametral. Zusammen mit dem eklatant schwindenden Glauben an den Amerikanischen Traum ist auch die Unterstützung des Systems rückläufig. Es ist jedoch immer noch das *Experiment* USA, das hierbei aufrechterhalten wird. Sein Ausgang ist nach wie vor nicht gewiss.

Mit der Sicht auf das politische System der USA als *Experiment* sind die Hintergründe der amerikanischen Politik erst teilweise erklärt. Gegen dieses Verständnis als *Experiment* entwickelte sich von Beginn auch eine Sicht auf die Vereinigten Staaten als *Destiny* also Schicksal oder Verheißung. Bereits im Jahr 1630 nutze John Winthrop in einer Predigt die Metapher *‚Shining City on a Hill'* für die neu entstandenen Siedlungsgebiete. Auch dieses Konzept basierte auf einem traditionellen, religiösen und calvinistischen Ethos. Hinter ihm ist jedoch vor allem die Überzeugung leitend, dass man das von Gott auserwählte Volk sei. Die Calvinisten fühlten sich daher berufen, das ‚neue Jerusalem', das ‚neue England' zu schaffen. Allein die Tatsache, dass Gott bis nach der Reformation gewartet und erst dann sein neues Volk in das neue Gelobte Land geschickt hatte, war Beweis genug für diese Trost spendende Perspektive. Die Unabhängigkeit der früheren Kolonien rückte die mystische Idee eines Amerikas als *Schicksal* zunehmend in den Vordergrund des politisch-kulturellen Selbstverständnisses. Das Verständnis der USA als *Schicksal* wurde damit zur Konkurrenz für das Konzept Amerikas als *Experiment*.

Manifest Destiny und Exzeptionalismus

Der *amerikanische Exzeptionalismus* ist ein Verständnis von den Vereinigten Staaten, dass das Land und seine Geschichte von Grund auf anders sind als andere Nationen. Die Werte und Ideale, die aus der amerikanischen Revolution hervorgegangen sind, sehen sie in den USA verkörpert, die auch als erste ‚Neue Nation' eine wegweisende Idee von Freiheit und Gleichheit bietet. Das Konzept der *Manifest Destiny* steht im Lichte des *amerikanischen Exzeptionalismus*. Als die Puritaner den Kontinent 1630 erreichten, glaubten sie, dass ihr Überleben in der ‚neuen Welt' ein Zeichen für Gottes Zustimmung sein würde.

Von den Vertretern der *Schicksals*-These wurde das *Experiment* des gewaltenteilenden amerikanischen demokratischen Systems bisweilen sogar als Degeneration angesehen. Es bedurfte erst der wirkungsmächtigen Analyse Alexis de Tocquevilles *Über die Demokratie in Amerika* (1835/1840), dass im amerikanischen Demokratiemodell weitläufig ein politisches Vorbild für eine massendemokratische Ordnung gesehen wurde.

Alexis de Tocqueville

Alexis de Tocqueville war ein französischer Aristokrat und früher Politikwissenschaftler. Sein zweibändiges Werk *Über die Demokratie in Amerika* war ein sehr einflussreiches Buch im 19. Jahrhundert und es wird bis heute als Referenzwerk für die USA genutzt. De Tocqueville lieferte damit eine erste empirische Bestandsaufnahme der repräsentativen Republik. Er legte in seiner Analyse dar, warum das System der Vereinigten Staaten ein Erfolgsmodell sein könnte, während demokratische Experimente in vielen anderen Ländern versagten. De Tocqueville verstand die Umsetzung der Idee der Gleichheit als zentrale Aufgabe zeitgenössischer Politik und in den Vereinigten Staaten sah er das fortschrittlichste Beispiel für diese Herausforderung. Auch die Idee des amerikanischen Exzeptionalismus wurde in de Tocquevilles Klassiker zum ersten Mal beschrieben.

Tatsächlich sind in den USA die Konzepte des *Schicksals* und des *Experiments* eine fruchtbare Symbiose eingegangen. Dieses Verständnis eines Sonderweges und einer Avantgarde der Weltvölker setzte sich in der Politischen Kultur fest. Begünstigt wurde sie durch die besondere geografische Position und sowie den Reichtum des Landes: Die USA haben durch die beiden Ozeane und lediglich zwei Grenzen mit anderen Nationen wenig Angriffsfläche – vor allem im Vergleich mit den in Europa oftmals von Nachbarn umringten Staaten. Dies liefert eine entsprechende Sicherheit. Nordamerika war zudem reich an Rohstoffen und es entstand schnell eine blühende Wirtschaft. Generell haben die Größe Nordamerikas und der Prozess seiner Erschließung geholfen, die amerikanische Machbarkeitsphilosophie zu manifestieren. Dazu zählt auch die damit zusammenhängende Ausschließung des Fremden und seine Verlagerung hinter die Grenze. Dies wurde mit der *Frontier*-Mythologie als vereinheitlichendes und legitimierendes Rahmenkonzept begründet. In keinem anderen vergleichbar entwickelten Staat hat die Logik kapitalistischen Handelns die Politische Kultur so durchdrungen, wie in den USA. Bereits der frühe Glaube enthielt die Annahme, dass das ‚Auserwählt-Sein von Gott' sich durch eine Anhäufung von Reichtum im Diesseits zeigen würde.

Exkurs: Die Frontier-Mythologie

Frontier-Mythologie, der Grenzmythos, zählt zu den einflussreichsten Narrativen der amerikanischen Kultur. Die Grenze (v. a. des Westens) trennt dabei Zivilisation und Wildnis. Inhärent ist dem Mythos die stetige Expansion, also die Erschließung und Zähmung des Wilden im Allgemeinen, aber auch eigenen Nutzen der Siedler. Das Narrativ hat seinen Ursprung im 17. Jahrhundert, als die Siedler begannen, Nordamerika zu kolonisieren und schließlich Stück für Stück weiter in den Westen expandierten. Vor allem literarisch wurde der Mythos sowohl idealisiert als auch romantisiert: Die Frontier-Helden und die Wild-West-Legenden haben hier ihren Ursprung. Auch wurde die *Frontier*-Mythologie ein Teil des Amerikanischen Traums, bzw. überlappen die beiden Konzepte. Im Kontext des Amerikanischen Traums ist Nordamerika ein größtenteils unerschlossenes Land. Dies eröffnet unbegrenzte Entfaltungsmöglichkeiten für jene, die sich hier in eigener Verantwortung ihr Glück schmieden wollen. Wie in vielen Mythen werden Tatsachen der Realität jedoch ausgeblendet. Hier wird natürlich unterschlagen, dass Nordamerika keinesfalls unerschlossen oder ‚leer' war: Zwischen fünf und zwölf Millionen Ureinwohner lebten auf dem Kontinent vor der Ankunft der Europäer. In nur einem Jahrhundert waren ca. 90% von ihnen verschwunden – versklavt, getötet oder an Krankheiten des Westens verendet. Auch diese Grausamkeiten wurden entweder romantisiert oder vollkommen ausgeblendet.

Schließlich führte der Charakter des Modells innen- wie außenpolitisch zu einer Art Missions-Gedanken: Amerika müsse die Welt erlösen. Dies muss nicht unbedingt konkrete politische Aktionen oder gar militärische Einsätze beinhalten, obwohl dies bisweilen so interpretiert wurde. Zum Missions-Gedanken zählt in jedem Fall der Export des im Selbstverständnis stark überlegenen politisch-kulturellen und ökonomischen Modells. Gegentradition und Tradition, Verheißung und *Experiment* wurden so gemeinsam zur Essenz Amerikas. Wichtig ist dabei die Dialektik zwischen beiden politisch-kulturellen Grundkonstanten. Danach nimmt das *Experiment* den pessimistischen Teil, die schicksalhafte Verheißung den eher optimistischen in der Gesamtkonstellation ein. Es mag hier durchaus zu wechselnden Aktualisierungen und Phasen kommen, die eher durch die jeweils eine oder andere Dimension geprägt sind. Entscheidend ist, dass der ständige Widerstreit erklärt, warum das politische Handeln in der amerikanischen Politik so schwer kalkulierbar ist. Die einzige klar vorhersehbare Konstante ist das Wechselspiel zwischen diesen beiden Tiefendimensionen des amerikanischen politischen Lebens. Über und unter allem schlummert jedoch ein ungebrochener Stolz auf das Erreichte.

Fragen

- Was geschah am 4. Juli 1776?
- Wann ereignete sich der amerikanische Bürgerkrieg?
- Wie lautet der Leitsatz im Staatswappen der USA und was bedeutet er übersetzt?

Zur weiteren Lektüre empfohlen

Fraenkel, Ernst (1981): Das amerikanische Regierungssystem. Eine politologische Analyse. 4. Aufl. Opladen: Vieweg+Teubner Verlag.

Greene, Jack P. (1988): Pursuits of Happiness. The Social Development of Early Modern British Colonies and American Culture. Chapel Hill: University of North Carolina Press.

Hartz, Louis (1955): The Liberal Tradition in America. New York: Harcourt, Brace and Company.

Heideking, Jürgen; Mauch, Christof (2020): Geschichte der USA. 7. Aufl. Stuttgart: UTB.

Hübner, Emil; Münch, Ursula (2013): Das politische System der USA. Eine Einführung. 7. Aufl. München: C.H.Beck.

Lepore, Jill (2020): Diese Wahrheiten: Eine Geschichte der Vereinigten Staaten von Amerika, München: C.H.Beck.

Lipset, Seymour M. (1979): The First New Nation. The United States in Historical and Comparative Perspective. New York: Basic Books.

Sautter, Udo (2020): Geschichte der Vereinigten Staaten von Amerika. 8. Aufl. Stuttgart: Nikol.

Stöver, Bernd (2018) Geschichte der USA: Von der ersten Kolonie bis zur Gegenwart, München: C.H.Beck.

Tocqueville, Alexis de (1976): Über die Demokratie in Amerika. Stuttgart: Deutsche Verlags-Anstalt [1835/40].

Turner, Frederick J. (2017): The Frontier in American History. North Charleston: CreateSpace Independent Publishing Platform [1920].

2. Die Verfassungsorgane

2.1 Entstehungsgeschichte der Verfassung

Die Verfassung der USA ist, politisch gesehen, ein Bündel von Kompromissen. Sie war von einer Gruppe pragmatischer Politiker geschaffen worden, die ihre unterschiedlichen Vorstellungen eines guten Gemeinwesens zusammenbringen mussten.

Es folgt ein kurzer Überblick zur Verfassungsgeschichte. Im Detail ist diese Entwicklung nach der Zusammenfassung ausgeführt.

Tabelle 2.1: Kurzgefasst: Vom ersten Kontinentalkongress zur Annahme der Verfassung

Erster Kontinentalkongress, 5. September–26. Oktober 1774 in der Carpenters' Hall in Philadelphia, Pennsylvania Zum ersten Kontinentalkongress trafen sich 56 Vertreter aus zwölf Kolonien. Die Teilnehmer waren zuweilen bekannte Kolonienführer wie Samuel Adams aus Massachusetts oder auch die beiden späteren Präsidenten George Washington und John Adams. Sie kamen zusammen, um eine Antwort auf repressive Verordnungen der britischen Krone zu liefern: Die britische Marine hatte den Bostoner Hafen blockiert und das Londoner Parlament im Dezember 1773 harsche Strafgesetze aufgrund einer Revolte verabschiedet. Die *Declaration of Rights and Resolves,* war die erste Erklärung des Kontinentalkongresses gegenüber Großbritannien (14. Oktober 1774). In ihr wurden Rechte für die Selbstverwaltung der Kolonien eingefordert. Somit forderte der erste Kontinentalkongress die britische Autorität heraus.
Zweiter Kontinentalkongress, 10. Mai 1775–1. März 1781, Philadelphia Der Zweite Kontinentalkongress fungierte während des Unabhängigkeitskrieges (1775–1783) als nationale Regierung der dreizehn Kolonien. Er bestand zu großen Teilen aus denselben Delegierten wie der Erste Kontinentalkongress, einschließlich der Gründerväter. Beim zweiten Kontinentalkongress wurde George Washington als Oberbefehlshaber der Streitkräfte der Kolonien eingesetzt. Am 5. Juli 1775 folgte die *Olive Branch Petition*: Sie war eine letztlich erfolglose Aufforderung an den englischen König, die bereits ausgebrochenen Kämpfe zu unterbinden. Am 21. Juli 1775 legte Benjamin Franklin dem Kontinentalkongress schließlich einen Plan vor, eine Kolonialkonföderation oder eine amerikanische Republik zu gründen.
Veröffentlichung von Common Sense durch Thomas Paine Im Januar 1776 veröffentlichte der politische Denker und Gründervater der USA Thomas Paine eine Streitschrift, in der er vehement die Politik der britischen Krone angriff. Er forderte zudem die Loslösung der Kolonien von Großbritannien. Paines Thesen erreichten eine hohe Aufmerksamkeit und stießen auf große Zustimmung.

The Declaration of Independence, 4. Juli 1776
Im Juni 1776 wurde die Unabhängigkeitserklärung verfasst. Thomas Jefferson war ihr Hauptautor, aber auch Benjamin Franklin, John Adams, Robert Livingstone und Roger Sherman trugen zu ihrer Entstehung bei. Die Unabhängigkeit der nordamerikanischen Kolonien von der britischen Krone wurde am 4. Juli 1776 vom Zweiten Kontinentalkongress angenommen. Die Amerikaner feiern bis heute am 4. Juli ihren Unabhängigkeitstag.

Articles of Confederation (ab 1. März 1781)
Die *Articles of Confederation* waren die erste Verfassung der 13 Kolonien. 1777 formuliert und im März 1781 ratifiziert, schufen sie eine lose Konföderation mit einer sehr beschränkten Zentralregierung, dem Kongress. In den *Articles of Confederation* wurde der Name der neuen Nation als *Vereinigte Staaten von Amerika* festgelegt. John Hanson wurde der erste Präsident des Konföderationskongresses. Der Kongress war lediglich für die gemeinsame Verteidigung, das Prägen von Geld und die Kontrolle des Postsystems zuständig. Dem Kongress blieb allerdings wenig Regierungsglück beschieden, weil ihm andere notwendige Kompetenzen einer Zentralregierung nicht zugestanden wurden, beispielsweise Steuern zu erheben.

Constitutional Convention
Im Frühjahr 1787 berief der Kongress einen Verfassungskonvent ein, auf dem die *Articles of Confederation* überarbeitet werden sollten. Am 14. Mai trafen sich Delegierte aus den Staaten in Philadelphia und begannen an dem Entwurf zu arbeiten. Sie wurden schließlich zu den *Founding Fathers* oder *Framers*. Für die institutionelle Anordnung wurden verschiedene Ideen ausgearbeitet und die Annahme von jeweils Teilen aus den Vorschlägen führte zum *Connecticut Compromise*. Mit diesem Kompromiss wurde die Grundlage dafür gelegt, dass der Verfassungsentwurf am 17. September 1787 angenommen wurde.

Der Connecticut Compromise
Der *Connecticut Compromise* (oder auch *Great Compromise*) ist ein Kompromiss über die Kongressvertretung einzelner Staaten. Der Kongress wurde damit zu einem Zweikammersystem aus Repräsentantenhaus und Senat. Im Repräsentantenhaus wird jedem Staat eine Anzahl von Sitzen im Verhältnis zu seiner Bevölkerung zugewiesen. Im Senat, dem eigentlichen Oberhaus, ist jeder Staat gleichwertig durch je zwei Senatoren vertreten (vgl. hierzu Kapitel 3). Auch das heute umstrittene *Electoral College* (vgl. hierzu Kapitel 8) ist im Grunde ein Teil dieses Kompromisses, ohne den sich die bevölkerungsarmen Staaten einer ‚Tyrannei der Mehrheit' ausgesetzt gesehen hätten.

Federalists
Federalist ist zum einen die Bezeichnung für die Befürworter einer starken Zentralregierung und zum anderen ein Synonym für die Plädoyers zum vorliegenden Verfassungsentwurf, die *Federalist Papers*. Sie wurden unter dem Pseudonym ‚Publius' von Alexander Hamilton, James Madison und John Jay in Tageszeitungen publiziert. Sie wollten Zustimmung in der Öffentlichkeit, für einen Staat mit einer relativ starken Zentralmacht, gewinnen. Die *Federalist Papers* sind ein Klassiker der modernen Staatslehre.

Annahme der Verfassung
Artikel VII der Verfassung sieht vor, dass die Verfassung in Kraft tritt, wenn neun der ursprünglich 13 Staaten sie ratifizieren. Im Sommer 1788 nahm New Hampshire die Verfassung als neunter Staat mit knapper Mehrheit an. Daraufhin verabschiedete der Kongress im September 1788 eine Resolution über die Annahme der Verfassung und die neue Regierung konstituierte sich unter dieser am 4. März 1789.

Quelle: eigene Zusammenstellung.

Im Jahr 1774 schickten zwölf der 13 Kolonien Delegierte zum ersten Kontinentalkongress. Nur Georgia sandte keine Delegation, dessen Regierung wollte die militärische Unterstützung Großbritanniens im Krieg gegen die Ureinwohner nicht aufs Spiel setzen und war generell skeptisch in Bezug auf ein Unabhängigkeitsbestreben. Der Kontinentalkongress wurde von 1774 bis 1789 faktisch zur Regierung der Kolonien und später der Vereinigten Staaten. Seine Mitglieder forderten ein Ende der Repressionen seitens Großbritanniens. Seit den 1760er Jahren hatte die britische Krone eine Reihe von zusätzlichen Steuern erhoben und repressive Verordnungen erlassen, die unter den Kolonisten zunehmend auf Widerstand gestoßen waren. Der als Boston Tea Party bekannte Protest gegen die britische Teesteuer war ein vorläufiger Höhepunkt in dieser Auseinandersetzung zwischen Kolonisten und Krone.

Exkurs: Boston Tea Party

Am 16. Dezember 1773 warfen amerikanische Siedler hunderte Kisten Tee der British East India Company in den Bostoner Hafen. Der als *Boston Tea Party* bekannt gewordene Protestakt richtete sich gegen die Besteuerung durch Großbritannien, ohne eine Repräsentation im Parlament zu haben. Daher war auch die Hauptforderung „no taxation without representation".

Nachdem im Frühjahr 1774 weitere Verordnungen der Krone gefolgt waren, stellten die Kolonisten zunehmend ihre Autorität prinzipiell in Frage. Als Untertanen der Krone genossen die amerikanischen Siedler nur begrenzte Freiheiten, die aus ihrer Sicht durch das Verhalten der britischen Verwaltung zunehmend beschränkt wurden. Um ein Gegengewicht zur königlichen Verwaltung zu schaffen, trat auf Anfrage der Kolonien von Massachusetts und Virginia am 5. September 1774 der erste Kontinentalkongress in Philadelphia zusammen. Dies kann als Reaktion auf die Zwangsgesetze (*Intolerable Acts*) gesehen werden. Die *Intolerable Acts* waren eine Reihe von Maßnahmen der Briten, mit denen den Kolonien als Reaktion auf ihren Widerstand neue Steuern auferlegt wurden.

Die Beweggründe der am Kongress teilnehmenden Staaten waren zwar in erster Linie ökonomisch, die politische Relevanz war jedoch hoch. Es handelte sich schließlich um die politische Repräsentation jener Gruppen, die hinter diesen Interessen standen. Der Kontinentalkongress gab schlussendlich die *Declaration of Rights* heraus, in der zwar die Loyalität gegenüber der britischen Krone bekräftigt wurde; das Recht auf Besteuerung wurde jedoch verwehrt. Der Kongress verabschiedete auch eine Satzung, in der vorgesehen war, dass ab dem 1. Dezember 1774 keine Waren mehr von den britischen Inseln importiert werden sollten, wenn die Zwangsgesetze nicht aufgehoben würden. Zudem beschloss er, dass in diesem Falle nach dem 10. September 1775 die Ausfuhr von Waren nach Großbritannien gestoppt werden sollte. Der erste Kontinentalkongress wurde am 26. Oktober 1774 aufgelöst. Für den 10. Mai 1775 war geplant, ihn wieder einzuberufen. Allerdings brach noch vor diesem Termin der Unabhängigkeitskrieg aus.

Die britische Armee sollte am 19. April 1775 in Concord, eine Stadt in der *Province of Massachusetts Bay* einen Waffenvorrat von Kolonisten beschlagnahmen. Die Milizen wurden jedoch gewarnt und die Briten stießen auf ihrem Weg auf bewaffneten Widerstand. Mit diesen ersten Kampfhandlungen bei Lexington begann der Unabhängigkeitskrieg. Der abschlägig beschiedene Repräsentationswunsch führte mit dieser Dynamik zu einem Kampf für die Unabhängigkeit vom Mutterland. Als der Kongress wie angekündigt am 10. Mai 1775 in Philadelphia als Zweiter Kontinentalkongress wieder zusammentrat, hatte die amerikanische Revolution folglich bereits begonnen.

Exkurs: Der Unabhängigkeitskrieg

Der *Unabhängigkeitskrieg* oder die *Amerikanische Revolution* wurde in den Jahren 1775-1783 zwischen Großbritannien und den 13 nordamerikanischen Kolonien ausgetragen. Zu den Kämpfen führten Spannungen zwischen den Siedlern und der Krone aufgrund der Frage nach legitimer Besteuerung, vor allem aber aus Reaktion auf repressive Maßnahmen der Krone. Schließlich gerieten britische Truppen und Kolonialmilizen in Lexington und Concord aneinander. Dies löste im April 1775 den Krieg aus. Streng genommen war dies zunächst ein Bürgerkrieg, Anfang 1778 weitete sich er sich jedoch zu einem internationalen Konflikt aus, da Frankreich ab 1778 und Spanien ab 1779 die Kolonien unterstützten. Großbritannien geriet dadurch unter Druck und wurde zudem durch den vierten englisch-niederländischen Krieg geschwächt. Des Weiteren unterstützten die Niederlande die Vereinigten Staaten finanziell. Mit französischer Unterstützung konnte letztendlich unter dem Befehl von Comte de Rochambeau und George Washington eine entscheidende Schlacht in Yorktown, Virginia, gewonnen werden (28. Sept. 1781–19. Okt. 1781). Die britische Armee unter General Lord Charles Cornwallis wurde von ihnen zur Kapitulation gezwungen. Obwohl die Kämpfe erst 1783 endeten, hatten die USA damit die Unabhängigkeit effektiv erlangt.

Exkurs: Deutsche Truppen im Unabhängigkeitskrieg

Aus deutscher Sicht ist die Beteiligung von knapp 30.000 Soldaten aus deutschen Fürstentümern am Unabhängigkeitskrieg interessant. Die vor allem aus Hessen stammenden Truppen kämpften als Söldner für und mit den Briten. Die Kämpfe in Yorktown werden aufgrund ihrer hohen Anzahl auch als ‚deutsche Schlacht' bezeichnet. In der Unabhängigkeitserklärung wird auf diese Soldaten Bezug genommen: Sie sind die „foreign Mercenaries to compleat the Works of Death, Desolation, and Tyranny". Die Beteiligung der Deutschen ging auch in die Pop-Kultur ein, denn der kopflose Reiter in *Sleepy Hollow* ist ein hessischer Soldat. Von den deutschen Söldnern verblieben einige in den USA und Kanada.

Im Frühjahr 1776 setzte der Zweite Kontinentalkongress eine Kommission ein, die eine Resolution zur Unabhängigkeit erarbeiten sollte. Die maßgeblich von Thomas Jefferson verfasste Unabhängigkeitserklärung beruht in ihrem Kern auf einer Rezeption der Freiheitsbewegungen in Europa. Der erste Teil der Unabhängigkeitserklärung wurde in groben Zügen von der *Virginia Declaration of Rights* übernommen (1776 hauptsächlich von George Mason verfasst). In dieser Erklärung wurden alle Menschen von Natur aus gleichermaßen frei und im Besitz bestimmter inhärenter Rechte beschrieben. In der *Declaration of Rights* wurde nicht nur der britische König Georg III offen kritisiert, sondern auch ein Appell formuliert, dass sich die Kolonien von Großbritannien emanzipieren sollten.

Der revolutionäre Schwung der *Virginia Declaration of Rights* wurde in der Unabhängigkeitserklärung mit der pragmatischen Sichtweise der englischen politischen Philosophie, im Besonderen von John Locke, zu einer eigenständigen, pragmatischen Ideologie verwoben. Die berühmte Eingangsformel bringt die zentrale Aussage des Dokuments bereits auf den Punkt: *life, liberty and the pursuit of happiness*. Auch wenn mit diesem ‚Streben nach Glück' vermutlich mehr als der alleinige Schutz materiellen Eigentums gemeint ist, spiegelt sich hierin dennoch eine pragmatische Herangehensweise an politische Angelegenheiten – sie ist bis heute typisch für das amerikanische Politikverständnis. Und nicht zuletzt lautet die Originalpassage in Lockes Traktat ‚life, liberty and property'. Der Rest der Unabhängigkeitserklärung kann weitgehend als zeitgebundene Anklage gegen die despotischen Handlungen von König Georg III. verstanden werden.

Exkurs: Die Unterschrift der Mary Katherine Goddards

Die Unabhängigkeitserklärung weist eine Besonderheit auf: Die Signatur von Mary Katherine Goddards findet sich auf der ersten gedruckten Version der Unabhängigkeitserklärung. Dies ist die einzige Frau, deren Unterschrift auf den zentralen Staatsgründungsdokumenten zu finden ist. Goddards, eine Druckerin und Herausgeberin, war derzeit die Postmeisterin von Baltimore und erhielt den Auftrag, den ersten offiziellen Druck der Unabhängigkeitserklärung herauszugeben. In ihrer Funktion als Herausgeberin signierte sie den Druck. Die Unterschrift des Gründervaters Alexander Hamilton fehlt hingegen auf der Unabhängigkeitserklärung: Hamilton war unerfahren, jung und sein sozialer Status versagte ihm eine Mitgliedschaft im Zweiten Kontinentalkongress.

Die Unabhängigkeitserklärung wurde am 4. Juli 1776 verabschiedet. Lediglich New Yorks Delegierte verwehrten die Unterzeichnung. Dies war jedoch keine inhaltliche Ablehnung: Sie waren bis zum 4. Juli von ihrem Heimatstaat nur noch nicht formal dazu autorisiert. Für die Staaten, die durch ihre Delegierten der Unabhängigkeit zugestimmt hatten, galt diese zunächst für ihre Beziehungen zur britischen Kronverwaltung. Einen Bauplan für den neuen Staat hatte man damit indes noch nicht. Eine Annäherung daran waren die *Articles of Confederation*, die der Zweite Kontinentalkongress im Jahre 1777 entwarf. Die Uneinigkeit zwischen den Kolonien war jedoch groß, und entsprechend lange dauerte der Ratifizierungsprozess: Er konnte erst 1781 abgeschlossen werden. Dabei wurden die unterschiedlichen Interessen von drei Gruppen an Staaten repräsentiert. Deren charakteristische Unterschiede prägten auch das weitere Verständnis von Politik in den Vereinigten Staaten.

Exkurs: Die drei Regionen der 13 Kolonien

Die 13 Kolonien wurden aufgrund von klimatischen und geographischen Unterschieden in drei Regionen unterteilt: *Neuengland*, *die mittleren Staaten* und die *Südstaaten*. *Neuengland* waren die Kolonien von Connecticut, Massachusetts, New Hampshire und Rhode Island. Zu den mittleren Staaten gehörten Pennsylvania, New York, New Jersey und Delaware. Die südlichen Kolonien (*Südstaaten*) waren Georgia, Maryland, North und South Carolina sowie Virginia. Die ersten europäischen Kolonisten und Siedler konnten keine Vorstellung davon gehabt haben, wie groß Nordamerika ist, da keine Karte des Kontinents existierte. Für sie war er buchstäblich Neuland.

Zum einen vertraten die reichen *Südstaaten* stark protektionistische Interessen, also eine Handelspolitik, mit der ausländische Waren benachteiligt werden sollten, um die eigenen Unternehmen zu schützen. Diesen Protektionismus forderten vor allem die durch die prosperierende Sklavenwirtschaft profitierenden Großgrundbesitzer, die zumeist aristokratischer Abstammung waren. Auf deren riesigen Tabak- und Baumwollplantagen wurden hohe Gewinne erwirtschaftet. Die Großgrundbesitzer waren daher vor allem daran interessiert, ihre funktionierende Exportwirtschaft von konkurrierenden Handelsbeziehungen abzuschotten.

Daneben existierten die *mittleren Staaten*. Sie waren vergleichsweise bevölkerungsreich und ihre Wirtschaft war von kleineren selbstständigen Farmern, Handwerkern und Handeltreibenden sowie ersten Industrieunternehmern geprägt. In den *mittleren Staaten* fand sich ein klares Bekenntnis zum regen Freihandel, entsprechend auch zu einem politischen Selbstverständnis, das den Idealen der Aufklärung entsprang. Nicht zufällig entstanden hier die Freie Presse und ein politisches Bürgertum, das auf eine breite politische Teilhabe drängte.

Der puritanische Norden der *Neuenglandstaaten* hatte schließlich Interessen, die sich vor allem im Dreieckshandel niederschlugen. Als Dreieckshandel werden die Handelsbeziehungen über den Atlantischen Ozean zwischen Europa, Afrika und den nordamerikanischen Kolonien, inklusive den Karibikstaaten bezeichnet. Daneben war der Handel mit anderen Kolonien wichtig.

Infobox

Wichtige Wirtschaftsbereiche waren in *Neuengland* u. a. die Fischerei, der Walfang, der Schiffsbau, der Handel von Holzprodukten, Pelzen, Ahornsirup, Kupfer, Nutztiere aber auch Genussmittel wie Rum, Whiskey oder Bier. Auch die Sklaverei war im Dreieckshandel und in den *Südstaaten* ein wichtiger Wirtschaftsfaktor (siehe folgender Exkurs).

Diese Handelstriade war für den Reichtum dieser späteren Staaten der USA ausschlaggebend. Innerhalb der politischen Interessenkonstellation wirkte darüber hinaus der strenge Puritanismus: Einerseits sollte hier eine strikte Unabhängigkeit und Distanz zu England hinsichtlich weltanschaulicher Vorstellungen gewahrt werden; andererseits herrschte in dieser Weltsicht grundsätzlich Skepsis gegenüber überbordenden Selbstständigkeitsabsichten.

Exkurs: Sklavenhandel

Bereits in den späten 1630er Jahren hatten nordamerikanische Siedler am Sklavenhandel teil. Die ersten Sklavenschiffe legten in Boston, Massachusetts an – in Bermuda beispielsweise aber schon vor 1619. Auch andere Kolonien schlossen sich bald dem abscheulichen Handel an. *Neuengland* ist zwar heute für seine Abolitionisten (Sklavereigegner) und die Unterstützung früherer Sklaven und denjenigen, die der Sklaverei entkommen sind, bekannt; wahrscheinlich wurden in *Neuengland* jedoch mehr als 10.000 Sklaven verkauft. Früh in der Geschichte dieser Staatengruppe begann zudem eine fast vergessene Art des Sklavenhandels: Kolonisten nahmen Ureinwohner Nordamerikas gefangen und verschifften sie in die Karibik, wo sie für Plantagenarbeiten verkauft wurden. Zudem dauerte die Sklaverei in Teilen des Nordens bis in die 1840er Jahre an.

In Hinblick auf die verschiedenen Interessen, die es zu wahren galt, war es schwierig, eine Übereinkunft zu schließen, die in einen Bundesstaat hätte münden können. Mit den *Articles of Confederation* wurde daher explizit eine Konföderation geschaffen, also ein Staatenbund. An die Einsetzung einer unitarischen Zentralregierung war damals ohnehin nicht zu denken: Ein Bewusstsein für eine gemeinsame Nation fehlte. So entstand in der von den genannten Staatengruppen getragenen Konföderation lediglich ein Kongress, der von den Regierungen der Einzelstaaten nach Bevölkerungsproporz beschickt wurde. Die Souveränität der einzelnen Staaten blieb dabei unangetastet.

Aus der Eigenständigkeit der Staaten resultierten verschiedene Probleme dieser politischen Ordnung. Das Parlament hatte vor allem keine Kompetenzen, die Waren- und Handelsströme zu regulieren. Und obwohl dem Kongress die Münzhoheit und das Postmonopol übertragen wurden, gab es weiterhin verschiedene Währungen. Angesichts der unterschiedlichen ökonomischen Ausrichtung waren weiterhin divergente wirtschaftspolitische Interessen relevant für die Einzelstaaten. Darüber hinaus gab es weder eine Exekutive noch eine Bundesgerichtsbarkeit oder ein gemeinsames Militär. Daraus ergab sich die vermutlich wichtigste Schwäche dieses politischen Systems: Es fehlte eine gemeinsame Außenpolitik. Diese Defizite machten sich insoweit immer stärker bemerkbar, als die unabhängige Konföderation schließlich in eine besonders fragile Situation gelangte, nachdem der Handel mit Großbritannien im *Unabhängigkeitskrieg* schlagartig zusammengebrochen war.

Da der Handel mit Großbritannien nach dem *Unabhängigkeitskrieg* versiegte, folgte der neu gewonnenen Unabhängigkeit eine ökonomische Krise. Außerdem wurde die Rückzahlung von Kriegskrediten ein großes Problem: Da der Kongress keine Steuern erheben durfte, war es der Regierung nicht möglich, ihre Schulden aus dem Unabhängigkeitskrieg zurückzuzahlen. Dies betraf jedoch nicht nur Schuldnerstaaten, sondern bisweilen auch jene Bürger, die für die Unabhängigkeit gekämpft hatten und keinen ausreichenden Sold erhalten hatten. Unmut entstand in der Bevölkerung auch aufgrund der ökonomischen Krise und der Besteuerung der Einzelstaaten. Der Konflikt gipfelte schließlich in kleineren Rebellionen, mit denen meist verschuldete Farmer aufbegehrten. Ein Paradebeispiel hierfür ist die *Shays Rebellion*. Die *Shays Rebellion* offenbarte eine weitere Schwäche der jungen Staaten: Sie waren kaum fähig, einen Aufstand niederzuschlagen. Wie stark die *Shays Rebellion* tatsächlich die Gründung der USA geprägt hat, ist strittig; fest steht jedoch, dass auch die Schwäche der Regierung in Bezug auf diesen Aufstand deutlich wurde.

Exkurs: Shays Rebellion

Die *Shays Rebellion* ist nach einem ihrer Anführer, Daniel Shays, benannt. Shays war einer jener Farmer, die als Veteranen des Unabhängigkeitskrieges wenig Sold erhalten hatten und in der Wirtschaftskrise nach der amerikanischen Revolution in Zahlungsschwierigkeiten gerieten. Der gewonnene Krieg brachte die Unabhängigkeit von Großbritannien; der Preis dafür war unter anderem der Verlust der wichtigen Handelsbeziehungen zum Mutterland. Hinzu kam, dass der Staat Massachusetts aufgrund seiner Kriegsschuld Steuern erhöhen musste, die vor allem Farmer schwer trafen. Aus Frust zettelte Shays 1786 einen bewaffneten Aufstand in Springfield, Massachusetts an, bei dem Gerichts- und andere Regierungsgebäude angegriffen oder besetzt wurden. Die Aufstände hatten sich bis 1787 zu einer ausgewachsenen militärischen Konfrontation entwickelt. Die im Gesamten zwar relativ erfolglose Rebellion hatte weitreichende Effekte: Als im August 1787 der Verfassungskonvent tagte, wurde die Frage einer effektiven Strafverfolgung diskutiert. Auch Artikel 4 Abschnitt 4 der Verfassung beinhaltet eine explizite Gewährleistung des Schutzes vor Invasionen und gegenüber Gewaltanwendungen innerhalb der Staaten durch die Gesamtregierung. Die Einführung von Bundes- und Bezirksgerichten sowie des Marschalldienstes gingen zu Teilen ebenso auf die Aufstände zurück.

Im Jahr 1787 kam es in Philadelphia zu einem weiteren Treffen von Vertretern der Einzelstaaten: 74 Delegierte sollten die *Articles of Confederation* reformieren, nur Rhode Island lehnte eine engere Union ab und sandte keine Vertreter. Allerdings kamen insgesamt nur knapp über 50 der vorgesehenen Delegierten. Zeitgleich mit der Konferenz eskalierten die Konflikte zwischen Schuldner- und Gläubigerstaaten. Zwar war die Zusammenkunft unabhängig von diesen einberufen worden, sie waren jedoch ein Grund dafür, dass die reguläre Arbeitskonferenz schließlich zum Gründungskongress eines neuen, integrierten Staates wurde.

Im Lichte der Überschuldungen mancher Staaten war ein Gesellschaftssegment besonders daran interessiert, eine neue Verfassung für einen einheitlichen Bundesstaat zu schaffen: Die besitzende Oberschicht in allen Staaten verstand es als zentrale Aufgabe des Staates, Freiheit und Eigentum im Sinne der Unabhängigkeitserklärung zu schützen. So ist die These, dass sich die reichen Gläubigerstaaten gegen die Armen, im Besonderen die Bauern, der Schuldnerstaaten des Unabhängigkeitskrieges wehren wollten und daher gewissermaßen eine Verfassung aufzwangen, sicherlich nicht abwegig; als pauschale und einzige Erklärung für die Entwicklung hin zu einem Bundesstaat wäre dies jedoch zu undifferenziert.

Evident ist hingegen, dass die Gründung der USA ein Elitenprojekt war. Dies zeigt der persönliche und politische Hintergrund jener, die in Philadelphia die Bundesverfassung formulierten. Von den insgesamt 55 teilnehmenden Männern waren 46 schon Mitglieder der Kolonial- oder Staatenparlamente gewesen, sieben hatten darüber hinaus als Gouverneure regiert. Zudem verfügten mehr als 2/3 der Teilnehmer über eine Universitätsausbildung – fast ausschließlich in der Rechtswissenschaft. Es waren alles gut gebildete, Männer der Oberschicht. Obwohl die Teilnehmer einen vergleichbaren soziokulturellen Status hatten, standen sie mitunter für sehr unterschiedliche politische Vorstellungen. Vor allem zeigte sich dies in der später so wirkungsmächtigen Konfliktlinie zwischen den Befürwortern eines starken Bundesstaates einerseits und einer starken Einzelstaatlichkeit andererseits.

Für einen Teil der Delegierten war es bereits vor Beginn der Tagung klar, dass die *Articles of Confederation* nicht mehr als Bauplan für eine tragfähige staatliche Ordnung ausreichten. Die restlichen Vertreter davon zu überzeugen, war der einfache Teil der Verhandlungen; einen geeigneten Bezug der Institutionen des Staates zueinander zu finden, war die größere Hürde. Hier gab es unterschiedliche Positionen, die durchaus vor dem Hintergrund politikwissenschaftlicher Klassiker der Staatsformenlehre diskutiert wurden: Viele der Verfassungsväter waren gut mit den Politischen Theorien von der Antike bis hin zu den Vertragstheoretikern vertraut.

Obwohl keine Konsens darüber bestand, wie die neue Staatsform verfasst sein sollte, herrschte über ein Merkmal Einigkeit: Ihr sollte keine starke Exekutive im Sinne der englischen Monarchie vorstehen. Die auf der Volkssouveränität basierende Republik war Konsens. Genauso klar war jedoch die Ablehnung einer reinen direkten Demokratie. Damit war die Gründung eines repräsentativen Systems unbestritten. Zudem sollte es weder einer Minderheit noch einer Mehrheit gelingen, eine Tyrannei zu etablieren. Folglich erschien den Verfassungsvätern eine Mischung aus direkt-demokratischen und repräsentativen Elementen am stabilsten. Auch sollten so zu einseitige politische Interessen gezügelt werden. Deshalb sollte eine Form von temporaler Gewaltenteilung eingeführt werden, indem das Volk eine Regierung auf Zeit wählen sollte. Die Verfassungsväter wollten damit zwar die Macht dem Volk geben; sie vertrauten – wie bereits einige Denker der Antike – diesem allerdings nicht vollkommen. So mussten weitere Kontrollinstanzen geschaffen werden. Die unterschiedlichen Konzepte zur Realisierung all dieser Kernvorstellungen führten zu langanhaltenden Streitigkeiten besonders zwischen den großen und kleinen Staaten sowie zwischen dem Norden und dem Süden.

Kernsatz

Die USA sollten als eine auf Volkssouveränität basierende Republik ausgestaltet werden, in der eine direkte Demokratie genau wie eine starke Exekutive im Sinne der englischen Monarchie nicht erwünscht war; ein repräsentatives System mit einer starken Kontrolle der Exekutive war daher die bevorzugte Systemform.

Schließlich erarbeiteten verschiedene Delegationen Vorschläge für das Verfassungsdesign. Besonderen Anklang fanden der *Virginia Plan* (von James Madison) und der *New Jersey Plan* (von William Paterson). Die beiden Pläne unterschieden sich vor allem in der Art der Repräsentation. Im *Virginia Plan* waren drei Gewalten vorgesehen und die Legislative in zwei Gremien (Senat und Repräsentantenhaus) mit proportionaler Vertretung aufgeteilt. Im *New Jersey Plan* war hingegen die gleiche Repräsentation der Staaten vorgesehen: Jeder Staat hätte eine Stimme im Kongress bekommen und nicht – wie im *Virginia Plan* – eine Repräsentation auf Basis der Bevölkerungsanzahl. Dies sollte die Gleichheit der Staaten unabhängig von der Population schützen und hätte vor allem die kleineren Staaten gestärkt.

Die Debatte über beide Vorschläge führte zu dem, was in die amerikanische Verfassungslehre unter dem Begriff *Great Compromise* einging: Die Einführung eines Zweikammersystems, in dem zum einen die Bevölkerung direkt und zum anderen die Staatenparlamente repräsentiert werden. Die Senatoren wurden bis 1913 von der Legislative ihrer Staaten gewählt. Erst durch den 17. Verfassungszusatz werden sie seit 1913 von der Bevölkerung bestimmt. Hier darf zu Recht vermutet werden, dass diese Konstruktion nicht zufällig eine Parallele zu Aristoteles' gutem Verfassungsverständnis von einer gemischten Herrschaft aus Aristokratie und Demokratie ist.

Von allen Kompromissen, welche für die Verfassung ausgehandelt wurden, war einer zwischen Nord- und Südstaaten wohl der umstrittenste: der ‚Drei-Fünftel-Kompromiss' (*Three-fifths of a Person Compromise*). Er war ein Zugeständnis an den Süden, mit welchem die versklavten Menschen eines Staates zu Steuer- und Repräsentationszwecken als drei Fünftel einer Person gezählt wurden. So gewannen die südlichen Staaten weitaus mehr politische Macht, als ihnen ohne die versklavte Bevölkerung zugestanden hätte. Erst zum Ende des Bürgerkriegs 1865 wurde mit dem 13. und 14. Verfassungszusatz der Drei-Fünftel-Kompromiss de jure aufgehoben.

Der Verfassungsentwurf wurde schließlich durch die Delegierten am 17. September 1787 mit Mehrheit (39 zu 3 Stimmen) angenommen. Entscheidend war jedoch der folgende Ratifikationsprozess. Dieser wurde nicht von den staatlichen Parlamenten, sondern von speziellen Verfassungskonventen vorgenommen. Mindestens neun von den insgesamt 13 teilnehmenden Staaten mussten in diesen Konventen der neuen Bundesverfassung zustimmen, um sie in Kraft zu setzen.

Die Befürworter und Gegner der Bundesverfassung formierten sich als *Federalists* und *Anti-Federalists*. Entgegen der Bedeutung dieser Begriffe, standen die *Federalists* für die Bundesverfassung und starke zentralstaatliche Institutionen. Die *Anti-*

Federalists hingegen wollten vor allem die Rechte der kleineren Staaten bewahren und sprachen sich damit gegen eine starke Bundesgewalt aus. Sie befürchteten, die Verfassung könnte der Regierung zu viel Macht verleihen. Damit wären aus ihrer Sicht nicht nur die Rechte und Freiheiten Einzelner gefährdet; der Umschwung in eine Monarchie schien ihnen damit allzu nah.

Auf der Seite der *Federalists* veröffentlichten unter dem Pseudonym ‚Publius' Alexander Hamilton, James Madison und John Jay 85 Einzelartikel in New Yorker Zeitungen. Sie plädierten darin für eine relativ starke Zentralgewalt. Die Schriften wurden als *Federalist Papers* bekannt und als Sammlung zu einem Klassiker der politischen Theorie. Sie sind zudem das wichtigste Zeugnis der harten Ratifizierungskämpfe, in welchem sich die *Federalists* de facto durchsetzten. Den ‚Preis', den die *Federalists* für die Ratifikation zu zahlen hatten, bestand in der *Bill of Rights,* die ebenfalls vom ersten Kongress verabschiedet wurde (vgl. Tabelle 2.2).

Exkurs: Die Essays von Publius

Es ist nicht bei allen Essays von ‚Publius' klar, wer diese verfasste. Von den 85 Aufsätzen werden geschätzt 51 Hamilton zugeschrieben, 29 Madison und fünf Jay.

Die *Bill of Rights* sind eine Liste von Verfassungszusätzen. Obwohl sie der Verfassung angehängt sind, nehmen sie denselben verfassungsrechtlichen Rang ein. Die *Anti-Federalists* setzten mit der *Bill of Rights* durch, dass die individuellen Rechte einzeln aufgeführt und verfassungsrechtlich geschützt wurden. Diese ersten zehn Verfassungszusätze wurden zum ersten Menschenrechtskatalog, der in einer geschriebenen Verfassung enthalten war. Sie besiegelten damit den schwierigen Verfassungsgebungsprozess. Heute sind *Amendments* der *Bill of Rights* teilweise veraltet und obsolet; beispielsweise braucht heute niemand mehr befürchten, dass Soldaten in der eigenen Wohnung einquartiert werden sollen (*Amendment III*). Andere, wie der zweite Verfassungszusatz, das Recht auf Waffenbesitz, bergen gerade heute höchste politische Sprengkraft.

Tabelle 2.2: Die Bill of Rights – die ersten 10 Verfassungszusätze

Amendment I
Congress shall make no law respecting an establishment of religion, or prohibiting the free exercise thereof; or abridging the freedom of speech, or of the press; or the right of the people peaceably to assemble, and to petition the government for a redress of grievances.
Amendment II
A well regulated militia, being necessary to the security of a free state, the right of the people to keep and bear arms, shall not be infringed.

Amendment III

No soldier shall, in time of peace be quartered in any house, without the consent of the owner, nor in time of war, but in a manner to be prescribed by law.

Amendment IV

The right of the people to be secure in their persons, houses, papers, and effects, against unreasonable searches and seizures, shall not be violated, and no warrants shall issue, but upon probable cause, supported by oath or affirmation, and particularly describing the place to be searched, and the persons or things to be seized.

Amendment V

No person shall be held to answer for a capital, or otherwise infamous crime, unless on a presentment or indictment of a grand jury, except in cases arising in the land or naval forces, or in the militia, when in actual service in time of war or public danger; nor shall any person be subject for the same offense to be twice put in jeopardy of life or limb; nor shall be compelled in any criminal case to be a witness against himself, nor be deprived of life, liberty, or property, without due process of law; nor shall private property be taken for public use, without just compensation.

Amendment VI

In all criminal prosecutions, the accused shall enjoy the right to a speedy and public trial, by an impartial jury of the state and district wherein the crime shall have been committed, which district shall have been previously ascertained by law, and to be informed of the nature and cause of the accusation; to be confronted with the witnesses against him; to have compulsory process for obtaining witnesses in his favor, and to have the assistance of counsel for his defense.

Amendment VII

In suits at common law, where the value in controversy shall exceed twenty dollars, the right of trial by jury shall be preserved, and no fact tried by a jury, shall be otherwise reexamined in any court of the United States, than according to the rules of the common law.

Amendment VIII

Excessive bail shall not be required, nor excessive fines imposed, nor cruel and unusual punishments inflicted.

Amendment IX

The enumeration in the Constitution, of certain rights, shall not be construed to deny or disparage others retained by the people.

Amendment X

The powers not delegated to the United States by the Constitution, nor prohibited by it to the states, are reserved to the states respectively, or to the people.

Die Verfassung selbst ist relativ kurz und oft auch vage. Zudem ist sie schwer zu verändern. In Artikel fünf sind die Bedingungen festgelegt, unter denen die

Verfassung ergänzt oder verändert werden kann. Aus dem kurzen Text unter Artikel fünf ergeben sich de facto vier Möglichkeiten, um einen Verfassungszusatz zu verabschieden.

1. Beide Kongress-Kammern verabschieden einen Verfassungszusatz mit jeweils mindestens einer Zwei-Drittel-Mehrheit und drei Viertel der einzelstaatlichen Legislativen stimmen dem Vorschlag zu.
2. Beide Kongress-Kammern verabschieden einen Verfassungszusatz mit jeweils mindestens einer Zwei-Drittel-Mehrheit und drei Viertel der Staaten billigen den Verfassungszusatz durch eine Ratifizierungs-Versammlung.
3. Zwei Drittel der staatlichen Legislativen fordern den Kongress auf, einen Verfassungskonvent abzuhalten und drei Viertel der staatlichen Legislativen ratifizieren den Verfassungszusatz.
4. Zwei Drittel der staatlichen Legislativen fordern den Kongress auf, einen Verfassungskonvent abzuhalten und drei Viertel der Staaten billigen den Verfassungszusatz durch eine Ratifizierungs-Versammlung.

Theoretisch sind alle vier Varianten der Verfassungsänderung möglich, de facto ist jedoch nur das unter (1) beschriebene Verfahren relevant: 26 der 27 Verfassungszusätze wurden auf diesem Wege eingebracht. Lediglich der 21. Verfassungszusatz, mit dem die Prohibition aufgehoben wurde, ist auf der unter (2) beschriebenen Art verabschiedet worden.

Die Verfassung beruht auf drei Fundamenten, die miteinander in Verbindung stehen: die *Volkssouveränität*, das *Limited Government* sowie ein individuelles *Naturrecht*. Das ideelle Erbe der Unabhängigkeitserklärung in der späteren Verfassung wird in diesen Punkten deutlich.

2.2 Unveräußerliche Naturrechte und Limited Government

Die Naturrechtslehre von John Locke ist nicht nur durch Thomas Jefferson stark in die Unabhängigkeitserklärung eingegangen; sie bildet auch einen wesentlichen Baustein der amerikanischen Verfassung. Da die Naturrechte bereits vor der Verfassungsgebung Bestand haben, obliegt es dem Verfassungsdesign, dass sie von einer Regierung nicht ohne weiteres begrenzt werden können. Insoweit sind die in der *Bill of Rights* ausformulierten grundlegenden Menschenrechte durchaus bereits ideeller Kernbestand des Verfassungstextes. Entsprechend ist es vorrangig die Aufgabe der Regierung (verstanden als Einheit der drei politischen Gewalten), diese Grundrechte zu schützen. Daher verfügt die staatliche Gewalt laut Verfassung zum einen über ausdrückliche Kompetenzen und Rechte. Strikte Machtbegrenzungen schützen zum anderen jedoch die Volkssouveränität, die sonst ausgehöhlt werden könnte. Diese Begrenzungen wurden zu großen Teilen mit der *Bill of Rights* gesetzt. Der Glaube an den Schutz dieser Rechte ist heute noch stark, vor allem in Bezug auf jenes der Freiheit. Dies ist als ein wichtiges Element in die politische und ökonomische Kultur der USA eingegangen.

Die Kompetenzen der Regierungsgewalten spiegeln sich in den ersten drei Artikeln der Verfassung wider: In Artikel I ist die Gesetzgebung durch den Kongress festgelegt, in Artikel II folgt die ausführende Gewalt in Form der Präsidentschaft und die richterliche Gewalt ist in Artikel III definiert. Diese Reihung deutet auch eine Rangordnung an, denn nicht die Präsidentschaft, sondern der Kongress steht zu Beginn der Verfassung. Die heute relativ umfassenden Kompetenzen der Präsidenten entwickelten sich erst im Laufe der Zeit. Eine Dominanz der Legislative würde dem Mechanismus der Gewaltentrennung und -Kontrolle zuwiderlaufen. Hier sollten alle drei Gewalten möglichst gleich stark sein.

Die Trennung der Gewalten bildet zwar die Grundlage des amerikanischen politischen Systems, diese ist dennoch gewollt nicht strikt, da sich getrennte Gewalten nicht kontrollieren können. Die Gewaltentrennung wird zudem nicht konsistent gehandhabt: Beispielsweise können Präsidenten sehr einfach Gesetzesvorschläge erarbeiten und in den Kongress einbringen lassen. Auch ist die Gewaltentrennung in nur wenigen weiteren Artikeln der Verfassung präzisiert. Dies soll in politischen Streitfragen Flexibilität ermöglichen, allerdings gehen daher die Interpretationen mancher Verfassungskompetenzen bisweilen auseinander. Im Besonderen für die *Implied Powers,* also die impliziten Machtbefugnisse. Diese lassen sich theoretisch aus den ausdrücklichen Kompetenzen, den *Enumerated Powers* (manchmal auch *Expressed Powers*), ableiten. Allerdings entsteht daraus eine Unschärfe in der Zuständigkeit, wie z. B. Artikel I Sektion 8 der Verfassung, in welchem dem Kongress folgende Macht verliehen wird: „to make all laws, which shall be necessary and proper for caring into execution the forgoing powers, and all other powers vested by this constitution in the government of the United States". Das Kernelement dieser als *Elastic Clause* verstandenen Formulierung ist der Abstraktionsgrad des Terms *Necessary and Proper* (vgl. Kapitel 6). Diese Flexibilitätsklausel lässt eine enorme Interpretationsspanne offen und die Frage, was notwendig und richtig sei, ist naturgemäß umstritten. Wie weit der Kongress bei der Auslegung seiner Gewalt gehen kann, liegt demnach oft in dessen eigenem Ermessen.

Kernsatz

In den USA wurde ein System aus Trennung der Gewalten und Mechanismen ihrer gleichzeitigen gegenseitigen Kontrolle etabliert.

Schon direkt nach der Ratifikation kam es zum ersten Konflikt über die *Elastic Clause*: Die Frage der Gründung einer Nationalbank führte zu einer verfassungspolitischen Auseinandersetzung zwischen Alexander Hamilton auf der einen Seite und Thomas Jefferson sowie James Madison auf der anderen. Das Argument von Jefferson, dem Gegner einer staatenübergreifenden Zentralbank, lautete schlicht, der Kongress sei zu deren Einrichtung nicht befugt. Erst mit der Entscheidung im Fall *McCulloch v. Maryland* legte der *Supreme Court* 1819 diesen Streit bei: Das oberste amerikanische Bundesgericht bestätigte hierbei eine breite Auslegung der *Implied Powers*. Diese Entscheidung ist einer der ersten und wichtigsten Fälle des Supreme Court in Bezug auf die Macht des Bundes. Neben *McCulloch v. Maryland* etablierte der vorsitzende oberste Verfassungsrichter, John Marshall, zudem

1803 in *Marbury v. Madison* das bereits genannte Kernelement der amerikanischen Verfassungslehre, die *Judicial Review*. Die *Judicial Review* ist die Fähigkeit des *Supreme Court*, eine gesetzgeberische oder exekutive Handlung als Verstoß gegen die Verfassung zu erklären. Diese Kompetenz ist im Verfassungstext nicht enthalten, sondern vom Gericht selbst zugesprochen. Mit *Marbury v. Madison* und *McCulloch v. Maryland* brachte das faktenschaffende Amtsverständnis von Marshall wegweisende Praktiken in das politische System der USA.

Die Gewalten unterliegen trotz ihrer umfassenden Kompetenzen nach wie vor weitreichenden Kontrollen. Zur Gewährleistung der Grundprinzipien Volkssouveränität, *Limited Government* und Naturrecht wurde das System der *Checks and Balances* konstruiert.

Kernsatz

Das *Checks and Balances* System soll eine gegenseitige Kontrolle der ansonsten getrennten Gewalten in Hinsicht auf deren verfassungsrechtlichen Kompetenzen ermöglichen; die Gewalten sind damit durch verschiedene Kontroll- und Ausgleichsmechanismen verschränkt.

Die *Checks and Balances* sind die praktische Umsetzung der Annahme, dass sich strikt getrennte Gewalten gegenseitig nicht kontrollieren können. Die *Checks and Balances* eröffnen hierbei die Möglichkeit einer Überprüfung, ob Kompetenzen nicht überschritten werden. Sie bilden eine ausgewogene Konstellation von horizontaler und vertikaler Gewaltenteilung. Die *Checks and Balances* sind in der Art von den Verfassungsvätern ausdrücklich und systematisch angelegt worden, während die *Judicial Review* aus der Verfassungspraxis entstanden ist. Das System der *Checks and Balances* ist ein Meilenstein der verfassungspolitischen Geschichte.

Kernsatz

Die *Checks and Balances* sind die Möglichkeit jeder Gewalt, die anderen beiden anderen zu kontrollieren oder auch zu begrenzen, wodurch ein Gleichgewicht zwischen den ansonsten getrennten Institutionen hergestellt werden soll. So soll nicht nur eine Übermacht einer Gewalt verhindert, sondern auch die politische Freiheit gesichert werden.

2.3 Horizontale Gewaltenteilung

Die Verteilung der Macht zwischen Legislative, Exekutive und Judikative ist in den ersten drei Artikeln der Verfassung dargelegt. John Locke sah es vor, der Legislative eine übergeordnete Stellung unter den drei Gewalten zuzusprechen. Die Reihung der Gewalten in der Verfassung lässt erahnen, dass die Verfassungsväter diese Sicht übernahmen. Artikel I behandelt den Kongress und Artikel II erst die Präsidentschaft. Die Gefahr einer Präsidentialisierung – entsprechend einer Monarchie – war schließlich auch in einer Republik gegeben. Die Legislative formal an erster Stelle zu nennen und sie so gegenüber der Exekutive zu stärken, der eine sekundäre, rein ausführende Rolle zugewiesen wurde, ist ein Weg, Machtusurpation zu verhindern.

Allgemein findet sich der Gedanke der Gewaltenteilung im *Federalist* Nr. 51, den James Madison verfasste. Er schrieb: „ambition must be made to counteract ambition“ (*Federalist 51*). Macht und Gegenmacht gehörten also unzertrennlich zueinander, wenn der Staat nicht zu einer Diktatur oder Anarchie ausarten soll. Inspiriert ist dieses Prinzip der politischen Theorie von Aristoteles; über Polybios und Machiavelli wurde es vermittelt und von James Harrington über die Zwischenstation London in die neuen Kolonien weitergetragen. Hierbei findet sich das aufklärerische Motiv der Konkurrenz um die Macht, deren eigensüchtiges und eifriges Motiv sich aufgrund des Konkurrenzprozesses letztlich zu einem Gemeinwohl wandelt.

Im System der *Checks and Balances* sind trotz der *Teilung* zwischen gesetzgebender, ausführender und richterlicher Gewalt diese aufeinander angewiesen. Das Gegenstück, die Gewaltenverschränkung, findet sich in dieser Verfassung in vielfacher konkreter Ausformung und in einer bemerkenswerten Eleganz. Zum Beispiel ist der Gesetzgebungsprozess zunächst zwischen den beiden Kammern im Parlament sowohl geteilt als auch verschränkt. Schließlich ist die präsidentielle Gewalt durch ein Vetorecht an die Gesetzgebung gekoppelt: Jedes Gesetz kann mit einem präsidentiellen Veto belegt werden. Um eine Gesetzesvorlage über ein präsidentielles Veto hinweg zu verabschieden, sind wiederum in jeder Kammer zwei Drittel der Stimmen erforderlich.

Eine ähnliche Begrenzung der Macht gilt bei Verträgen mit anderen Staaten, die i. d. R. zwar vom Präsidenten ausgehandelt und unterschrieben, aber durch den Senat ratifiziert werden müssen. Auch die Ernennung von Bundesrichtern und anderen hohen Beamten ist der Exekutive vorbehalten; sie muss aber durch ein zumeist kritisches und zugleich öffentliches Bestätigungsverfahren im Senat laufen.

Ein Effekt dieser *Checks and Balances* ist die Verlangsamung des politischen Prozesses. Dies kann durchaus als gewollt angesehen werden. Keine der Institutionen sollte schließlich nach dem Willen der Verfassungsväter, die anderen dominieren können. Ein bisweilen negativer Effekt dieses starken *Checks and Balances* Systems ist gar ein ‚Politikstau‘. Solch eine Blockade wird mit dem meist pejorativ verstandenen Begriff *Gridlock* bezeichnet und steht für eine Barriere bei der Umsetzung von Politikvorhaben. Derlei Blockaden zwischen verschiedenen Gewalten treten in Zeiten polarisierter Politik häufig auf und sorgen für Unmut, da sie einem politischen Stillstand gleichkommen. Unter einem normativen Gesichtspunkt können *Gridlocks* jedoch auch als ein mächtiger Schutz der Demokratie bewertet werden. Als *Gridlock* können verschiedene Ansichten über ein bestimmtes Politikvorhaben der Mehrheit beider Kammern im Kongress angesehen werden oder auch das präsidentielle Vetorecht.

Tabelle 2.3 illustriert politische Blockaden, ausgehend von der Exekutive in jüngerer Zeit:

Tabelle 2.3: Präsidentielle Vetos, 1969-2021 (ohne Pocket-Vetos, vgl. hierzu Kapitel 3)

Präsident	Kongress	Anteil der Präsidentenpartei		Anzahl der Vetos	Erfolgsrate
		Haus	Senat		
Richard Nixon	91	44,1%	43,0%	8	62,5%
	92	41,4%	44,0%	6	66,7%
	93	44,1%	42,0%	12	83,3%
			(Total)	*(26)*	*(73,1%)*
Gerald R. Ford	93	44,1%	42,0%	16	75,0%
	94	33,1%	38,0%	32	75,0%
			(Total)	*(48)*	*(75%)*
Jimmy Carter	95	67,1%	61,0%	6	100,0%
	96	63,7%	58,0%	7	71,4%
			(Total)	*(13)*	*(84,6%)*
Ronald Reagan	97	44,1%	53,0%	9	77,8%
	98	38,2%	54,0%	9	77,8%
	99	41,8%	53,0%	13	84,6%
	100	40,7%	45,0%	8	62,5%
			(Total)	*(39)*	*(76,9%)*
George H.W. Bush	101	40,2%	45,0%	15	100,0%
	102	38,4%	44,0%	14	92,9%
			(Total)	*(29)*	*(96,6%)*
William J. Clinton	103	59,3%	57,0%	0	-
	104	46,9%	48,0%	17	94,1%
	105	47,4%	45,0%	8	87,5%
	106	48,5%	45,0%	11	100,0%
			(Total)	*(36)*	*(94,4%)*

Präsident	Kongress	Anteil der Präsidentenpartei		Anzahl der Vetos	Erfolgsrate
		Haus	Senat		
George W. Bush	107	50,8%	50,0%	0	-
	108	52,6%	51,0%	0	-
	109	53,3%	55,0%	1	100,0%
	110	46,4%	49,0%	11	60,0%
			(Total)	*(12)*	*(63,6%)*
Barack Obama	111	58,9%	60,0%	2	100,0%
	112	44,4%	53,0%	0	-
	113	46,2%	55,0%	0	-
	114	43,2%	46,0%	10	43,2%
			(Total)	*(12)*	*(91,7%)*
Donald J. Trump	115	54,6%	50,5%[1]	-	-
	116	45,8%	53,0%	10	90%
			(Total)	*(10)*	*(90%)*

Quelle: United States Senate 2021.

2.4 Vertikale Gewaltenteilung

Auf der vertikalen Ebene besteht – ebenso wie auf der horizontalen – eine Gewaltenteilung zwischen zentraler Regierung und den Einzelstaaten, sowie eine Gewaltenverschränkung. Bei der Entwicklung dieses Konzepts gab es bei der Verfassungsdebatte kaum Alternativen: Die Vertreter der bereits bestehenden Staaten waren sehr darauf bedacht, dass ihre Kompetenzen nicht allzu sehr eingeschränkt würden. Allein deshalb stand ein hierarchischer Zentralstaat in den USA nie zur Diskussion. Jeder einzelne Staat behielt daher seine eigenen Gewalten und bildete sie im Einzelnen den Institutionen der Zentralgewalt nach. Alle Staaten verfügen entsprechend über ein Kapitol mit der gesetzgebenden Versammlung, eine Exekutive sowie ein oberstes Gericht. Die Bürger sind damit einer doppelten staatlichen Gewalt unterstellt. Dabei sind viele der ausdrücklichen Rechte der Staaten im Sinne von ausschließlichen Kompetenzen *(Reserved Powers)* zu verstehen. Im Vergleich zu anderen föderalen Staaten wie etwa Deutschland existiert dort eine konkurrierende Gesetzgebung, also die *Concurrent Powers*. In der Anlage der amerikanischen Verfassung sind diese eher als Ausnahme vorgesehen. Grundsätzlich gilt nach der Verfassung, dass alle Kompetenzen, die nicht ausdrücklich dem Zentralstaat vornehalten und den Einzelstaaten nicht ausdrücklich verweigert

1 Die ‚krummen' Zahlen ergeben sich aus Änderungen in der Senatszusammensetzung.

sind, bei den Einzelstaaten liegen. Als konkurrierend gelten die Bereiche, die nicht ausschließlich beim Zentralstaat angesiedelt sind.

Fragen

- Mit welchem Vorfall begann der Unabhängigkeitskrieg?
- Was ist die Funktion des *Checks and Balances* Systems?
- Im starken *Checks and Balances* System kommt es bisweilen zu einem *Gridlock*. Für was steht dieser Begriff?

Zur weiteren Lektüre empfohlen

Adams, Angela; Adams, Willi P. (1994): Hamilton/Madison/Jay. Die Federalist-Artikel. Politische Theorie und Verfassungskommentar der amerikanischen Gründerväter. Paderborn: Schöningh.

Adams, Willi P. (1985): Republikanische Verfassung und bürgerliche Freiheit. Die Verfassungen und politischen Ideen der Amerikanischen Revolution, 1763-1787. Frankfurt am Main.

Barbour, Christine; Wright, Gerald C. (2014): Keeping the Republic. Power and Citizenship in American Politics: The Essentials. 7. Aufl. Thousand Oaks, California: Sage and CQ Press.

Dahl, Robert (2005): Who Governs? Democracy and Power in an American City. New Haven: Yale University Press.

Dippel, Horst (1985): Die amerikanische Revolution, 1763-1787. Frankfurt am Main: Suhrkamp.

Fisher, Louis (2014): Constitutional Conflicts between Congress and the President. Lawrence: University Press of Kansas.

Lowi, Theodore J.; Ginsberg, Benjamin; Shepsle, Kenneth A.; Ansolabehere, Stephen (2019): American Government. Power and Purpose. 15. Aufl. New York: W. W. Norton.

Wilson, James Q.; DiIulio, John J.; Bose, Meenekshi; Levendusky, Matthew (2019): American Government. Institutions and Policies. 16. Aufl. Boston, Massachusetts: Cengage.

3. Die Legislative

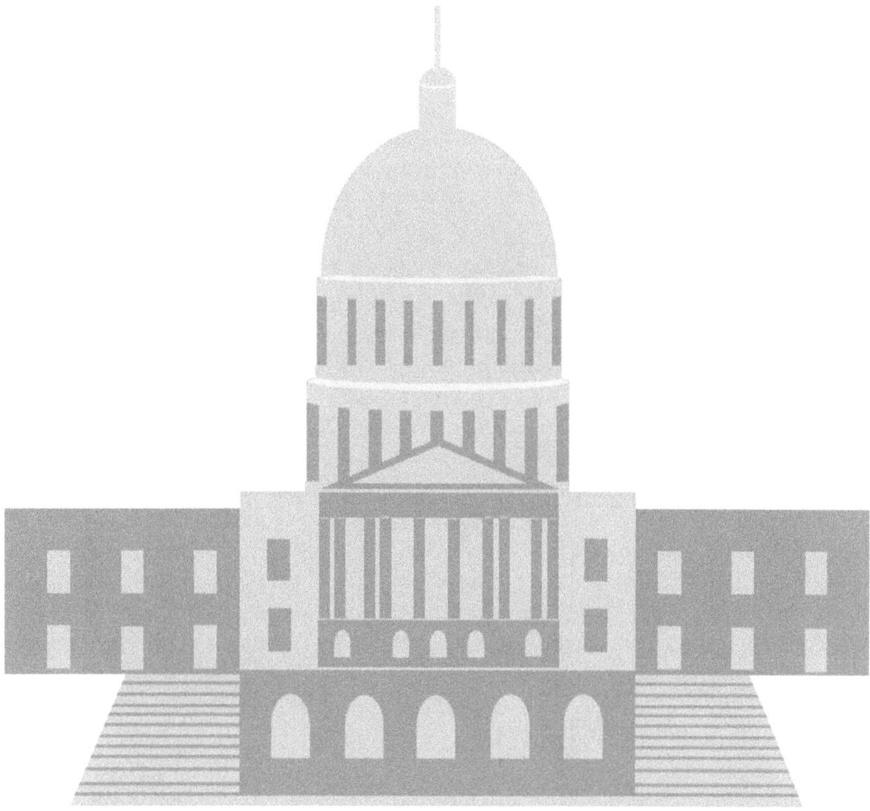

Abbildung 3.1: Das Kapitol, das Kongressgebäude

Der Kongress ist als Legislative das in der amerikanischen Verfassung an erster Stelle genannte politische Organ. Dies darf als eine Art Rangfolge der Macht unter den Gewalten interpretiert werden, auch wenn es mit der Machtakkumulation der Präsidenten in der Realität oft nicht entsprechend abgebildet ist. Dabei spiegelt der Kongress jedoch ganz in der Locke'schen Tradition die Idee der Volkssouveränität in einem republikanischen Gemeinwesen wider. Gemäß der Verfassung ist der Kongress zunächst dafür zuständig, Gesetze zu verabschieden. Seine beiden Kammern, das Repräsentantenhaus und der Senat, sind hierbei nahezu gleichermaßen autorisiert.

Nach den Vorstellungen der Verfassungsväter sollte die Teilung und Verschränkung der politischen Macht das entscheidende Kennzeichen des *Limited Government* sein. Beim Kongress findet sich diese Teilung noch in einer weiteren Dimension, insoweit er von den *Framers* – den Verfassungsvätern – bewusst als duale gesetzgebende Körperschaft organisiert wurde. Gesetze müssen in den beiden Kammern beraten und beschlossen werden. Die entscheidende Schwierigkeit für schnelles, gesetzgeberisches Handeln besteht darin, dass letztlich Repräsentantenhaus und Senat einen übereinstimmenden Text verabschieden müssen – nur so kann ein Gesetz (*Law* bzw. *Statute*) in Kraft treten. Eine solche Aufteilung verlangsamt zwar den politischen Gesetzgebungsprozess und birgt die Möglichkeit eines *Gridlocks*. Die Väter der Verfassung nahmen die Verlangsamung des politischen Prozesses – und gegebenenfalls auch den *Gridlock* – zu Gunsten einer möglichst legitimen Gesetzgebung vermutlich bewusst in Kauf.

3.1 Organisation

Die Kompetenzen der beiden Kammern sind relativ ähnlich, wobei der Senat die etwas prestigeträchtigere und auch ein wenig machtvollere Institution ist. Der Senat ist schließlich sowohl für die Bestätigungen der Amtsnominierungen zuständig als auch für die Ratifikation von Verträgen. Das Prestige geht unter anderem aus der Vertretung eines gesamten Staates als lediglich eines Wahlkreises im Repräsentantenhaus hervor. Die Zweiteilung des Kongresses geht auf die politischen Körperschaften der Kolonialherrschaft zurück und dieses aus dem britischen Parlament importierte Zweikammersystem fand daher erst nach heftigen Streitigkeiten um das geeignete Repräsentationsprinzip Eingang in die Verfassung. Der als *Great Compromise* bezeichnete Plan sah unterschiedliche Zusammensetzungen und Funktionen für beide Häuser vor. Gleichzeitig legt er einen Zwang zur Zusammenarbeit auf. Obwohl in den Grundfunktionen der Kammern vieles ähnlich erscheint, spiegeln sich die Unterschiede der Institutionen auch im jeweiligen Selbstverständnis wider.

3.1.1 Das Repräsentantenhaus

Das Repräsentantenhaus ist die mit Abstand größere der beiden legislativen Kammern: Seit 1929 umfasst es 435 Sitze. Die Repräsentanten werden alle zwei Jahre nach einfachem Mehrheitswahlrecht neu gewählt. Das Repräsentantenhaus soll die Bevölkerungszahlen der einzelnen Wahlkreise möglichst exakt abbilden, daher wird alle zehn Jahre eine Volkszählung (*U.S. Census*) durchgeführt. Anhand deren Ergebnisse werden die Sitze des Repräsentantenhauses in ihrer Verteilung an die relative Wertigkeit der Bevölkerungsverteilung in den einzelnen Staaten angepasst. Bei den Kongresswahlen 2020 (noch auf Basis der Volkszählung 2010) verfügt der bevölkerungsreichste Staat Kalifornien über 53 Abgeordnete, bevölkerungsarme Staaten wie Delaware, Montana und Wyoming entsenden die Mindestanzahl an Abgeordneten in das Repräsentantenhaus: lediglich einen Vertreter.

Auch wenn die relativ kurzen Amtsperioden von zwei Jahren einen Dauerwahlkampf in einzelnen Wahlkreisen suggeriert, ist die Wiederwahlquote von Abgeordneten hoch: Auf Basis der Amtsinhabe (*Incumbency*) liegt sie meist über 90 Prozent, die Verfügbarkeit von *Swing Seats* ist also gering. Dies sind jene Plätze im Repräsentantenhaus, bei denen Herausforderer überhaupt eine reale Chance haben, sie zu erobern. Von diesen *Seats* gab es im Jahr 2020 etwa 9 Prozent.[2]

2 Diese Werte berücksichtigen nicht die Abgeordneten, die freiwillig aus dem Kongress ausscheiden.

Ein Grund dafür ist, dass in den USA vermehrt ein regionales *Sorting* auftritt: Menschen ziehen in Gegenden, wo sie kulturell-politisch ähnlich orientierte Menschen und entsprechende Infrastrukturen vorfinden. Tatsächlich müssen Immobilienmakler heutzutage wissen, ob die Nachbarschaft republikanisch oder demokratisch orientiert ist. Dies hat sich zu einem wichtigen Kriterium beim Hauskauf entwickelt. Viele Ergebnisse in Wahlkreisen sind demnach bereits zementiert, was mitunter dazu führte, dass sich in einzelnen Regionen keine Kandidaten einer Gegenpartei aufstellen ließen (vgl. hierzu auch Kapitel 7 & 8).

Sorting

Sorting ist eine Korrelation zwischen Parteiaffinität und Ideologie. Die Gesellschaft in den USA ist entsprechend ‚gesorted', da Konservative i. d. R. Republikaner wählen und Liberale Demokraten. Geografisches Sorting ist eine Folge davon, dass Kultur, Klasse und Ideologie mittlerweile bestimmende Faktoren für die geografische Lokalisierung von Menschen sind.

In der Vergangenheit war es für Abgeordnete des Repräsentantenhauses besonders wichtig, glaubwürdig zu vermitteln, sich bei politischen Entscheidungen weniger von Parteipolitik oder gar eigensüchtigen Motiven leiten zu lassen; ihre Präferenzen sollten vielmehr Wünsche der Wähler im Wahlkreis widerspiegeln. In einigen Gegenden zeigt sich jedoch mittlerweile, dass die starre Unterstützung der Regierungspolitik ein wichtigerer Faktor wird. Mitunter hatten Kritiker Donald Trumps aus der republikanischen Partei keine Chance, für eine Wiederwahl aufgestellt zu werden.

Weiterhin gibt es für Abgeordnete verschiedene Privilegien, die es schwer machen, dass ihr Sitz von der Gegenpartei ‚erobert wird' (*Flip the Seat*). Neben finanziellen Erleichterungen (Vergünstigungen bei Transportkosten, beim Briefversand und nicht zuletzt dem Medieneinsatz), gehört hierzu die Reputation, die Abgeordnete in Washington durch die nationale Medienberichterstattung genießen. Allein der Bekanntheitsgrad von Abgeordneten (*Name Recognition*) verschafft ihnen einen gewichtigen Vorteil bei Wahlen.

Abgeordnete profitieren ebenfalls von der Unterstützung durch die wissenschaftlichen Dienste des Kongresses sowie der Fraktion, die wahlkampfrelevante Information zur Verfügung stellen. Die kurze Wahlperiode liefert also nicht die erwartete Dynamisierung des Repräsentantenhauses. Die Mehrheitsverhältnisse werden vielmehr von relativ wenigen *Swing Seats* bestimmt; andere ‚Eroberungen' fallen aus dem Rahmen und sind größere Überraschungen.

Ähnlich wie in den politischen Systemen Europas betrifft die Repräsentation der Bevölkerung lediglich die Anzahl der Bürger – und auch dies nur grob. Frauen sind nach wie vor vergleichsweise unterrepräsentiert, ebenso wie ethnische Minderheiten. Mit der Wahl von Abgeordneten wie Ayanna Pressley (MA), Rashida Tlaib (MI), Ilhan Omar (MN) und Alexandria Ocasio-Cortez (NY) im Jahr 2018 und ihrer Wiederwahl 2020 zeichnet sich hier jedoch für progressive Regionen ein Wandel ab.

Auch wenn die Wiederwahl von Amtsinhabern meist relativ sicher ist, ist seit der Jahrtausendwende eine im historischen Vergleich etwas höhere Fluktuation von Abgeordneten zu beobachten. Die Wiederwahlrate fiel von 98 Prozent im Jahr 2000 bis auf 91 Prozent im Jahr 2020. Vor allem moderate republikanische Abgeordnete im Repräsentantenhaus hatten es im letzten Jahrzehnt schwer, sich zu behaupten, da die Basis weiter nach rechts rückte. Aber auch die im Vergleich weit links stehende Ocasio-Cortez verdrängte in New York einen Amtsinhaber, der den Posten seit 10 Jahren innehatte und der Vorsitzende des Democratic Caucus war: Joe Crowley (vgl. Kapitel 3.3.1). Die Verdrängung des etablierten und auch beliebten Crowley war durchaus eine große Überraschung.

Diese Entwicklung spiegelt einerseits die stetig steigende Polarisierung im Kongress wider, andererseits steht sie auch für eine ideologische Verschiebung der Mittelwerte beider Parteien. Vor allem bei den Republikanern spielt hierbei die Stimmung gegen das Washingtoner Politikestablishment eine Rolle. Aber auch strukturelle Faktoren begünstigen eine überdurchschnittlich hohe Fluktuation: die steigende Anzahl von offenen Vorwahlen, gelockerte Wahlkampffinanzierungsbestimmungen, die finanzielle Ungleichgewichte zwischen Kandidaten verstärken können, und ein rückläufiger Einfluss der nationalen Parteiführungen. Die Bedeutung dieser Entwicklungen für den Kongress sind nicht abzusehen. Es bleibt jedoch abzuwarten, ob Wiederwahlquoten in den USA dauerhaft unter ihren langjährigen Durchschnitt fallen.

Komplettiert wird das Repräsentantenhaus schließlich durch Vertreter der unter amerikanischer Verwaltung stehenden Gebiete, die nicht zu den 50 Staaten gehören. Puerto Rico entsendet einen *Resident Commissioner,* der *District of Columbia* (Washington D.C.), Guam, Amerikanisch-Samoa und die Jungferninseln jeweils Delegierte in das Repräsentantenhaus. Sie haben ein Stimmrecht in den Ausschüssen, in die sie gewählt werden, bislang jedoch nicht bei Abstimmungen im Plenum. Von den Demokraten wird derzeit der Zuspruch des vollen Repräsentationsstatus für Washington D.C. gefordert. Die Hauptstadt wählt überwältigend demokratisch: Joe Biden erhielt 2020 knapp 87 Prozent der Stimmen.

3.1.2 Der Senat

Der Senat ist ein institutionelles Gegengewicht zum Repräsentantenhaus; er ist historisch aber auch ein Teil der Absicherung kleiner Staaten, nicht einer Tyrannei der Mehrheit ausgesetzt zu sein – also ein wichtiges Element des *Great Compromises*. Jeder Staat, ganz gleich wie groß, klein oder alt er ist, sendet zwei Vertreter in den Senat nach Washington D. C., die für eine Amtsdauer von sechs Jahren gewählt werden. Die Wahlen zum Senat sind mit denen zum Repräsentantenhaus derart synchronisiert, dass alle zwei Jahre zum gleichen Zeitpunkt ein Drittel der Senatssitze neu vergeben wird. Im Gegensatz zum Repräsentantenhaus gibt es bei Senatswahlen keine Wahlkreise – der Bundesstaat ist hier quasi der Wahlkreis.

Der Senat ist die Kammer mit dem größeren Prestige und die Mehrheit seiner Abgeordneten sind überwiegend politisch erfahrene, ältere und wohlhabende Menschen – viele von ihnen sind Millionäre. In seiner Anlage ist der Senat aber freilich keine Vertretung einer bestimmten gesellschaftlichen Schicht; er ist aber auch keine föderale Vertretung. Zunächst ist er Resultat des bereits angesprochenen Kompromisses und ein Mittel für *Checks and Balances,* um die am Ende des 18. Jahrhunderts bestehenden Unterschiede zwischen den Kolonien auszugleichen (vgl. hierzu Kap. 2.1). Mit der Regelung, dass jeder Staat zwei Senatoren nach Washington D. C. schickt, wurde den kleineren Staaten verhältnismäßig mehr Mitsprache zugestanden und zugleich ein kongressinterner Schutzmechanismus gegen regionale Mehrheitskoalitionen im Repräsentantenhaus geschaffen.

Seit der Annahme des 17. Verfassungszusatzes im Jahr 1913 werden die Abgeordneten des Senats direkt von der wahlberechtigten Bevölkerung in allgemeinen Wahlen bestimmt. Dabei sind prinzipiell nie beide Sitze eines Staates gleichzeitig vakant. Die insgesamt hundert Senatoren der 50 Staaten sind daher allein schon aufgrund der erheblich längeren Amtsdauer von den Repräsentanten des Hauses zu unterscheiden, die sich alle zwei Jahre zur Wahl stellen müssen. Auch wenn für sie eine Wiederwahl häufig als sicher gilt, müssen sie bi-annual Ressourcen für einen Wahlkampf aufbringen, während die Senatoren mit einer gewissen Ruhe ihr Amt vertreten und versehen können. Unmittelbare und kontinuierlich veränderbare Repräsentation steht hiermit einer relativ dauerhaften und konstanten Vertretung gegenüber. Dies war von den Verfassungsvätern so gewollt und spiegelt sich deutlich in der Arbeitsweise der beiden Kammern wider.

3.2 Aufgaben

3.2.1 Die Kongresskammern: Ähnliche Kompetenzen und doch sehr unterschiedlich

Der erste Artikel der amerikanischen Verfassung zählt die Kompetenzen des Kongresses auf. Gemeinsam sind beiden Kammern u. a. das Recht auf Kriegserklärung, die Regulierung des Handels und die Einwanderungsgesetzgebung. Ein dynamischer Wandel in den Aufgabenbereichen wird durch die in Kapitel 2. angesprochene *Necessary and Proper Clause* (vgl. auch Kapitel 6) der Verfassung gewährleistet. Durch sie können Kompetenzen an die jeweils vorherrschenden Gegebenheiten angepasst werden.

Trotz der genannten Gemeinsamkeiten beider Kammern bestehen signifikante Unterschiede, die für den Kongress selbst, aber auch für den gesamten politischen Willensbildungs- und Entscheidungsprozess, charakteristisch sind. Das Repräsentantenhaus allein verfügt über das Recht zur Haushaltsgesetzgebung. Der Senat muss zwar um seine Zustimmung befragt werden, spielt aber bei der entscheidenden parlamentarischen Budgetverantwortung allenfalls eine Nebenrolle.

3.2.2 Der Check des Impeachments

Eine weitere eigenständige Kompetenz des Repräsentantenhauses ist die Einleitung eines Verfahrens, um den Präsidenten seines Amtes zu entheben *(Impeachment).* Ein solches Impeachment-Verfahren kann qua Verfassung nur vom Repräsentantenhaus beschlossen werden. Das Verfahren selbst wird jedoch nach einem mehrheitlichen Beschluss dem Senat übergeben und dort als eine Art Gerichtsverhandlung unter Vorsitz des obersten Verfassungsrichters geführt. Damit tritt das Repräsentantenhaus quasi als Ankläger und der Senat als richterliche Instanz auf. Der Senat kann hierfür seine eigenen Regeln festlegen und – sollte es politisch gewünscht sein – sogar an einem einzigen Tag einen Prozess abhalten.

Vizepräsidenten und das *Impeachement*

Vizepräsidenten sitzen dem Senat vor und sie geben im Falle eines Patts bei einer Abstimmung (50-50) die entscheidende Stimme ab. Im Falle eines Impeachment-Verfahrens wird der Vorsitz von den obersten Verfassungsrichtern übernommen. Vizepräsidenten könnten sonst schnell befangen sein – sie rücken schließlich nach einer Amtsenthebung auf die Präsidentschaft nach.

Eine Anklage – also ein *Impeachment* – ist dann möglich, wenn die Abgeordneten einen Hochverrat, einen Fall von Bestechung oder andere gewichtige Verbrechen und Verfehlungen beim Präsidenten sehen. Diese vage definierte Vorgabe lässt den Abgeordneten viel Spielraum, was sie als *Impeachable Offense* – also als Vergehen –, erachten. Faktisch legt somit die Mehrheit des Repräsentantenhauses fest, was als ein *Impeachable Offense* ist. Da kein expliziter Gesetzesbruch erfolgen muss, kann dies auch zu parteipolitischen Starren führen.

Kernsatz

Ein *Impeachment* ist lediglich das Verfahren für eine Amtsenthebung; des Amtes enthoben werden nur Präsidenten, die in diesem schuldig befunden werden.

Obwohl mehrere Präsidenten kurz vor der Einleitung eines Amtsenthebungsverfahren standen, wurden bislang nur drei angeklagt: Andrew Johnson (1868), Bill Clinton (1998) und Donald Trump (2019). Trump schrieb Geschichte, da er zwei Mal *impeached* wurde. Trotz dieser vier *Impeachment*-Verfahren, ist keiner der angeklagten Präsidenten seines Amtes enthoben worden.

Bei dem *Impeachment*-Verfahren gegen Präsident Clinton 1998 war es eine Lüge vor einer *Grand Jury,* welche die Grundlage für das Amtsenthebungsverfahren lieferte, also ein Meineid. Das Repräsentantenhaus einigte sich darauf, Clinton wegen zweier Tatbestände (Lüge unter Eid vor einer *Grand Jury* und Behinderung der Justiz) anzuklagen. Die Demokraten sahen in dieser Anklage eine rein parteipolitische Entscheidung der Republikaner. Auch das erste Amtsenthebungsverfahren gegen Donald Trump stand unter ähnlichen Vorzeichen: Bei diesem sahen es die Demokraten als erwiesen, dass sich Trump des Machtmissbrauchs und der Behinderung des Kongresses schuldig gemacht habe. Die große Mehrzahl der Republikaner erachtete diese Anklage jedoch als politisch motiviert und als eine ‚Hexenjagd'. Beide Angeklagten wurden anschließend vom Senat freigesprochen. Im Falle der Trump-Impeachments stimmten alle Demokraten für eine Amtsenthebung, während sich selbst beim zweiten *Impeachment*-Verfahren lediglich sieben Republikaner von Trump distanzierten. Dies verdeutlicht sowohl den Ermessensspielraum der Abgeordneten als auch die bisweilen vorherrschende parteipolitische Motivation in der amerikanischen Politik. Auch der politische und nicht juristische Charakter der Amtsenthebung wird hiermit verdeutlicht.

Für eine Amtsenthebung sind qua Verfassung hohe Hürden gesetzt: Im Repräsentantenhaus reicht zwar eine einfache Mehrheit, um die einzelnen Anklagepunkte zu verabschieden; im Senat muss jedoch eine Zweidrittelmehrheit den Präsidenten oder andere angeklagte Amtsträger für schuldig befinden. Bis dato sind zwar Präsidenten noch nicht des Amtes enthoben worden, sehr wohl aber beispielsweise Richter. Eine weitere ‚Strafe' als die Amtsenthebung zieht ein *Impeachment* nicht mit sich. Über etwaige rechtliche Konsequenzen würde später vor ordentlichen Gerichten entschieden.

Exkurs: Verbot des passiven Wahlrechts?

Beim zweiten *Impeachment*-Verfahren gegen Trump wurde in den Medien zusätzlich zur Amtsenthebung noch das Verbot des passiven Wahlrechts diskutiert. Dabei wurde spekuliert, dass eine Person, die erfolgreich impeached wurde, folglich nicht mehr zur Wahl antreten und damit kein Wahlamt übernehmen kann. Eine Amtsenthebung würde jedoch nicht automatisch ein Verbot des passiven Wahlrechts bedeuten. Dazu würde eine zweite Senats-Abstimmung eingeleitet, in der eine einfache Mehrheit für ein solches Verbot ausreicht. Wäre Trump also enthoben worden, dann hätte die Mehrheit ohne Probleme auch für dieses Verbot ausgereicht.

3.2.3 Weitere Kompetenzen

Nicht nur in Bezug auf die Amtsenthebung, sondern auch bei der Einsetzung der Präsidenten hat der Kongress in Ausnahmefällen eine bedeutende Machtfülle. Falls bei einer Präsidentschaftswahl keine Mehrheit der Stimmen an eine Person gehen sollte, fällt die Wahl dem Repräsentantenhaus zu. Dabei hat die Delegation jedes Staates eine Stimme, mit der sie den Präsidenten aus der Mitte jener drei Kandidaten wählt, die zuvor die meisten Stimmen gewinnen konnten.

Exkurs: Die Wahl eines Präsidenten durch das Repräsentantenhaus

Die Geschichte zeigt, dass die Regel zur Bestimmung eines Präsidenten über das Repräsentantenhaus nicht allzu realitätsfern ist. Der Kongress entschied bereits des Öfteren über die Präsidentschaft, in Form der heutigen Regelung jedoch nur einmal: Das Repräsentantenhaus wählte 1825 John Quincy Adams zum Präsidenten, da der eigentliche Gewinner der Wahl von 1824, Andrew Jackson, zwar die Mehrheit der Stimmen, aber keine absolute Mehrheit in der Wahlleute-Delegation für sich gewann. Zwei andere Kandidaten konnten in dieser Wahl ebenso Stimmen im *Electoral College* für sich entscheiden. Diese Wahl wurde daher vom Repräsentantenhaus entschieden: Am 9. Februar 1825 wurde John Quincy Adams von den Abgeordneten zum Präsidenten gewählt. Er ist damit der einzige Präsident, der ohne Stimmenmehrheit und ohne Sieg der Wahlleute-Delegation zum Präsidenten gewählt wurde. Er war jedoch der zweite, der vom Repräsentantenhaus bestimmt wurde, nachdem auch im Jahre 1801 die Wahl von 1800 durch eine Abstimmung im Kongress entschieden wurde (die damaligen Regeln). Was derzeit als legitim akzeptiert wurde, wäre heute wohl ein gesellschaftlich-politischer Konflikt, der eine Furcht vor bürgerkriegsähnlichen Zuständen erwecken würde. Man stelle sich nur vor, Donald Trump oder Joe Biden wären nach einem Patt durch das ‚Haus' gewählt worden.

Der Senat hat im Unterschied zum Repräsentantenhaus eine Alleinstellung im Hinblick auf die Bestätigung von Personalernennungen des Präsidenten und die Ratifizierung von Verträgen unter dem Völkerrecht. Ersteres gilt nicht nur für die oftmals umstrittenen Minister- und Bundesrichterämter, sondern auch für Botschafter und andere Spitzenbeamte. Dies kann zu heftigen Auseinandersetzungen zwischen Senat und Präsident führen, aber auch zwischen den Parteifronten im Senat. In einer Mediengesellschaft wie der amerikanischen werden derlei Konflikte naturgemäß spektakulär aufbereitet.

Merrick Garland

Am 16. März 2016 ernannte Präsident Barack Obama Merrick Garland zum Nachfolger von Antonin Scalia als Richter des Obersten Gerichtshofs. Scalia war einen Monat zuvor verstorben und galt als einer der konservativsten aktiven Richter des Gerichts. Im November 2016 stand die nächste Präsidentschaftswahl an. Der Mehrheitsführer im Senat, Mitch McConnell, verweigerte deshalb die ansonsten übliche Debatte und Anhörung über nominierte Richter: Seiner Ansicht nach sollte im letzten Jahr einer Präsidentschaft kein *Supreme-Court*-Richter mehr vom scheidenden Präsidenten vorgeschlagen werden. Im September 2020 verstarb die *Supreme-Court*-Richterin und liberale Ikone Ruth Bader Ginsburg. In diesem Falle sagte McConnell jedoch gleich die Bestätigung der von Trump ernannten Richterin zu. Als Amy Coney Barrett im Oktober 2020 schließlich berufen wurde, erachteten dies nicht wenige Beobachter als heuchlerisch.

Ebenso medienwirksam lässt sich das *Power of the Purse* (Haushaltsinitiativrecht) des Repräsentantenhauses einsetzen – sowohl vom Repräsentantenhaus als auch vom Präsidenten. Hierbei steht oft der Vorwurf der Obstruktion in der Diskussion. In mehrfacher Hinsicht außerordentlich war die Nichtbewilligung des Haushalts durch die demokratische Mehrheit im Repräsentantenhaus, vertreten durch Nancy Pelosi, und die von Präsident Trump in der Folge verhängte Ausgabensperre: Sie führte zum längsten Stillstand der Regierung in der Geschichte der USA, einem 35-tägigen *Shutdown*. Trump forderte 5,7 Milliarden Dollar an Haushaltsmitteln für den Bau einer Mauer entlang der Grenze zu Mexiko, was ihm die demokratische Mehrheit verwehrte. Daher wies der Präsident den Haushaltsvorschlag des Kongresses zurück, wodurch keine Einigung für eine Übergangsfinanzierung erreicht werden konnte.

Obwohl die beiden Kammern ähnliche Aufgaben in der Gesetzgebung haben, unterscheiden sich Atmosphäre und Arbeitsweise stark. Der Fokus von Abgeordneten des Repräsentantenhauses auf die Interessen ihrer Wahlkreise hat zur Folge, dass sie in der Arbeitsweise oft auf einzelne Themen beschränkt sind. Senatoren sind dagegen eher *Elder Statespeople*, die ein breites Spektrum an Politikfeldern übersehen. Im Senat gelten auch aufgrund der Zusammensetzung eher althergebrachte, informelle Regeln der Arbeitsweise; hier werden Verfahrensweisen oftmals auf Basis einer Präzedenz oder Tradition angewandt und weniger als festgeschriebene Regeln. Weiterhin war beiden Senatoren im Vergleich zum Repräsentantenhaus zumindest in der Vergangenheit eine eher schwache Parteibindung erkennbar. Für die jüngste Zeit gilt dies jedoch kaum mehr, da es auf beiden Seiten nur wenige ‚Abweichler' gibt – also Abgeordnete, die gegen die Parteilinie stimmen. Dies ist zumindest bei wichtigen Vorhaben meist der Fall, wobei die Republikaner hierbei i. d. R. geschlossener sind als die Demokraten.

3.3 Politische Führung und Arbeitsweise

3.3.1 Führungsämter

Die Abgeordneten der Parteien wählen in beiden Kammern jeweils ihre politische Führung. Die Demokraten sind im Repräsentantenhaus im *Democratic Caucus* und im Senat in der *Democratic Conference* organisiert, die Republikaner jeweils in der *Republican Conference.* Man unterscheidet dabei in beiden Kammern zwischen Minderheits- und Mehrheitspartei. Diese werden jeweils von *Majority Leaders* oder *Minority Leaders* geführt. Innerhalb der Fraktionen üben *Steering Committees*, also Lenkungsausschüsse, eine wichtige Funktion aus: Sie benennen z. B. die Vertreter für die Ausschüsse (vgl. Kapitel 3.3.2). In diesen Steuerungsausschüssen ist de facto die Fraktionsführung konzentriert. Im Repräsentantenhaus kommt zur institutionellen und politischen Führung noch das Amt des *Speakers of the House* hinzu.

Speaker sitzen dem Repräsentantenhaus formell vor. Sie sind in der Regel erfahrene Abgeordnete, die mittels einer herausgehobenen Stellung im gesamten Repräsentantenhaus und darüber hinaus Einfluss auszuüben vermögen. Seit 2019 ist Nancy Pelosi wieder *Speaker*, nachdem sie 2011 den Posten an den Republikaner John Bohner abtreten musste – die Republikaner stellen seit 2019 die Minderheit. *House Minority Leader* ist seither der Republikaner Kevin McCarthy. Jeder neue Kongress wählt einen *Speaker* mit einfacher Mehrheit, so dass diese naturgemäß aus der Mehrheitspartei hervorgehen. Demgegenüber gehen Vorsitzende des Senats immer aus dem Amt der Vizepräsidentschaft hervor. Allerdings kommt Vizepräsidenten nur bei einem 50:50-Abstimmungspatt ein Stimmrecht zu.

Exkurs: Die oft vergessene Macht der *Speaker*

Faktisch sind die *Speaker* zusammen mit den Mehrheitsführern im Senat die mächtigsten Personen hinter dem Präsidenten. Sie führen schließlich die Legislative mit an. Der oder die *Speaker* wären zudem zweite in der Rangordnung für die Nachfolge eines Präsidenten, nach den Vizepräsidenten.

Schließlich führen noch die *Majority* und *Minority Whips* ihre Parteien im Kongress. Die *Whips*, ein Begriff aus der englischen Parlamentshistorie, sollen für Abstimmungsgeschlossenheit in der Fraktion sorgen. Die Abstimmungen im Kongress verlaufen heutzutage häufig entlang von Parteilinien, sie erreichen aber noch nicht die Einstimmigkeit wie in parlamentarischen Kammersystemen: Es gibt im präsidentiellen System der USA keine entsprechende Fraktionsdisziplin. Gerade bei knappen Abstimmungen müssen *Whips* Abweichler auf die Parteilinie bringen. Die *Whips* bilden zusammen mit *Speaker* und Fraktionsführer die Parteiführungen im Kongress. Im ‚Haus' liegt die größte Machtfülle neben den *Speakern* bei jenen, die das Amt des *Majority Leader* innehaben. In besonderen Konstellationen haben *Majority Leader* eine größere Machtfülle als die *Speaker*, ein Beispiel wäre hierfür

Tom DeLay und *Speaker* Dennis Hastert. Bei dominanten *Speakern* wie Nancy Pelosi erhöht sich deren Einfluss jedoch noch zusätzlich gegenüber den *Majority Leaders*. Im Senat sind die *Majority Leader* de facto Sprecher als auch Mehrheitsführer zugleich. Trotzdem müssen sich in beiden Kammern die Mehrheitsführer ständig darum bemühen, ihre Mehrheiten zu arrangieren. Und dabei werden sie von ihren Assistenten sowie den *Whips* unterstützt. *Whips* bereiten z. B. Abstimmungen vor und üben so Druck auf die Abgeordneten aus, sie koordinieren die Medienarbeit und sie unterstützen die Wahlkämpfe der Abgeordneten – entsprechend möchte sich niemand einen *Whip* oder sonstige Meinungsführer zum Feind machen.

Neben dem stark in Ausschüssen formierten Repräsentantenhaus finden sich im Senat eher informelle Gremien wie das *Democratic Policy Committee* und das *Republican Policy Committee*. Sie unterstützen die Arbeit ihrer jeweiligen Abgeordneten, indem sie Information zur Tagesordnung und zu Gesetzesvorhaben bereitstellen; sie agieren weiterhin als Verbindung zur Parteiführung und als parteipolitisch institutionalisierte Ansprechpartner für Interessengruppen und andere Regierungsstellen. Darüber hinaus gibt es zahlreiche weitere informelle Gruppen. Diese sind auch Parteien übergreifend als Zusammenschlüsse formiert und nach regionalen, fachlichen oder anderen Gemeinsamkeiten sortiert, wie etwa der *Human Rights Caucus* oder der *Congressional Black Caucus*. Solche Zirkel eignen sich wegen ihrer homogenen Mitgliederstruktur mitunter besser, Themen auf die politische Agenda zu bringen. Sie besitzen allerdings keine Entscheidungskompetenz.

Grundsätzlich entsteht durch das Partei- und Wahlsystem ein Vorzug von Einzelpersonen gegenüber der Parteiorganisation. Oft verhindert dies eine starke Kohäsion innerhalb der Fraktionen. Dennoch ist der Eindruck falsch, dass es sich bei den Fraktionen im Kongress nur um lose verkoppelte ad hoc-Koalitionen handelt. In der jüngeren Kongressgeschichte hat die Disziplin innerhalb der jeweiligen Fraktionen durchaus zugenommen, auch wenn eine Fraktionsdisziplin wie in europäischen Pendants nach wie vor nicht vorhanden ist. In der Vergangenheit fanden sich häufig weltanschaulich oder policy-spezifisch verbundene Abgeordnete aus verschiedenen Parteien zu Gesetzgebungsverfahren zusammen. Diese Form der Zusammenarbeit ist nun jedoch kaum mehr relevant. Für die Amtszeiten von George W. Bush, Barack Obama und Donald J. Trump ist allenthalben eine zunehmende ideologische Polarisierung der Parteien im Kongress zu beobachten, die ein Ende der fraktionsübergreifenden Zusammenarbeit bedeutet.

Spätestens der 111. Kongress (2009-2011) brachte zutage, dass parteiübergreifende Verbindungen aufgrund der ideologischen Distanz stark abgenommen haben. Seit dieser Zeit gilt, dass die konservativsten Demokraten liberaler als die liberalsten Republikaner sind (die es heute ohnehin kaum noch gibt). Damit verschwand – zumindest auf der politischen Ebene – die ‚Mitte'. Dies ist spätestens seit der ersten Amtszeit Barack Obamas für das politische Washington D. C., aber mittlerweile auch zunehmend in der öffentlichen Meinung evident geworden. Ähnlich führte sich dies auch in der Amtszeit von Donald Trump fort und spätestens seit der Zwischenwahl von 2018 dienten beide Präsidentschaften in der öffentlichen

Wahrnehmung als erster Erklärungsansatz für die immer häufiger auftretenden ‚Politikstaus'.

Politikwissenschaftlich betrachtet sind für die Polarisierung nicht unbedingt Veränderungen der jüngeren Zeit verantwortlich. Aus der Struktur des politischen Systems und jahrzehntelangen Entwicklungen lassen sich ebenso Hinweise auf eine zunehmende Polarisierung und Lähmung des politischen Systems ableiten wie aus kurzfristigen Phänomenen. Es ist ebenso möglich, dass die relativ unideologische und kaum polarisierte Phase von den 1940er bis hin zu den 1990er Jahren eher die Ausnahme war: Vor und nach dieser Zeit zeichnet sich eher eine polarisierte Politik ab. Unbestreitbar ist jedoch, dass recht eindeutige Gründe für die heutige Polarisierung des Kongresses genannt werden können: die vielerorts vorherrschende Unzufriedenheit, die Ungleichheit, kulturelle Differenzen zwischen Gesellschaftssegmenten, eine Polarisierung der Medien sowie die grenzenlose Verfügbarkeit von selbstbestätigenden Meinungstrends im Internet.

Exkurs: Die Polarisierung der USA

Die Diskussion um die Ursache von Polarisierung ist eine ‚Henne-Ei-Frage'. Einige befürworten die These, dass Bürger ihre politischen Vertreter wählen und daher die Polarisierung auf der politischen Ebene eine Abbildung der Gesellschaft ist. Allerdings zeigen Daten, dass politisch aktive Menschen und Politiker weitaus länger und stärker polarisiert sind als die breite Gesellschaft. Dies erhärtet den Verdacht auf einen ‚*Trickle-Down*-Effekt', also die Tendenz, dass stärkere ideologische Positionen von Politikern und politischen Aktivisten auf die Gesamtgesellschaft nach und nach übertragen werden.

Mit der Polarisierung ging eine Radikalisierung der Parteibasen einher. Dies führt durch die Vorwahlen dazu, dass seit etwa einem Jahrzehnt Kandidaten für Kongresswahlkämpfe öfter vom Rand der jeweiligen Partei ins Rennen geschickt werden. Dies gilt besonders für jene Staaten, in denen die Kandidaten ausschließlich von der Parteibasis bestimmt werden. Auch Interessengruppen und deren *Action Groups* haben in einzelnen Distrikten oftmals einen großen Einfluss auf die Wahrnehmung von Kandidaten. Sind diese finanziell von kompromisslosen Interessengruppen abhängig, erhöht sich der Anreiz, radikale Standpunkte zu vertreten. Empirisch lässt sich zeigen, dass viele dieser Initiativen bewusst in *Competitive Districts* lanciert werden, also in Distrikten, in denen der Wahlausgang als unsicher gilt. Dies führt oft zur Platzierung ähnlich extremer Kandidaten der Gegenseite und in der Folge zu einem Aufschaukeln der politischen Forderungen. Zugleich nimmt der Spielraum für Zusammenarbeit ab. Nicht erst seit der erfolgreichen Kandidatur Trumps versuchen sich Abgeordnete beider großer Parteien durch Abgrenzung von Washington D. C. zu profilieren.

3.3.2 Die Ausschüsse im Kongress

Kernsatz

Der amerikanische Kongress ist das Musterbeispiel für ein Arbeitsparlament; in Arbeitsparlamenten gehen Gesetzentwürfe vor allem aus der Arbeit in den Ausschüssen (*Committees*) hervor.

Nicht nur Gesetzentwürfe gehen häufig aus Ausschüssen hervor; Anhörungen von Interessengruppen und Agenturbürokraten finden ebenso auf Ausschuss- und Unterausschussebene statt. Auch der Senat nimmt hier sein verfassungsrechtlich verankertes Personalbestätigungs- und Kontrollrecht wahr. Der Bestätigungsprozess wird üblicherweise von den Ausschüssen vorbereitet, die für die Schaffung der Behörde zuständig waren, in welche die jeweilige Person zu berufen ist.

Die Ausschüsse sind weitere Machtzentren im Kongress: Sie sind in ihrem Geschäftsbereich und Politikfeld oft die maßgeblichen und manchmal sogar die einzigen Regierungsakteure. Verbindliche politische Regeln unter Umgehung der Kongressausschüsse zu schaffen, ist im amerikanischen politischen System nahezu unmöglich. Gemeinsam mit Interessengruppen, Lobbyisten und Exekutivbehörden nehmen Kongressausschüsse somit die Interessenaggregationsfunktion für das politische System wahr. Sie sind aufgrund des legislativen Initiativmonopols unverzichtbarer Bestandteil aller *Policy-Making*-Prozesse.

Die Ausschüsse und ihre Zuständigkeiten werden durch die Geschäftsordnungen jeder Kammer mandatiert (insbesondere *House Rule X* und *Senate Rule XXV*). Es obliegt der Mehrheitspartei, die Besetzung der Ausschüsse, also das Verhältnis von Abgeordneten der Mehrheits- und Minderheitspartei, festzulegen. Besonderes Augenmerk gilt hierbei den Ausschussvorsitzenden. Der Vorsitz und die Mehrheit der Mitglieder in den jeweiligen Ausschüssen werden von der Mehrheitspartei gestellt. In einem Ausschuss werden höchste Vertreter der Opposition als *Ranking Member* bezeichnet. Nachdem die Parteifraktionen die Ausschussvorsitzenden gewählt haben, werden sie durch das Repräsentantenhaus oder den Senat als Ganzes (*Floor*) mit einfacher Mehrheit bestätigt. Der Ausschussvorsitz fällt typischerweise jenen Abgeordneten zu, die bereits seit längerer Zeit Mitglieder eines Ausschusses sind. Dieses über Jahrzehnte geltende, ungeschriebene Gesetz der Seniorität wurde zwar für das Repräsentantenhaus bereits in den 1970er Jahren offiziell abgeschafft, dennoch ist empirisch evident, dass bis in die Gegenwart fast nur ältere, etablierte Kongressmitglieder die einflussreichen Posten besetzen. Sie sind es, die in den Ausschüssen die Agenda festlegen, über die Personalauswahl entscheiden, bei Anhörungen die Vortragenden bestimmen, die Zuständigkeiten der Unterausschüsse festlegen und großen Einfluss auf das Abstimmungsverhalten der anderen Mitglieder haben.

Der Einfluss der politischen Parteien im Kongress findet seine Grenze bei den Abstimmungen in den Ausschüssen. Die Fraktionen halten sich hier bei der Durchsetzung der Parteilinie eher zurück, denn Abgeordnete stehen unter dem Druck, durch konkrete Ergebnisse zunächst die Interessengruppen und die Wähler in ihren Wahlkreisen zu bedienen. Dies unterstreicht die Rolle der Ausschüsse und insbesondere ihrer Vorsitzenden als klassische *Gatekeeper*. Das wirkt sich erheblich auf die Überlebensfähigkeit von Gesetzen und die dezentrale Organisation im Kongress aus. Wie bereits beschrieben, kommt es vor allem seit dem letzten Jahrzehnt vermehrt zu Abstimmungen streng nach Parteilinien, wobei zu vermuten ist, dass dieser Trend langfristig bestehen wird.

Neben den inhaltlich bestimmten Ausschüssen spielen einige andere eine Sonderrolle. Dies gilt im Besonderen für das Repräsentantenhaus, welches mit seinem Geschäftsordnungsausschuss (*Rules Committee*) und dem Finanzausschuss, die beispielsweise durch Nichtbehandlung oder eine theoretisch unendliche Beratungszeit, eine Gesetzesvorlage dauerhaft blockieren können. Im *Rules Committee*, das u. a. für die Festsetzung der Abstimmungsregeln verantwortlich ist, finden sich deswegen zumeist mehr Abgeordnete der Mehrheitspartei als in den anderen Ausschüssen. Oft benennt der *Speaker* direkt die Mitglieder dieses Ausschusses. Es gibt kaum geteilte Entscheidungsinstitutionen zwischen den beiden Kammern, lediglich die kammerübergreifenden *Joint Committees*. Trotz Reformversuchen werden nach wie vor politische Entscheidungen in den thematisch zuständigen Ausschüssen einzeln in jeder Kammer vorbereitet.

Es gibt fünf Arten von Ausschüssen im Kongress:

1. *Standing Committees* bestehen in der Regel über einen längeren Zeitraum. Ihre Hauptaufgabe liegt in der Erörterung von Gesetzesvorlagen (*Bills*) und in der Kontrolle der Exekutive in ihrem jeweiligen Zuständigkeitsbereich.
2. *Joint Committees* bestehen sowohl aus Vertretern des Repräsentantenhauses als auch des Senats. Sie werden meist eingesetzt, um ein konkretes Problem zu bearbeiten oder um die Zuständigkeiten zwischen beiden Kammern in einem bestimmten Bereich zu klären. Sie haben *de jure* keine gesetzgeberischen Befugnisse.
3. *Conference Committees* sind quasi Vermittlungsausschüsse und werden ad-hoc berufen. Dies geschieht, wenn sich beide Kammern nicht auf dieselbe Version eines Gesetzentwurfs einigen können.
4. *Select Committees* sind Untersuchungsausschüsse, die vorübergehend eingesetzt werden, um einen eng definierten, meist aktuellen Sachverhalt aufzuklären.
5. *Special Committees* sind Sonderausschüsse, die oft zu Themen berufen werden, die eine besondere Aufmerksamkeit verdienen, oder verfassungsrechtlich problematisch sind. Derzeit bestehen im Senat beispielsweise das *Special Committee on Indian Affairs* und das *Special Committee on Aging*.

Generell kann man eine Tendenz zur Übernahme von legislativer Arbeit durch temporär eingesetzte Ausschüsse beobachten. Dies liegt zum einen an der steigenden Zahl von komplexen Problemen. Die regulären Ausschüsse können hierfür oft nicht schnell genug die nötige Expertise aufbringen. Ad-hoc-Ausschüsse sind zudem ein Mittel für die Fraktionsführungen, Abgeordnete gezielt zu steuern und auf ein bestimmtes Thema ‚anzusetzen'. Zum anderen eignen sich Untersuchungsausschüsse in der Mediengesellschaft, um Skandale und Verfehlungen politischer

Gegner aufzudecken und für den eigenen Vorteil zu nutzen. Tabelle 3.2 zeigt alle in der Wahlperiode 2018-2020 bestehenden Kongressausschüsse.

Tabelle 3.2: Ausschüsse im 117. Kongress

Repräsentantenhaus	*Senat*
Standing Committees	
Agriculture	Agriculture, Nutrition, and Forestry
Appropriations	Appropriations
Armed Services	Armed Services
Budget	Banking, Housing, and Urban Affairs
Education and Labor	Budget
Energy and Commerce	Commerce, Science, and Transportation
Ethics	Energy and Natural Resources
Financial Services	Environment and Public Works
Foreign Affairs	Finance
Homeland Security	Foreign Relations
House Administration	
Judiciary	Health, Education, Labor, and Pensions
Natural Resources	Homeland Security and Governmental Affairs
Oversight and Government Reform	Judiciary
Rules	Rules and Administration
Science, Space, and Technology	Small Business and Entrepreneurship
Small Business	Veterans Affairs
Transportation and Infrastructure	
Veterans Affairs	
Ways and Means	
Select committees	
Permanent Select Committee on Intelligence	Select Committee on Ethics
Climate Crisis	Select Committee on Intelligence

Repräsentantenhaus	*Senat*
Modernization of Congress	
Special committees	
	Indian Affairs
	Aging
Joint committees	
China	
Economic	
Printing	
Security and Cooperation in Europe	
Taxation	
Library	

Quelle: Eigene Zusammenstellung.

Jeder Kongressausschuss verfügt über eine Vielzahl von Unterausschüssen *(Sub Committees)*, die er selbst je nach Bedarf einsetzt. Die Unterausschüsse verdanken ihre Existenz dem Bestehen der *Standing Committees* und werden gegebenenfalls zusammen mit diesen aufgelöst. In den Unterausschüssen findet die Hauptarbeit an Gesetzesentwürfen statt, weil sie durch ihren eng definierten Geschäftsbereich über Jahre den größten Sachverstand zu bestimmten Themen angesammelt haben. Ein Ausschuss verfügt i. d. R. über Unterausschüsse, die jeweils auch Vorsitzende benötigen. Bei 435 Abgeordneten, wovon meist nur knapp mehr als die Hälfte Mehrheitsvertreter sind, ist es unvermeidlich, dass alle Mehrheitsabgeordneten im Durchschnitt mehr als einen Ausschuss- oder Unterausschussvorsitz innehaben.

Dieser Arbeitsumfang erfordert es, dass Abgeordnete mehrere Aufgaben gleichzeitig bewerkstelligen müssen. Das funktioniert im Kongress nur mit Hilfe eines professionellen Mitarbeiterstabes (*Staffers*). *Staffers* sind zum einen in den Büros der Abgeordneten, zum anderen bei den Ausschüssen direkt angesiedelt. Im internationalen Vergleich verfügen Senatorenüber eine große Anzahl an persönlichen und Ausschussangestellten – bisweilen kommen sie einem mittelständischen Unternehmen nahe. Ihre Rolle im politischen Prozess muss daher kritisch betrachtet werden: Höherrangige Mitarbeiter bündeln für Abgeordnete schließlich den ‚Sachverstand' zu einem bestimmten Thema. Sie nehmen einen nicht unerheblichen Einfluss auf das Abstimmungsverhalten ihrer Vorgesetzten. Nicht zuletzt deswegen sind die persönlichen Mitarbeiter oft das primäre Ziel von Interessenvertretern.

Im Kongress besteht durchaus eine ungeschriebene Hierarchie unter den Ausschüssen. Beispielsweise eröffnet der Gesetzgebungsprozess im *Armed Services Committee* oder im *Agricultural Committee* sowie in allen *Appropriations Committees* den Abgeordneten eine Chance, ihre Wähler mittels großzügiger, distributiver Subventionsprogramme zu belohnen. Ist die Wahl im *District* gesichert, kann man sich eher auf prestigeträchtige Ausschüsse wie etwa *Ways and Means* und *Rules Committee* konzentrieren.

Eine besondere Bedeutung kommt den jeweiligen Vermittlungsausschüssen (*Conference Committees*) zu. Sie haben die Aufgabe, unterschiedliche Gesetzesvorhaben der beiden Kammern so weit zu harmonisieren, dass Senat und Repräsentantenhaus schließlich im letzten Schritt über die gleichen Gesetzesvorlagen abstimmen. Vermittlungsausschüsse werden immer dann gebildet, wenn beide Kammern unterschiedliche Versionen desselben Gesetzesentwurfs verabschiedet haben oder sich dies abzeichnet.

3.4 Der Gesetzgebungsprozess

Die Komplexität des Gesetzgebungsprozesses im amerikanischen Kongress unterscheidet sich deutlich vom vergleichsweise zielgerichteten Entscheidungsprozess in parlamentarischen Ordnungen. Der Gesetzgebungsprozess in den USA weist allgemeine und spezifische Charakteristika auf, deren Gemeinsamkeit darin besteht, dass Verlangsamung und Blockade erheblich leichter zu bewerkstelligen sind als schnelle und kohärente Entscheidungen.

3.4.1 Grundlagen

Bevor eine Vorlage zum Gesetz wird, müssen seine Urheber ein komplexes Regelwerk aus detaillierten Vorgaben und Ausnahmen beachten. Außerdem ist der Verhandlungsprozess um eine Gesetzesvorlage oftmals eine Odyssee aus Rückverweisungen und Zusätzen (*Amendments*). Derlei Aushandlungsprozesse finden zwischen spezifischen Koalitionen statt; diese befinden sich jedoch dauerhaft in Bewegung und müssen gegebenenfalls je nach Thema und Zeitpunkt neu geschlossen werden.

Ein weiteres Kennzeichen dieses Prozesses sind funktionierende *Issue Networks*. Sie bestehen aus den Fachleuten im Kongress und Beratern aus *Think Tanks*, die externen Sachverstand liefern, aber auch aus Experten innerhalb der Regierung und Lobbyisten der Interessengruppen (vgl. Kapitel 11).

Issue Networks

Issue Networks oder Themennetzwerke sind ein loser Zusammenschluss verschiedener Interessengruppen und Einzelpersonen, um einen gemeinsamen Einfluss auf die Regierungspolitik zu erzielen. Meist geschieht dies hinsichtlich eines bestimmten Themas.

Der Gesetzgebungsprozess folgt einem komplexen, detaillierten und manchmal verstaubt anmutenden Regelwerk. Noch heute gilt Thomas Jeffersons Parlamentshandbuch als Vorbild für die Geschäftsordnungen beider Kammern. Das Repräsentantenhaus verfügt über die weitaus unübersichtlicheren Verfahrensregeln. Dazu zählen Ablaufbestimmungen, Fristen und Ausnahmeregeln. Außerdem bestehen genau festgelegte Quoren, also eine festgelegte Anzahl der Stimmen, die für eine gültige Wahl bei Abstimmungen erreicht werden müssen. Zudem gibt sich jedes Repräsentantenhaus zu Beginn der Amtsperiode eine gänzlich neue Geschäftsordnung, während der Senat lediglich die für ihn geltenden Regeln anpasst.

3.4.2 Der Gesetzgebungsprozess im Einzelnen

In der Regel stammen Gesetzesinitiativen (*Bills*) formal aus der Mitte der Kongressabgeordneten. Der Kongress hat schließlich unter den politischen Gewalten das alleinige Gesetzesinitiativrecht. Die Gesetzesvorschläge selbst können jedoch von der Exekutive, von Interessen- und Lobbygruppen und auch Bürgern stammen. Die Kongresse des 21. Jahrhunderts befassten sich mit jeweils mehr als 10.000 *Bills* in den jeweils zwei Jahren ihrer Legislaturperiode. Eine *Bill* bleibt so lange eine *Bill*, bis sie vom Präsidenten unterzeichnet wurde. Erst danach wird sie *Law*, also ein Gesetz. Über 80 Prozent aller *Bills* scheitern in den Ausschüssen, weitere 15 Prozent danach. Die Chance einer Umsetzung eines Gesetzesvorhabens ist also recht gering.

Eine Gesetzesvorlage oder -initiative ist im Einzelnen immer entweder eine *Bill*, eine *Joint Resolution,* eine *Concurrent Resolution* oder eine *Simple Resolution.* Lediglich *Bills* und *Joint Resolutions* können zu Gesetzen werden. Eine *Joint Resolution* unterscheidet sich nur unwesentlich von einer *Bill*, sie stammt jedoch von Senat und Repräsentantenhaus gemeinsam und kann beispielsweise eine Präambel enthalten. Rechtlich besteht allerdings kein Unterschied zwischen einer *Joint Resolution* und einer *Bill. Concurrent Resolutions* sind Mitteilungen beider Häuser an den Präsidenten oder andere politische Akteure. Sie werden auch dafür genutzt, um die Geschäftsordnung für beide Häuser festzusetzen. Ferner werden *Joint Committees* per *Concurrent Resolution* geschaffen. Im Gesetzgebungsprozess kommen sie zum Tragen, um über *Amendments* der jeweils anderen Kammer abzustimmen. Sie können jedoch nicht zu einem Gesetz werden. Darum werden *Concurrent Resolutions* den Präsidenten auch nicht zur Unterschrift vorgelegt. Beispielsweise heißt es im Gerichtsurteil *Immigration and Naturalization Service v. Chadha* in Bezug auf *Concurrent Resolutions* „[...] merely expressing facts, principles, opinions, purposes of the two Houses“ (*INS v. Chadha*, 462 US 919, 943 (1983)). In dem Urteil wurde unter anderem das legislative Veto einer Kammer für verfassungswidrig erklärt. Die *Simple Resolution* findet Gebrauch, wenn es um den Ausdruck der Meinung oder um die Geschäftsordnung nur einer Kammer geht.

Eine *Bill* ist das übliche Mittel, um ein Gesetz (*Act* bzw. *Statute*) hervorzubringen. Sie darf grundsätzlich von allen Abgeordneten eingebracht werden; diese werden dann zum *Sponsor* der *Bill.* Die *Bill* wird hierfür in den *Hopper* gelegt, eine Box, die am Podium befestigt ist. Faktisch haben die meisten Gesetze jedoch ihren Ursprung in Vorschlägen der Exekutive. Sie stammen also aus dem Umfeld des Präsidenten. Dies mag zwar in puncto Gewaltentrennung wie eine Kompetenzüberschreitung wirken und faktisch darf der Präsident selbst nicht am Gesetzgebungsprozess teilnehmen. Verbündete Abgeordnete reichen jedoch die Initiativen der Exekutive ein. Dies konterkariert also keine Elemente der Geschäftsordnung des Kongresses. Bisweilen stehen hinter *Bills* eine oder sogar mehrere Lobbygruppen, die oftmals als fester Bestandteil von *Issue Networks* Einfluss über ihnen zugeneigte Abgeordnete nehmen. Mitunter kommt es vor, dass die Kongresse einzelner Staaten Resolutionen verabschieden, mit denen sie ihre Kollegen in Washington D. C. auf Gesetzesvorhaben aufmerksam machen wollen.

Der in dem *Hopper* eingeworfene Gesetzesentwurf wird im Repräsentantenhaus zunächst zum *Speaker* weitergeleitet. Nun liegt die Entscheidung, welcher Ausschuss sich mit der *Bill* befassen soll, in dessen Ermessen. Hierin steckt eine gewaltige Vetospieler-Macht: Wird die *Bill* einem Ausschuss zugewiesen, der die Initiative vorhersehbar, unnütz oder für irrelevant halten könnte, ist das Ende dieses Gesetzentwurfes besiegelt. Ein Vorhaben, das die Unterstützung eines *Speakers* hat, kann demnach Ausschüssen zugewiesen werden, in denen eine Umsetzung wahrscheinlicher ist. Dies ist allerdings nicht vollkommen willkürlich: In der Geschäftsordnung des Repräsentantenhauses gibt es über 200 konkrete Vorgaben darüber, in welchen Ausschüssen welche *Bills* zu behandeln sind. Dennoch lassen die Vorgaben einen breiten Ermessensspielraum. Es ist dabei möglich, dass *Bills* auf mehrere Ausschüsse verteilt werden. Dies kann der primär zuständige Ausschuss auch verlangen. Für den Senat gelten spiegelbildliche Verfahrensweisen.

Sobald eine *Bill* im Ausschuss angelangt ist, beginnt die eigentliche Gesetzgebungsarbeit. Häufig werden zunächst Berichte und Stellungnahmen von zuständigen Exekutivorganen eingeholt. Diese machen auf ihrem Weg zum *Capitol Hill*, dem Viertel, in dem das Kongressgebäude steht, fast ausnahmslos einen Umweg über das *Executive Office of the President*. Das Weiße Haus kann so in der Entstehungsphase eines Gesetzes indirekt Druck auf den Kongress ausüben. Hier kann die Empfehlung ausgesprochen werden, Gesetzesvorlagen zu unterstützen oder abzulehnen. Dies ist bereits die zweite große Hürde, die Gesetzentwürfe passieren müssen.

Im nächsten Schritt halten die Ausschüsse Anhörungen (*Hearings*) ab. Dort nehmen Fachleute Stellung, die von den einzelnen Abgeordneten zumeist nach parteipolitischer Affinität ausgesucht werden. Alle vor den Ausschüssen angehörten Experten müssen jedoch bekräftigen, die Fragen nach bestem Wissen und Gewissen zu beantworten. Der Zweck solcher Befragungen besteht darin, besser darüber entscheiden zu können, ob die *Bill* zur weiteren Beratung angenommen wird. Diese Stufe des Gesetzgebungsprozesses bedeutet für viele weitere *Bills* das Ende.

Fällt das Votum zur Relevanz einer *Bill* positiv aus, wird sie in der Regel an Unterausschüsse verwiesen. Diese bestehen meist aus etwa einem Dutzend Abgeordneten und sind die unmittelbaren Arbeitseinheiten. Dort wird die substanzielle Arbeit an der Prüfung der Vorlage und ggf. beim Verfassen von Ergänzungen geleistet. Das gängige Mittel zur Informationsgewinnung in den Unterausschüssen sind wiederum Anhörungen von Experten. Spätestens an diesem Punkt kommen die zahlreichen Ausschussmitarbeiter ins Spiel. Ihre Aufgabe besteht darin, einen möglichst überzeugenden Bericht entweder für oder gegen die *Bill* im Ausschuss vorzubereiten. Sobald der Unterausschuss entschieden hat, verweist er die *Bill* mit einem entsprechenden Bericht zurück an den Ausschuss. Dort wiederholt sich das Verfahren mit Blick auf die abschließende Plenarversammlung (*Floor*) der jeweiligen Kammer. Unter Führung des Vorsitzes verabschiedet der Ausschuss ggf. noch einmal Änderungen und stimmt darüber ab, ob die *Bill* an das Plenum verwiesen werden soll.

Bevor die *Bill* der Plenarversammlung des Repräsentantenhauses vorgelegt wird, entscheidet das *Rules Committee* über die Modalitäten der Abstimmung, insbesondere die Beratungsdauer und ihren Zeitpunkt. Da die Sitzungen des Kongresses an zeitliche Vorgaben gebunden sind, kann das *Rules Committee* Gesetzesvorlagen schon durch Nichtbehandlung oder durch Aufschieben zu Fall bringen. Es ist allerdings möglich, während der Beratung in einem Ausschuss per Mehrheitsbeschluss eine *Bill* aus einem Ausschuss direkt auf den *Floor* zu bringen. Das hat den Vorteil, dass auf dem *Floor* die Parteigrenzen meist klarer zugunsten der Mehrheitspartei gezogen sind. Ein solcher Schritt kommt aber selten vor, da hierin ein eindeutiger Affront gegen die Minderheitspartei bestünde. Und diese würde sich bei nächster Gelegenheit wohl mit einer Obstruktionsmaßnahme revanchieren. Darüber hinaus können *Speaker* und *Majority Leader* entscheiden, ob eine *Bill* überhaupt an den *Floor* weitergegeben wird oder nicht.

Ist die *Bill* im Plenum angelangt, beginnt ein komplizierter und schwerfälliger Abstimmungsprozess, der das Gesetzgebungsverfahren verlangsamt. Zunächst stimmt nicht das Repräsentantenhaus als Kammer ab, sondern das *Committee of the Whole* (eine ähnliche Einrichtung gibt es im Senat nicht). Das *Committee of the Whole* unterscheidet sich physisch nicht von dem Plenum des Repräsentantenhauses, alle Abgeordneten sind Mitglieder. Der Grund für die Parallelstruktur des Plenums liegt darin, dass bei gleicher Funktionsweise mit etwas legereren Regeln gearbeitet werden kann, zumal gewisse Modalitäten des Repräsentantenhauses von der Verfassung vorgeschrieben werden. Das *Committee of the Whole* soll die üblichen Regeln einer Plenumsdebatte lockern und einen offeneren Meinungsaustausch fördern. Der sonst anfallende Druck einer endgültigen Abstimmung wird hierbei gemieden. Die Idee des Plenarausschusses stammt aus der Tradition des englischen Unterhauses. Mit diesem wurde ein Forum für private Konsultationen geschaffen.

Im *Committee of the Whole* kommt es zu einer allgemeinen Debatte, in der die *Bill* abschnittsweise behandelt wird. An diese Debatte schließt sich immer die zweite Lesung einer *Bill* an. Während der zweiten Lesung steht jedem Abgeordneten das Recht zu, fünf Minuten lang Zusätze (*Amendments*) vorzubringen. Danach wird über die *Amendments* abgestimmt. Das *Committee of the Whole* gibt die *Bill* an das Repräsentantenhaus weiter, wo über sie abgestimmt wird – physisch bleibt sie also genaugenommen, wo sie bereits war. Für die Annahme eines Gesetzes ist eine einfache Mehrheit nötig, wobei mindestens die Hälfte aller Abgeordneten anwesend sein muss.

Anschließend übergibt das Repräsentantenhaus die *Bill* an den Senat, und zwar direkt an den fachlich zuständigen Ausschuss. Im Senat wiederholt sich die oben beschriebene Prozedur weitgehend. Aufgrund der Vorarbeit des Repräsentantenhauses entfällt mitunter ein Teil des Arbeitsaufwandes. Im *Senate Floor* kommt es zu einer Abstimmung über die *Bill,* wobei über jedes einzelne *Amendment* gesondert abgestimmt werden muss. Bei der Abstimmung im Plenum hat der Senat mit dem *Filibuster* (siehe Infobox) ein einzigartiges Mittel, eine *Bill* mittels einer theoretisch unbeschränkten Redezeit zu Fall zu bringen.

Kernsatz

Ein Gesetz wird dem Präsidenten zur Unterschrift vorgelegt, wenn eine einfache Mehrheit in beiden Kammern für seine Annahme stimmt. Ein Quorum der Hälfte aller Abgeordneten ist jeweils notwendig.

Filibuster

Filibuster ist eine informelle Bezeichnung für Versuche, Nominierungen, Abstimmungen von Gesetzentwürfen o. Ä. durch eine schier endlose Rede zu blockieren oder zumindest zu verzögern. Senatoren können nach der 1806 eingeführten Regel ohne jede Zeitbegrenzung in einer Debatte sprechen. Im Laufe der Zeit wurde die Verhinderung eines Gesetzes durch ein *Filibuster* geradezu sprichwörtlich. Bisweilen reichte schon die Androhung eines *Filibuster* aus, um den Gesetzgebungsprozess zu torpedieren. Einige *Filibuster*-Reden sind zu festen Bestandteilen der amerikanischen Geschichte geworden. Die wohl bekannteste Rede stammt vom Senator Strom Thurmond, der damit 1957 versuchte, den *Civil Rights Act* zu verhindern. Thurmond begann mit seiner Rede um 20:54 Uhr und sprach bis 21:12 Uhr – des nächsten Tages. Er redete damit 24 Stunden und 18 Minuten lang ununterbrochen. Thurmond las Wahlrechtsgesetze der Einzelstaaten vor, aus der Unabhängigkeitserklärung, aus der *Bill of Rights*, aber auch aus George Washingtons Abschiedsrede. Wie damit auch klar wird, haben die Reden meist einen rein instrumentellen Charakter. Entsprechend wurden bei *Filibuster* schon Telefonbücher, Kochrezepte, Shakespeares Dramen oder die Bibel ausgiebig rezitiert. Die Geschäftsordnung des Senats sieht vor, ein *Filibuster* zu Gesetzesfragen mit einer Drei-Fünftel-Mehrheit (derzeit 60 Stimmen) beenden zu können *(Cloture)*. Die Drei-Fünftel-Mehrheit für das Beenden des *Filibuster* kam aufgrund der meist geringen Mehrheit jedoch kaum vor. Was daher ursprünglich als Schutz für Minderheiten gedacht war, hatte sich so zu einem Blockademittel entwickelt, da mit einfachen Mehrheiten kaum noch Gesetze verabschiedet werden können. In den letzten zehn Jahren formierte sich im Senat Widerstand gegen die missbräuchliche Nutzung des *Filibuster* und die Möglichkeiten für einen *Filibuster* wurden bereits eingeschränkt.

Änderungen der Mehrheiten und die Nuclear Option

Die *Nuclear Option* ist eine Änderung der Senatsregeln mit einfacher Mehrheit durch die dominierende Partei, um Obstruktion durch die Minderheit zu überwinden. Als ‚nukleare Option' wird die Regeländerung deshalb bezeichnet, weil sie als letztes Mittel in einer Konfliktsituation gilt – ähnlich wie die Atombombe das letzte Mittel in einem Krieg ist. Der Rückschlag ist meist heftig und löst politische Schockwellen aus. Im Jahr 2013 nutzten die Demokraten im Senat die *Nuclear Option*, um die 60-Stimmen-Regel (drei Fünftel von 100) für das Beenden von Debatten aufzuheben. Die Nominierungen von Exekutiv-Posten und Ernennungen von Bundesrichtern können sonst blockiert oder verzögert werden. Harry Reid, der Mehrheitsführer der Demokraten leitete eine Abstimmung zur Senkung der Stimmenschwelle auf 51, um Ernennungen des Präsidenten zu bestätigen – ausgenommen Kandidaten für den Obersten Gerichtshof. Der demokratisch kontrollierte Senat stimmte mit 52 zu 48 für die Änderung. Damit war die Präzedenz für die Republikaner unter Mehrheitsführer Mitch McConnell gesetzt, diese Regeländerung 2017 auf Kandidaten für den Obersten Gerichtshof auszudehnen. Dies geschah, da die Demokraten Trumps Supreme Court Kandidaten, Neil Gorsuch *Filibustern* wollten. Der von den Republikanern kontrollierte Senat stimmte mit 52 zu 48, um die Stimmenschwelle für die Bestätigung von Kandidaten beim Obersten Gerichtshof von 60 auf 51 zu senken.

Tabelle 3.3: Filibustering, 1971–2020

Abstimmungen des Senats zu Cloture-Anträgen				
Kongress	**Jahr**	**Anzahl Anträge**	**Abstimmung zur Beendigung einer Senatsdebatte (Cloture)**	**Beendigung**
116	2019-2020	292	265	241
115	2017-2018	201	168	157
114	2015-2016	128	123	60
112	2011-2012	86	49	26
111	2009-2010	137	91	63
110	2007-2008	139	112	61
109	2005-2006	68	54	34
108	2003-2004	62	49	12
107	2001-2002	71	61	34
106	1999-2000	71	58	28
105	1997-1998	69	53	18
104	1995-1996	82	50	9
103	1993-1994	80	46	14
102	1991-1992	60	48	23
101	1989-1990	38	24	11
100	1987-1988	54	43	12
99	1985-1986	41	23	10
98	1983-1984	41	19	11
97	1981-1982	31	27	10
96	1979-1980	30	21	11

Abstimmungen des Senats zu Cloture-Anträgen				
Kongress	Jahr	Anzahl Anträge	Abstimmung zur Beendigung einer Senatsdebatte (Cloture)	Beendigung
95	1977-1978	23	13	3
94	1975-1976	39	27	17
93	1973-1974	44	31	9
92	1971-1972	24	20	4
91	1969-1970	7	6	0

Stimmt der Senat nicht über eine vom Repräsentantenhaus bereits verabschiedete *Bill* ab, ‚endet' dieser Vorschlag dort, d. h. er wird nichtig und müsste erneut eingebracht werden, um zu einem Gesetz werden zu können. Nimmt der Senat die *Bill* mit einfacher Mehrheit an, gilt sie als beschlossen und wird an den Präsidenten zur Unterschrift weitergegeben, damit sie in Kraft treten kann. Bisweilen verabschiedet der Senat jedoch eine *Bill*, die von jener des Repräsentantenhauses abweicht. In diesem Fall kommen die *Conference Committees* (Vermittlungsausschüsse) zum Einsatz. Für die Arbeit der *Conference Committees* sehen die Kongressregeln ein sehr detailliertes Procedere vor. Diese Vermittlungsausschüsse haben die zentrale Aufgabe, unterschiedliche Gesetzesvorhaben der beiden Häuser soweit zu harmonisieren, dass Senat und Repräsentantenhaus im letzten Schritt über die gleichen Vorlagen abstimmen. Es ist nicht verwunderlich, dass es in diesem fragmentierten institutionellen Gefüge zu vielfältigen Blockade- und Obstruktionsmöglichkeiten kommt. Gewöhnlich versuchen Akteure aus der Exekutive, während der Vermittlungsphase über Abgeordnete in den Vorgang einzugreifen. In jedem Fall fertigt der Vermittlungsausschuss einen Bericht an, der darüber Auskunft gibt, welche *Amendments* von beiden Kammern gebilligt, abgelehnt oder neu gefasst wurden. Außerdem werden Alternativformulierungen vorgeschlagen. Beide Kammern stimmen dann über die im Bericht des Vermittlungsausschusses genannten *Amendments* ab. Nicht selten ‚sterben' *Bills* zuletzt noch in den Vermittlungsausschüssen, wie es z. B. bei Gesetzesentwürfen zur Beschränkung des privaten Waffenbesitzes mehrfach der Fall war. Auch werden *Amendments* fallen gelassen, wenn keine Einigung zustande kommt.

Jede *Bill* wird schließlich in drei Lesungen gehört. Dabei stimmen entweder beide Häuser über einen identischen Text ab oder eine Kammer billigt mit einfacher Mehrheit den Gesetzestext und die *Amendments* der anderen Kammer.

Es gibt drei Abstimmungsarten in Repräsentantenhaus und Senat:

1. Bei der mündlichen Abstimmung (*Voice Vote*) erfolgt keine Erfassung einzelner Abgeordneter, sondern die Bestimmung allein nach der Lautstärke der abgegebenen Antworten.

2. Falls bei der mündlichen Abstimmung kein eindeutiges Ergebnis erzielt wird, können *Speaker* verlangen, dass die Abgeordneten sich erheben, um damit ihre Zustimmung oder Ablehnung zu signalisieren (*Division*).
3. Schließlich gibt es die elektronisch durchgeführte und namentlich aufgelistete Abstimmung, bei der die Abgeordneten mit *Yea* oder *Nay* stimmen. Die amerikanische Verfassung bestimmt in Artikel I, dass die Stimmen der Abgeordneten einzeln nach ihrem Ergebnis aufgeführt werden müssen (*Roll Call Votes*). *Roll Call Votes* kommen von allen drei Abstimmungsarten im Kongress am häufigsten vor. Daher verwundert es wenig, dass bei diesen Abstimmungen die Ergebnisse am ehesten die Parteizugehörigkeiten der Abgeordneten widerspiegeln. Das Abstimmungsverhalten ist schließlich dokumentiert und für alle nachprüfbar – für die Parteiführung, die Wähler und die Medien.

Wenn die Mehrheit der Abgeordneten beider Kammern eine *Bill* verabschiedet hat, wird sie zu einem *Act,* ist aber damit noch kein rechtskräftiges Gesetz.[3] Mit den Unterschriften des *House Speaker* und des *Vice President* wird ein *Act* zunächst zu den relevanten Fachabteilungen im Weißen Haus geschickt und schließlich im *Oval Office* zur Unterschrift bereitgelegt. Wenn das Gesetz vom Präsidenten unterschrieben wird, tritt es in Kraft. Die Unterschrift kann schließlich auch verweigert werden und das Gesetz mit einem Einspruch, einem *Statement of Objection* zurück an den Kongress verwiesen werden. Dies ist die *Veto*-Macht eines Präsidenten, die zwar in der Verfassung so nicht vorgesehen ist, sich aber aus den Regeln implizit ergibt. Ein solches Veto kann jedoch wiederum durch jeweils zwei Drittel der Abgeordneten im Repräsentantenhaus und im Senat überstimmt werden, so dass ein Gesetz trotz eines präsidentiellen Vetos in Kraft treten kann. Gibt der Präsident das Gesetz nicht innerhalb von zehn Tagen (Sonntage ausgenommen) mit seiner Unterschrift oder einem Veto zurück an den Kongress, gilt das Gesetz auch als beschlossen. Unterbreitet der Kongress einen Gesetzesvorschlag weniger als zehn Tage (Sonntage ausgenommen) bevor er vertagt wird, kann der Präsident diesen durch Nichtbehandlung zu Fall bringen. Diese Form des ‚Kassierens' des Gesetzes wird *Pocket Veto* genannt. *Pocket Vetos* setzen einem Gesetzesvorhaben ein endgültiges Ende, es kann nicht überstimmt werden und müsste neu im Kongress eingereicht werden. Alle Gesetze, die rechtskräftig verabschiedet wurden, werden in der Gesetzessammlung, dem *United States Code,* festgehalten.

Wie gezeigt wurde, bestehen im Gesetzgebungsprozess der USA zahlreiche Möglichkeiten, einen Gesetzesvorschlag ‚sterben' zu lassen. Anders als in parlamentarischen Systemen kann sich die Mehrheitspartei nicht auf die Fraktionsdisziplin verlassen, sondern muss sich unaufhörlich um die Zustimmung ihrer Abgeordneten bemühen. Auch deshalb sind Werkzeuge wie ein *Filibuster* nicht zu unterschätzen, da oftmals Zeit benötigt wird, um hinter den Kulissen Abgeordnete auf eine Linie einzustimmen. Die Veto-Macht der vielen Ausschüsse, der Mitarbeiter, der Interessengruppen, der Experten und nicht zuletzt der Medien erfordert vor allem

3 Genau genommen wird eine *Bill* zu einem *Act,* wenn sie bereits von einer Kammer verabschiedet wurde. Im allgemeinen Sprachgebrauch ist es jedoch üblich, von einem *Act* erst dann zu sprechen, wenn die *Bill* beide Häuser erfolgreich passiert hat.

die Fähigkeit, Mehrheitskoalitionen zu organisieren. Richard Neustadts Diktum von der „power to persuade“ (Neustadt 1990: 28) gilt daher nicht nur für den Präsidenten, sondern prinzipiell für alle Akteure und *Issue Networks,* die am Gesetzgebungsprozess beteiligt sind.

3.5 Die Haushaltsverhandlungen

Die Verabschiedung eines Bundeshaushalts weicht in den USA von dem oben dargestellten, üblichen Gesetzgebungsprozess ab. Grundlage für die Aufstellung des Haushalts sind der *Budget and Accounting Act* von 1921 und der *Congressional Budget and Impoundment Control Act* aus dem Jahr 1974. Letzterer schuf u. a. die Haushaltsausschüsse in beiden Kammern des Kongresses. Die letztendliche Entscheidung über Bundeseinnahmen und -ausgaben liegt in der Hand des Kongresses, im Besonderen beim Repräsentantenhaus (*Power of the Purse*).

In Bezug auf den Haushalt bestehen noch weitere Unterschiede zum regulären Gesetzgebungsverfahren. Der Präsident muss gemäß der Verfassung dem Repräsentantenhaus am ersten Montag im Februar eines jeden Jahres einen Vorschlag für den aufzustellenden Haushalt unterbreiten. Damit hat dieser auf den ersten Blick mehr Einflussnahme als beim regulären Gesetzgebungsverfahren. Der weitere Ablauf bis zur Verabschiedung einer Haushaltsresolution ist jedoch formal eng definiert und über Ausgaben aus dem Bundeshaushalt muss mehrfach abgestimmt werden. Der Kongress nutzt jedoch die haushaltsrechtliche Expertise der Exekutive und nimmt die Vorlage des Präsidenten in der Regel als Anhaltspunkt für seine eigene Arbeit.

Der erste Abschnitt in der Haushaltsarbeit des Kongresses besteht darin, einen eigenen Haushaltsplan zu entwerfen. Nachdem der Vorschlag des Präsidenten im Kongress eingegangen ist, befassen sich die Fachausschüsse mit den unter ihrer Jurisdiktion stehenden Einnahmen und Ausgaben für das kommende Haushaltsjahr. Die Fachausschüsse geben anschließend Prüfberichte mit eigenen Empfehlungen an die jeweiligen Haushaltsausschüsse (*Budget Committees*) in Repräsentantenhaus und Senat weiter. Diese befassen sich noch einmal ausführlich mit allen Vorschlägen und geben schließlich eine konsolidierte Fassung in Form einer *Concurrent Resolution* ab. Diese *Budget Resolution* ist quasi die Antwort des Kongresses auf den Vorschlag aus dem Weißen Haus. Sie enthält in der Regel Rahmenvereinbarungen für alle weiteren Ausgabengesetze. Im Einzelnen umfasst sie die Schwerpunkte der Bundesausgaben in den folgenden fünf Haushaltsjahren sowie Vorgaben, um die Ausgabengrenzen in bestehenden Gesetzen ggf. per *Amendment* zu verändern.

Eine *Budget Resolution* ist weder ein Gesetzesvorschlag noch eine verbindliche Einnahmen- und Ausgabengrenze für Regierungsprogramme. Die Resolution wird mit ihrer Verabschiedung vielmehr zu einem Orientierungspunkt für alle Gesetze, die Bundeseinnahmen und -ausgaben bestimmen. Die zuständigen Ausschüsse bekommen mit einer *Budget Resolution* Vorgaben für Einsparungen oder Ausgabenerhöhungen und erarbeiten daraufhin Änderungsvorschläge an bestehenden Gesetzen. Die Verabschiedung der *Budget Resolution* dient lediglich als kleinster gemeinsamer Nenner für beide Kammern. Sie ist ein Garant dafür, dass sich die Vorstellungen beider Kammern in Bezug auf das Budget nicht zu sehr unterscheiden.

Der nächste Arbeitsabschnitt besteht darin, Geldausgaben innerhalb des festgelegten Rahmens der *Budget Resolution* zu bestimmen. Allerdings unterliegen nicht alle Haushaltsausgaben dem jährlichen Rhythmus der Haushaltsaufstellung und damit politischer Einflussnahme. So sind die meisten Sozialausgaben des Bundes über Jahre hin festgesetzt und de facto einklagbar. Diese Ausgaben können nicht ohne Weiteres nach Haushaltslage verändert werden. Der Kongress unterscheidet daher zwischen Ermessungsausgaben und verbindlichen Ausgaben – *Discretionary* und *Mandatory Spending*. Für beide Ausgabearten sind unterschiedliche Abstimmungszyklen und -verfahren vorgesehen.

In den USA müssen alle Geldausgaben der Bundesregierung im Kongress einen zweistufigen Prozess durchlaufen. Die erste Stufe sind *Authorizations* (Bewilligungen), die zweite *Appropriations* (Zuordnung und Verteilung finanzieller Mittel, fachsprachlich Allokationen). Für *Authorizations* sind die jeweiligen Fachausschüsse zuständig. Sie schaffen damit Ausgabenprogramme, welche die Exekutive ausführen muss, z. B. *Medicaid. Medicaid* ist eine Art Krankenversicherung, die über 75 Millionen Bürger mit niedrigem Einkommen, Behinderungen und anderen Einschränkungen versorgt. Die *Authorization Bills* stecken den Finanzrahmen für Ausgabeprogramme aller Art ab und enthalten die Richtgrößen für das *Mandatory Spending*. Der Grund für dieses zweistufige Verfahren ist eine reine Absicherungsmaßnahme: *Appropriations Bills* könnten ohne entsprechende vorherige Bewilligung legislativen Charakter annehmen oder ohne ausreichende Kontrolle zu hohe Beträge vorgesehen werden.

Eine *Authorization Bill* ermächtigt die Exekutive, Haushaltsmittel freizugeben. Dabei legen die *Appropriations Committees* für jedes Haushaltsjahr neu fest, wie viele Gelder die Exekutive erhält, um ihre gesetzlichen Verpflichtungen zu erfüllen. Im Kern ist es der Auftrag der *Appropriations Committees,* das *Discretionary Spending* für jeden Budgetzyklus neu zu bestimmen. Das *Discretionary Spending* macht ca. 40 Prozent aller Bundesausgaben aus. Tabelle 3.4 zeigt die gegenwärtig zwölf *Appropriation Committees* des Repräsentantenhauses. Die Aufteilung der Staatsausgaben in derzeit 12 Kategorien entspricht in etwa den Einzelplänen des deutschen Bundeshaushalts. Die *Appropriations Committees* erstellen auf der Grundlage des Vorschlags aus dem Weißen Haus und der *Budget Resolution* bis zu zwölf *Appropriations Bills* oder fassen mehrere *Bills* in einer konsolidierten Fassung zusammen (*Omnibus Bill*). Für die *Discretionary Spendings* im Jahr 2021 sind 1,485 Billion Dollar vorgesehen.

Tabelle 3.4: Die Regular Appropriations Bills bzw. Subcommittees

■ Agriculture, Rural Development, Food and Drug Administration ■ Commerce-Justice-Science ■ Defense ■ Energy and Water ■ Financial Services and General Government ■ Homeland Security	■ Interior and Environment ■ Labor, Health and Human Services, and Education ■ Legislative Branch ■ Military Construction and Veterans Affairs ■ State, Foreign Operations, and Related Programs ■ Transportation, Housing and Urban Development

Quelle: Eigene Zusammenstellung.

Discretionary Spending ("Ermessensausgaben")
der USA im Fiskaljahr 2019 in Milliarden Dollar

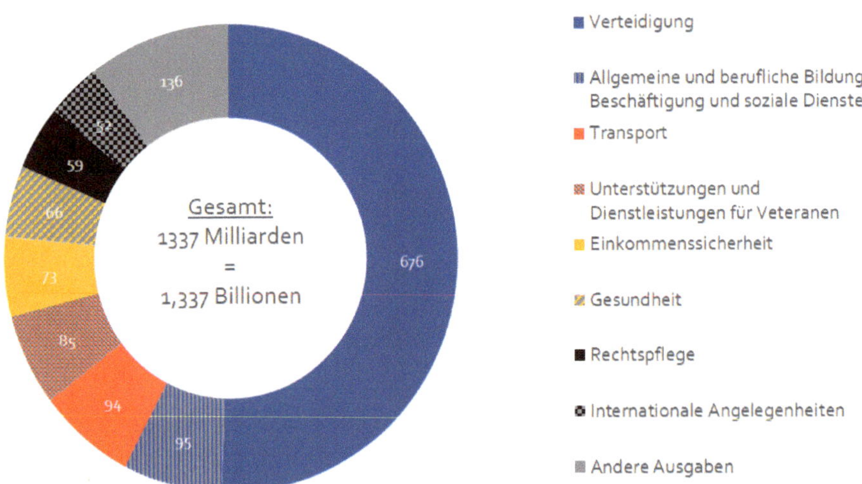

Abbildung 3.5: Discretionary Spending im Haushaltsjahr 2019 (in Mrd. USD), Quelle: Eigene Zusammenstellung nach Daten des Congressional Budget Office

Wie auch andere *Bills*, können die *Appropriations Bills* eine Vielzahl an *Amendments* enthalten. Diese Zusätze zu den *Appropriations Bills* sind ein zentraler Fokus politischer Repräsentation in den USA. In der Praxis sind viele *Amendments* zu den *Appropriations Bills* nichts anderes als orts-, zeit- und zweckgebundene Vorgaben für Haushaltsausgaben. Diese Bestimmungen werden als *Earmarks* bezeichnet.

Exkurs: *Earmarks*

Earmarking ist die Praxis, zugewiesene Staatsausgaben für einen bestimmten Zweck zu ‚reservieren'. Dies sind oft örtlich, an den Wahlkreis oder Staat zurückgebundene Projekte. Es geht häufig darum, Geld in den Bezirk von Abgeordneten zu bringen. *Earmarks* sind in den letzten 10 Jahren stark in Verruf geraten. Der Anschein von Steuergeld-Verschwendung – und manchmal gar Korruption – liegt schnell nahe. Dies ist zwar nicht durchweg der Fall, allerdings wird eine Abschaffung aller *Earmarks* von Abgeordneten wie auch Wähler immer wieder gefordert. Bereits im Jahr 2010 wurde ein Moratorium für derlei Ausgaben beschlossen. Für das Geschäftsjahr 2020 waren dennoch *Earmarks* in Höhe von 15,9 Milliarden US-Dollar vorgesehen. Der Beschluss des Moratoriums wurde nie zu einer House- oder Senats-Regel, daher war es absehbar, dass diese Selbstverpflichtung wieder aufweicht.

Earmarks bieten traditionell Möglichkeiten für Abgeordnete, Bundesgelder in ihre Wahlkreise zu lenken. Die Vergabe staatlicher Geldressourcen zum Vorteil einzelner Wahlkreise bzw. ihrer Abgeordneten wird auch als *Pork* bezeichnet und die Verhandlungen im Kongress darüber als *Pork Barrel Politics.* Der Begriff *Earmarks* wird auch manchmal dafür verwendet, wenn Personen oder Gruppen von der Zahlung bestimmter Bundessteuern oder -gebühren befreit werden.

Exkurs: Die Brücke ins Nirgendwo

Don Young, der einzige Repräsentantenhaus-Abgeordnete Alaskas und Senator Ted Stevens, im Jahr 2005 Vorsitzender der *Commerce* und *Appropriations Committees,* erregten in ihrer Zeit mit einem *Earmark* Aufsehen: Stevens brachte in einer *Appropriations Bill* über 220 Millionen US-Dollar für eine Brücke in seinem Heimatstaat Alaska unter. Die Brücke hätte die Stadt Ketchikan mit Gravina Island verbunden und wohl 398 Millionen US-Dollar gekostet. Auf der Insel befindet sich der internationale Flughafen Ketchikans; soweit erscheint dies also als ein sinnvolles Projekt, da Insel und Stadt lediglich durch eine Fähre verbunden sind. Weil Ketchikan jedoch weniger als 9.000 Einwohner und Gravina Island lediglich 50 Einwohner hatte, wurde das Projekt zu einem Paradebeispiel für *Pork Barrel Politics.* Die Brücke hätte nämlich auch Bauunternehmen in Alaska lukrative Aufträge gesichert. Die Brücke erreichte so unter dem spöttischen Namen ‚The Bridge to Nowhere' zweifelhaften Ruhm. Die Finanzierung der Brücke ins Nirgendwo wurde 2011 gestoppt und 2015 endgültig eingestellt.

Stehen die *Appropriations Bills* so weit fest, müssen sich die Fachausschüsse auf Grundlage der *Budget Resolution* und des *Reconciliation*-Prozesses auf *Authorization Bills* einigen. Die *Appropriations Committees* kümmern sich weiterhin um das *Discretionary Spending* mit etwaigen Zusätzen. Danach schlagen die Haushaltsgesetze wieder den bewährten Weg aller anderen Gesetze ein.

Als letzten Arbeitsschritt verabschieden beide Kammern im Kongress die *Appropriations Bills*, wenn nötig, nach Änderungen in Vermittlungsausschüssen. Heute ist der Kongress praktisch ständig auf ein als *Reconciliation* bezeichnetes Verfahren angewiesen, um überhaupt einen Haushalt verabschieden zu können. *Reconciliation* bedeutet, dass die Haushaltsausschüsse den *Standing Committees*

Ausgabengrenzen vorgeben. Auf Basis dieser Grenzen müssen die *Committees* ihre einzelnen Ausgabenposten so vereinbaren, dass die vom Haushaltsausschuss geforderte Gesamtsumme nicht überschritten wird. Die Ausschüsse geben anschließend ihre einzelnen *Reconciliation Bills* zurück an den Haushaltsausschuss. Auch bei der Haushaltsgesetzgebung gilt, dass Repräsentantenhaus und Senat sich auf eine identische Version nach dem Muster des normalen Gesetzgebungsverfahrens einigen müssen.

Der Kongress stimmt schließlich über die Vorlagen ab und die *Appropriations Bills* finden wie alle anderen Gesetze ihren Weg ins Weiße Haus. Selten werden im Haushaltsverfahren die zeitlichen Vorgaben eingehalten. Damit zu Beginn eines Haushaltsjahres am 1. Oktober nicht die Lichter in den Regierungsgebäuden ausgehen – ohne Beschluss würde ein *Shutdown* folgen –, gibt es *Continuing Resolutions*. Mittels diesen werden vorübergehend Ausgaben auf der Grundlage der bestehenden bzw. auslaufenden Programme verlängert, bis die *Appropriations Bills* verabschiedet sind. Gehen trotzdem in den Exekutivbüros die Lichter aus, ist dies nicht einer leeren amerikanischen Staatskasse geschuldet, sondern dem, dass die *Continuing Resolutions* nicht rechtzeitig verabschiedet wurden.

Die Haushaltsverhandlungen im amerikanischen Kongress veranschaulichen mustergültig Definitionen von Politik, in denen Aushandlungsprozesse als zentrale Bestandteile des Regierens verstanden werden. Obwohl die Wiederwahlquote hoch ist, kann es als eine Konstante im amerikanischen politischen System betrachtet werden, dass einzelne Abgeordnete den Bürgern in ihren Wahlkreisen handfeste Ergebnisse liefern müssen, damit sie erneut gewählt werden. Die dezentrale Entscheidungsstruktur erleichtert es, die Haushaltsberatungen in die jeweils gewünschte Richtung zu beeinflussen. Dazu zählt die Atomisierung der Ausgabenstruktur, die relativ starke Stellung einzelner Abgeordneter bei der Erstellung von *Earmarks* und die unvermeidbaren Aushandlungsprozesse zwischen Vertretern beider Kammern.

3.6 Haushalt und Außenpolitik

Durch seine *Power of the Purse* erhält der Kongress auch in der Außenpolitik ein politisches Gestaltungsrecht. Über die Ausgaben für Zuweisungen zur Außenpolitik entscheiden zu einem großen Teil die Bewilligungsausschüsse. Dazu zählen vor allem die Ausschüsse *State, Foreign Operations; Commerce, Justice, Science, aber auch Defense*. Oft knüpft der Kongress finanzielle Zuwendungen für Programme an Vorgaben, wie diese ausgeführt werden sollen. Auch ist in einigen *Amendments* festgelegt, dass Geldmittel bei Eintreten einer bestimmten Situation verweigert werden. Zudem werden Mittel oft eingefroren, wenn sie nicht in der vorgeschriebenen Weise ausgegeben werden.

Eine wichtige Aufgabe mit außenpolitischer Dimension ist die Bewilligung von Geldern für den Unterhalt der Streitkräfte. Diese Kompetenz wird dem Kongress von der Verfassung zugewiesen: Die Verfassungsväter wollten kein stehendes Heer etablieren, daher hatten sie die Legislative ausdrücklich mit diesem Recht ausgestattet. Oft kann der Kongress trotz seiner Haushaltkontrolle aber eine von der

Exekutive eingeschlagene Politik nicht weitläufig ändern; dies gilt insbesondere bei der Bewilligung von Geldern für auswärtige Militärmissionen. Kürzte der Kongress die Mittel für eine Militäroperation, würde ihn dies in der Öffentlichkeit dem Vorwurf aussetzen, die Sicherheit der Soldaten zu gefährden. Die Fürsorge für Soldaten ist für viele Abgeordnete eine politische Priorität. Zusammen mit der Sorge um Arbeitsplätze in der Verteidigungsindustrie kommen so oft höhere Bewilligungen für die Streitkräfte zustande als ursprünglich vom Verteidigungsministerium gefordert. Vorschläge, mit denen Mittel beispielsweise für Anti-Terrorismus-Operationen begrenzt werden sollten, stehen hingegen meist schnell vor dem Aus. Die Repräsentanten sehen sich zudem schnell dem Vorwurf ausgesetzt, das Leben amerikanischer Soldaten und die Sicherheit der USA aufs Spiel zu setzen.

Innerstaatlich sind Schließungen von Militärbasen ein bereits lange aktives Projekt: Mit dem *BRACs*, dem *Base Closure and Realignment Act* von 1990 wurden in den letzten Jahrzehnten dutzende Militäreinrichtungen in den USA geschlossen. Dieses Gesetz hatte allerdings weniger mit militärstrategischen Erwägungen oder Effizienzgesichtspunkten zu tun. Sie ist größtenteils eine geografische Umverteilung der Empfänger von Geld aus dem Verteidigungsbudget. Die meisten solcher und ähnlicher Maßnahmen finden im Kongress als *Pork Barrel Politics* statt. Militärstützpunkte in den Wahlkreisen von Abgeordneten sind wichtige wirtschaftliche Stützen und beeinflussen direkt die öffentliche Meinung der wahlberechtigten Militärangehörigen. Gerade die Außenpolitik wird im Allgemeinen vielfach ausschließlich mit Augenmerk auf den eigenen Wahlkreis betrachtet. Diese Beziehungen zwischen Repräsentanten und Wählern sind eine Voraussetzung für die Entstehung von *Iron Triangles.* Diese Dreiecksbeziehungen bestehen aus Kongressausschüssen, zuständigen Behörden und privaten Interessen. Sie sind von anderen Akteuren kaum zu durchdringende Koalitionen.

3.7 Kontrolle der Exekutive

Alle Ausschüsse des Kongresses stehen in der Pflicht, die Ausführung der in ihren Zuständigkeitsbereich fallenden Gesetze zu überwachen *(Oversight).* Hiervon sind nur die *Appropriations* und *Budget Committees* ausgenommen, da eine ihrer Hauptaufgaben die Überwachung von Mittelzuweisungen selbst ist. Als Grundlage hierfür gelten die *Implied Powers* aus der Verfassung. Aber erst im *Legislative Reorganization Act* von 1946 fällt zum ersten Mal der Begriff *Oversight.*

Oversight

Oversight steht für die Kontrolle und die Evaluierung der Umsetzung verabschiedeter Gesetze. Dazu bedient sich der Kongress z. T. extensiver Anhörungen von Karrierebeamten und politischen Mitarbeitern zu ihrem jeweiligen Aufgabenbereich.

Neben den Ausschüssen nutzt der Kongress vor allem die Expertise des *Congressional Budget Office* (*CBO*). Das *CBO* ist eine Art interner Rechnungshof, der vor allem die Ausgaben der Behörden unter die Lupe nimmt. Das *Oversight*-Recht des Kongresses spielt im Hinblick auf die Kontrolle der Verantwortlichkeit und Zurechenbarkeit der exekutiven Bürokratie in den USA traditionell eine wichtige

Rolle. Falls nötig, kann der Kongress Untersuchungsausschüsse (*Select Committees*) einrichten, die alle an einem Vorgang beteiligten Personen zu Anhörungen vorladen und befragen können. Sie berichten die Ergebnisse ihrer Kontrolltätigkeit grundsätzlich direkt an das Repräsentantenhaus oder an den Senat. Häufig steht bei der Einsetzung solcher Ausschüsse, die Beeinflussung der öffentlichen Meinung an vorderster Front. Die Untersuchungsausschüsse des Senats und des Repräsentantenhauses zur Iran-Contra-Affäre 1987 oder zum Folterskandal im Bagdader Gefängnis Abu Ghraib 2004 offenbarten die Verfehlungen der Regierung live an den Fernsehbildschirmen. Im Zuge der Corona-Pandemie setzte die Sprecherin des Repräsentantenhauses ein *Select Committee* ein, das den Umgang der Regierung mit der Corona-Pandemie untersuchen soll.

Besonders seit dem Versuch einer außenpolitischen Renaissance des Kongresses ab Mitte der 1970er Jahre hat auch die *Oversight*-Tätigkeit im Kongress an Bedeutung gewonnen. Dies wirkte sich zunächst bei der Überwachung der Geheimdienste aus, als 1977 ein stetiger Kontrollausschuss zur Überwachung des Nachrichtendienstwesens geschaffen wurde. Der *Intelligence Oversight Act* von 1980 sieht vor, dass CIA-Direktoren alle nachrichtendienstlichen Vorfälle spezifischen Ausschüssen beider Kammern melden. Wie kurz darauf, während der Iran-Contra-Affäre deutlich wurde, hatte der damalige CIA-Direktor das Gesetz allerdings ignoriert. Ein Skandal über die verfassungsrechtlich bedenkliche Telefonabhörung von Bürgern offenbarte verblüffend ähnliche Handlungsmuster von Geheimdiensten und Kongress. Anhörungen mit entsprechendem Medieninteresse bringen dem Kongress kurzzeitig die Hauptrolle als außenpolitischer Kommunikator ein.

Intelligence Oversight Act

Der *Intelligence Oversight Act* von 1980 ist ein Bundesgesetz, das unter der Regierung von Präsident Jimmy Carter verabschiedet wurde. Mit dem Gesetz wurde die Rolle des Kongresses bei der Überwachung verdeckter Operationen erweitert. Die Leiter der Geheimdienste mussten von da an verdeckten Aktionen dem Ständigen Auswahlausschuss für Geheimdienste (HPSCI) und dem Senatsauswahlausschuss für Geheimdienste (SSCI) melden. Die Anzahl der Kongressausschüsse, die benachrichtigt werden müssen, wurde von acht auf zwei reduziert.

Bewilligt der Kongress Mittel für die Exekutive, überwacht er gleichermaßen deren Verwendung. Dazu können alle Ausschüsse in beiden Häusern, z. B. die *Foreign Relations Committees* für das Außenministerium oder die *Intelligence Committees* für die Geheimdienste Anhörungen in ihrem Zuständigkeitsbereich durchführen. Das Gerichtsurteil im Fall *Watkins v. United States* bestätigte einerseits dieses Kontrollrecht der Legislative, andererseits setzte es ihm klare Grenzen (*Watkins v. United States* 354 U.S. 178 (1957)).

Neben den Befragungen und Anhörungen hat sich der Kongress 1996 das Recht gegeben, exekutive Ausführungsbestimmungen per *Joint Resolution* zu annullieren (*Congressional Review*). Danach sind alle Exekutivbehörden verpflichtet, dem Kongress Berichte über neue Verwaltungsbestimmungen vorzulegen. Falls Abgeordnete Einspruch gegen eine Bestimmung einlegen, können sie einen Entwurf für eine *Resolution* einbringen, die dann im entsprechenden Fachausschuss bearbeitet wird. *Resolutions* werden wie eine Gesetzesvorlage behandelt, allerdings genießen *Resolutions* Vorrang bei Abstimmungen und *Filibuster* gegen sie sind nicht möglich. Falls eine *Joint Resolution* zustande kommt und der Präsident sie unterschreibt, wird die exekutive Ausführungsbestimmung nichtig.

Anhand dieses Verfahrens wird schnell deutlich, wie schwer es für den Kongress ist, seine Überwachungsfunktion durch *Congressional Review* auszuüben. In Zeiten eines *Unified Government* hat die Mehrheitspartei in der Regel auch kein Interesse, gegen die Exekutive zu arbeiten, da in diesem Falle beide Gewalten derselben politischen Partei angehören. Die *Congressional Review* zeigte zunächst eine beschränkte Reichweite als Kontrollmechanismus. Bis 2017 gab es nur einen erfolgreichen Prozess im Jahr 2001. Erst der republikanisch dominierte 115. Kongress (2017–2019) begann eine Reihe von Ablehnungsbeschlüssen zu verabschieden, vor allem unter Anweisung des frisch inaugurierten Präsidenten Donald Trump. Auf diese Weise wurde eine Vielzahl von Regeln aufgehoben, die unter der Obama-Regierung erlassen wurden.

Generell verbleiben Kontrollfunktionen ohnehin aber reaktiv, da viele außenpolitischen Maßnahmen bereits ausgeführt sind, bevor der Kongress nach meist langwierigen Anhörungen eine Entscheidung treffen kann. Allerdings verfolgen viele Lobby-Gruppen die für sie wichtige Regierungspolitik genau und versorgen den Kongress bei vermeintlichen Unregelmäßigkeiten unverzüglich mit ausführlichen Informationen. Ohne Mithilfe von außen wäre der Kongress mit der Aufsicht über die Exekutive wohl überfordert.

3.8 Der Kongress in der Außenpolitik

Die amerikanische Verfassung weist dem Kongress ausdrücklich Aufgaben in der Gestaltung und beim Vollzug der Außenpolitik zu. Sie umfassen vor allem das – alleinige – Recht, Krieg zu erklären, den Außenhandel zu regulieren sowie eine Armee aufzustellen und diese zu finanzieren. Darüber hinaus ist die Außenpolitik ebenso wie die Innenpolitik von der Bewilligung von Finanzmitteln vom Kongress abhängig. Über diese Rechte verfügt der Kongress allein. Weitere Rechte ergeben sich durch die Teilhabe an den Befugnissen anderer politischer Gewalten sowie aus dem Gewohnheitsrecht. So kann der Präsident Botschafter nur dann einsetzen, wenn eine Mehrheit der Senatsabgeordneten zustimmt. In der Praxis bestätigt der Senat durch das *Foreign Relations Committee* die Kandidaten *ex-post* oder gar nicht, während er an der Personalauswahl kaum aktiv beteiligt ist. Falls der Senat mehrheitlich von der eigenen Partei besetzt ist, sind die Anhörungen der meisten Kandidaten ohnehin nur Formsache.

Die Verfassungsväter sahen vor, dass Präsident und Kongress gleichermaßen an den Verhandlungen internationaler Verträge mitwirken sollten. Dies war im ausgehenden 18. Jahrhundert die wichtigste außenpolitische Befugnis und ist daher prominent im *Treaty Clause* des *Article II, Section 2* der Verfassung festgelegt. Dass jedes Inkrafttreten von Verträgen an die Zustimmung und Beratung des Senats gebunden ist, stellt einen klassischen *Check* der Macht des Präsidenten dar.

Auch in der Außenpolitik sind also *Checks and Balances* vorhanden, selbst wenn hier vor allem die Präsidenten als Akteure im Rampenlicht erscheinen. Genau wie der Präsident nimmt der Kongress allerdings auch durch Maßnahmen Einfluss auf die Außenpolitik, die nicht in der Verfassung aufgeführt sind. Hierzu zählen vor allem die Verabschiedung von Resolutionen, die Rolle einzelner Abgeordneter als Berater des Präsidenten und nicht zuletzt die Information der Öffentlichkeit.

Als Arbeitsparlament vollzieht sich die außenpolitische Arbeit der Kongressabgeordneten hauptsächlich in den Ausschüssen und ihren Unterausschüssen. Die Ausschüsse, die sich von Amts wegen mit der Außenpolitik befassen, sind das *Senate Foreign Relations Committee* sowie das *House Committee on Foreign Affairs*. Diese Ausschüsse haben zwar die Aufgabe, Verträge zu begutachten und Mittel für außenpolitische Projekte zuzuweisen. Eine aktive Politikgestaltung ist dabei meist nur schwer möglich. Zunächst haben die Mitglieder des außenpolitischen Ausschusses den Ruf, sich mehr um internationale Angelegenheiten als um die ihrer Wähler zu kümmern – dies gilt insbesondere für das Repräsentantenhaus. Dieser Ruf führt dazu, dass zumeist weniger erfahrene und einflusslose Kandidaten die Ausschüsse besetzen. Daneben werden zunehmend auch eingebrachte *Bills* mit streng außenpolitischem Bezug auf verschiedene Ausschüsse zur Bearbeitung verteilt. Dadurch wird der Entscheidungsfindungsprozess erheblich verlangsamt und die politische Zurechenbarkeit verwässert. Besonders im Repräsentantenhaus verfügen die Unterausschüsse über mehr Autonomie als ihre Pendants im Senat.

Der amerikanische Politikwissenschaftler Robert Dahl hat den Einfluss des Kongresses auf die Außenpolitik folgendermaßen umschrieben:

> „Perhaps the single most important fact about Congress and its role in foreign policy […] is that it rarely provides the initiative. Most often initiative springs from the executive-administrative branch“ (Dahl 1950: 58).

Der Korea-Krieg war der erste bewaffnete UN-Konflikt mit amerikanischer Beteiligung, den Präsident Truman gewissermaßen allein befohlen hat. Trotz des offenkundigen Verstoßes gegen die Beteiligungsrechte des Kongresses erhob sich indes kein ernsthafter Widerstand, und auch in der Folge blieb die exekutive Dominanz in der Außenpolitik unumstritten. Dies mag am UN-Mandat gelegen haben, es zeichnete sich jedoch zugleich eine freiwillige Unterordnung des Kongresses unter die Exekutive im Rahmen des *Cold War Consensus* ab: Zum Wohl des Landes sollte der Präsident in Fragen von Krieg und Frieden schnell handlungsfähig bleiben. Ein Entzug der Unterstützung und Legitimität eines für die Nation wichtigen Militäreinsatzes aufgrund parteipolitischer Streitigkeiten zwischen den Gewalten wurde als schwerwiegendes Problem betrachtet. Dieser Grundsatz, die Außenpolitik des Landes weitgehend ungeprüft der Exekutive zu überlassen, wurde erst im Zuge des Vietnam-Debakels teilweise revidiert.

Bevor es aber dazu kam, hatte die entsprechende Zurückhaltung des Kongresses in der 1964 fast einstimmig verabschiedeten *Tonkin Gulf Resolution* ihren Höhepunkt gefunden (vgl. hierzu Kap. 4.1).[4] Im Golf von Tonking vor der Küste Vietnams war es zu einem Zwischenfall gekommen, bei dem angeblich zwei amerikanische Zerstörer von nordvietnamesischen Schiffen angegriffen wurden. In dessen Folge gestand der Kongress dem Präsidenten folgendes Recht ausdrücklich zu: „all necessary measures to repel any armed attack against the forces of the United States and to prevent further aggression". Jüngst wird diskutiert, ob die nordvietnamesischen Angriffe tatsächlich (so) stattgefunden haben.

Im Jahr 1969, während des fortschreitenden Misserfolgs in Vietnam, setzte sich im Ausschuss für Auswärtige Angelegenheiten im Senat die Ansicht durch, dass die *Tonkin Gulf Resolution* ein Fehler war. Aufgrund der angehäuften Macht wurde das Amt zwischenzeitlich als Kaiserliche Präsidentschaft (*Imperial Presidency*, Schlesinger 1973) bezeichnet. In der Folge besannen sich einflussreiche Kongressabgeordnete darauf, die Legislative in Fragen der Außen- und Sicherheitspolitik als *Check* neu zu beleben. Zu dieser Einsicht trugen neben dem für die USA unbefriedigenden Verlauf des Krieges in Vietnam die Unregelmäßigkeiten in der Amtsführung von Präsident Nixon bei. Vor diesem Hintergrund verabschiedete der Kongress 1973 die *War Powers Resolution* und den *War Powers Act* 1974. Der Zweck der Resolution bestand in der Rückgewinnung legislativer Mitsprache bei auswärtigen Militäreinsätzen. Im Einzelnen sieht die *War Powers Resolution* folgendes vor: Der Präsident darf Streitkräfte nur auf Basis einer gesetzlichen Grundlage, einer Kriegserklärung oder im Falle einer Dringlichkeit in einen Einsatz entsenden. Zu letzterem zählen Angriffe auf die USA, ihre Territorien oder ihre Truppen. Zudem muss der Präsident den Kongress umgehend darüber in Kenntnis setzen, wenn er Truppen in Kampfhandlungen entsendet. Ein entsprechender Einsatz darf nicht länger als 60 Tage dauern (90 Tage bei entsprechenden Umständen), wenn der Kongress dem nicht zustimmt. Werden amerikanische Truppen in Kämpfen eingesetzt, ohne dass dies gemäß der *War Powers Resolution* gemeldet worden ist, kann der Kongress den Präsidenten per Resolution dazu zwingen, die Truppen abzuziehen.

Ein genauer Blick auf die *Resolution* zeigt schnell, dass der Kongress eher halbherzig eine Wiederherstellung der *Checks and Balances* in der Außenpolitik vornehmen wollte. Die *War Powers Resolution* kann jedoch auch so gesehen werden, dass sie dem Präsidenten Befugnisse zugestanden hat, die gemäß der Verfassung der Legislative vorbehalten sind: De facto können damit Truppen bis zu 60 Tage ohne Zustimmung entsendet werden. Die Handlungsfähigkeit der Präsidenten sollte damit auf Kosten der Kompetenzen des Kongresses aufrechterhalten werden. Dennoch beweist die *Resolution,* dass der Kongress nicht mehr gewillt war, der Exekutive unbegrenzten außenpolitischen Handlungsspielraum zu gewähren. Schon 1972 hatte der Kongress den *Case Act* verabschiedet, der den Präsidenten zwingt, den Kongress binnen sechzig Tagen über alle Exekutivabkommen zu informieren. Dazu kamen 1974 zwei Gesetzeszusätze (*Nelson-Bingham* und *Hughes-Ryan*), die festlegten, dass der Präsident alle Waffenverkäufe und alle verdeckten Einsätze amerikanischer Streitkräfte (*Covert Activities*) binnen

4 Insgesamt stimmten im Kongress nur zwei Senatoren gegen das Gesetz.

eines Monats bzw. in einem angemessenen Zeitraum meldet. Der Erfolg dieser Initiativen ist über Jahrzehnte dürftig geblieben. Allein die von Präsident Trump befohlene und politisch umstrittene Tötung Qasem Soleimanis am 3. Januar 2020 führt vor Augen, dass gerade in sicherheitspolitischer Hinsicht der Kongress wenig Handhabe besitzt und er oft nur reaktiv agieren kann.

Nach gängigen Interpretationen gilt die *War Powers Resolution* als untaugliches Druckmittel des Kongresses. Am 4. Januar 2020 informierte das Weiße Haus den Kongress offiziell, dass der Drohnenangriff gegen den iranischen General Soleimani ausgeführt wurde. Die Trump-Regierung stützte sich in ihrer Rechtfertigung u. a. auf die *War Powers Resolution*. Im Februar 2020 verabschiedete der Senat einen Beschluss, der Angriffe gegen den Iran verhindern sollte. Trump legte jedoch im Mai 2020 ein Veto gegen die Senatsresolution ein. Dem Kongress müssen zwar die meisten Einsätze amerikanischer Truppen offengelegt werden, dies hindert die Exekutive jedoch nicht daran, eine Militäraktion nach eigenem Ermessen anzuordnen. Dies liegt zum einen an fehlenden Sanktionsmitteln des Kongresses und zum anderen daran, dass ein rechtlich verbindliches Eingreifen des Kongresses während einer militärischen Auseinandersetzung kaum vorstellbar ist. Insoweit hat der Kongress sein Ziel mit der *War Powers Resolution* nicht erreicht, eine transparente Außenpolitik des Präsidenten und ein ausgeglichenes Verhältnis zwischen Kongress und Weißem Haus herzustellen. Auch erklärten die Vereinigten Staaten seit dem Zweiten Weltkrieg keinem Land mehr offiziell den Krieg.

Keine Kriegserklärung?

Der Korea-Krieg hatte wie beispielsweise der Zweite Golfkrieg – oder auch Erster Irakkrieg – ein UN-Mandat. Daher wurde keine direkte Kriegserklärung formuliert und beide Kriege wurden vom Kongress finanziert. Der letzte vom Kongress genehmigte Krieg, war der Zweite Irakkrieg 2003. Die letzte formale Kriegserklärung erfolgte jedoch im Zweiten Weltkrieg. Tatsächlich wurde der Korea-Krieg offiziell erst im Jahr 2018 beendet. Im Juni dieses Jahres trafen sich Präsident Trump und Nordkoreas Führer Kim Jong Un. Die unterzeichnete Erklärung von Panmunjom enthält einen Passus zum Friedensschluss, der den Koreakrieg (1950–1953) offiziell beenden soll.

Die Diplomatie bleibt im Kongress im Besonderen den Senatoren vorbehalten. Die Verfassung gibt vor, dass der Senat ‚bei der Schaffung von Verträgen mitwirken' soll. Für das Repräsentantenhaus findet sich kein entsprechender Passus. Daraus haben Vertreter der zweiten Kammer nicht selten eine dem Präsidenten ebenbürtige Rolle abgeleitet und das Übergewicht der Exekutive bei Vertragsverhandlungen kritisiert. Völkerrechtliche Verträge, wie sie die Verfassungsväter im Sinne hatten, werden heute indes kaum noch abgeschlossen, da heute bevorzugt Exekutivabkommen abgeschlossen werden. Daneben gibt es, auch wenn zahlenmäßig kaum mehr bedeutend, internationale Verträge, die nach ihrer Ratifikation durch den Senat *Law of the Land* werden, also Teil des amerikanischen Rechts. Eine Person, die gegen einen solchen Vertrag verstößt, wird damit vor einem US-Gericht anklagbar. Derartigen Verträgen muss der Senat mit einer Zweidrittelmehrheit zustimmen.

Senatoren treten heutzutage allerdings kaum noch selbst als Verhandlungsführer bei internationalen Verträgen auf. Dieses Vorrecht haben sie an politische Beamte abgegeben, vorzugsweise dem Präsidenten nahestehende Sondergesandte oder Karrierediplomaten. Dennoch ist der Rat ausgewählter Senatoren bisweilen gefragt und oft bildet der Senat bei Vertragsverhandlungen *Observer Groups*. Formale Voraussetzung für die Ratifikation eines Vertrages durch den Präsidenten ist aber in jedem Fall die Zustimmung von zwei Dritteln aller bei der Abstimmung anwesenden Senatoren. Die entsprechenden Entscheidungen werden wie üblich durch Anfragen und Anhörungen in den zuständigen Ausschüssen vorbereitet.

Auch die Ratifizierung von Verträgen stand in der amerikanischen Politik lange im Schatten des *Cold War Consensus*. Zwischen 1945 und 1985 scheiterten nur zwei von über 500 Verträgen am Veto des Senats (Dumbrell 1990: 134). Der bekannteste historische Fall ist die Ablehnung des Beitritts zum Völkerbund 1919; der prominenteste Fall in jüngerer Vergangenheit betraf die Ablehnung des Nuklearteststoppvertrages (*Comprehensive Test Ban Treaty*) im Jahr 1999. Der jüngste Fall einer Ablehnung ereignete sich am 4. Dezember 2012: Der Senat stimmte gegen die Beratung und Zustimmung zur Ratifizierung der UN *Convention on the Rights of Persons with Disabilities*. Eine Senatsmehrheit war der Ansicht, dass der Vertrag die Souveränität der USA unterminieren könnte.

An dem Grundmuster des Spannungsverhältnisses zwischen Exekutive und Senat hat sich bis heute nichts geändert. Nicht selten spielt der strukturelle Vorteil der Exekutive hierbei eine Rolle. Oft weigert sich diese von vorneherein, einen Vertrag ratifizieren zu lassen, weil dies an Bedingungen des Senats geknüpft wäre. Deshalb wird von der Exekutive häufig versucht, schon im Vorfeld von Vertragsverhandlungen, den Senat durch *Executive Agreements* zu umgehen. Der Senat als Ganzes macht seinerseits häufig von seinem Recht Gebrauch, die Annahme eines Vertragstextes an eine bestimmte Interpretation desselben zu binden. Ein Beispiel hierfür ist der *ABM-Vertrag* (Raketenabwehrvertrag), an den der Senat mehrfach *Amendments* angefügt hat. Der Senat müsste einen Vertrag neu verhandeln, um entscheidende Änderungen vornehmen zu können. Dies nimmt ihm fast jeden politischen Spielraum. Zu einem Vertrag gehörende Gesetze, die Geldbewilligungen enthalten, müssen zudem aus dem Repräsentantenhaus heraus initiiert werden. Daraus ergibt sich der Zwang, mit der ersten Kammer zusammenzuarbeiten. Der Präsident hat insoweit in der Außenpolitik ein vergleichsweise leichtes Spiel, solange er die Unterstützung der öffentlichen Meinung hat. Das stärkste Machtmittel des Kongresses bleibt die Nichtbewilligung von Geldmitteln, um die Ausführungsbestimmungen von Exekutivabkommen zu blockieren.

Fragen

- Was sind *Conference Committees*?
- Wann wird ein Gesetz dem Präsidenten zur Unterschrift vorgelegt?
- Was sind die zentralen Vorgaben aus der *War Powers Resolution*?

Zur weiteren Lektüre empfohlen

Fiorina, Morris P. (1989): Congress. Keystone of the Washington Establishment. New Haven: Yale University Press.

Koger, Gregory (2010): Filibustering. A Political History of Obstruction in the House and Senate. Chicago: University of Chicago Press.

Lewallen, Jonathan (2020): Committees and the Decline of Lawmaking in Congress (Legislative Politics & Policy Making), Ann Arbor: University of Michigan Press.

Mann, Thomas E.; Ornstein, Norman J. (2008): The Broken Branch: How Congress is Failing America and How to Get it Back on Track. Oxford: Oxford University Press.

Mayhew, David R. (2005): Divided We Govern. Party Control, Lawmaking, and Investigations, 1946-2002. 2. Aufl. New Haven: Yale University Press.

Polsby, Nelson W. (2003): How Congress Evolves. Social Bases of Institutional Change. New York: Oxford University Press.

Sinclair, Barbara (2017): Unorthodox Lawmaking. New Legislative Processes in the U.S. Congress. Thousand Oaks, California: Sage and CQ Press.

4. Die Exekutive

Abbildung 4.1: Das Weiße Haus

Charles O. Jones äußerte einst die provokante These, dass das politische System der USA im Grunde nicht als präsidentiell deklariert werden könne: „the president is not the presidency. The presidency is not the government. Our's is not a presidential system" (Jones 1994: 1). Jones wollte damit nicht die grundsätzlich bedeutende Rolle amerikanischer Präsidenten auf jene ihrer Pendants in parlamentarischen Systemen reduzieren. Er moniert mit der Aussage, dass in vielen Betrachtungen die Präsidenten allein in den Mittelpunkt gerückt werden. Darüber hinaus erscheint es in der Medienberichterstattung oft so, dass Präsidenten eine Allmacht genießen würden. Obwohl dies freilich nicht korrekt ist, liegt es faktisch auch an den Präsidenten selbst, wie sie ihre Macht konkret nutzen. Neben der formalen Macht, die im Wesentlichen auf der Verfassung, Gesetzen sowie Konventionen beruht, verfügen Präsidenten mit ihrer Regierung über institutionelle Macht sowie über informelle Machtmittel.

4.1 Die Präsidentschaft seit 1945

Am 12. April 1945 verstarb Franklin D. Roosevelt, der Präsident mit der längsten Amtszeit in der Geschichte der USA (1882–1945/1933–1945, Dem.). Nachfolger Roosevelts wurde der unter ihm amtierende Vizepräsident Harry S. Truman (1884–1972/1945–1953, Dem.).

Kernsatz
Vizepräsidenten werden nach dem Tod eines Präsidenten, dessen Rücktritt oder einer Amtsenthebung als dessen Nachfolger vereidigt.

Exkurs: Die Amtszeitbegrenzung

Die Amtszeit der Präsidenten wurde erst nach Roosevelts Tod durch einen Verfassungszusatz offiziell auf zwei Legislaturperioden begrenzt. Da George Washington nach zwei Amtszeiten die Präsidentschaft seinen Nachfolgern überließ, wurde es bis Franklin D. Roosevelt Usus, dass wiedergewählte Präsidenten nicht mehr für eine dritte Amtszeit kandidierten. Roosevelt erachtete seine Führung im Lichte des beginnenden Zweiten Weltkrieges als unentbehrlich und trat 1941 daher als einziger Präsident eine dritte Amtszeit an. 1944 wurde er für eine vierte Amtszeit wiedergewählt. 1947 wurde der 22. Verfassungszusatz verabschiedet, mit dem die Häufigkeit der Wahl einer Person zum Präsidenten offiziell eingeschränkt wurde. Am 27. Februar 1951 wurde der Verfassungszusatz ratifiziert. Eine Person kann seither nur einmal wiedergewählt werden. Dies muss jedoch nicht konsekutiv geschehen, ein abgewählter Präsident kann sich also bei einer späteren Wahl wieder aufstellen lassen. Der einzige Präsident, der bisher zwei nicht-konsekutive Amtszeit innehatte ist Stephen Grover Cleveland – der 22. und 24. Präsident der Vereinigten Staaten.

Obwohl Truman ursprünglich nicht einmal die Vizepräsidentschaft wollte, hinterließ der ehemalige Senator von Missouri einen nachhaltigen Eindruck: Als erster Nachkriegspräsident gestaltete er die außenpolitische Neuordnung mit Bravour, obwohl seine Entscheidung für die Atombomben-Abwürfe auf Hiroshima und Nagasaki einen Schatten auf seine Errungenschaften wirft. Allerdings leistete Truman einen immens wichtigen Beitrag für den wirtschaftlichen Wiederaufbau Westeuropas sowie für die Etablierung und Stabilisierung ihrer Demokratien, nicht nur durch den *Marshall Plan*, sondern auch wegen seiner Initiative zur Sicherung des Westens im Rahmen des Kalten Krieges (*Truman-Doktrin*).

Exkurs: Die Truman-Doktrin

Die *Truman-Doktrin* war eine Erklärung und außenpolitische Leitlinie der Präsidentschaft Trumans. Sie ging aus einer Rede hervor, die er am 12. März 1947 vor einer gemeinsamen Kongresssitzung hielt. Sein Ziel war es, vom Kongress die Mittel für eine finanzielle Unterstützung Griechenlands und der Türkei zu erhalten. Kurz zuvor wurde Truman darüber informiert, dass das nach dem Zweiten Weltkrieg wirtschaftlich gebeutelte Großbritannien beide Länder nicht länger finanziell unterstützen konnte. Eine Übernahme der Regierung durch kommunistische Kräfte schien daher vor allem in Griechenland kurz bevorzustehen. Die *Truman-Doktrin* zielte mit ihren politischen, militärischen und wirtschaftlichen Zuwendungen darauf ab, die Ausbreitung des Kommunismus einzudämmen. Nach der Bekämpfung des Nazi-Regimes und der Befreiung Europas etablierten sich die USA damit als Verteidiger der freien Welt. Die Truman-Doktrin änderte die vorher isolationistische Leitlinie der USA. Die Rede vor dem Kongress ist auch in Bezug auf die Implikationen politischer Reden relevant. Senator Arthur Vandenberg (R-MI) empfahl Truman: ‚to scare the hell out of the American people', wenn er die nötige Unterstützung erhalten wollte. Truman erreichte genau das mit seiner Rede.

Exkurs: Der Marshall-Plan

Einer der Pläne für das Nachkriegsdeutschland wurde 1944 von dem amerikanischen Finanzminister Henry Morgenthau Jr. in einem Memorandum vorgeschlagen. Mit dem Morgenthau-Plan wäre Deutschland komplett de-industrialisiert und in einen Agrarstaat verwandelt worden. Spätestens 1947 wurde der Morgenthau-Plan verworfen und Truman fokussierte mit dem *Marshall Plan* die Wiederherstellung eines stabilen und produktiven Deutschlands. Der European Recovery Program (ERP), wie der *Marshall Plan* formal hieß, wurde am 5. Juni 1947 vom amerikanischen Außenminister George C. Marshall vorgestellt. Das Programm wurde 1948 verabschiedet und damit wurden mehr als 15 Milliarden US-Dollar bewilligt, um den Wiederaufbau Europas zu finanzieren. Der *Marshall Plan* trug zum ökonomischen Wiederaufstieg Deutschlands und dem ‚Wirtschaftswunder' bei.

Trumans Nachfolger, Dwight D. Eisenhower (1890–1969/1953–1961, Rep.), war ein hoch dekorierter und erfolgreicher Oberbefehlshaber während und nach dem Zweiten Weltkrieg. Sowohl die Demokraten als auch die Republikaner umwarben Eisenhower für eine Präsidentschaftskandidatur. Zunächst hatte er kein Interesse, für das Amt zu kandidieren; er zog die Positionen als Präsident der Columbia University (1948–1950) und anschließend Oberbefehlshaber der NATO in Europa vor. Als sich Eisenhower schließlich 1952 um die Präsidentschaft für die Republikaner bewarb, schien das ein großer Wandel zu sein: Er gestand ein, bis zu seiner Kandidatur noch nicht einmal gewählt zu haben. Eisenhower wurde zu dem Präsidenten, der in den 1950er Jahren den Amerikanern das Gefühl gab, dass der Frieden sicher und Wohlstand garantiert sei. Obwohl er während seiner Amtszeit sehr populär war, wurde er von Kritikern als relativ schwach eingeschätzt, was sich aus heutiger Sicht aber eher als falsch erweist. Eisenhower war zwar innenpolitisch vergleichsweise passiv und konservativ; außenpolitisch war er jedoch insoweit erfolgreich, als dass er die aufkommenden Spannungen im Umfeld der europäischen Krisen und um den Suezkonflikt mit großer Ruhe und Weitsicht bewältigte.

Eisenhowers Nachfolger, John F. Kennedy (1917–1963/1961–1963 Dem.), war ein Spross einer äußerst privilegierten Familie und seine Wahl war zunächst deshalb spektakulär, da er der bislang einzige Katholik im Amt war. Nach einem schwachen Beginn während der Kubakrise zeigte er, dass er als Präsident durchaus handlungsfähig war: Er bewahrte durch Verhandlungen mit dem Regierungschef der Sowjetunion Nikita Chruschtschow die Welt davor, dass aus dem Kalten Krieg, ein ‚heißer' wurde. Weiterhin brachte er die US-Wirtschaft durch seine Reformen aus der Rezession. Generell wurden während seiner Amtszeit zahlreiche wichtige Reformen in Angriff genommen, die vorwiegend aus seiner Vision für die Innenpolitik, der *New Frontier* stammen. Das Programm umfasste massive Ausgaben für soziale Reformen und Wohlfahrt sowie ehrgeizige neue Institutionen wie das *Peace Corps.* Kennedy setzte sich außerdem um Bürgerrechte für Afroamerikaner ein und war für den *Equal-Pay-Act* von 1963 verantwortlich. Die Schatten diverser Krisen und Skandale sind bis heute nicht wirklich belichtet. Dennoch bleiben sie letzten Endes nebensächlich, da Kennedy nachhaltig populär war und ist. Sein tragisches Ende (1963) hat sicher dazu beigetragen, dass er im kollektiven Bewusstsein der Amerikaner immer derjenige bleibt, den man in ihm sehen wollte – als einer der glorifiziertesten Präsidenten des 20. Jahrhunderts.

Exkurs: Das Kennedy Attentat

John F. Kennedy wurde am 22. November 1963 in Dallas, Texas, erschossen. Er wurde zu jenem Zeitpunkt in einem Cabrio zusammen mit seiner Frau Jacqueline Bouvier Kennedy durch eine Parkanlage (Dealey Plaza) gefahren als die Schüsse fielen. Als Verdächtiger wurde Lee Harvey Oswald verhaftet. Oswald gilt als Kommunist und lehnte das System der USA ab. Untersuchungen ergaben, dass Oswald Kennedy aus dem sechsten Stock des Texas School Book Depository erschossen hatte. Oswald war jedoch ein schlechter Schütze und das Gewehr für eine solch große Distanz eigentlich ungeeignet. Es wurde daher weitläufig spekuliert, ob die tödlichen Schüsse nicht von anderen Leuten abgegeben wurden, bis hin ob die CIA nicht dieses Attentat als Komplott geschmiedet hatte. Der Fakt, dass Oswald schließlich am 24. November vom Nachtclubbesitzer Jack Ruby im Keller des Polizei Hauptquartiers erschossen wurde, stützte derlei Verschwörungstheorien um den Tod Kennedys. Ruby beteuerte im Affekt gehandelt zu haben. Er starb inhaftiert eines natürlichen Todes 1967.

Ermordete Präsidenten

Kennedy war bereits der vierte Präsident, der durch ein Attentat starb: Abraham Lincoln (1865), James A. Garfield (1881) und William McKinley (1901) wurden vor ihm ermordet. Ronald Reagan wurde 1981 Opfer eines Attentats, überlebte dieses jedoch. Theodore Roosevelt wurde 1912 während einer Rede im Rahmen seiner Wiederwahlkampagne angeschossen. Er hielt diese schließlich mit der Kugel in der Brust und verwies darauf, dass er gerade angeschossen wurde. Sein umfangreiches Rede-Manuskript in der Brusttasche hatte das Geschoss wohl abgebremst. Andere Präsidenten wie Franklin D. Roosevelt wurden Opfer eines Anschlagsversuchs (1933).

Kennedys Nachfolger, Lyndon B. Johnson (1908–1979/1963–1969, Dem.), hatte den Ruf, ein ‚Wheeler-Dealer' aus dem Kongress zu sein – also jemand der clevere, bisweilen aber krumme Geschäfte macht. Johnson war von 1949–1961 Senator für den Staat Texas und hatte die Ämter des Minderheits- bzw. Mehrheitsführer inne. Ebenso war er Vizepräsident unter Kennedy und wurde nach dessen Ermordung in der *Air Force One* eingeschworen.

Air Force One

Die *Air Force One* ist nicht wie oft vermutet ein bestimmtes Flugzeug. Als *Air Force One* wird vielmehr jenes Flugzeug bezeichnet, das den Präsidenten im Moment befördert. Die Bezeichnung *Air Force One* wurde als Bezeichnung eingeführt, damit die Luftsicherung die Maschine eindeutig zuordnen kann. Eine *Air Force One* könnte also genaugenommen jede Maschine der Air Force sein in der ein Präsident sitzt, beispielsweise ein Transport-Flugzeug oder wie einmal bei George W. Bush vorgekommen, eine Lockheed S-3 Viking. Bush landete damit auf einem Flugzeugträger. Ist das Transportmittel ein Hubschrauber der Marines, wird er dabei zur *Marine One*.
Für die Beförderung des Präsidenten stehen zwei identische Flugzeuge zur Verfügung: Speziell umgebaute Boeing 747. Dies sind die einzigen nicht-militärischen Maschinen der Welt, die im Flug betankt werden können. Die genaue Ausstattung der Defensiv-Ausrüstung der *Air Force One* wird nicht bekannt gegeben, sie verfügt jedoch über modernste militärische Technik, wie beispielsweise Infrarotquellen zur Bekämpfung von Raketenangriffen. Donald Trump bestellte zwei neue 747, die ab 2024 zukünftige Präsidenten der Vereinigten Staaten transportieren sollen. Die neuen Maschinen werden etwa 5,2 Milliarden Dollar kosten.

Johnson verstrickte die USA noch stärker in den Vietnamkrieg (1955–1975), vor allem da er ein eiserner Anhänger der Domino-Theorie (siehe folgender Exkurs) war. Im Jahr 1964 verlieh ihm der Kongress nahezu militärische Allmacht mit der Tonkin-Resolution: Sie räumte Johnson die Befugnis ein, militärisch in Südostasien einzugreifen, ohne um eine offizielle Kriegserklärung bitten zu müssen. Im Februar 1965 befahl Johnson eine Verstärkung der Luftangriffe, die *Operation Rolling Thunder*. Trotz dieser massiven Bombardements kämpften die kommunistischen Kräfte weiter. Johnson entsandte schließlich mehr Truppen für den Bodenkampf. Vor allem aufgrund dieser intensiveren Verstrickung in Vietnam büßte Johnson stark an Popularität ein. Protestrufe wie *Hey, hey, LBJ, how many boys did you kill today?* schallten Johnson bei öffentlichen Auftritten häufig entgegen. Schließlich zog er sich aus der Wahlkampagne von 1968 zurück. Die Unbeliebtheit trieb ihn zwar aus dem Amt, retrospektiv wird Johnsons Präsidentschaft jedoch als positiv eingeschätzt. Vor allem sein sozialpolitisches Programm der *Great-Society*-Gesetzgebung (folgende Infobox) und den erfolgreich umgesetzten Bürgerrechtsreformen sicherte ihm auch einen Platz in den New York Times Top 10 Präsidenten-Rankings. Johnson hatte die USA auf die Moderne hin eingestellt.

Exkurs: Domino Theorie

Dwight D. Eisenhower prägte den Begriff einer einflussreichen Theorie des Kalten Krieges: der *Domino-Theorie*. Sie besagt, dass eine kommunistische Regierung in einer Nation zu kommunistischen Übernahmen in Nachbarstaaten führen würde. Eisenhower äußerte dies in Bezug auf Französisch-Indochina (Vietnam, Kambodscha, Laos). Johnson hing bereits als Senator der *Domino-Theorie* an und er befürchtete, dass andere südostasiatische Nationen kommunistisch werden könnten, wenn Vietnam fallen würde. Die *Domino-Theorie* beherrschte das Denken der USA über Vietnam. Johnson wollte daher ein unabhängiges Südvietnam zu fast jedem Preis. Umgekehrt ging das Denken des Demokratie-Exports von einer ähnlichen Annahme aus. Auch die Demokratie würde sich im Umfeld eines Staates verbreiten, wenn sie in ihm institutionalisiert würde.

Great Society

Die *Great Society* war Johnsons innenpolitische Reform, mit der er gegen Armut, Ungleichheit, Kriminalität und Umweltverschmutzung vorgehen wollte. Neben Initiativen zur Armutsbekämpfung umfasste dies die faktische Einführung der Krankenversicherungen *Medicare* und *Medicaid*, eine umfassende Bildungsreform, Stadterneuerungsprojekte und Umweltinitiativen. Außerdem unterzeichnete er 1964 den *Civil Rights Act* (vgl. Kap. 12) – ein Meilenstein der Bürger- und Arbeitsrechte. Er lieferte die Grundlage gegen die Diskriminierung aufgrund von Abstammung, Hautfarbe, Religion oder Geschlecht. Damit wurde die bis dahin praktizierte Apartheid (*racial segregation*) in Schulen und öffentlichen Einrichtungen aufgehoben.

Richard Nixon (1969–1974, Rep.), der Nachfolger Johnsons, ist insoweit ein Sonderfall, da er als bislang einziger Präsident von seinem Amt zurücktrat. Nixon war de facto zum Rücktritt gezwungen, da es sich abzeichnete, dass er ansonsten seines Amtes enthoben werden würde. Nixon war bis zum Ende seiner Präsidentschaft davon überzeugt, dass er zusammen mit seinem Mitstreiter für Realpolitik, Henry Kissinger, vor allem eine großartige Außenpolitik gemacht habe. Dies ist insofern richtig, da Nixon und Kissinger den Vietnamkrieg – obgleich mit einer Schmach – beendeten; sie richteten die USA auch realpolitisch neu aus. Seine Politik strebte eine Entspannung mit der Sowjetunion an. Er entfernte sich daher von der traditionellen amerikanischen Politik der Eindämmung des Kommunismus. Nixons persönliche Obsessionen, z. B. die Presse und frühere Präsidenten – er ließ alle ihrer Bilder aus dem Weißen Haus entfernen – und das demütigende Ende seiner Präsidentschaft prägen allerdings das negative Bild dieses Präsidenten. Bis heute ist einer der größten politischen Nachkriegsskandale mit seinem Namen verbunden: ‚Watergate'.

Exkurs: Watergate

Am 17. Juni 1972 wurden Einbrecher gefasst, die in das Hauptquartier des Demokratischen Nationalkomitees im Watergate-Komplex in Washington D.C. eingedrungen waren. Es stellte sich heraus, dass der Einbruch mit der Wiederwahl-Kampagne von Präsident Richard Nixon in Verbindung stand: Unter anderem sollte herausgefunden werden, wer Verschlusssachen wie die Pentagon Papers an die Medien weitergegeben hatte. Schließlich wurde aufgedeckt, dass einige Mitarbeiter des Weißen Hauses in den Einbruch involviert waren. Dies führte dazu, dass Nixon als bislang einziger Präsident der Vereinigten Staaten zurücktrat.

Nixon wurde für alle strafrechtlich relevanten Verfehlungen während seiner Präsidentschaft von seinem Nachfolger Gerald Ford (1974–1977, Rep.) begnadigt. Zwar sprach Ford die Begnadigung nach eigener Einschätzung zufolge nicht nur für Nixon, sondern für das beste Interesse der Nation aus. Sie mag sogar eine realpolitische Notwendigkeit gewesen sein, um das demütigende Watergate-Kapitel amerikanischer Innenpolitik abzuschließen und der Nation den inneren Frieden wiederzugeben. Das angeschlagene Selbstverständnis der Amerikaner ‚heilte' er damit etwas – trotzdem war die Begnadigung umstritten. So bleibt ein schaler Beigeschmack um die Begnadigung zurück und sie war nicht zuletzt ein Grund dafür, dass Ford 1986 die Wahl gegen den früheren Gouverneur von Georgia, Jimmy Carter, verlor. Zudem hatte Ford nicht genug Zeit, in nachhaltiger Weise seine Präsidentschaft zu akzentuieren.

Jimmy Carter (1977–1981, Dem.) kam ins Amt, obwohl er in seiner Partei heftig umstritten war. Er war ein Außenseiter und musste sich in dieser Rolle mit einem geradezu feindseligen Kongress auseinandersetzen, obwohl beide Kammern von seiner eigenen Partei dominiert waren. Der Kongress ließ ihm kaum eine Chance, ein erfolgreicher Präsident zu sein. Vor allem innerparteiliche Gegner verhinderten, dass dem glücklosen Amateurpolitiker größere innenpolitische Erfolge gelangen – *Speaker* Tip O'Neill oder Ted Kennedy sind hierfür Paradebeispiele. Kennedy hätte Carter schließlich beinahe die Kandidatur im Jahre 1980 streitig gemacht. Die Präsidentschaft Carters bleibt insoweit eindrücklich, als er in Camp David (siehe folgende Infobox) den fragilen Frieden zwischen Ägypten und Israel herstellen konnte. Dennoch, als politisch Unerfahrener, der das Weiße Haus und seine Bürokratie organisatorisch nie in den Griff bekam, hatte er seinem Republikanischen Herausforderer, Ronald Reagan, wenig entgegenzusetzen. Dies gilt insbesondere auch für eine während der Wahl andauernde Krise um eine Geiselnahme im Iran und die missglückte Befreiungsaktion. Dieses Versagen wurde dem amtierenden Präsidenten zugeschrieben.

Exkurs: Die Geiselkrise im Iran

Die ‚Geiselkrise' im Iran führte zu einem diplomatischen Konflikt zwischen den Vereinigten Staaten und dem Iran. Am 4. November 1979 wurden 52 amerikanische Bürger in der Botschaft in Teheran von einer Gruppe iranischer Studenten als Geiseln genommen. Der Grund: Die amerikanische Regierung hatte kurz zuvor dem geschassten Schah eine medizinische Behandlung in New York gestattet. In der *Operation Eagle Claw* sollte das amerikanische Militär im April 1980 die Geiseln befreien. Die Mission scheiterte, ohne dass die Soldaten in die Nähe der Botschaft kamen. Acht amerikanische Soldaten sowie ein iranischer Zivilist wurden dabei getötet. Das Ende der Geiselnahme leitete schließlich ein Abkommen (*Algiers Accords*) zwischen den USA und dem Iran ein. Am 20. Januar 1981 wurden die 52 Geiseln, freigelassen – am selben Tag der Vereidigung von Ronald Reagan.

Das Camp-David-Abkommen

Das Camp-David-Abkommen wurde im September 1978 nach zwölf Tagen geheimer Verhandlungen in Camp David von Präsident Jimmy Carter, dem ägyptischen Präsidenten Anwar Sadat und dem israelischen Premierminister Menachem Begin unterzeichnet. Das Abkommen legte den Grundstein für einen Friedensvertrag, der im März 1979 zwischen Israel und Ägypten geschlossen wurde. Das Camp David ist ein Landsitz des Präsidenten im Staat Maryland.

Ronald Reagan (1981–1989, Rep.) gewann die Wahl gegen Carter mit einem hohen Vorsprung (489 zu 49 Wahlmännerstimmen). Allerdings wurde der ‚große Kommunikator' Reagan zu Beginn seiner Amtszeit von vielen belächelt und als unfähig charakterisiert. Er war schließlich vor allem als B-Movie-Schauspieler bekannt. Heute genießt Reagan aber insbesondere bei konservativeren Amerikanern einen Heldenstatus. In ihren Augen leitete er das Ende des Kalten Krieges durch seinen festen, durchaus doktrinären Willen ein und brachte somit den Kommunismus als *Evil Empire* zum Sturz. Auch innenpolitisch wurde Ronald Reagan mit seiner radikalen Deregulierung, ein Held der Konservativen, insbesondere in Hinblick auf Steuersenkungen. Obwohl er große Erfolge im Wachstum des Bruttoinlandsprodukts vorweisen konnte, stiegen die Staatsausgaben unter Ronald Reagan so stark wie nie zuvor. Aufgrund einiger Missgriffe, insbesondere in der Iran-Kontra-Affäre, fielen zudem Schatten auf seine Präsidentschaft (siehe Infobox). Zum Ende seiner Amtszeit wurde bereits spekuliert, dass ihm eine später bekannt gegebene Alzheimer-Erkrankung zu schaffen machte. Vizepräsident, George H. W. Bush, konnte jedoch als professioneller Politiker und früherer Geheimdienstchef in Verbindung mit einem verlässlichen Stab die Amtsgeschäfte übernehmen und schließlich selbst als sein Nachfolger die Präsidentschaft antreten.

Iran-Kontra-Affäre

Die Vereinigten Staaten verkauften in den 1980er Jahren Waffen an den Iran, um sieben von der Hisbollah im Libanon festgehaltene amerikanische Geiseln freizukaufen. Die Mittel aus dem Waffengeschäft wurden jedoch zur Unterstützung der Contras in Nicaragua verwendet, die gegen die sandinistische Regierung kämpften. Sowohl Waffenverkäufe an den Feind Iran als auch die finanzielle Unterstützung einer Rebellentruppe waren illegal.

George H. W. Bush (1989–1993, Rep.) ist als der Präsident in die Geschichtsbücher eingegangen, der sich vor allem in der Außenpolitik zur Zeit des Zusammenbruchs der kommunistischen Regimes verdient gemacht hatte. Auch mit dem schnell gewonnen Krieg gegen den Irak hatte er einen Erfolg vorzuweisen. Innenpolitisch griffen seine ökonomischen Reformen jedoch zu spät und er stand bei den Wahlen 1992 dem Charismatiker Bill Clinton gegenüber. Dies führte dazu, dass Bush trotz einiger Erfolge zu einem der bislang elf Präsidenten wurde, die nicht wiedergewählt wurden – und der letzte bis Donald Trump.

Bill Clinton (1993–2001, Dem.) gelang es nach zwei Republikanischen Vorgängern, nicht nur die Präsidentschaft wieder für die Demokraten zu gewinnen: Sie konnten kurzfristig auch Mehrheiten in beiden Kammern des Kongresses erobern. Clinton stand für einen zentristischen Kurs und schaffte es, das Haushaltsbudget der USA auszugleichen – nicht zuletzt jedoch aufgrund der von Bush eingeleiteten ökonomischen Reformen. Außenpolitisch steht Clinton für den Einsatz amerikanischer Truppen im Namen der NATO auf dem Balkan, dessen gesamte Stabilisierung er durch ein Abkommen leisten konnte. Zudem steht er für ernsthafte Versuche, im Nahen Osten Frieden zu schaffen und die Vereinigten Staaten engagierten sich unter seiner Führung um eine Lösung der Zypernfrage. Heute gelten die USA als einer der wichtigen Treiber der Entspannungspolitik zwischen Griechenland und der Türkei. Dennoch fand er aufgrund innenpolitischer Aufgaben und Skandale (siehe Exkurs Clinton-Lewinsky-Affäre) kaum Zeit für weitere Initiativen. Außerdem liegt das letztlich nicht erfolgreiche *Impeachment*-Verfahren gegen ihn wie eine dunkle Wolke über seiner Präsidentschaft. Die Vorgänge im Oval Office wie auch seine Lüge scheinen den ansonsten beliebten und erfolgreichen Präsidenten historisch nachhaltig beschädigt zu haben.

Exkurs: Die Clinton-Lewinsky-Affäre

Die Clinton-Lewinsky-Affäre war ein politischer Sexskandal zwischen einer Praktikantin des Weißen Hauses, Monica Lewinsky und Präsident Bill Clinton. 1998 wurde bekannt, dass Clinton mit der 22-jährigen Lewinsky eine sexuelle Beziehung hatte. Zum politischen Problem für Clinton wurden allerdings nicht die Vorgänge im Oval Office, sondern Clintons Aussage: „I did not have sexual relations with that woman, Miss Lewinsky." Ähnlich gab dies Clinton unter Eid zu Protokoll. Als er schließlich durch die Beweislast zugeben musste, ‚unangemessenen intimen physischen Kontakt' mit Lewinsky gehabt zu haben, klagte das Repräsentantenhaus den Präsidenten wegen Meineids und Behinderung der Justiz an. Vom Senat wurde Clinton jedoch freigesprochen.

Clintons Nachfolger, George W. Bush (2001–2009), gewann die Wahl gegen Al Gore im Grunde durch einen Vorsprung von 537 Stimmen in Florida und letztlich erst durch eine Entscheidung des Obersten Verfassungsgerichts.

Exkurs: Die Entscheidung der Wahl von 2000

Die Wahl von 2000 war denkbar knapp und ging dadurch in die Geschichte ein, dass sie durch den *Supreme Court* entschieden wurde – möglicherweise für den faktischen Verlierer. Der amtierende Vizepräsident Al Gore hatte zwar die *Popular Vote* mit 543.895 Stimmen mehr gewonnen; allerdings führte im letzten entscheidenden Staat Florida der Republikanische Kandidat George W. Bush mit 537 Stimmen. Aufgrund dieser knappen Differenz wurde eine Nachzählung erforderlich. Bis dieser *Recount* allerdings fertig war, entschied der *Supreme Court* am 12. Dezember 2000, dass die Nachzählung gegen die Gleichbehandlungsklausel der Verfassung verstößt. Bush wurde damit zum Sieger der Wahl erklärt. Die Wahl war jedoch nicht nur aufgrund des Gerichtsentscheids umstritten: Problematisch waren auch die Wahlmaschinen in einigen *Counties*. Im Jahr 2000 nutzen mehrere Counties eine Art Lochkarten-System für die Wahlzettel. Die Maschinen für die Stanzung des Loches waren jedoch nicht leicht zu bedienen und einige Wahlzettel hatten in der Präsidenten-Sektion mehrere Löcher. Einige Stimmen für Gore sind daher wahrscheinlich nicht korrekt zugeordnet worden. Die Wahl muss daher bis heute fragwürdig bleiben.

Durch die umstrittene Wahl ist es fast eine Ironie des Schicksals, dass gerade diese Präsidentschaft besonders bedeutend für die Weltpolitik sein sollte. Die Anschläge des 11. September 2001 lenkten den außenpolitischen Fokus Bushs auf ein Ziel: Er wollte die Welt vom Terrorismus befreien und glaubte fest daran, dass ihm dies gelingen könnte. Trotz des völkerrechtlich fragwürdigen Eingreifens im Irak und einigen handfesten Skandalen, wie die Folter im Gefängnis Abu Ghraib, hatte Bush zur Mitte der ersten Dekade des 21. Jahrhunderts eine außerordentliche Machtfülle erreicht. Im Unterschied zu Präsidenten vor ihm war er der erste Präsident des *Hegemons* USA, der sich, gleichwohl herausgefordert durch die Anschläge in New York, 15 Jahre nach Ende des Kalten Krieges auf dem Höhepunkt der Macht befand. Diese weltpolitisch einzigartige Position der Neuzeit fand ihre Entsprechung in einer innenpolitischen Machtkonzentration, die ihresgleichen sucht. Der Kongress, die Gerichte und auch die Medien wurden bis zu den Kongresswahlen im Jahre 2006 vom Weißen Haus, häufig unter Druck gesetzt. Im Zweifelsfall genügte der Verweis auf die Gefahr für die nationale Sicherheit, um auch andere politische und gesellschaftliche Institutionen auf eine Linie zu bringen.

Innenpolitisch hat George W. Bush, abgesehen von einer Steuerreform von der jedoch vor allem Top-Verdiener profitierten, wenig erreicht. Er erweiterte zwar das *Medicare*-Programm massiv, konnte aber andere Reformversuche, wie jene der *Social-Security* nicht umsetzen. Nach dem Sieg in der Präsidentschaftswahl im Jahr 2004 hat George W. Bush politisch nicht mehr viel bewegen können. Sein Schicksal und das seiner Partei hingen davon ab, ob es ihm gelänge, von den inzwischen unpopulären Kriegen in Irak und Afghanistan abzulenken oder sie gar zu beenden. Auch das Sicherheitsgesetz *USA PATRIOT Act* galt vielen Amerikanern bald als überzogen. Nachdem die Republikaner in den Zwischenwahlen des Jahres 2006 die Mehrheit in den beiden Häusern verloren, war der Zenit dieser Präsidentschaft innen- und außenpolitisch überschritten. Der Präsident und seine Partei wurden Opfer ihrer zeitweiligen Übermacht und lösten ein erneutes *Realignment* aus, das den Demokraten nicht nur die Mehrheit in beiden Häusern des Kongresses einbrachte, sondern auch den Weg für die Wahl des ersten afroamerikanischen Präsidenten der USA, Barack Obama, freimachte.

Auch wenn George W. Bush von Kritikern schon früh zu den ‚worst ever'-Präsidenten gerechnet wurde (Wilentz 2006), kann man seiner Präsidentschaft nur dann gerecht werden, wenn man die Einzigartigkeit der Anschläge und ihre Implikationen in Rechnung stellt. Der 11. September 2001 brachte eine Wende in der Unverwundbarkeitserfahrung der Amerikaner mit sich. Sie vereinten vorübergehend ein solches Konglomerat aus machtvollen Akteuren und einer Bevölkerung, die sich relativ geschlossen hinter ihre politische Führung stellte. Dies ermöglichte eine Machtentfaltung, wie sie unter anderen Umständen nicht denkbar gewesen wäre. George W. Bush kann im Kontext seiner zeitgenössischen Vorgänger tatsächlich allenfalls als durchschnittlich bewerten werden. Bush war in dieser Position intellektuell herausgefordert, was nicht zuletzt dazu führte, dass sein Vize-Präsident Dick Cheney die Geschicke bestimmte. Das Bild des in die Leere starrenden Präsidenten, der während eines Vortrags in einer Grundschule in Florida von den Vorgängen am World Trade Center unterrichtet wird, blieb haften. Ebenso wie die Vorstellung, dass Bush von dem wohl mächtigsten und zugleich unpopulärsten Vize-Präsidenten der Geschichte stark in Bezug auf den kontroversen Irak-Krieg beeinflusst wurde, ließ ihn in der Gunst der Amerikaner zusätzlich sinken.

Die Wahl Barack Obamas (2009–2017) war für eine Hälfte Amerikas ein großer historischer Schritt. Er war nicht nur der erste Afro-Amerikaner im Amt, sondern auch ein handlungsfähiger und eloquenter Präsident. Obama motivierte seine Anhänger, wie es nur selten einem Kandidaten zuvor gelungen ist und sie erhofften sich Großes von dem Senator aus Illinois. Allerdings zeigte sich, dass nach wie vor die Hautfarbe eines Präsidenten, zumindest unterschwellig für einige Amerikaner ein Problem darstellte. Auch seine intellektuellen und liberalen Wurzeln stießen schon im Wahlkampf auf massiven Protest. Zunehmend radikalisierten sich darunter Gruppierungen, deren oftmals grotesk verzerrte Ansichten zumeist der extrem einseitigen Berichterstattung konservativ-populistischer Medien wie den Talkradios (Rush Limbaugh) oder *FOX News* folgten. Dies allein reicht wohl nicht aus, um die extreme Abneigung gegenüber Obama von Seiten vieler fundamental-oppositioneller, zumeist religiös geprägter Gruppierungen und ihren Erfolg zu erklären. Obama hatte das Pech, nach einem vergleichsweise leicht zu gewinnenden Wahlkampf gegen John McCain, das ökonomische Erbe eines Präsidenten anzutreten, der zu sehr auf die Selbstregulation der Finanzmärkte setzte. Die Folgen waren desaströs und gipfelten in der *Great Recession,* die bis heute noch Nachwehen zeigt. Obama erbte dabei kollabierte Finanz-, Immobilien- und Arbeitsmärkte. Diese Herausforderung allein hätte die Exekutive überlasten können, denn auch in der Außenpolitik war das Erbe der Bush-Präsidentschaft noch nicht bewältigt. Angesichts dieser Herausforderungen hat Obama in seiner Amtszeit einiges erreicht. Die erfolgreiche Rettung der Banken und Automobilkonzerne durch massive Staatsinterventionen, dürften zwar den völligen Zusammenbruch der Wirtschaft verhindert haben. Trotzdem erntete Obama den geballten Unmut von Konservativen, insbesondere der im Jahr 2009 auftretenden *Tea-Party*-Bewegung, die ‚*Bailouts*' für den eindeutig falschen Weg hielt. Allerdings zeichnete sich bis zum Ende der Präsidentschaft Obamas eine Erholung des Arbeits- und Gesamtmarktes ab. Auch seine Gesundheitsreform, die einer entscheidenden Prüfung durch den *Supreme Court* unterzogen und zu großen Teilen bestätigt wurde, darf trotz massiver Proteste der Republikaner und ihres gesellschaftlichen Umfelds als großer Erfolg bewertet werden. Und obwohl es Obama nicht – wie versprochen – gelungen ist, das Gefangenenlager auf Guantánamo aufzulösen und den Krieg in Afghanistan endgültig zu beenden, kann durchaus eine politisch positive Bilanz der Präsidentschaft Obamas gezogen werden. Die Präsidentschaft Obamas war jedoch auch der Startpunkt eines Aufbegehrens des fundamentalistischen Populismus, der das Land zunehmend in verfeindete, unversöhnliche Lager spaltet. Dies war nicht Obamas ‚Schuld', aber für seine Kritiker war er die Personifikation des stärker werdenden und ihnen verhassten liberal-progressiven Amerikas.

Exkurs: Die *Tea-Party*-Bewegung

Die *Tea Party* ist in ihrer Selbstbeschreibung eine Bürgerbewegung, organisiert in lokalen, unabhängigen Graswurzelgruppen. TEA ist hierbei ein Akronym für *Taxed Enough Already.* Sie konnte eine große Anzahl Menschen gegen die Obama-Regierung mobilisieren. Über die Wahlerfolge ihrer Repräsentanten in der Republikanischen Partei wurde eine starre Ideologie des ‚Limited Government' und ‚Free Market' in den Republikanischen Mainstream gebracht. Im Kongress wurde sie bis hin zum ‚Freedom Caucus' ein etablierter und einflussreicher Bestandteil der Partei. Die *Tea Party* ist allerdings eine soziale Bewegung, die mittels eines ‚Frames' konstruiert wurde, der eine möglichst kleine Regierung propagiert. Dahinter steckt eine strategische Klammer, eine ‚Framing Bridge', die als eine Art ‚gemeinsamer Nenner' aller an ihr beteiligten Strömungen verstanden werden kann. Mit ihr wurde eine vereinigende ideologische Brücke über die Kernforderung des schlanken Staates möglich (Oswald 2018). Die *Tea-Party*-Bewegung wurde im Grunde zur *Make-America-Great-Again*-Bewegung (vgl. hierzu Kap. 7 und 11).

Die Ergebnisse der Kongresswahlen im Herbst 2010 waren der unmissverständliche Triumph einer geradezu kulturrevolutionären Bewegung, die – gesteuert von *Big Money* und ermöglicht durch *Citizens United*[5] – grundlegende Gemeinsamkeiten der amerikanischen Politik in Frage stellte. Es war kaum vorhersehbar, wie radikal sich die neu gewählten Kongressabgeordneten v. a. im Repräsentantenhaus jeder Art von Kompromiss mit dem verhassten Präsidenten verweigerten. Selbst prozedurale Selbstverständlichkeiten, wie die formale Erhöhung der Staatsschuldengrenze, wurden abgelehnt und führten im Spätsommer 2011 fast zur völligen Lähmung und Blockade des Systems. Diesem *Gridlock* stand sogar die eigene politische Führung in Gestalt des Speakers John Boehner machtlos gegenüber. In

5 Ein Gerichtsurteil zur Wahlkampffinanzierung vgl. hierzu Kap. 8.

seiner eigenen Fraktion war er mit einer Verweigerungsriege junger, unerfahrener Abgeordneter konfrontiert, die sich unter einer von Grover Norquist geführten, radikal-ideologischen Gruppierung (*Americans for Tax Reform*) zu öffentlichen Bekenntnissen hatten hinreißen lassen, *niemals* Steuern zu erhöhen.

Schwerer noch als diese fiskal-fundamentalistische Perspektive wiegt die sozialkulturelle Radikalisierung, die im Vorwahlkampf der Republikanischen Partei zur Überraschung selbst vieler Traditionsrepublikaner das Bild beherrschte: Die Infragestellung der Trennung von Staat und Kirche, die rigorose Ablehnung von Abtreibungen – bisweilen auch in Fällen von Inzest und Vergewaltigung – und die Bezeichnung hochgebildeter Gesellschaftsschichten (und als deren Repräsentanten Barack Obama) als *Snobs*. Diese nachdrückliche Zurschaustellung der Ablehnung des liberalen Establishments und dessen symbolischem Anführer Obama prägte das politische Klima des Landes. Wie selten zuvor wirkte dieses vergiftet und machte somit das Regieren für den Präsidenten nach den Zwischenwahlen faktisch unmöglich. Dies ist mitunter ein Grund, warum Barack Obama als ein großartiger und historischer Präsident in die Geschichte einging, obwohl seine Regierung nur wenige Vorhaben aufgrund der Blockade umsetzen konnte. Seine größte Errungenschaft, der *Affordable Care Act*, oder landläufig auch *Obamacare*, ist zwar ein Meilenstein in der US-Politik; neben dieser herausragenden Leistung besteht das Erbe der Präsidentschaft Obamas jedoch hauptsächlich aus der großen symbolischen Bedeutung seiner Wahl. Mit den großen Herausforderungen der Wirtschaftskrise und dem *Affordable Care Act* sowie der Blockadepolitik der Republikaner konnten vor allem die fundamentalen innenpolitischen Probleme kaum noch gelöst werden. In Folge hatten einige Wähler vom versprochenen *Change* nicht viel bemerkt. Vor allem in den wirtschaftlich brach liegenden Gegenden hatte sich im Gegenteil in den letzten Jahrzehnten vieles zum Schlechteren verkehrt.

Zusammengenommen steht die Präsidentschaft Obamas unter einem Paradoxon. Er war zweifelsohne bei vielen beliebt und konnte sich gegen Mitt Romney 2012 behaupten. Allerdings sank unter seiner Präsidentschaft die Gunst der Wähler für die Demokratische Partei stark: Die Demokraten verloren während seiner Amtszeit neben dem Kongress mehr als tausend Sitze in den Parlamenten der Staaten sowie einige Gouverneursposten. Damit gingen mehr Legislativposten in den Staaten unter Obama verloren als unter anderen Präsidenten der jüngeren Geschichte. Zudem wurden viele seiner Exekutiv-Anordnungen schnell von der Trump-Regierung aufgehoben. Auch nahm die Ablehnung der Demokraten bei einem Teil der Gesellschaft stark zu. Die politische Spaltung der USA war bereits in vollem Gange und gipfelte vorerst in der Wahl von Donald J. Trump.

Die Wahl Donald J. Trumps zum 45. Präsidenten der USA (2017–2021) war für viele eine Überraschung. Trump startete als Außenseiter und Anti-Establishment-Vertreter in einer großen Riege von Republikanischen Kandidaten. Ihm wurden nur wenige Chancen eingeräumt, das Partei-Establishment der Republikaner war jedoch durch den *Tea-Party*-Einfluss stark angeschlagen. Und obwohl der Wahlsieg Trumps viele überraschte, hatte er besser verstanden als seine Kontrahenten, mit welchen Problemen Teile der USA sich konfrontiert sahen. Der ‚Dealmaker'

Trump hat zudem während seiner Kandidatur wichtige Bündnisse geschlossen, wie beispielsweise mit den Evangelikalen. Diese Verbindung zur ‚Basis' prägte seine Präsidentschaft. Zuletzt war es auch die Unbeliebtheit von Hillary Clinton, möglicherweise auch ihre E-Mail-Affäre und die Bezeichnung *Basket of Deplorables*, also der ‚Korb der Bedauernswerten/Kläglichen' für jene, die erwogen, Trump zu wählen. Wie George W. Bush 2000 gewann Trump auch nicht die Mehrheit der Wähler, wohl aber eine satte Mehrheit im Electoral College (vgl. hierzu Kap. 8). Er siegte mit faktisch 77.000 Wählerstimmen Mehrheit in wenigen Staaten, die zuweilen für die Demokraten als sicher gewonnen angesehen wurden. Trump machte aus diesen *Battleground* oder *Swing-States*.

Donald Trump nutzte von Beginn an die politische Spaltung Amerikas und provozierte seit dem Auftakt seiner Kandidatur mit Thesen, die ihm mediale Aufmerksamkeit verschafften. Zu seiner Basis wusste er ganz gezielt zu sprechen und man konnte im Laufe der Jahre 2015/16 beobachten, wie sich die Konservativen in den USA in die MAGA-Bewegung einreihten, also *Make America Great Again*. Allen voran war dies die *Tea Party*, aber auch Evangelikale sowie Sozial- und Wirtschaftskonservative fanden in Trump eine Antwort auf die Obama-Präsidentschaft. Dies war er in mehrfacher Hinsicht. Trump war es zum einen ein Anliegen, die Errungenschaften seines Vorgängers aufzuheben; zum anderen war Obama für ein großes Spektrum der Konservativen – insbesondere aus dem Umfeld der *Tea-Party*-Bewegung – das Feindbild schlechthin geworden. Trump, der Außenseiter, mokierte daher eher die intellektuell-elitäre Aura, die den ehemaligen *University of Chicago* Dozenten Obama umgab.

Trump war einer der wenigen Präsidenten, die nie zuvor ein politisches Amt innehatten (neben Zachary Taylor, Ulysses S. Grant und Dwight D. Eisenhower). Subtrahiert man von dieser Liste jene, die vor ihrer politischen Karriere ein hohes militärisches Amt innehatten, bleibt Trump als einziger wirklicher Außenseiter übrig. Seine mangelnde Erfahrung, gemischt mit seiner radikalen Art zu regieren, war ein Einfallstor für Fehlschläge, mitunter auch Fehlverhalten, wie es ihm mit seinem Telefongespräch mit dem Präsidenten der Ukraine zum Verhängnis wurde. Der Immobilien-Mogul und Entertainer verstand es zwar, durch seine Medien-Kenntnisse und seine Kommunikationsmacht, eine Stimmung herbei zu führen, die seine Vorstellung von ‚Durchregieren' durchaus getragen hätte. Allerdings riefen seine mitunter unlauteren Methoden und radikalen Ansätze auch einen starken Gegenwind herauf.

Trump hatte einige Gegner während seiner Präsidentschaft: Zunächst die Demokraten, vor allem ihre Mehrheit im Repräsentantenhaus ab 2018 – sie arbeiteten ähnlich gegen die Regierung, wie es die Republikaner von 2011 an mit ihrer Mehrheit getan hatten. Aber auch die etablierten Medien machten aus ihrer Abneigung gegenüber Trump keinen großen Hehl. Dazu kamen einige Gegenspieler in den eigenen Reihen (von Trump als ‚*Deep State*' bezeichnet). Am meisten war sich Trump jedoch selbst ein Gegner, da er affektiv und oft schlicht kurzsichtig agierte. Dies führte unter anderem dazu, dass Trump als dritter Präsident *impeached* wurde – und unter diesen sogar zwei Mal. Man hätte Trump einige Mängel in seinem Verhalten vorwerfen können, die anklagenden Demokraten stützten sich in dem Amtsenthebungsverfahren jedoch ausschließlich auf das Telefonat mit dem ukrainischen Präsidenten Volodymyr Zelensky. Die Demokraten sahen es als erwiesen an, dass sich Trump des Amtsmissbrauchs schuldig gemacht habe: Er hatte Ermittlungen gegen Joe Biden und seinen Sohn Hunter im Gegenzug für amerikanische Militärhilfen verlangt. Für Trump war dies ein ‚perfektes Telefongespräch' und alles andere eine ‚Hexenjagd'. Diese Interpretation übernahmen nicht nur seine treuen Anhänger, sondern auch die Republikaner im Senat, die ihn schließlich für nicht schuldig befanden.

Trump hatte eine treue Anhängerschaft, da er tatsächlich einiges davon lieferte, was er ihnen versprach. Obwohl er relativ schlechte Zustimmungsraten hatte, blieb diese Rate relativ konstant – ganz gleich, was passierte. Trump war unter seinen Anhängern extrem beliebt und deren Enthusiasmus hätte ihm wahrscheinlich auch die Wiederwahl gesichert, wenn er auf die COVID-19-Pandemie anders reagiert hätte. Trump handelte zwar zunächst mit der Aussetzung der Flug-Verbindungen nach China sehr schnell; allerdings war ihm der wirtschaftliche Schaden der Eindämmungsmaßnahmen, wie Lockdowns in manchen Staaten zu hoch. Hätte er das *Pandemic Response Team* nicht zu Beginn seiner Präsidentschaft entlassen oder vielleicht die Ratschläge des Direktors des *National Institutes of Health*, Anthony Fauci, angenommen, wäre ihm die Niederlage möglicherweise erspart geblieben.

Trump hat die Spaltung in den USA keineswegs kreiert – vielmehr ist er erst durch sie Präsident geworden. Er hat jedoch die Gräben vertieft. Mit seiner Abgangsstrategie hat er zudem die Grundlage dafür geschaffen, dass sich auch unter der Präsidentschaft Joe Bidens zwei Teile der amerikanischen Gesellschaft feindselig gegenüberstehen: Trump hatte seine Wähler lange vor der Wahl darauf eingestellt, dass er sie nur verlieren könne, wenn es nicht mit rechten Dingen zuginge. Ein großer Teil seiner Gefolgschaft ist bis heute davon überzeugt, dass in der Wahl von 2020 massiv getäuscht wurde und Trump nur aufgrund von Wahlmanipulation seinen Platz räumen musste. Sie fühlen sich also um ihren Präsidenten betrogen, einen Präsidenten, den nicht wenige von ihnen als den großartigsten seit Abraham Lincoln oder gar George Washington ansehen. Mit dieser Strategie rettete sich Trump zwar in seinem Selbstverständnis sein Gesicht, denn so wurde er kein ‚Verlierer', sondern ein um den Sieg gebrachter Gewinner. Eine Befriedung der Gesellschaft steht damit wohl außer Reichweite, selbst wenn sich Joe Biden darum bemühen möchte, der Präsident für alle Amerikaner zu sein. Der ‚Sturm auf das Kapitol' vom 6.1.2021 ist ein beispielloser Vorgang in den USA und nicht wenige zeichnen Trumps Rhetorik für diese Eskalation verantwortlich, obwohl auch das Impeachment-Verfahren im Januar/Februar 2021 mit einem Freispruch endete.

Dennoch darf das Verfahren als massive Rüge gegen Trump betrachtet werden. Trump bestritt über Monate hinweg, dass Biden die Wahl legitim gewonnen hatte und stachelte seine Anhänger dazu an, den vermeintlichen Betrug zu bekämpfen. Die Verantwortung für den beispiellosen Sturm auf das Kapitol schreiben daher viele Trump zu. Im Grunde ist dies auch das erstmals in der Geschichte der USA, dass kein friedlicher Machtübergang zustande kam. Zudem waren die USA über Wochen fast führungslos, da der Präsident kaum noch Regierungsarbeit ausführte.

Tabelle 4.2: Die bisherigen Präsidenten der USA

Nr.	Name	Partei	Geburtsstaat	Amtseinführung	im Alter
1.	George Washington	Federalist	Virginia	1789	57
2.	John Adams	Federalist	Massachusetts	1797	61
3.	Thomas Jefferson	Democratic-Republican	Virginia	1801	57
4.	James Madison	Democratic-Republican	Virginia	1809	57
5.	James Monroe	Democratic-Republican	Virginia	1817	58
6.	John Quincy Adams	Democratic-Republican	Massachusetts	1825	57
7.	Andrew Jackson	Democrat	South Carolina	1829	61
8.	Martin Van Buren	Democrat	New York	1837	54
9.	William Henry Harrison	Whig	Virginia	1841	68
10.	John Tyler	Whig	Virginia	1841	51
11.	James Knox Polk	Democrat	North Carolina	1845	49
12.	Zachary Tyler	Whig	Virginia	1849	64
13.	Millard Filmore	Whig	New York	1850	50
14.	Franklin Pierce	Democrat	New Hampshire	1853	48
15.	James Buchanan	Democrat	Pennsylvania	1857	65
16.	Abraham Lincoln	Republican	Kentucky	1861	52
17.	Andrew Johnson	Republican	North Carolina	1865	56
18.	Ulysses Simpson Grant	Republican	Ohio	1869	46
19.	Rutherford Birchard Hayes	Republican	Ohio	1877	54

Nr.	Name	Partei	Geburtsstaat	Amtseinführung	im Alter
20.	James Abram Garfield	Republican	Ohio	1881	49
21.	Chester Alan Arthur	Republican	Vermont	1881	50
22.	Grover Cleveland	Democrat	New Jersey	1885	47
23.	Benjamin Harrison	Republican	Ohio	1889	55
24.	Grover Cleveland	Democrat	New Jersey	1893	55
25.	William McKinley	Republican	Ohio	1897	54
26.	Theodore Roosevelt	Republican	New York	1901	42
27.	William Howard Taft	Republican	Ohio	1909	51
28.	Woodrow Wilson	Democrat	Virginia	1913	56
29.	Warren Gamaliel Harding	Republican	Ohio	1921	55
30.	Calvin Coolidge	Republican	Vermont	1923	51
31.	Herbert Clark Hoover	Republican	Iowa	1929	54
32.	Franklin Delano Roosevelt	Democrat	New York	1933	51
33.	Harry S. Truman	Democrat	Missouri	1945	60
34.	Dwight David Eisenhower	Republican	Texas	1953	62
35.	John Fitzgerald Kennedy	Democrat	Massachusetts	1961	43
36.	Lyndon Baines Johnson	Democrat	Texas	1963	55
37.	Richard Milhouse Nixon	Republican	California	1969	56

Nr.	Name	Partei	Geburtsstaat	Amtseinführung	im Alter
38.	Gerald Rudolph Ford	Republican	Nebraska	1974	61
39.	Jimmy (James Earl) Carter	Democrat	Georgia	1977	52
40.	Ronald Reagan	Republican	Illinois	1981	69
41.	George H. W. Bush	Republican	Massachusetts	1989	64
42.	Bill (William Jefferson) Clinton	Democrat	Arkansas	1993	46
43.	George W. Bush	Republican	Connecticut	2001	54
44.	Barack Hussein Obama	Democrat	Hawaii	2009	47
45.	Donald J. Trump	Republican	New York City	2017	70
46.	Joseph Robinette Biden Jr.	Democrat	Pennsylvania	2021	78

Quelle: Eigene Zusammenstellung.

4.2 Formale Machtmittel

Bei der Verfassungsgebung waren sich die *Framers* über zentrale Punkte hinsichtlich der Rolle des Präsidenten und der institutionellen Einbettung des Amtes relativ schnell einig: Eine Person sollte als politischer Repräsentant der Exekutive fungieren, de facto sollte dieser jedoch in erster Linie die Rolle eines obersten Verwaltungschefs zugesprochen werden. Die *Framers* wollten angesichts der Erfahrungen mit dem mächtigen englischen König vergleichsweise ‚schwache' Präsidenten. Umstritten war die Frage, wer die Präsidenten bestimmen sollte: Der Kongress, das Volk oder ein Wahlgremium? Eine direkte Volkswahl war nicht akzeptabel, dazu waren nicht nur das Land zu groß, sondern auch das Vertrauen in die Rationalität des Wählerverhaltens nicht gegeben. Die Option einer Wahl durch den Kongress wurde ebenfalls erwogen, aber nicht weiterverfolgt. Die Unabhängigkeit der Präsidentschaft vom Parlament wäre somit schließlich nicht gegeben. Der Kompromiss war die Etablierung des *Electoral Colleges,* das einerseits die Volksstimme repräsentiert, andererseits aber selbst ein repräsentatives Element mit eigener Entscheidungsbefugnis ist – das Wahlgremium sollte im Zweifelsfall Despoten verhindern können. Als schwierigste Frage erwies sich die Verschränkung und Teilung der Macht zwischen Kongress und Präsident. Umstritten war im Besonderen, wer personelle Ernennungen vornehmen und Verträge aushandeln durfte sowie die Frage, ob ein Präsident ein Veto gegen Gesetze einlegen konnte. Die Lösung dieser Fragen findet sich in Artikel II der Verfassung, der hinsichtlich der Kompetenzen der Präsidenten vergleichsweise klar und kurz gefasst ist.

In der Verfassung gibt es nur wenige zu erfüllende Minimalanforderungen: Präsidenten müssen in den USA geboren und mindestens 35 Jahre alt sein. Die Leitungskompetenz der Gesamtpolitik wird besonders deutlich in der Außenpolitik, obwohl die Kompetenzen als Oberbefehlshaber, beim Abschluss von Verträgen und bei der Vertretung nach außen an jeweils spezifische Grenzen vor allem im Senat stoßen. Die Macht der Präsidenten zeigt sich im Besonderen beim Ernennungsrecht, das ihnen für Bundesrichter, Botschafter, Minister sowie andere Spitzenbeamte zukommt. Diese Ernennungen müssen qua Verfassung aber jeweils im Senat bestätigt werden. Zu weiteren Kompetenzen zählen das Begnadigungsrecht (auf Bundesebene), die Möglichkeit, den Kongress zu Sondersitzungen einzuberufen und das Vetorecht, durch das Gesetzesvorgaben des Kongresses blockiert werden können. Nur durch die jeweiligen Zweidrittelmehrheiten in beiden Häusern kann ein zurückgewiesenes Gesetz verabschiedet werden.

Neben diesen formalen Kompetenzen können Präsidenten durch die *Inherent Powers*, d. h. durch Konventionen, ihre Macht grundsätzlich ausdehnen. Dazu gehören Proklamationen, wie sie beispielsweise Abraham Lincoln zur Befreiung der versklavten Menschen nutzte, und Rechtsverordnungen (*Executive Orders*). *Executive Orders* können ohne Zustimmung des Kongresses erlassen werden und regeln die Exekutiv-Operationen im Bund. Proklamationen und *Executive Orders* haben Gesetzeskraft und sind unter Titel 3 des *Code of Federal Regulations* kodifiziert – die formelle Sammlung aller von der Exekutive und anderen Bundesbehörden erlassenen Vorschriften. Schließlich existieren Exekutivabkommen (*Executive Agreements*), mit denen Präsidenten ebenfalls ohne Zustimmung des Senats faktisch Verträge mit anderen Staaten abschließen können (internationale Handelsabkommen oder der *SALT II*-Vertrag stehen hierfür als Beispiele).

4.2.1 Institutionelle Machtmittel

Die institutionelle Macht von Präsidenten ist vierfach gefächert: über das *Cabinet* und das *Executive Office* sowie durch die Vize-Präsidentschaft und das Amt der *First Lady* (FLOTUS). Die Verfassung sieht außer dem Amt des Vizepräsidenten keine dieser Institutionen vor, für die präsidentielle Macht haben sie sich aber als außerordentlich bedeutsam erwiesen.

Das *Cabinet* hat gemäß Artikel II Abschnitt 2 der Verfassung die Aufgabe, Präsidenten in allen Fragen zu beraten, die sie im Zusammenhang mit den Aufgaben des jeweiligen Amtes benötigen. Dem *Cabinet* gehören der Vizepräsident und die Leiter von 15 Exekutivabteilungen an. Grundsätzlich ist das *Cabinet* nicht mit seinen Gegenstücken in parlamentarischen Systemen zu vergleichen; allerdings ist das Kabinett amerikanischer Präsidenten eher ein informelles Beratergremium – und dessen Bedeutung hängt allein vom Wohlwollen eines Präsidenten ab. Es gibt daher unterschiedliche Phasen, in denen das Kabinett jeweils mehr oder weniger Einfluss hat. Tendenziell war das Kabinett bis in die 1950er Jahre hinein bedeutsamer für präsidentielle Politik als in der darauffolgenden Zeit. Seither führte die stärkere Akzentuierung der Rolle der Präsidenten in der modernen Mediengesellschaft dazu, dass *Presidential Leadership* immer stärker mit einer Person identifiziert wurde. Zugleich ging die Bedeutung des Kabinetts tendenziell zurück. *Presidential Leadership* wurde beispielsweise von Kennedy, Johnson und Nixon sehr stark auf ein Küchenkabinett reduziert. Besonders symbiotisch gestaltete sich das Verhältnis zwischen Richard Nixon und Henry Kissinger, die in den berüchtigten letzten Tagen dieses Präsidenten gewissermaßen unter Ausschluss der Öffentlichkeit regierten. Jimmy Carter hingegen versuchte in den ersten zwei Jahren seiner Präsidentschaft, das Kabinett als kollektive Beratungsinstanz wieder zu beleben. Er scheiterte damit jedoch, wie er selbst eingestand. Parallel zum Niedergang des Kabinetts wuchs die Rolle des persönlichen Büros, des *Executive Office of the President (EOP)*. Dies ist dem Bundeskanzleramt im deutschen System ähnlich und wurde 1939 von Franklin D. Roosevelt gegründet. Sein Zweck ist es, Präsidenten die Unterstützung zu geben, die sie benötigen, um effektiv zu regieren. Das *EOP* besteht aus mehreren Institutionen, dazu zählen das *White House Office*, also jenes Personal, das direkt für die Präsidenten arbeitet, einschließlich der engsten Berater, der Nationale Sicherheitsrat und das Büro für Verwaltung und Haushalt. Das *EOP* steht unter der Leitung des *White House Chief of Staff* und es besteht aus den folgenden Einheiten:

- Council of Economic Advisers
- Council on Environmental Quality
- Executive Residence
- National Security Council
- Office of Administration
- Office of Management and Budget
- Office of National Drug Control Policy
- Office of Science and Technology Policy
- Office of the United States Trade Representative
- Office of the Vice President
- White House Office

Das *White House Office* allein hat noch die folgenden Unterabteilungen:

- Domestic Policy Council
- National Security Advisor
- National Economic Council
- Office of Cabinet Affairs
- Office of the Chief of Staff
- Office of Communications
- Office of Digital Strategy
- Office of the First Lady
- Office of Legislative Affairs
- Office of Management and Administration
- Oval Office Operations
- Office of Presidential Personnel

- Office of Public Engagement and Intergovernmental Affairs
- Office of Scheduling and Advance
- Office of the Staff Secretary
- Office of the White House Counsel

Das *EOP* ist für Aufgaben verantwortlich, die von der Übermittlung präsidentieller Botschaften an das amerikanische Volk bis zur Förderung der Handelsinteressen im Ausland reichen. Der Mitarbeiterstab des *EOP* des Präsidenten ist teilweise im Weißen Haus untergebracht. Hier werden in der Regel die Gesetzesvorschläge erarbeitet, die anschließend über Abgeordnete ihren Weg in den Kongress finden. Damit bewegt sich das *EOP* in einer rechtlichen Grauzone, denn es wurde zwar 1939 gesetzlich verankert, unterliegt aber keinerlei politischen Kontrolle durch den Kongress. Abbildung 4.3 zeigt die Organisationsstruktur des *EOP*, das heutzutage Zentrum der exekutiven politischen Gewalt ist, und, anders als das deutsche Kanzleramt, eine prominente Rolle bei der Entwicklung von Gesetzesvorlagen hat.

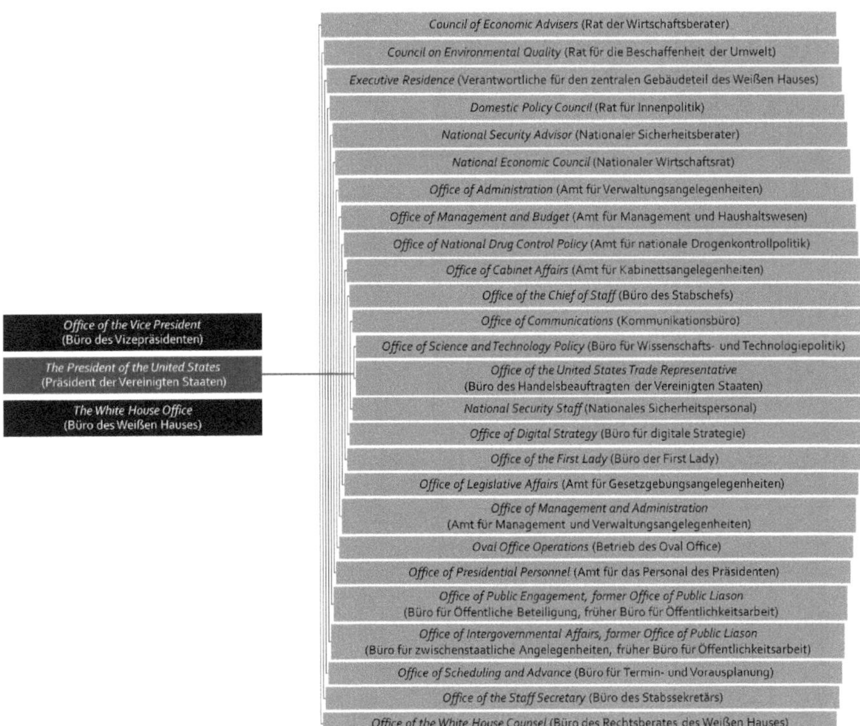

Abbildung 4.3: Organigramm des Executive Office of the President (EOP), Quelle: Eigene Zusammenstellung aus The White House 2012a.

In europäischen Staaten werden Ministerien mit Kabinettsrang bis auf wenige Kernressorts durchaus nach parteitaktischen oder pragmatischen Gründen kreiert.

Die USA haben dagegen eine gewachsene Ministerialstruktur. Dies erklärt auch, warum diese Ministerien sich eher als Departments, denn als administrative Bürokratien verstehen und weniger als politische Einheiten des Kabinetts. Im Jahre 2002 wurde das bisher jüngste Ministerium, das Department für *Homeland Security,* als Reaktion auf die Anschläge des 11. September gegründet. Tabelle 4.4 zeigt die heute bestehenden Bundesministerien in den USA.

Vizepräsidenten wurden vor 1804 die zweitplatzierten Kandidaten bei Präsidentschaftswahlen. Dies führte aufgrund divergierender Parteianhängerschaft jedoch zu Problemen. Vizepräsidenten haben formal nur wenige Kompetenzen. In der Verfassung wird ihnen, was die Exekutive anbetrifft, lediglich die Rolle als Nachfolge des Präsidenten bei dessen Tod zugewiesen. Es hängt vom Präsidenten ab, inwieweit sie in die Politik eingebunden werden. So haben sich beispielsweise Bill Clinton als auch George W. Bush dafür entschieden, ihre jeweiligen Vizepräsidenten Al Gore und Dick Cheney stark in den politischen Prozess einzubeziehen; die Vizepräsidenten Mike Pence (unter Donald Trump) und Joe Biden (unter Barack Obama) spielten dagegen eine weniger große Rolle in der amerikanischen Politik. Harry Truman war so gut wie vollständig von der Politik Franklin D. Roosevelts ausgeschlossen. Dies bereitete Truman nach Roosevelts Tod enorme Probleme, da er beispielsweise nicht wusste, was der Präsident beispielsweise mit Stalin im Detail verhandelt hatte.

Tabelle 4.4: Die Bundesministerien der USA

Department	**Errichtet**	**Funktion**
State (Auswärtiges)	1789	Formuliert und führt die amerikanische Außenpolitik aus und unterhält konsularische Beziehungen zu anderen Staaten
Treasury (Finanzen)	1789	Verwaltet die Finanzen der Bundesregierung
Interior (Inneres)	1849	Verwaltet das Bundeseigentum, insbesondere Land und Wasser
Agriculture (Landwirtschaft)	1862/1889	Verwaltet die Landwirtschaftspolitik und soziale Programme für die ländliche Bevölkerung (erst ab 1889 im Kabinettsrang)
Justice (Justiz)	1870	Vertritt die Bundesregierung in Rechtsstreitigkeiten; reguliert die Organisation der Bundesgerichte
Commerce (Handel)	1903/1913	Regelt die Handelsbeziehungen innerhalb der USA und verwaltet Wirtschaftsförderungsprogramme (bis 1913 zusammen mit *Labor*)

Department	Errichtet	Funktion
Labor (Arbeit)	1903/1913	Verwaltet und reguliert arbeitsrechtliche Angelegenheiten, die in den USA häufig durch Bundesgesetze reguliert sind (bis 1913 zusammen mit *Commerce*)
Defense (Verteidigung)	1947	Verwaltet die Streitkräfte, hervorgegangen aus Ministerien der Teilstreitkräfte
Health and Human Services (Öffentliches Gesundheitswesen und Soziales)	1953	Reguliert Gesundheits- und Hygienestandards und Teile der Sozialfürsorge
Housing and Urban Development (Wohnungsbau und Urbanes)	1965	Verwaltet soziale Programme in städtischen Gegenden, z. B. den sozialen Wohnungsbau
Transportation (Öffentliche Infrastruktur)	1966	Verwaltet die öffentliche Verkehrsinfrastruktur des Bundes
Energy (Energie)	1977	Verwaltet die Energieinfrastruktur der USA
Education (Bildung)	1979	Verwaltet und formuliert die bundesstaatliche Bildungspolitik
Veterans Affairs (Veteranenangelegenheiten)	1988	Verwaltet soziale Programme für amerikanische Kriegsveteranen
Homeland Security (Heimatschutz)	2002	Koordiniert alle öffentlichen Einrichtungen zum Schutz vor Terrorismus und Naturkatastrophen

Quelle: Eigene Zusammenstellung

Vizepräsidenten haben legislative Kompetenzen, wenn auch geringe. Je nach Konstellation kann diese aber entscheidend wirken: Sie sitzen formal dem Senat vor und haben das Recht, ein Patt (i. d. R. 50:50) durch ihre Stimme aufzulösen. Dies wurde gerade bei der 50:50 Sitze-Konstellation von Demokraten/Independents und Republikanern im Senat der 2021/22 Legislaturperiode wichtig: Vizepräsidentin Kamala Harris ist nicht nur die erste Frau in diesem Amt, sie kann auch stets das Stimmengleichgewicht mit ihrer Stimme kippen. Sie nimmt daher eine der wichtigsten Vize-Präsidentschaften in der jüngeren Zeit ein – zumindest für die Demokraten. Dennoch wird man dem ersten Vizepräsidenten John Adams zustimmen, der in einem Brief an seine Frau über das Amt klagte: „My country has in its wisdom contrived for me the most insignificant office that ever the invention of man contrived or his imagination conceived." Diesem überlieferten Verdikt wird man im Grundsatz nicht widersprechen, dennoch weist allein die Tatsache, dass die Vizepräsidenten Truman, Nixon, Johnson, H.W. Bush, Joe Biden und – beinahe – auch Al Gore zu Präsidenten wurden, auf die Bedeutsamkeit des Amtes als Sprungbrett für die Präsidentschaft hin. Tabelle 4.5 zeigt den Karrierehintergrund der Präsidenten ab 1901.

Tabelle 4.5: Amerikanische Präsidenten und ihr Karrierehintergrund

Präsident	**Amtszeit**	**Höchstes Amt vor Annahme der Präsidentschaft**	**Zweithöchstes Amt vor Annahme der Präsidentschaft**
Theodore Roosevelt	1901-1909	Vizepräsident	Gouverneur
William Taft	1909-1913	Verteidigungsminister	Bundesrichter
Woodrow Wilson	1913-1921	Gouverneur	-
Warren Harding	1921-1925	Bundessenator	Stellvertretender Gouverneur
Calvin Coolidge	1925-1929	Vizepräsident	Gouverneur
Herbert Hoover	1929-1933	Handelsminister	-
Franklin Roosevelt	1933-1945	Gouverneur	Staatssekretär im Marineministerium
Harry Truman	1945-1953	Vizepräsident	Bundessenator
Dwight Eisenhower	1953-1961	Armeegeneral	-
John Kennedy	1961-1963	Bundessenator	Abgeordneter im Bundesrepräsentantenhaus
Lyndon Johnson	1963-1969	Vizepräsident	Bundessenator
Richard Nixon	1969-1974	Vizepräsident	Bundessenator
Gerald Ford	1974-1977	Vizepräsident	Abgeordneter im Bundesrepräsentantenhaus
Jimmy Carter	1977-1981	Gouverneur	Senator in Georgia
Ronald Reagan	1981-1989	Gouverneur	-
George H.W. Bush	1989-1993	Vizepräsident	CIA-Direktor

Präsident	Amtszeit	Höchstes Amt vor Annahme der Präsidentschaft	Zweithöchstes Amt vor Annahme der Präsidentschaft
Bill Clinton	1993-2001	Gouverneur	Justizminister in Arkansas
George W. Bush	2001-2009	Gouverneur	-
Barack Obama	2009-2017	Bundessenator	Senator in Illinois
Donald Trump	2017-2021	-	-
Joe Biden	2021-	Vizepräsident	Bundessenator

Nicht zu unterschätzen ist schließlich die informelle Rolle der jeweiligen Lebensgefährten der Präsidenten, die bislang alle weiblich waren. Zunächst waren First Ladies die *White House Social Hostess.* Auch heute noch ist sie die offizielle Gastgeberin des Weißen Hauses und damit für alle sozialen und zeremoniellen Ereignisse am Amtssitz verantwortlich – von *White House* Dinners bis hin zur Weihnachtsdekoration. Die First Lady hat eigene Pressesprecher, einen Stab an Mitarbeitern, einen Sozialsekretär und sogar einen Chef-Blumendesigner.

Exkurs: First Ladies – Alles Ehefrauen?

Zwar waren bislang alle First Ladies weiblich, allerdings nicht alle Ehefrauen von Präsidenten. Eine der First Ladies war beispielsweise Harriet Lane, die Nichte von James Buchanan. Der 15. Präsident der USA hatte nie geheiratet – als einziger Präsident. Er adoptierte Harriet Lane als sie im Alter von elf Jahren zur Waise wurde. Margaret Woodrow Wilson wurde hingegen First Lady, nachdem ihre Mutter verstorben war. Auch andere Präsidenten hatten Töchter (Martha Jefferson bei Thomas Jefferson und Mary Scott Harrison McKee bei Benjamin Harrison), Schwestern (Mary Arthur McElroy bei Chester A. Arthur und Rose Elizabeth Cleveland bei Grover Cleveland) oder Schwiegertöchter in das Amt als First Lady berufen.
Im Falle eines Mannes würde von ‚First Gentlemen' gesprochen werden. Im Weißen Haus gab es noch keinen *First Gentlemen*, in einzelnen Staaten jedoch schon mehrere Dutzende. *Second Lady* ist hingegen der informelle Titel der Frau des Vizepräsidenten der Vereinigten Staaten. Doug Emhoff, der Gatte von Vizepräsidentin Kamala Harris, ist der erste Mann in dieser Position und somit der erste *Second Gentleman.*

First Ladies nehmen verschiedene Rollen in ihrem Amt ein (vgl. hierzu Caroli 2010). Zum einen die wichtige politische Beraterinnenrolle, wie sie im Besonderen von Eleanor Roosevelt und Hillary Rodham Clinton ausgeübt wurde. Clinton ließ ein eigenes Büro im West-Wing einrichten; ein Novum und bereits ein Zeichen für eine politisch involvierte First Lady. Sie wurde auch Leiterin der *Task Force on National Health Care.* Es war eines der Hauptziele von Bill Clintons legislativen Agenda, eine relativ umfassende Krankenversicherung einzuführen. Seine Frau war de facto verantwortlich für die Erarbeitung des Policy-Vorschlags. Mit der Republikanischen Mehrheit beider Häuser im Kongress ab 1994 wurden die Aussichten für die Clinton-Gesundheitswesen-Reform jedoch beerdigt.

Auch mit der eher mütterlichen Rolle einer Barbara Bush gelang es, Einfluss sowohl auf George als auch auf George W. Bush auszuüben. Schließlich wäre die Beschreibung der Rolle von First Ladies unvollständig, wenn man Nancy Reagan nicht erwähnen würde. Ihre Bedeutung als graue Eminenz eines Präsidenten, der sich nur bedingt mit den politischen Dingen beschäftigte, ist ebenfalls nicht zu unterschätzen. Ähnliches wird man für die Spätphase der Präsidentschaft von Woodrow Wilson sagen können, in der seine Frau den schon nicht mehr zur Ausübung seines Amts fähigen Präsidenten faktisch ersetzte. Michelle Obamas Einfluss dürfte ebenfalls vergleichsweise groß gewesen sein. Neben der familiären Rolle füllte sie jene der engsten Beraterin aus, die darüber hinaus eine Projektionsfläche für die beiden großen sozialen Fragen *Race* und *Gender* bot. Melania Trump dürfte daneben relativ wenig Einfluss auf ihren Mann gehabt haben. Politisch blieb Melania Trump eher passiv, obwohl es mittlerweile Usus ist, dass sich First Ladies zumindest einem politischen Thema intensiv widmen. Zwar erfüllte sie die repräsentative Rolle als First Lady und Ehefrau des Präsidenten, sie machte aber auch durch Fauxpas Schlagzeilen, wie durch das Tragen eines Parkas mit dem Aufdruck „I REALLY DON'T CARE DO U?" bei der Reise zu Institutionen, die an der Grenze undokumentierte Einwandererkinder festhielten. Auch erfuhren wir über eine Ton-Aufnahme, dass die ehemalige First Lady nicht gerade schätzte, sich um die Weihnachtsdekorationen kümmern zu müssen.

Die Kost für die Präsidentenfamilie

Entgegen der Annahme, dass die Präsidentenfamilien von der Küche im Weißen Haus auf Staatskosten verköstigt werden, müssen die Kosten für alle Mahlzeiten übernommen werden. Diese Rechnungen werden traditionell der First Lady überreicht. Hinzu kommen noch Personalkosten und etwaige Ausgaben für Stylisten etc. Das Leben im Weißen Haus ist daher nicht billig.

4.2.2 Informelle Machtmittel

In Bezug auf die politische Macht eines Präsidenten sind weiterhin die politischen Faktoren und im Besonderen die persönlichen Dispositionen zu nennen. Dazu gehören neben der Gesundheit, der Charakter – oder auch das Charisma – sowie der gewählte Regierungsstil.

Die Gesundheit eines Präsidenten spielt eine zentrale Rolle sowohl im Hinblick auf die Wählbarkeit als auch für die Bewältigung diverser Aufgaben. Dieses Thema wird einerseits in Wahlkämpfen und darüber hinaus grundsätzlich thematisiert, zugleich aber auch tabuisiert. Verheimlicht wurden die Krankheiten von Woodrow Wilson, von Franklin Roosevelt, John F. Kennedy und Ronald Reagan. Kaum zu verschweigen war die COVID-19-Infektion von Donald Trump – wohl aber das Ausmaß der Schwere. Zumindest lassen die verabreichten Medikamente darauf schließen, dass der Krankheitsverlauf ernster war, als dies die offizielle Kommunikation vermuten ließ.

Die tatsächliche Gesundheit eines Präsidenten ist von höchster Relevanz für die Öffentlichkeit. Lyndon Johnson ging so weit, seine Bauchnarbe in der Öffentlichkeit zu zeigen, um seine Regierungsfähigkeit zu dokumentieren. Auch der unter verschiedenen gesundheitlichen Problemen leidende Vizepräsident Dick Cheney bediente sich sorgfältig ausgewählter Medienarbeit, um seinen scheinbar guten Zustand vorzuführen. Zu diesen Öffentlichkeitsstunts gehört auch die Kommunikation von Trump und seine Beschwichtigung der Schwere des COVID-Krankheitsverlaufs. Auch der geistige Zustand von Präsident Joe Biden war ein großes Thema während des Wahlkampfes 2020. Mit 78 Jahren ist Biden der älteste Präsident, der jemals das Amt angetreten hatte und ein paar Aussetzer ließen vor allem Kritiker an seinem Gesundheitszustand zweifeln. Diese mutmaßten häufig, dass über Biden eine Präsidentin Kamala Harris ‚installiert' werden sollte.

Ähnlich relevant sind die *Character Issues* der Präsidenten. Allerdings herrscht hier nicht erst seit den Erfahrungen um das *Impeachment* von Bill Clinton eine sehr ambivalente Einstellung. Es wird durchaus hingenommen, wenn Präsidenten einen etwas unseriösen Lebenswandel führen. Dies ist von John F. Kennedy bis Donald Trump immer deutlicher geworden. Die Vorwürfe gegen Trump – insbesondere in Bezug auf das Verhalten gegenüber Frauen und die Schweigegeldzahlung an einen Pornostar für eine Affäre während der Schwangerschaft der Ehefrau wäre in der Vergangenheit wohl trotzdem problematisch gewesen, vor allem, wenn es den selbsterklärten Vertreter der Konservativen und Evangelikalen betrifft. Auch wenn man der offensichtlichen Lüge überführt wurde, wie bei Richard Nixon in der Watergate-Affäre, waren in der Vergangenheit auch Präsidenten angreifbar. Diese Grundlage der Präsidentschaft scheint jedoch nicht mehr zu gelten.

Es gehört zu den beliebtesten wissenschaftlichen Nebenbeschäftigungen von Historikern und Politologen, die Bedeutung der amerikanischen Präsidenten in einer Rangliste abzubilden. Verschiebungen entstehen dadurch, dass typischerweise aktuelle bzw. gerade beendete Präsidentschaften eher negativ eingeschätzt werden. Das bedeutet, dass es erst nach einiger Zeit klar wird, wie gut eine Präsidentschaft in der Öffentlichkeit final wahrgenommen wird. Daneben zeigen sich hartnäckige Trends: Washington, Lincoln, die beiden Roosevelts sowie oft auch Reagan, Wilson und Truman finden sich immer wieder an der Spitze dieser Bewertungen. Ebenso eindeutig sind die Schlusslichter markiert, wobei sogar Richard Nixon mittlerweile geschafft hat, vom letzten Platz weiter nach vorne zu kommen.

Tabelle 4.6: Bewertung der Nachkriegspräsidenten der USA

‚Beste Nachkriegspräsidenten'

1	Ronald Reagan (28%)
2	Barack Obama (24%)
3	John F. Kennedy (tie) (10%)
4	Bill Clinton (tie) (10%)
5	Donald Trump (7%)
6	Dwight Eisenhower (4%)
7	Harry S. Truman (tie) (3%)
8	Jimmy Carter (tie) (3%)
9	Lyndon B. Johnson (2%)
10	George H. W. Bush (tie) (1%)
10	Richard Nixon (tie) (1%)
10	George W. Bush (tie) (1%)
11	Gerald R. Ford (<1%)
Schlechteste Nachkriegspräsidenten	
1	Donald Trump (41%)
2	Barack Obama (21%)
3	Richard Nixon (10%)
4	Jimmy Carter (8%)
5	George W. Bush (6%)
6	Bill Clinton (4%)
7	Lyndon B. Johnson (tie) (2%)
8	Ronald Reagan (tie) (2%)
9	Gerald R. Ford (1%)
10	Harry S. Truman (tie) (<1%)
10	Dwight Eisenhower (tie) (<1%)
10	George H. W. Bush (tie) (<1%)

Quelle: Quinnipiac University Poll, 7. März 2018.

Man beachte, dass sowohl Donald Trump als auch Barack Obama in beiden Rankings jeweils in den Top 5 vertreten sind. Dies ist eine Folge der wechselseitigen Ablehnung der ‚anderen' Präsidenten. Generell wird es in Zukunft vermutlich schwierig für Präsidenten sein, sehr gute Zustimmungsraten zu erhalten.

4.3 Entscheiden im präsidentiellen System der USA

Harry Truman war einer jener US-Präsidenten, die einen gewaltigen Einfluss auf das Leben sehr vieler Menschen, auch außerhalb der USA hatten: Sowohl der Wiederaufbau der Wirtschaften und Demokratien Europas als auch die Atombombenabwürfe auf Hiroshima und Nagasaki gehen zurück auf Truman. In Bezug auf diese Entscheidungen schrieb er:

> „There has been a lot of talk lately about the burdens of the presidency. Decisions that the president has to make often affect the life of tens of millions of people around the world, but that does not mean that they should take longer to make. Some men can make decisions and some cannot. Some men fret and delay under criticism. I used to have a saying that applies here and I note that some people have picked it up: 'If you can't stand the heat, get out of the kitchen'" (Truman nach Billington 2010: 284).

Truman zufolge hat politisches Entscheiden also immer etwas mit einem spezifischen Druck zu tun. Entscheidungen sind damit die zumindest vorläufige, ultimative Lösungen eines Problems. Diese Finalität hat Truman auf den Punkt gebracht, als er im Hinblick auf seine Entscheidungen das geflügelte Wort prägte: ‚The buck stops here.' Diese heute als Redewendung verwendete Aussage steht dafür, dass die Verantwortung für Entscheidungen getragen werden muss. Bei einigen Vorgängen – wie beispielsweise der Abwurf von Atombomben – muss man sich fragen, ob ein einzelner Mensch die Verantwortung für sie überhaupt tragen kann bzw. ob sie überhaupt eingefordert werden kann.

Auch ist generell die Frage, ob diese Finalität politischen Entscheidens durch den amerikanischen Präsidenten heute überhaupt noch gültig *ist* bzw. unter welchen Umständen sie noch gelten *kann*. Als Beispiel lässt sich hier anführen, dass Trump klargemacht hat, er würde keinerlei Verantwortung im Umgang mit der COVID-19-Pandemie tragen. Diese Erklärung reichte scheinbar aus, auch wenn sich Trump schließlich über seine Abwahl politisch verantworten musste. Im Mittelpunkt der Betrachtungen stehen daher die institutionellen und personellen Voraussetzungen des Entscheidens im präsidentiellen System der Vereinigten Staaten. Aber auch die externen Einflussfaktoren und der ohnehin nur in Einzelfällen schwer durchschaubare unmittelbare Entscheidungsprozess sind hier von Bedeutung.

Zunächst muss der Rahmen des politischen Entscheidungsprozesses ins Auge gefasst werden, die Organisation und Konstitution der amerikanischen politischen Gewalten und die gängigen Kooperations- und Konfliktkonstellationen. Daran anschließend werden die externen Einflussfaktoren analysiert.

Es liegt auf der Hand, dass der Entscheidungsprozess nur dann als legitim gelten kann, wenn er hinlänglich transparent ist. Diese Transparenz aber kann zum Problem werden, wenn der unmittelbare Entscheidungsprozess sich dem andauernden Plebiszit der öffentlichen Meinungen und ihrer Agenturen ausgesetzt sieht. Eine Entscheidung soll sich zwar vor der Öffentlichkeit legitimieren müssen, setzt aber zunächst Diskretion voraus. Dem läuft eine Entwicklung entgegen, die sich seit etwa den späten 1960er Jahren bemerkbar gemacht hat und den Entscheidungs- und Regierungsprozess in wachsendem Maße bestimmt. Die am hektischen Puls der öffentlichen und veröffentlichten Meinung orientierte Politik der dauernden Kampagne. Noch mehr als in anderen westlichen Regierungssystemen ist in den USA ein permanentes Plebiszit der öffentlichen und veröffentlichten Meinungen vor und über den unmittelbaren politischen Entscheidungsprozess geschoben. Dies ist der oftmals reißerischen oder verzerrten Berichterstattung und der generellen starken Medialität der Gesellschaft geschuldet – vor allem auch durch Soziale Medien. Darunter muss die Effizienz zwangsläufig leiden. Die Öffentlichkeit hat sich als entscheidende Instanz dauerhaft etabliert und damit den repräsentativen politischen Prozess nachhaltig herausgefordert.

Angesichts der veränderten Rahmenbedingungen hängt die Bewertung, ob eine ‚richtige‘ oder ‚falsche‘ Führung vorliegt, ganz entscheidend von der Öffentlichkeit und ihren Medien ab. Diese Öffentlichkeitszentrierung bzw. -fetischisierung kann als These allgemein dahingehend formuliert werden, dass politisches Entscheiden im präsidentiellen System der USA schon länger nicht mehr allein von den in der Verfassung vorgesehenen Gewalten abhängt. Nicht direkt legitimierte Akteure wurden zu faktischen Mitentscheidern. Im Besonderen verknüpft sich damit auch die Frage, ob diese Entwicklungen nun zu Lasten der Macht von Präsidenten gehen.

Angesichts der Umstände von Bill Clintons oder Barack Obamas Präsidentschaft kann in dieser Hinsicht von einer schleichenden Parlamentarisierung des politischen Systems gesprochen werden, wie dies schon Woodrow Wilson für das ausgehende 19. Jahrhundert festgestellt hatte. Allerdings zeigte die Präsidentschaft Trumps, dass der Kongress einem Präsidenten, der über jedwede Normen hinweg ‚durchregieren‘ möchte, nicht viel entgegen zu setzen hat – insbesondere, wenn es allein den Demokraten obliegt, dem Präsidenten Grenzen zu setzen. Trump hatte zumindest eine größere Bereitschaft, die Legislative zu ignorieren und sich ihr zu widersetzen als alle Präsidenten der jüngeren Geschichte. Hier entwickelte sich ein spürbares Ungleichgewicht in der Macht, bei dem sich der Präsident zwar dem näherte, wovor die Gründer gewarnt hatten. Allerdings zeigte es sich, dass das System der *Checks and Balances* sehr gut funktioniert. Auch respektierte die Trump-Regierung die Entscheidungen der Judikative. Obwohl in der Trump Präsidentschaft eine Verfassungskrise nah zu sein schien, blieb zumindest das politische System selbst unbeschadet. Zugleich zeigt sich, dass auch für Präsidenten eine Art Selbstbeschränkung fungiert – ansonsten kann das Machtgleichgewicht leicht in eine Dysbalance geraten. Gründe dafür finden sich auch in den unterschiedlichen Organisationsstilen der politischen Entscheidungsgewalten.

4.3.1 Organisationsstile der politischen Entscheidungsgewalten

Die Entscheidungsprozesse im Weißen Haus und im Kongress laufen grundsätzlich unterschiedlich ab. Während der Präsident, beraten durch ein effizientes Managementsystem, vergleichsweise schnell und klar reagieren bzw. agieren kann, ist der Entscheidungsprozess im Kongress häufiger fragmentarisiert. Größere Veränderungen sind indes bei der Präsidentschaft festzustellen. Spätestens seit der Jahrtausendwende wurde das Präsidentenamt, das seit 1939 bestehende *EOP*, zu einer immer professionelleren Managementorganisation ausgebaut (siehe Abbildung 4.3).

Neben dem *Office of Management and Budget,* dem *National Security Council* und dem *Council of Economic Advisors* kommt dem *White House Office* eine besondere Bedeutung zu. Von den heutzutage etwa 4.000 Mitarbeiter des *Executive Office* gehören etwa 300–400 zu diesem engsten Kreis um den Präsidenten, angeführt vom zumeist wichtigsten Ratgeber, dem Stabschef *(Chief of Staff)*. Nach einem zeitweiligen Höchststand unter Richard Nixon, der sein White House Office auf beinahe 600 Mitarbeiter hatte anwachsen lassen, reduzierte sich die Zahl unter Trump bis etwa 300. Dieses *Office* besteht in der Regel aus karriereorientierten Parteigängern des Präsidenten, die mehr *gegen* als *mit* den Ministerien arbeiten. Loyale, auf die Person des Präsidenten verpflichtete Mitarbeiter haben den wohl größten Einfluss auf seine Entscheidungen. Sie sind nur ihm verantwortlich und nehmen ihre Aufgaben anderen Gewalten gegenüber oft nicht zurückhaltend wahr.

Gleichwohl lassen sich bei der Organisation bzw. Kooperation des *White House Office* bei den verschiedenen Präsidenten große Unterschiede feststellen. Harry Trumans Organisation war eher offen und zufällig, er behielt sich die letzte Entscheidung klar vor, wogegen Eisenhower ein straff organisiertes Weißes Haus mit dem übermächtigen *Chief of Staff* Sherman Adams errichtete. Kennedy dagegen knüpfte an Franklin Roosevelt an und schuf ein offenes, gleichberechtigtes Beratersystem mit vielfältigen Interaktionen. Johnson orientierte sich wieder stärker an Trumans eher zufällig organisiertem *Office* mit klarer letzter Entscheidungsgewalt beim Präsidenten. Mit Nixon und Ford, den nach Eisenhower nächsten Republikanischen Präsidenten, kehrten die festen Organisationspyramiden wieder zurück. Sie hatten vergleichsweise starke und klar strukturierte Beratungsgremien. Carter, der zunächst auf das Kabinett setzte und erst nach ernüchternden Erfahrungen einen multiplen Beraterkreis im Weißen Haus aufbaute, vertraute am meisten seinen eigenen Einschätzungen. Dennoch dürfte er dem kollegialen Stil Kennedys noch am nächsten gekommen sein.

Ronald Reagan war die Organisation eher gleichgültig und er verlieh seinem Stabschef und seiner Gattin Nancy infolgedessen enorme Macht. George H. W. Bush organisierte das Weiße Haus eher dezentral, wenngleich er sich um konzentrierte Führung bemühte. Dies gilt im Besonderen für die Zeit mit dem *White House Chief of Staff* James Baker. Clinton schließlich näherte sich in seinen beiden Amtszeiten wieder stärker dem Truman'schen Weißen Haus an. Die klare letzte Entscheidungsgewalt lag hier beim Präsidenten. Es bestanden allerdings multiple Beraterkreise, eine große Offenheit, Interaktion und Fluktuation, starke Stabschefs fehlten hingegen. Ein besonderes Vertrauensverhältnis zu den engsten Mitarbeitern war wie bei Truman nicht zu erkennen – notfalls wurden bekanntlich selbst engste Berater und auch Chefberaterin Hillary Clinton belogen. George W. Bush scheint im Ansatz jedenfalls einen kollegialen Stil verfolgt zu haben: Sowohl Condoleeza Rice, als auch Dick Cheney sowie Donald Rumsfeld und Karl Rove hatten nach Einschätzung der meisten Beobachter der Bush-Administration einen direkten Zugang zum Präsidenten.[6]

Das Weiße Haus von Barack Obama zeichnete sich in den ersten Regierungsjahren durch ein vergleichsweise großes Chaos aus. Suskind (2011) hat die ersten beiden Jahre analysiert und kommt zu dem Ergebnis, dass Obama selbst nicht ‚reif zum Regieren' gewesen sei und dass er darüber hinaus den völlig falschen Regierungsstab gewählt hätte. Hier sind Parallelen zur Präsidentschaft von Jimmy Carter zu sehen. Obama hatte das Weiße Haus für eine Gruppe hochkarätiger Berater geöffnet und schien entschlossen, auf deren Rat zu hören. Die Vorschläge innerhalb seines Beraterteams waren jedoch oftmals hoch umstritten und wurden kontrovers diskutiert. Anstatt eine klare Entscheidung herbeizuführen, ließ Obama die zerstrittenen Berater endlose Debatten führen und vertagte die Entscheidungsfindung oft. Die Probleme führten unter anderem dazu, dass der *Chief of Staff*, Rahm Emanuel, seinen Posten niederlegte. Emanuel soll Konflikte mit Kollegen gehabt haben und als sich bei den Zwischenwahlen abzeichnete, dass die Demokraten schwere Verluste im Kongress erwarten, war er als Stabschef nicht mehr zu halten. Bill Daley war in der Rolle nicht viel mehr Glück beschieden – nach nur knapp über einem Jahr Dienstzeit, legte auch er sein Amt nieder. Stabiler wurde die Obama-Regierung ab dem Jahr 2013, in dem auch Obamas *Chief of Staff* Denis McDonough für die letzten vier Jahre der Regierung den Dienst antrat. Obama war zwar ein effektiver Entscheider, aber er musste durch viele Probleme hindurchregieren. Es war dabei nicht nur die Blockadepolitik der Republikaner, die ihn zu seinem gezwungenermaßen notwendigen Regierungsstil von Exekutivmaßnahmen trieb: Obwohl es ihm mit mehr Erfahrung, vor allem nach der ersten Amtszeit besser gelang, seinen Stab zu organisieren, hatte Obama stets mit Umsetzungsproblemen seiner politischen Vorstellungen zu kämpfen.

Wenn das Weiße Haus von Barack Obama in den ersten Regierungsjahren als vergleichsweise chaotisch gelten darf, setzte die Trump-Organisation einen neuen Maßstab an Chaos. Donald Trump war in seiner Präsidentschaft mit seinem Team offensichtlich nie sonderlich zufrieden. Bereits im ersten Jahr stelle Trump einen Rekord für die Fluktuation im Weißen Haus auf. Laut Brookings wechselte Trump seine einflussreichsten Besetzungen innerhalb des Exekutivbüros zu 91 % aus. Trumps Ruf war durch seine Entertainer Rolle bereits jener, der Leute entlässt, wenn er nicht zufrieden mit ihrer Leistung ist. Allerdings war auch Trump mit immensen Presselecks konfrontiert und ein nicht geringer Teil der *Staffers* schien in der Tat gegen ihn zu arbeiten. Generell reduzierte Trump die Anzahl der Angestellten in *Offices* und Ministerien immens – mitunter aber auch deshalb,

6 Vgl. zu Biografien von Cheney die Autobiografie Cheney 2011 sowie die Monographie von Hayes 2007, deren Bewertungen jedoch durchweg „Cheney-freundlich" ausfallen.

weil seine Regierung nicht alle Posten füllen konnte. Einige seiner engsten Berater, wie z. B. John Bolton kehrten ihm den Rücken zu; andere, wie Michael Flynn, standen kurz davor, eine Haftstrafe antreten zu müssen. *Foreign Policy Adviser* George Papadopoulos oder Rick Gates landeten gar im Gefängnis, wenn auch nur kurz.

Einer von Trumps Top-Beratern während seiner Präsidentschaftskampagne wurde später Chefstratege im Weißen Haus. Der Einfluss Steve Bannons schien so weit zu gehen, dass bisweilen spöttisch von Präsident Bannon oder dem Bannon White House gesprochen wurde. Obgleich sich Differenzen zwischen Trump und Bannon ergeben haben mögen, ist es durchaus richtig, dass Trump nicht den Eindruck erwecken wollte, er sei nicht der Top-Entscheider im Weißen Haus. Auch missfiel es dem Präsidenten wohl, dass Bannon den Wahlsieg oft für sich reklamierte. Bannon musste schließlich noch im Jahr 2017 seinen Posten räumen.

Dem Abgang Bannons gingen auch Machtkämpfe mit anderen hochrangigen Trump-Beratern voraus, allen voran mit Jared Kushner. Trumps Schwiegersohn nahm die Rolle eines leitenden Beraters ein und zusammen mit Trumps Tochter Ivanka schien er tatsächlich am ehesten das Gehör des Präsidenten zu haben. Es zeigte sich, dass man Trump schnell dazu bringen konnte, seine Meinung zu ändern. Seine engsten Familienangehörigen gehörten wohl zu dem Kreis, deren Meinungen absolute Priorität eingeräumt wurde. Trump wollte generell als Alleinentscheider wirken und tatsächlich richteten sich einige Berater nach der Meinung des Präsidenten aus. So stellte sich beispielsweise Trumps COVID-19-Berater Scott Atlas gegen Anthony Fauci, obwohl rückblickend dessen Expertise zu einer konsequenteren Bewältigung der Krise beigetragen hätte.

4.3.2 Präsidentielle Politikstile in Außen- und Innenpolitik

Der Erfolg des politischen Entscheidungsprozesses ist maßgeblich vom Politikstil der jeweiligen Präsidenten bestimmt. Der Stil wiederum hängt zunächst von der politischen Dimension ab – ob es sich um innen- oder außenpolitische Maßnahmen handelt. Oft unterschieden sich hier die jeweiligen Politikstile. Ein genereller präsidentieller Politikstil kann meist nicht definiert werden und ein institutionell orientierter Zugang muss sich nach Politikbereichen unterscheiden. In den Mittelpunkt des Interesses rückt aufgrund der zentralen Rolle der Präsidenten die Außenpolitik, im Besonderen der Politik- und Entscheidungsstil in Krisensituationen. Patrick Haney hat zwischen drei Politikstilen unterschieden, die er als *formalistisch*, *kompetitiv* und *kollegial* bezeichnet und die erkennbar mit den gerade skizzierten Organisationsstilen des Weißen Hauses korrespondieren (Haney 1997: 43).

Im *formalistischen* Modell stehen Präsidenten an der Spitze des hierarchisch geordneten Entscheidungsprozesses. Sie dominieren, geben Informationen nur selektiv weiter bzw. nutzen auch externen Sachverstand. Die Berater haben festgelegte Aufgabenbereiche, die sie nicht überschreiten, Konflikte werden in diesem Entscheidungsmodell nicht ausgetragen. Als ein typischer Vertreter dieses außenpolitischen Stils gelten gemeinhin Richard Nixon und Harry Truman. Was bislang über

Trumps Regierungsstil bekannt ist, dürfte ihn am ehesten dem *formalistischen* Modell zuschreiben lassen.

Ein *kompetitiver* Politikstil zeichnet sich demgegenüber durch stärkere Ambiguität aus; er ist also vielschichtiger. Präsidenten stehen zwar an der Spitze des Prozesses, im Gegensatz zum formalistischen Modell existieren vielfältige überlappende Kompetenzen Die Berater werden durchaus ermuntert, auf Konfliktkurs zu gehen, während die präsidentielle Rolle eher jene der Moderation ist – auch wenn die Entscheidung final freilich ausdrücklich dem Präsidenten vorbehalten ist. Dwight Eisenhowers Administration und George W. Bushs Politik tragen charakteristische Züge dieses Politikstils.

Schließlich lässt sich davon ein dritter Stil abgrenzen, der als *kollegial* bezeichnet werden soll. Hier befindet sich der Präsident nicht an der Spitze, sondern eher im Zentrum des Entscheidungsprozesses. Informelle Verfahren dominieren, es gibt vielfach überlappende Kompetenzen, die Berater bemühen sich um gemeinsame Positionen, es herrscht große Offenheit und der Präsident entscheidet erst nach Zustimmung seines Stabes. Es dürfte einleuchten, dass John Kennedys und Jimmy Carters Präsidentschaft, diesem Stil wohl am nächsten kamen (Haney 1997: 45). Auch Barack Obama hatte einen ähnlichen Stil gepflegt.

In diesem Zusammenhang sei auf ein Phänomen verwiesen, das zwar alle genannten Entscheidungsmuster betrifft, am stärksten jedoch den kollegialen Stil: Kollektive und kollegiale Entscheidungsprozesse führen häufig zu bemerkenswerten Pathologien. Der Psychologe Irving Janis bezeichnete dies als *Group Think*. Ein bekanntes Beispiel hierfür ist die historische Fehlentscheidung Präsident Kennedys eine Invasion in der Schweinebucht von Kuba 1961 einzuleiten. Seine Außenpolitik war geprägt von Beratungsgremien aus Akademikern und Intellektuellen. Daher wurde später die Verstrickung in Vietnam polemisch als die Beratung der ‚Best and Brightest' geschmäht. Bemerkenswert ist die Entwicklung insofern, als die gleiche Gruppe in der Folge durch ihre Bewältigung der Kuba-Krise zeigte, dass sie durchaus zu Entscheiden in der Lage war, wenn auch ein gewisses Maß an Zufall und Glück die Situation entschärft hatte. Kennedy hatte bis dahin allerdings den Entscheidungsprozess maßgeblich geändert und kritisches Denken zur Haupteigenschaft seines Beraterteams erhoben.

Exkurs: Die Invasion der Schweinebucht

Die Invasion in der Schweinebucht war ein Versuch, Kubas Herrscher Fidel Castro zu stürzen. Dazu sollten 1.400 von der CIA finanzierte und ausgebildete Exil-Kubaner an der Südküste Kubas an Land gehen und das Gebiet um die Schweinebucht einnehmen. Gleichzeitig sollten Milizen in den Städten aufbegehren, um Castros Truppen so zu zerstreuen. Am 17. April 1961 begann die Invasion und sie wurde zu einem Fiasko. Castro erfuhr von den Plänen und konnte entsprechend agieren: Milizen konnten mit Raketen und Bomben die Exil-Kubaner bei ihrer Landung in der Bucht attackieren, denn die geplante Zerstörung der kubanischen Luftwaffe gelang nur teilweise. Außerdem liefen Boote auf Korallenriffe auf. Trotzdem konnten Panzer, LKW und Munition an Land gebracht werden. Allerdings scheiterte die Versorgungsstrategie an Land und innerhalb von drei Tagen waren fast alle Invasoren festgenommen, ein kleinerer

Teil war gefallen. Für Kennedy war die Operation ein Desaster. Er hatte die von seinem Vorgänger geplante Invasion zunächst abgelehnt: Eisenhower gab der CIA den Auftrag, Exil-Kubaner für den Angriff auszubilden. Für Kennedy sollte die Schweinebucht-Attacke noch ein weiteres Nachspiel haben. Nikita Chruschtschow bot Castro nach der gescheiterten Invasion an, sowjetische Atomraketen zur Abschreckung in Kuba zu stationieren. Fidel Castro blieb noch über weitere sieben US-Präsidentschaften hinweg an der Macht.

Irrationale gruppendynamische Prozesse sind die Folge einer gegenseitigen, starken Abhängigkeit von Präsidenten und Berater – dies gilt im Übrigen nicht nur für *außenpolitische* Entscheidungskonstellationen. Die strategische Misskalkulation Bill Clintons während des Lewinsky-Skandals hat in ähnlicher Weise gezeigt, wie stark ein Präsident grundsätzlich von unterschiedlichen Wahrnehmungen der Beraterstäbe beeinflusst werden kann: Die *politischen* Berater drängten von Beginn an auf eine offensive, politische Behandlung des Skandals, einschließlich einer sehr frühzeitigen umfassenden Entschuldigung. Die *juristischen* Berater rieten Clinton zu einem Kurs juristischer Haarspaltereien und konnten sich durchsetzen. Clinton selbst wiederum gab ein bemerkenswertes Beispiel dafür, dass letztlich der Präsident allein und frei entscheidet, indem er den von seinen Beratern vorbereiteten Text der Verteidigungs- und Angriffsrede ignorierte. In offensichtlicher Fehleinschätzung der Lage veränderte er sie damit jedoch zu seinen Ungunsten. Die engsten Mitarbeiter waren entsetzt über die Eigenmächtigkeiten Clintons.

Der *innenpolitische* Politikstil ist weitgehend durch die Konflikt- und Kooperationssituation mit dem Kongress geprägt. Er ist also von der präsidentiellen Persönlichkeit erheblich weniger beeinflusst bzw. beeinflussbar als von den politischen Mehrheiten im Kongress. In Anlehnung an Robert Spitzer seien hierbei vier verschiedene Politikstile im Umgang mit dem Kongress zu unterscheiden: ein *administrativer*, *prärogativer*, *situationsbezogener* und *vermittelnder*. Diese sind laut Spitzer vom spezifischen Charakter der jeweiligen Politikbereiche abhängig (Spitzer 1993: 126).

Ein *administrativer* Stil ist demnach am ehesten zu erwarten, wenn es sich um Politikbereiche mit weitgehenden Exekutivrechten handelt, wie Ernennungen oder die Regierungsorganisation. Politische Konflikte sind eher selten, Präsidenten können daher vergleichsweise autoritativ entscheiden. Erheblich umstrittenere Politikbereiche sind naturgemäß solche der Sozial- und der Haushaltsgesetzgebung, d. h. Gegenstände mit starkem *Public-Interest*-Charakter, redistributive Politikbereiche. Zudem stehen hier dem Kongress seine breiten Rechte zu. Der entsprechende Politikstil ist daher als *prärogativ* bezeichnet und soll zum Ausdruck bringen, dass Präsidenten zwar weitreichende Vorschlags- und Initiativrechte besitzen, sie im Entscheidungsprozess oft auf Widerstand des Kongresses stoßen. Die eruptiven Konflikte bei den jährlichen Haushaltsdebatten sind typisch für diese vergleichsweise offene Entscheidungskonstellation, die bis zur völligen Blockade reichen kann, wie die Paralyse aufgrund des 35-tägigen Shutdowns über den Jahreswechsel 2018/2019 zeigte (vgl. Kapitel 3.3). Hiervon muss ein dritter Stil unterschieden werden, der sich vor allem in distributiven Politikbereichen mit deutlichem *Special Interest*-Charakter findet. Ausgaben für spezifische Interessen und Projekte, die man unter dem Aspekt der Patronage bzw. als *pork barrel*-Politik betrachten kann, erfordern einen *situationsbezogenen* Politikstil. Dabei müssen Präsidenten ad hoc-Koalitionen mit Kongressabgeordneten schließen, deren Wahlkreise von der jeweiligen Distribution, z. B. einem neuen Nationalpark oder einem Straßenbauprojekt, profitieren. Schließlich gibt es in der Innenpolitik einen Stil, den man als *vermittelnd* bezeichnen kann. Vermittlungsprozesse sind in der Regel bei regulativer Politik nötig, da sich hier ein Präsident immer nur durchsetzen können wird, wenn er sich mit spezifischen Interessengruppen bzw. Gruppen von Abgeordneten arrangiert; wenn er sich mithin als Makler definiert. Typischerweise stehen solche regulativen Aufgaben oftmals oben auf der präsidentiellen Agenda, erweisen sich in der Realität als nur äußerst schwer umsetzbar. Ein Beispiel hierfür ist die bislang gescheiterte Reform der Sozialgesetzgebung.

4.4 Präsidialverwaltung

Bürokratie und Verwaltung sind in den USA im Vergleich zur Bundesrepublik Deutschland nicht nur unterschiedlich organisiert; sie haben darüber hinaus auch ein unterschiedliches Selbstverständnis, das ihr Verhältnis zur Politik und zur Öffentlichkeit prägt. Allein in Hinblick auf den Umfang der Bürokratie – damit ist hier im Besonderen die Ministerialbürokratie auf Bundesebene gemeint – gibt es große Unterschiede. Während es in der Bundesrepublik vergleichsweise leicht möglich ist, die Mitglieder der Ministerialbürokratie zu benennen, ist ein vergleichbares Unterfangen mit Blick auf die USA nur schwer zu realisieren: Die amerikanische Bundesverwaltung besteht nicht nur aus den Mitarbeitern des Weißen Hauses, sondern auch aus einer unübersichtlichen Fülle von weiteren mehr oder weniger unabhängigen Behörden, Abteilungen und *Agencies*, die eine klare Zuordnung unmöglich machen. Tabelle 4.7 zeigt die bestehenden Bundesbehörden und die von Ministerien unabhängigen bürokratischen Körperschaften.

Tabelle 4.7: Bundesbehörden und behördenähnliche, öffentliche Körperschaften

African Development Foundation	American Battle Monuments Commission
Architectural and Transportation Barriers Compliance Board	Central Intelligence Agency
Chemical Safety and Hazard Investigation Board	Commission on Civil Rights
Committee for Purchase from People Who Are Blind or Severely Disabled	Commodity Futures Trading Commission
Consumer Product Safety Commission	Corporation for National Service
Court Services and Offender Supervision Agency	Department of Agriculture
Department of Commerce	Defense Commissary Agency
Defense Contract Audit Agency	Defense Contract Management Agency
Defense Finance and Accounting Service	Defense Human Resources Activity
Defense Information Systems Agency	Defense Inspector General

Defense Intelligence Agency	Defense Logistics Agency
Defense National Guard Bureau	Defense National Geospatial – Intelligence Agency
Defense Nuclear Facilities Safety Board	Environmental Protection Agency
Equal Employment Opportunity Commission	Export-Import Bank of the United States
Farm Credit Administration	Farm Credit System Insurance Corporation
Federal Communications Commission	Federal Deposit Insurance Corporation
Federal Election Commission	Federal Energy Regulatory Commission
Federal Housing Finance Board	Federal Labor Relations Authority
Federal Maritime Commission	Federal Mediation & Conciliation Service
Federal Mine Safety and Health Review Commission	Federal Reserve Board
Federal Retirement Thrift Investment Board	Federal Trade Commission
General Services Administration	Government Publishing Office
Harry S. Truman Scholarship Foundation	Holocaust Memorial Museum
Institute of Museum and Library Services	Inter-American Foundation
International Boundary & Water Commission	International Development Finance Corporation
International Trade Commission	Japan – United States Friendship Commission
John F Kennedy Center for the Arts	Marine Mammal Commission
Merit Systems Protection Board	Millennium Challenge Corporation
National Aeronautics & Space Administration	National Archives & Records Administration
National Capital Planning Commission	National Council on Disability
National Credit Union Administration	National Endowment for the Arts
National Endowment for the Humanities	National Gallery of Art
National Labor Relations Board	National Mediation Board
National Reconnaissance Office	National Science Foundation
National Transportation Safety Board	Navajo and Hopi Indian Relocation Commission
Nuclear Regulatory Commission	Office of Administration
Office of Management and Budget	Office of the Director of National Intelligence
Office of Government Ethics	Office of Personnel Management
Occupational Safety and Health Review Commission	Office of Special Counsel
Peace Corps	Pension Benefit Guaranty Corporation
Postal Regulatory Commission	Railroad Retirement Board
Securities and Exchange Commission	Selective Service System

Small Business Administration	Smithsonian Institution
Social Security Administration	Tennessee Valley Authority
U.S. Agency for Global Media	United States Postal Service
United States Tax Court	

Quelle: Eigene Zusammenstellung

Durch die Zusammenstellung wird klar, dass die amerikanische Verwaltung mit europäischen Modellen und ihren eindeutig hierarchischen Ordnungen nicht kompatibel ist. Der auftretende Eindruck von Unübersichtlichkeit verstärkt sich noch, wenn man die Aufgaben der Bürokratie genauer betrachtet. In der Bundesrepublik ist vergleichsweise klar festgelegt, dass den Bundesbehörden vor allem Politik *formulierende* Aufgaben und keine *durchführenden* zukommen. Der Bereich der Politikformulierung ist in Deutschland seinerseits klar von Aufgaben der Rechtssetzung dominiert. Das, was politikwissenschaftlich als *Policies* bezeichnet wird, beschränkt sich in aller Regel auf die rechtliche Gestaltung, ganz anders als in den USA: Die Verwaltung ist hier nur einer von mehreren Akteuren der Politikformulierung. Ministerien konkurrieren mit den Präsidenten und ihren Büros, dem Kongress und Interessengruppen.

Schließlich vermischen sich politische und administrative Funktionen bei den Mitgliedern der Verwaltung. In Deutschland existiert eine politische Verwaltung, die durch das Prinzip des Berufs- und Fachbeamtentums geprägt ist – abgesehen von der Besetzung der Spitzenpositionen mit Parteipolitikern. In den USA kann man nur bedingt von einem ‚höheren öffentlichen Dienst' sprechen. Es handelt sich vielmehr auf den Spitzenebenen der Verwaltung um nahezu ausschließlich politisch geprägte Personen. Zwar existieren Karrierebeamte, sie sind jedoch politisch relativ bedeutungslos. Mit den vom Präsidenten direkt berufenen politischen Spitzenbeamten haben diese wenig zu tun, daher bleiben vor allem die politischen Beamten des *Senior Executive Service*. Hierbei handelt es sich um Fachleute, die öffentliche Programme auf höchster Ebene der Bundesregierung verwalten. Sie dienen meist direkt unter den vom Präsidenten ernannten Führungspersonen. Sie sind ein wichtiges Verbindungsglied zwischen diesen ernannten Personen und dem Rest der Bundesbelegschaft. Bisweilen wechseln sie zwischen verschiedenen Positionen hin und her. Sie werden außerdem von der politischen Führung der Verwaltung für verschiedene Aufträge rekrutiert.

4.5 Präsidenten in der Außenpolitik

In keinem anderen Bereich des amerikanischen politischen Systems ist ein Präsidenten so exponiert und im Vergleich zu den anderen politischen Gewalten so mächtig wie in der Außenpolitik. Artikel II der amerikanischen Verfassung benennt die außenpolitischen Befugnisse von Präsidenten im Einzelnen. Sie umfassen den obersten Befehl über die Streitkräfte (*Commander in Chief*), das Recht, internationale Verträge abzuschließen und Botschafter zu benennen. Darüber hinaus bedienen sich Präsidenten informeller Möglichkeiten, um Einfluss auf die Außenpolitik zu nehmen. Dazu zählen vor allem die Autorität ihrer symbolischen

Führungsrolle, die Rolle als exponierte außenpolitische Kommunikatoren (*Agenda Setting*), die Möglichkeit, über Kongressabgeordnete Gesetze im Lichte ihrer diplomatischen Erfahrung zu initiieren und das Vetorecht gegenüber Gesetzen im Allgemeinen. In einer Mediendemokratie, wie es die USA sind (vgl. hierzu Kapitel 10), kommt den Präsidenten als symbolische Vertreter der politischen Gewalt ungleich mehr Aufmerksamkeit zu als anderen Amtsträger. Damit haben sie in der außenpolitischen Kommunikation einen entscheidenden Vorteil, denn in ihrer Funktion als Staatsoberhaupt und Regierungschef repräsentieren sie die USA als Einheit nach außen.

Der prominenteste außenpolitische Bestandteil des gesamten *EOP* ist der *National Security Council (NSC)*. Der Nationale Sicherheitsrat und damit der nationale Sicherheitsberater spielen eine wichtige Rolle in der US-Außenpolitik. Dieses Gremium wurde 1947 im Zuge einer breit angelegten Reform der Sicherheitsbehörden gegründet, um den Präsidenten in Fragen nationaler und internationaler Sicherheit zu beraten. Zum *NSC* gehören Vizepräsidenten, die Außen- und Verteidigungsminister sowie die Sicherheitsberater der Präsidenten. Auch Vorsitzende der Vereinigten Stabschefs *(Joint Chiefs of Staff)* und Direktoren der Nachrichtendienste sind normalerweise beteiligt. Darüber hinaus bedürfen andere Teilnehmer einer gesonderten Einladung des Präsidenten.

Exkurs: Situation Room

Die berühmte Fotografie *Situation Room* zeigt den Präsidenten Obama zusammen mit Mitgliedern seines nationalen Sicherheitsteams während der Tötung Bin Ladens. Das Foto wurde zum Internet-Phänomen und zum Sinnbild der Operation *Neptune's Spear*, da die Regierung keine Bilder des getöteten bin Ladens veröffentlichen wollte.

Der *NSC*, vor allem sein leitendes *Principals Committee*, koordiniert zu einem großen Teil die außenpolitische Arbeit des unmittelbaren Beraterstabes des Präsidenten, mit der des Außen- und des Verteidigungsministeriums sowie allen Behörden mit außenpolitischem Bezug. In der Regel erarbeitet der *NSC* mit seinen über 200 Mitarbeiter Strategiepapiere in Absprache mit den Planungsstäben der anderen Ministerien. Diese werden häufig zur Grundlage präsidentieller Verordnungen oder Ankündigungen. Daneben koordiniert der *NSC* viele außenpolitisch relevanten Vorhaben. Damit ist der *NSC* de facto der wichtigste außenpolitische Entscheidungsvorbereiter innerhalb der Exekutive. Da es keine gesetzmäßige Geschäftsordnung für den *NSC* gibt, liegt es allein an den Präsidenten, wie sie ihre Spitzenbeamten einsetzen und welche Rolle sie dem NSC gegenüber anderen Ministerien zuweisen. Wieder obliegt es weitgehend der Dynamik zwischen Personen oder Institutionen und den jeweils regierenden Präsidenten, wie viel Einfluss die nationalen Sicherheitsberater haben. Unter Trump hatten *NSC*-Mitarbeiter bestenfalls einen geringen Einfluss auf den Präsidenten.

Kernsatz

Der Einfluss von Beratern, Agencies, Ministerien etc. auf die Regierungspolitik hängt davon ab, wie die jeweiligen Präsidenten sie einbinden.

Zwei Persönlichkeiten, die als *National Security Adviser* maßgeblich an der Außenpolitikformulierung beteiligt waren, Zbignew Brzezinski (während der Präsidentschaft Jimmy Carters) und mehr noch Henry Kissinger (bei Richard Nixon), haben dem Rat vorübergehend den Stellenwert eines alleinigen außenpolitischen Entscheidungszentrums gegeben. Kissinger stieg zu Beginn seiner Amtszeit als *National Security Adviser* schnell zum amerikanischen Chefdiplomaten auf und vereinigte als Außenminister zwischen 1973 und 1976 beide Ämter. Präsident Obama hat seinen Sicherheitsberatern, James L. Jones (2009–2010) und Thomas Donilon (2010–2013) keine herausgehobene Rolle auf Kosten des Außen- oder Verteidigungsministeriums zugestanden. Dies änderte sich nur geringfügig unter Susan Rice (2014–2017). Donald Trump ließ seinen Sicherheitsberatern relativ wenig Einfluss, vor allem, wenn seine Regierung in Vergleich zu Präsidenten wie John F. Kennedy oder Richard Nixon gesetzt wird. Dies gilt auch für relativ einflussreiche Sicherheitsberater wie Lieutenant General H. R. McMaster (2017–2018) oder John R. Bolton (2018–2019). Trump hatte in seiner Amtszeit einen relativ hohen Verschleiß an nationalen Sicherheitsberatern: Mit Interims-Beratern kam er auf sechs in einer Legislaturperiode. Zum Vergleich hatte Obama in zwei Amtszeiten drei Berater, George W. Bush und Bill Clinton jeweils zwei. George H. W. Bush kam in seiner Amtszeit mit Brent Scowcroft allein aus.

Neben seinem Auftrag zur fachlichen Beratung des Präsidenten dient der *NSC* als Instrument, um Druck auf das Außenministerium auszuüben. Dies ist oftmals notwendig, denn das Außenministerium setzt nicht unbedingt eine beschlossene Politik nach den Wünschen des Präsidenten um. Daher ist mitunter Druck im Namen des Präsidenten nötig, den er durch den Grad an Zusammenarbeit mit den Außenministern aufrechterhält. Einem durch Präsidenten bevorzugten *NSC* kann sich das Außenministerium kaum dauerhaft in den Weg stellen.

Im Zuge der Iran-Contra-Affäre 1984 zeigte sich, dass ein der permanenten parlamentarischen Kontrolle entzogenes Organ wie der *NSC* vergleichsweise einfach und schnell seine Kompetenzen überschreiten kann. Der *NSC* ist schließlich lediglich dem Präsidenten verantwortlich und hat keine Rechenschaft gegenüber der Öffentlichkeit abzulegen. Die Tower-Kommission, die die Iran-Contra-Affäre untersuchte, empfahl daher in ihrem Abschlussbericht: „The NSC staff should not engage in the implementation of policy or the conduct of operations“.

NSC und Iran-Contra

Ein Mitarbeiter des Nationalen Sicherheitsrates, Oliver North, hatte in den 1980er Jahren quasi im Alleingang Waffen an den Iran verkauft und den Erlös an Contras geleitet. Dies entwickelte sich zu einem politischen Skandal der Reagan-Regierung nach der Aufdeckung der Waffenverkäufe 1986. Norths Geschichte wurde im Film *Gefährlicher Ruhm – Aufstieg und Fall des Oliver North* verfilmt. North wurde später Kommentator bei FOX und Präsident der *National Rifle Association.*

In der Praxis kann ein Präsident aber ohne die Expertise des *NSC* nicht über die Umsetzung politischer Aktionen entscheiden, so dass in der Regel alle Präsidenten dem *NSC* bei der außenpolitischen Entscheidungsfindung eine Schlüsselrolle zuweisen.

Für die Außenwirtschaftspolitik ist das *Office for Special Trade Negotiations* der zentrale Akteur im *EOP*. In Zusammenarbeit mit dem *National Economic Council* erarbeiten seine Mitarbeiter die Handelspolitik-Vorschläge der Regierung. Die Kompetenzen reichen von der Entwicklung langfristiger Strategien bis zur Verhandlung von Abkommen. In den letzten Jahren kam es dementsprechend zu einer Machtverschiebung aus den Ministerien hin zum *EOP*. Dies ist vor allem der Fall, da Handelspolitik immer stärker mit Entwicklungs-, Umwelt- und vor allem Sicherheitspolitik verwoben ist. Sie genießt hohe Priorität für den Präsidenten – insbesondere war dies bei Trump der Fall. Seit der Amtszeit Bill Clintons sind die *U.S. Trade Representatives* ein Quasi-Kabinettsmitglied und für die Präsidenten ein ebenso wichtiges Instrument wie der *NSC*. Die Außenhandelskompetenz ist schließlich in der Exekutive über mehrere Ministerien verteilt, von denen keines eine nachhaltige Führungsrolle beanspruchen kann.

4.5.1 Oberbefehlshaber der Streitkräfte

Präsidenten haben laut Verfassung im Frieden wie im Krieg den Oberbefehl über die Streitkräfte *(Commander in Chief)*. Einer der wichtigsten Verfassungskonflikte in der amerikanischen Außenpolitik betrifft die Trennung des präsidentiellen Rechts, die Streitkräfte zu kommandieren, vom Vorrecht des Kongresses, Krieg zu erklären. Die Verfassung gesteht das Recht, Krieg zu erklären, ausdrücklich dem Kongress zu. In den bisher etwa 300 bewaffneten internationalen Konflikten mit amerikanischer Beteiligung hat der Kongress indes lediglich fünfmal einen Krieg erklärt; zuletzt im Zuge des zweiten Weltkriegs 1941 gegen Japan, Deutschland und Italien, 1942 gegen Bulgarien, Ungarn und Rumänien. Amerikanische Präsidenten berufen sich ihrerseits stets auf ihr konstitutionelles Prärogativ des Oberbefehls, um das Militär außerhalb der USA einzusetzen. In der politischen Praxis hat dies fast immer dazu geführt, dass Präsidenten die Streitkräfte in kriegerische Auseinandersetzungen außerhalb der Vereinigten Staaten kommandiert haben, ohne dass der Kongress vorher einen Krieg erklärt hatte.

Als Maßstab für die Rechtmäßigkeit dieses präsidentiellen Vorrechts können nur die Intentionen der amerikanischen Verfassungsväter gelten. Den gängigsten Interpretationen zufolge bündelten die *Framers* in der Verfassung das Kommando über die Streitkräfte in einer Person. Sie sollte auf plötzlich auftretende Gefahren schnell reagieren können. Die Befugnisse des Präsidenten sollten insoweit nur reaktiv bleiben, als die USA einen Krieg nicht ohne Zustimmung des Kongresses beginnen könnten. Das entsprechende Hauptargument während der Verfassungsdebatte war, dass es amerikanischen Präsidenten nicht so leicht wie dem englischen König gemacht werden sollte, das Land in einen Krieg zu führen (*Federalist* Nr. 4).

Das exekutive Prärogativ ist jedoch mittlerweile durch verschiedene Präzedenzfälle zementiert worden und seit dem Beginn des 20. Jahrhunderts hat eine Reihe von Gerichtsurteilen die präsidentielle Interpretation bekräftigt. Mit dem Ausbau der Sicherheitsbürokratie unter Präsident Franklin D. Roosevelt und später während des Korea-Kriegs (1950–1953) erhielt der Präsident die nötige organisatorische Ausstattung, um weitreichende außenpolitische Entscheidungen zu fällen, ohne auf den Kongress angewiesen zu sein. Zudem hielt sich der Kongress angesichts des Bedrohungsszenarios während des Kalten Kriegs zurück, um die Schlagkraft Amerikas nicht durch eine politische Lähmung zu gefährden. Trotz der kurzen Krise der *Imperial Presidency* in den 1970er Jahren haben Präsidenten ihr außenpolitisches Prärogativ immer erfolgreich für sich in Anspruch genommen. Nach den Anschlägen vom 11. September 2001 war in der Tat besonders deutlich zu beobachten, wie sich die Erwartungen der Bevölkerung auf den Präsidenten konzentriert haben (*Rally around the Flag-Effekt*). Der Kongress hat mit der Verabschiedung der ‚Authorization for Use of Military Force' vom 14. September 2001 entsprechend reagiert und den Präsidenten ermächtigt, weitreichend über den Einsatz des Militärs zu bestimmen. Eine Änderung dieser Schieflage der *Checks and Balances* wäre am ehesten durch eine Änderung der Verfassung zu erreichen.

4.5.2 Internationale Verträge

In der internationalen Diplomatie fällt dem Präsidenten als Staatsoberhaupt und Regierungschef in Personalunion die Rolle zu, Verträge mit anderen Staaten und internationalen Organisationen abzuschließen. Dieses Recht muss sich der Präsident laut Verfassung mit dem Senat teilen. Faktisch jedoch ist die Verhandlung und die Umsetzung von internationalen Abkommen eine präsidentielle Domäne.

Liegen Verträge ohne die Zustimmung des Senates vor, so spricht man von Exekutivabkommen *(Executive Agreements)*. Der *Supreme Court* hat im Urteil *United States v. Belmont* 1937 die Verfassungsmäßigkeit von Exekutivabkommen bestätigt und die Präsidenten als primär zuständiges Organ für die Außenpolitik bestätigt. Schon George Washington hatte nach einem Affront im Kongress den Präzedenzfall für Vertragsverhandlungen ohne Beteiligung des Senats geschaffen, der *Jay Treaty*.

Exkurs: Der *Jay Treaty*

Der *Jay Treaty* sollte nach dem Unabhängigkeitskrieg die Beziehungen zwischen den USA und Großbritannien entspannen sowie den Handel und Navigationsdispute klären. Er wurde von Alexander Hamilton und John Jay verfasst. Der damalige Vorsitzende des *Supreme Court* (und von Washington ernannte) Jay verhandelte den Vertrag in London. Diese diplomatische Mission war nicht vom Senat legitimiert, sondern von Präsident Washington im Alleingang beauftragt. Der Vertrag wurde schließlich am 19. November 1794 vom britischen König George III unterzeichnet, in den USA stieß Washington mit dem Vertrag jedoch auf Widerstand des Kongresses. Vor allem Thomas Jefferson and James Madison stellten sich gegen seine Ratifizierung. Obwohl auch die öffentliche Meinung gegen eine Annäherung an Großbritannien stand, erhielt der Vertrag schließlich die erforderliche Zwei-Drittel-Mehrheit. Es war Washingtons Persona, die dazu führte, dass der Kongress seinen Vorstoß der Verhandlungen billigte, obwohl es sich um Handelsregulationen drehte – ein Vorrecht des Repräsentantenhauses. Damit wurde ein wichtiger Präzedenzfall geschaffen, dass der Präsident Delegierte entsenden kann, um Verträge auszuhandeln, die nachträglich ratifiziert werden. Der *Jay Treaty* verhinderte höchstwahrscheinlich zunächst einen Britisch-Amerikanischen-Krieg.

In den ersten beiden Jahrzehnten des 20. Jahrhunderts stieg die Anzahl der Exekutivabkommen sprunghaft an. Das erhöhte Engagement in der Weltpolitik erforderte den Verzicht auf langwierige Ratifizierungsprozesse im Senat. Seit dem Ende des Zweiten Weltkriegs hat die Anzahl der Exekutivabkommen noch einmal zugenommen. Seither übersteigt sie die von Verträgen um ein Vielfaches. Mittlerweile spielen die ursprünglichen völkerrechtlichen Verträge, die der Ratifizierung durch den Senat bedürfen, nur noch eine untergeordnete Rolle in den Außenbeziehungen.

In jedem Fall muss ein Präsident bei internationalen Abkommen Rücksicht auf politische Befindlichkeiten im eigenen Land nehmen. Internationale Verträge sind in den USA genauso ein Teil des politischen *Bargaining*-Prozesses wie Landwirtschaftssubventionen oder Einkommensteuersätze. Exekutivabkommen können dementsprechend nach dem Mitbestimmungsgrad des Kongresses unterschieden werden; daher existiert der Begriff der *Congressional-Executive Agreements*. Der Präsident übernimmt i. d. R. die Verhandlungen und sorgt dafür, dass der Abschluss eines Abkommens Eingang in das amerikanische Recht findet. Im Kongress werden hingegen die Inhalte geprüft. Dies kann durch vorherige Absprachen erfolgen oder durch Vorgaben für die Umsetzung eines Abkommens, welche die Verhandlungen begleiten. Daneben bestehen reine Exekutivabkommen *(Presidential Agreements)*, bei denen der Kongress über keinerlei Mitsprache verfügt. Beispiele dafür sind Nixons Friedensabkommen mit Vietnam aus dem Jahr 1973 und Carters Vereinbarung zur Freilassung der Teheraner Geiseln 1981. Erst Barack Obama ebnete einen Weg des Unilateralismus, denn er legte dem Senat weit weniger Artikel-II-Verträge zur Ratifikation vor als seine Vorgänger es taten. Donald Trump tat es ihm relativ gleich, allerdings aus anderen Gründen. Während Obama mit einem nahezu feindseligen Senat zu kämpfen hatte, lehnte Trump diese Form von Verträgen eher grundlegend ab. Beide nutzten hauptsächlich die Möglichkeit der Exekutivabkommen.

Mit Exekutivabkommen können Präsidenten kein bestehendes Recht ändern, sondern dieses lediglich ergänzen. Ein Vertrag im Sinne der amerikanischen Verfassung hingegen wird *Law of the Land* und erhält den Status als Gesetz. Allerdings erkennt der *Supreme Court* in Exekutivabkommen eine annähernde Gleichrangigkeit zu Verträgen (*United States v. Pink* 315 U.S. 203 (1942)). Damit wurde die diplomatische Stellung der Präsidenten auf Kosten des Kongresses weiter gestärkt.

In der Außenwirtschaftspolitik bestimmt der Kongress i. d. R. den Präsidenten zum Verhandlungsführer, insofern der Kongress die Umsetzung der entsprechenden Abkommen kontrollieren kann. Allerdings wurde 1974 die *Trade Promotion Authority*, auch als *Fast-Track Authority* bekannt, eingeführt. Sie erlaubt es, dass Verträge mit einfacher Mehrheit im *Fast-Track* im Kongress beschlossen werden können. Zwei für die USA zentrale Handelsverträge, die Neuverhandlung des *North American Free Trade Agreement* (*NAFTA*) unter Trump, dem *United States-Mexico-Canada Agreement* (*USMCA*), und der Vertrag mit der Welthandelsorganisation (*WTO*) wurden nicht vom Senat nachverhandelt, sondern mit einfacher Mehrheit als *Fast-Track* im Kongress beschlossen. Mit diesem Mechanismus wollte man vermeiden, dass der Präsident Handelsvereinbarungen trifft, die später vom Kongress revidiert werden und potenziell der amerikanischen Wirtschaft schaden könnten. *Fast Track* erlaubt keine Gesetzeszusätze und sieht eine Ja-Nein-Abstimmung über ein Abkommen binnen 90 Tagen vor. Die *Trade Promotion Authority* lief zwar im Juli 2007 aus, de facto blieb diese Regelung jedoch für Vereinbarungen in Kraft, wie die Beispiele zeigen.

4.5.3 Der Präsident und die weitere Exekutive in der Außenpolitik

Neben der Präsidentschaft und den Bundesministerien gelten weitere unabhängige *Agencies* sowie *Regulatory Commissions* bzw. *Boards* als außenpolitisch relevante Akteure. Sie unterhalten zumeist eigene Abteilungen für auswärtige Angelegenheiten. In den USA setzte der Aufbau einer weitreichenden Staatsbürokratie erst im Zuge des Roosevelt'schen *New Deals* ein, später als in den meisten westlichen Staaten. Während des Zweiten Weltkriegs und verstärkt seit dem Beginn des Korea-Krieges etablierte sich in den USA eine einflussreiche Exekutivbürokratie zum Schutz der nationalen Sicherheit. Damit verlagerte sich zwangsläufig das Gewicht in der Außenpolitik weiter auf die Exekutive. Wie in der Innenpolitik betreibt die amerikanische politische Führung in der Außenpolitik keine Kabinettspolitik. Anders als in Deutschland kommt dem Kreis der Minister nicht die Aufgabe zu, Leitlinien für die Regierungspolitik zu verabschieden. Das amerikanische Wort *Cabinet* umfasst in außenpolitischer Hinsicht vielmehr eine relativ informelle Runde von Beratern und Spitzenbeamten. Die Runde der Minister hat ihre Rolle als wichtigstes Beratergremium des Präsidenten sukzessive an ad-hoc-Experten und den Stab des *EOP* abgegeben, sofern sie diese jemals wirklich ausgefüllt hat: Sie ist letztlich eine Organisationseinheit, über die der Präsident frei verfügen kann.

4.5.4 Das Außenministerium

Formal geben das Außen- und das Verteidigungsministerium den Ton in der Außenpolitik an. Das Außenministerium, für Europäer manchmal etwas verwirrend *Department of State* genannt, ist aufgrund seiner Lage seit 1947 am Viertel *Foggy Bottom*, einer nebligen Senke in Washington D.C., mitunter auch nach diesem bezeichnet. Es wurde bereits 1789 gegründet und gehört damit zu den ältesten Bundesministerien der USA. Im *State Department* stellen ca. 25.000 Karrierebeamten den Fortgang der Geschäfte auch bei wechselndem Führungspersonal sicher. Ihre Aufgabe besteht darin, die amerikanische Außenpolitik zu formulieren und auszuführen. Die Politikformulierung teilt sich das *State Department* mit anderen Regierungsbehörden. Für die Ausführung ist es größtenteils allein zuständig. In wenigen Ausnahmefällen behält es sogar die Kontrolle über die Ausführung. Der Hauptteil der Arbeit umfasst Konsular- und Repräsentationsaufgaben sowie Informationsgewinnung.

Gestalterische Impulse für die Außenpolitik kommen seit langem auch aus anderen Bereichen der Exekutive. Der Präsident, als Personifizierung amerikanischer Diplomatie, hat sich mit Unterstützung seines beträchtlichen *EOP*-Apparates vor allem im Bereich der mittelfristigen Planung und der Entscheidungsvorbereitung auf Kosten des *State Department* profiliert. Wie bereits angedeutet, hängt das Machtverhältnis zwischen *State Department* und dem Weißen Haus z. T. davon ab, wie ein Präsident das außenpolitische Führungspersonal einbindet.

Was die Sicherheitspolitik betrifft, steht das *State Department* in starker Konkurrenz mit dem Verteidigungsministerium. Seit der Amtszeit George W. Bushs ist der Kampf gegen den weltweiten Terrorismus zu einem bestimmenden Teil der amerikanischen Sicherheitspolitik geworden und dem Militär kam hierbei eine Führungsrolle zu. Dies ist nicht nur bei der Terrorismusbekämpfung der Fall, sondern auch mit den damit zusammenhängenden *Nation Building*-Programmen. An dem Aufstieg des Verteidigungsministeriums bzw. der Erweiterung seiner Kompetenzen hat sich in der Amtszeit Obamas wenig geändert. Trump hingegen favorisierte oft das Militär. Allerdings handelt es sich hierbei um einen Ausnahmefall, da der 45. Präsident seine Gunst oft von seinem Verständnis von Loyalität abhängig machte.

Aufgrund des Konkurrenzdenkens stellt sich immer wieder die Frage, ob das Außenministerium, der *NSC* und das Verteidigungsministerium zusammenarbeiten oder um Einfluss konkurrieren. Nicht erst seit Trump waren die Beziehungen zwischen Mitarbeitern des *NSC*, dem Verteidigungsministerium und dem Außenministerium bisweilen angespannt. Oft mangelt es bei diesen Konflikten jedoch nur an einem gemeinsamen Verständnis, welche Rolle jede einzelne Institution für die nationale Sicherheit einnehmen solle. Dabei ist eine kohärente nationale Sicherheitsstrategie insbesondere von dem Funktionieren ihrer Beziehungen abhängig.

Neben dem Außenministerium ist das in Folge der Anschläge des 11. September gegründete Ministerium für Innere Sicherheit *(Department of Homeland Security)* für einen Teil der Konsulararbeit verantwortlich. Es überprüft vor allem Einreisevisa und die dafür notwendigen Informationen. Allerdings sind seine insgesamt 22 Departments auch mitverantwortlich für die Terrorismusbekämpfung, die Cybersicherheit, Luftsicherheit, Grenzsicherheit, Sicherheit im Seeverkehr, die Verwaltung und Durchsetzung der Einwanderungsgesetze und dem Schutz kritischer Infrastrukturen. Auch wenn damit einige Kompetenzen der Sicherheits- und Außenpolitik über verschiedene Institutionen verteilt sind, vereinigt das *State Department* unzweifelhaft die größte, professionelle außenpolitische Expertise in den USA. Hier ist vor allem das *Policy Planning Staff* hervorzuheben. Dieses soll als Quelle unabhängiger politischer Analysen und Ratschläge für die Außenminister erarbeiten. Nach seiner Gründung 1947 erarbeitete es ein erstes großes Programm: den Marshall-Plan. In typisch amerikanischer Organisationsweise besteht der Planungsstab aus Vertretern der Wirtschaft, ehemaligen Militärs und vor allem Wissenschaftlern.

Je nach Führungsstil der Präsidenten variiert der Zugang der Mitarbeiter des *State Department* zum Entscheidungszentrum im Weißen Haus. Obwohl hauptamtlich mit der amerikanischen Diplomatie betraut, müssen sie sowohl um ihren Einfluss bei den Präsidenten kämpfen als auch dem Kongress gegenüber Rechenschaft für die Außenpolitik ablegen. Der Einflussbereich des Außenministeriums ist insoweit nicht *a priori* festgeschrieben, sondern orientiert sich an den Präferenzen der Präsidenten und ihrer Berater sowie an der Position der angrenzenden Behörden und der Aktualität bestimmter Themen.

Der amerikanische Außenminister Colin Powell war beispielsweise seit Herbst 2002 in der Frage des weltweiten Kriegs gegen den Terrorismus innerhalb des außenpolitischen Regierungszirkels weitgehend isoliert. Seine Nachfolgerin im Amt, die vormalige Sicherheitsberaterin Condoleezza Rice, hatte aufgrund ihres engen Verhältnisses zum Präsidenten als ehemalige *NSC*-Vorsitzende einen erheblich größeren Einfluss. Ob damit eine Renaissance der außenpolitischen Bürokratie einherging, ist jedoch fraglich. Denn nicht zuletzt hatten die Diplomaten des *State Departments* unter den höchsten Regierungsbehörden der Bush-Administration kein gutes Image.

Obamas *Secretaries of State* bestand mit Hillary Clinton und John Kerry aus erfahrenen Politikern. Clinton gelangen keine großen diplomatischen Durchbrüche, sie ist heute eher für zwei Geschehnisse negativ bekannt: Die Bengasi-Attacke, ein Anschlag auf das US-Konsulat, der u. a. den amerikanischen Botschafter das Leben kostete, und die von vielen als fehlgeschlagen bezeichnete Militärintervention in Libyen. Allerdings findet Clintons Zeit als Außenministerin auch viel Lob. In der Tat konnte Clinton aufgrund ihrer Bekanntheit und Persönlichkeit ein Agenda-Setting in der Weltpolitik betreiben, wie es Außenminister nur selten schaffen. Hillary Clinton trat am 1. Februar 2013 zurück und John Kerry wurde als Außenminister vereidigt. Er konnte bald israelische und palästinensische Unterhändler dazu bewegen, Friedensgespräche aufzunehmen. Später kritisierte Kerry die Siedlungspolitik Israels. Insgesamt ist der Regierung Obamas in Hinblick auf den Zusammenbruch einiger Staaten im Nahen Osten und dem Aufstieg des Islamischen Staates eine eher mittelmäßige Handhabung zu bescheinigen. Kerry war an der Aushandlung des *Joint Comprehensive Plan of Action* (*JCPOA*), dem iranischen Atomabkommen, beteiligt. Er zeigte eine bemerkenswerte Ausdauer bei den Verhandlungen und er war der erste Außenminister seit 1979, der sich mit seinem iranischen Kollegen traf. Zudem versuchte sich Kerry, an der Öffnung Kubas. Er war der erste Außenminister, der das Land seit 1945 besuchte.

Rex Tillerson hatte mit seinen 14 Monaten im Dienst der Trump-Regierung eine sehr kurze Amtszeit für einen Außenminister. Der frühere Exxon-Vorstand Tillerson hatte weder politische noch diplomatische Erfahrung und zumeist wird ihm eine schlechte Dienstzeit bescheinigt. Tillerson wird mit dem rigorosen Abbau der amerikanischen Diplomatie in die Geschichte eingehen. Hunderte von Mitarbeiter des Außenministeriums und hochrangige Beamte des Auswärtigen Dienstes quittierten oder wurden ab 2017 geschasst. Viele Posten blieben hierbei unbesetzt, darunter entscheidende Stellen im Ministerium und auch Botschaften blieben ohne Führung. Tillerson kann zwar nicht die ganze Schuld für das hieraus entstandene Chaos zugeschrieben werden, denn einen Einfluss auf Trump hatte Tillerson wohl kaum. Allerdings setzte er die Trumpsche Schmälerungs-Linie konsequent um und strebte eine radikale Personal-Reduzierung des Außenministeriums um jeden Preis an. Durch die Verweigerung, andere Vorgaben von Präsident Trump umzusetzen war er in Ungnade gefallen und sein Ende als Minister war wohl spätestens besiegelt, als er Trump einen Schwachkopf nannte. Tillerson wurde per Tweet gefeuert und hinterließ kaum politisches Erbe.

Mike Pompeo, einer der wenigen Übriggebliebenen des ursprünglichen Trump-White-House-Teams, konnte hier wesentlich mehr erreichen. Da der Präsident nie eine kohärente Außenpolitik entwickelte, blieb für Pompeo durchaus viel Platz, die Lücken zu füllen und sein eigenes Erbe damit zu bestimmen. Pompeo stand in kürzester Zeit im Mittelpunkt einiger der größten Konfliktzonen der Welt: Dem Syrien-Truppen-Rückzug, den zerrütteten palästinensisch-israelischen Beziehungen, den Verhandlungen mit Nordkorea und dem Verhältnis zu Mohammed bin Salman, dem Kronprinzen von Saudi-Arabien. Auch wenn Pompeo nicht in all seinen Aufgaben glänzte – Kritiker würden sagen in keiner davon –, so werden einige seiner Errungenschaften hängenbleiben, seien es die geschaffenen Beziehungen zwischen den arabischen Staaten und Israel oder die Verhandlungen mit Nordkorea. Ein Erbe Pompeos wird in jedem Fall die Politisierung des Außenministeramtes sein: Er brachte seine persönliche ideologische Linie weit mehr in sein Handeln ein als seine Vorgänger. Während die Interessen des amerikanischen Volkes in der Welt zu vertreten gewesen wären, hat Pompeo oftmals seine persönliche politische Agenda vorangetrieben und dabei bisweilen sogar Trumps Leitlinie durchkreuzt. Allerdings hat er – ein weiterer Normenbruch – versucht, Trump vor Konsequenzen aus der Ukraine-Affäre zu bewahren. Die letzten Wochen der Präsidentschaft Trumps nutzte Pompeo, um sein eigenes Erbe zu festigen.

4.5.5 Das Verteidigungsministerium

Das *Department of Defense (DoD)*, das nach seiner Architektur oft nur als *Pentagon* benannte Verteidigungsministerium, steht synonym für das sicherheitspolitische Establishment und das Militär in den USA. Die Präsidenten bestimmen als Oberbefehlshaber der Streitkräfte mit dem Verteidigungsministerium und dem *Department of Homeland Security (DHS)* die Militärpolitik des Landes.

Mit der Entstehung des *Department of Defense* im Jahr 1947 begann die Ära des amerikanischen *National Security State*. Der Begriff steht für den riesigen und immens teuren bürokratischen Apparat, der mit der nationalen Sicherheit der Vereinigten Staaten im weiteren Sinn betraut ist. Mit den etwa 1,3 Millionen Soldaten, 750.000 Zivilisten und mehr als 811.000 Nationalgardisten ist das *Department of Defense* der größte Arbeitgeber in den USA (Stand Dez. 2020).

Die Hauptaufgaben des Verteidigungsministeriums bestehen in der Umsetzung der militärischen Aufgaben der amerikanischen Außenpolitik und in der Führung der Streitkräfte. Zwar ist die amerikanische Armee keine Parlamentsarmee wie die deutsche – im Frieden wie im Krieg obliegt der Oberbefehl dem Präsidenten; aber das Primat der zivilen Aufsicht durch ein Ministerium sowie den Kongress und dessen Geldbewilligungsrechte für die Streitkräfte spielen eine zentrale Rolle. Für das Verteidigungsministerium standen im Haushaltsjahr 2020 knapp 750 Milliarden US-Dollar zur Verfügung – bei einem Gesamthaushalt von 1,4 Billion

US-Dollar. Der Etat für das Militär ist der mit Abstand größte der Welt und fast dreimal so hoch wie jener des Zweitplatzierten in puncto Verteidigungsausgaben: China. Ein beträchtlicher Teil der 750 Milliarden US-Dollar wird für Außenpolitik in Form von Informationsbeschaffung, Diplomatie, Unterstützung anderer Länder und für internationale Militäreinsätze ausgegeben. Die stetige Steigerung von Militärausgaben und der Machtzuwachs werden von Kritikern als zunehmende Militarisierung der Außenpolitik charakterisiert.

Das Pentagon besteht aus drei Haupteinheiten: dem Büro des Verteidigungsministers (mit über 1.000 Mitarbeitern), einem Quasi-Generalstab für die Führung des amerikanischen Militärs und einem davon getrennten Bereich, in dem drei Militärabteilungen verwaltet werden – *Army, Navy* und *Air Force*. Zwischen den Repräsentanten dieser einzelnen Teilstreitkräfte herrscht eine permanente Konkurrenz um militärstrategische Relevanz und damit um den Zugang zu mehr Geld. Da die Mittel für die Streitkräfte im Kongress bewilligt werden müssen, verfügen die Teilstreitkräfte über eigenständige Verbindungsbüros beim Kongress und gehören zu den größten Lobbyisten innerhalb der Exekutive.

Auch die Vereinigten Stabschefs *Joint Chiefs of Staff (JCS)* haben eine eigene Abteilung. Die *JCS* sind ein sechsköpfiges Gremium, das die obersten Befehlshaber jeder Waffengattung vereinigt. Der Vorsitzende der gemeinsamen Stabschefs ist der ranghöchste Militäroffizier und damit der Vorgesetzte von 1,3 Millionen Soldaten. Allerdings ist diese Rolle weit politischer: Die Vorsitzenden sind die wichtigsten militärischen Berater eines Präsidenten, des Verteidigungsministers und des Nationalen Sicherheitsrates. De facto ist die Beratungskompetenz beim Vorsitz gebündelt und bei militärischen Fragen steht seine Einschätzung zumeist ganz oben.

Alle Abteilungen des Militärs sind:

- U.S. Army
- U.S. Marine Corps
- U.S. Navy
- U.S. Air Force
- U.S. Space Force
- U.S. Coast Guard

Die Befehlskette über die Streitkräfte führen insgesamt elf Kommandobehörden aus, deren Zuständigkeit nach regionaler Zuständigkeit aufgeteilt ist:

- US African Command (AFRICOM)
- US Central Command (CENTCOM)
- US Cyber Command (USCYBERCOM)
- US European Command (EUCOM)
- US Indo-Pacific Command (USPACOM)
- US Northern Command (NORTHCOM)
- US Southern Command (SOUTHCOM)

- US Space Command
- US Special Operations Command (SOCOM)
- US Strategic Command (STRATCOM)
- US Transportation Command (TRANSCOM)

Quelle: Eigene Zusammenstellung

Die regionale Aufteilung entfällt damit auf sechs Zonen: Africa Command, Central Command (Naher Osten, Südwestasien, Nordostafrika und der Arabische Golf), European Command (Europa und Gesamt-Russland), Indo-Pacific Command, Northern Command (nördlich der US-Mexiko Grenze), Southern Command (südlich der US-Mexiko Grenze) und das Space Command (Operationen 100 Kilometer über dem Meeresspiegel).

Kommandobehörden setzten sich aus Einheiten von mindestens zwei Militärabteilungen zusammen. Die einzelnen Abteilungen sind für die Ausrüstung und Ausbildung der Truppen verantwortlich. Die Kommandobehörden haben das tatsächliche operative Kommando der Streitkräfte inne. Innerhalb dieser Struktur kommandieren die *JCS* weltweit und von weiten Teilen der Welt aus amerikanische Truppen. Das *U.S. African Command* hat beispielsweise seinen Hauptsitz in Stuttgart. Mit dem *United States Space Command* geht dieser Bereich theoretisch weit über die Erde hinaus: Dieses *Command* ist für militärische Operationen im Weltraum verantwortlich, also für jene, die mehr als 100 Kilometer über dem mittleren Meeresspiegel ausgeführt werden.

Je nach politischer Lage hat das Verteidigungsministerium das Potenzial, dem Außenministerium in der Außenpolitik den Rang abzulaufen. Dies gilt insbesondere seit den Entwicklungen nach den Anschlägen des 11. September. Schließlich verfügt das Verteidigungsministerium über die am besten geeigneten Mittel, Informationen über konkrete Sicherheitsbedrohungen aufzubereiten und zügig in politische Entscheidungen umzusetzen. Außerdem bestehen für die meisten Staaten/Regionen spezielle Einheiten, in denen Experten und Berater mit Regierungen anderer Länder intensiv zusammenarbeiten. Damit steht es dem Außenministerium in punkto personeller Ausstattung und politischer Expertise nur wenig nach.

Vor allem gewinnt das Verteidigungsministerium an Macht, wenn ein außenpolitisches Problem militärisch angegangen werden soll. Dann wird es de facto zum wichtigsten außenpolitischen Akteur, insbesondere da es das Monopol über die Führung der Streitkräfte besitzt. Die vom Pentagon herausgegebenen *Defense Planning Guidance* und die *Quadrennial Defense Review* gehören zu den einflussreichsten Strategiedokumenten der Regierung.

4.5.6 Die Intelligence Community

Der Begriff *Intelligence Community* ist insofern irreführend, als dass es sich bei den Organisationen in diesem Bereich kaum um eine Gemeinschaft im Sinne gleicher Ziele und enger Kooperation handelt. Jedoch hat sich der Begriff mittlerweile im akademischen und politischen Sprachgebrauch als Beschreibung für die

Gesamtheit der insgesamt 17 Nachrichtendienste der USA sowie für eine beträchtliche Menge an privaten Dienstleistern durchgesetzt.

Die 17 Nachrichtendienste sind im Einzelnen: die beiden unabhängigen Einheiten des *Office of the Director of National Intelligence (ODNI)* und die *Central Intelligence Agency (CIA)*; acht Einheiten des Verteidigungsministeriums, die in der *Defense Intelligence Agency (DIA) zusammengefasst* sind, *die National Security Agency (NSA), die National Geospatial Intelligence Agency (NGA), das National Reconnaissance Office (NRO)* sowie die Geheimdienste des Verteidigungsministeriums, der *Army, Navy, Marine Corps* und der *Air Force*. Außerdem bestehen noch sieben Einheiten anderer Abteilungen und Agenturen:

- Department of Energy's Office of Intelligence and Counter-Intelligence
- Department of Homeland Security's Office of Intelligence and Analysis
- Coast Guard Intelligence
- Federal Bureau of Investigation (FBI)
- Drug Enforcement Agency's Office of National Security Intelligence
- Department of State's Bureau of Intelligence and Research
- Department of the Treasury's Office of Intelligence and Analysis

Der bekannteste und größte Nachrichtendienst der Vereinigten Staaten ist die *Central Intelligence Agency (CIA)*, gegründet 1947 im Zuge des *National Security Act*. Dieses Gesetz ordnete der *CIA* die Aufgabe zu, Informationen zu gewinnen, auszuwerten und durch Analysen Entscheidungen der Exekutive vorzubereiten. Daneben nimmt die *CIA* ausführende Aufgaben wahr, die in den meisten Fällen geheim sind und den Charakter von polizeilichen und paramilitärischen Operationen annehmen können. Inner- und außerhalb der USA besitzt die *CIA* daher nicht unbegründet den Ruf, mitunter abseits öffentlicher und staatlicher Kontrolle oder sogar mit illegalen Mitteln zu arbeiten.

Neben der *CIA* besitzt jede Teilstreitkraft des Militärs ihren eigenen Geheimdienst, überlagert von dem zentralen Militärgeheimdienst, der *DIA (Defense Intelligence Agency)*. Daneben ist die finanziell am besten ausgestattete Organisation der *Intelligence Community* die öffentlichkeitsscheue, aber für die Beschaffung von Informationen durch elektronische Überwachung kaum zu überschätzende *NSA (National Security Agency)*. Sie untersteht direkt dem *EOP* und meldet diesem ihre Erkenntnisse.

Besonders nach dem 11. September 2001 wurden die mangelnde Abstimmung und Transparenz unter den Geheimdiensten kritisiert. Ihnen wurde vorgeworfen, versagt zu haben. In der Tat hatten verschiedene Abteilungen einzelne Hinweise darauf, dass ein Anschlag bevorstehe. Diese Informationen wurden jedoch nicht zusammengetragen und ausgewertet.

2006 führte die Aufdeckung telefonischer Abhöraktionen durch die *NSA* zu einem großen innenpolitischen Skandal, weil die Behörde ohne gerichtlichen Beschluss Telefongespräche von Millionen Amerikaner aufgezeichnet hatte. Das Programm *PRISM* ist die wichtigste Quelle für die Rohdaten der Analyseberichte der *NSA*.

Ihre direkte Zusammenarbeit mit dem *EOP* und die notwendige höhere Geheimhaltung im Kampf gegen den Terrorismus hat den Geheimdiensten im 21. Jahrhundert eine noch wichtigere Rolle in der amerikanischen Außenpolitik eingebracht.

Fraglich bleibt angesichts dieser Lage, ob der Kongress seine Kontrollfunktion ausüben kann. Ende der 1960er Jahre wurde bekannt, dass die *CIA* in Laos quasi einen Geheimkrieg ohne Wissen des Kongresses führte. Seit 1974 sorgt daher eine Gesetzesnovelle, das *Hughes-Ryan Amendment*, dass alle geheimen Operationen (*Covert Operations*) entsprechenden Kongressausschüssen anzuzeigen sind. Rechtlich gesehen liegen solche verdeckten Aktionen vor, wenn die USA internationale Angelegenheiten beeinflussen wollen, ohne dass ihre Urheberschaft sichtbar wird. In der Praxis werden die verdeckten Operationen dem Kongress erst nach ihrer Durchführung angezeigt. Die Beschlüsse von 1974 wurden allerdings 1980 im *Intelligence Oversight Act* teilweise rückgängig gemacht. Danach kam es in der Reagan-Administration wieder zu einem Anstieg der *Covert Operations*. Der Kongress hat kein gesetzliches Vorrecht, diese zu verhindern, sie müssen jedoch durch den Präsidenten angezeigt werden.

Die Möglichkeiten, auf Operation einzuwirken, sind auf die folgenden Maßnahmen beschränkt: Die Gesetzgebung sowie die Mittelverteilung und Beziehungsfragen mit der Exekutive. Insbesondere geschieht dies durch das verfassungsmäßige Kontrollrecht des Kongresses, das vor allem in den beiden hierfür eingerichteten *Committees*, dem *Senate Select Committee on Intelligence (SSCI)* sowie dem *House Permanent Select Committee on Intelligence (HPSCI)* ausgeübt wird. Allerdings beschränkt sich die Kontrollfunktion nicht auf die beiden *Committees* des Kongresses. Die Kontrolle von Geheimdiensten obliegt zudem der *Homeland Security*, den *Committees* Foreign Affairs und Foreign Relations sowie Mittelzuweisungs-*Committees* beider Kammern des Kongresses.

Die schwersten Krisen für die *CIA*, die in den Medien synonym für die amerikanischen Geheimdienste steht, waren die gescheiterte Schweinebuchtinvasion 1961, die Iran-Contra-Affäre 1984 sowie die Anschläge am 11. September 2001. Nach jeder dieser Krisen begannen detaillierte Untersuchungen des Kongresses, der sich nie auf eine grundlegende Reform einigen konnte. 1994 errang der Kongress einen bescheidenen Erfolg, indem er die *CIA* zwang, ihre Budgets offen zu legen und Vorschläge zu ihrer Reorganisation machte.

Die Rolle von Geheimdiensten während der Militäroperationen im Irak und in Afghanistan hat sich bisher ebenfalls einer gründlichen öffentlichen und auch kongressionalen Überprüfung entzogen. In der Folge entbrannte eine politisierte Diskussion um den organisatorischen Umbau der gesamten *Intelligence Community*, die bis heute anhält. Eine erste Maßnahme war die Schaffung des *Office of the Director of National Intelligence (ODNI)*. Mit knapp 2.000 Mitarbeitern soll das *ODNI* Auslands-, Inlands- und militärische Geheimdienste integrieren. Dabei soll es die Übersicht über die einzelnen Dienste behalten und auch eine partielle Verfügungsgewalt über die finanzielle Ausstattung möglich machen. De facto liegt jedoch die politische Verantwortung für das Handeln der *Intelligence Community* nach wie vor beim Präsidenten. In weiten Zügen bestimmen diese die gesamte Außenpolitik der USA.

4.5.7 Die Außenpolitik Präsident Trumps

Trump führte seine Außen- und Sicherheitspolitik im Licht seiner ‚America First'-Doktrin. Dabei geht es, wie der Name bereits verrät, vor allem um den Vorrang nationaler Interessen der USA, insbesondere auf internationaler Ebene. Dazu zählen die Neuverhandlung von bestehenden Verträgen oder schlicht der Austritt aus jenen. Für Trump gehörte auch die Erneuerung der historischen militärischen Stärke der USA dazu. Wie mit der Doktrin angekündigt, war Trumps Außenpolitik geprägt von Unilateralismus sowie einseitigen und oft überraschenden Handlungen, die ein häufiger Personalwechsel und Trumps Sprunghaftigkeit zusätzlich unberechenbarer machten.

Kurz nach seinem Amtsantritt löste Trump ein erstes großes Wahlversprechen ein: Er zog die USA aus der *Trans-Pacific Partnership (TPP)* zurück. Das Handelsabkommen mit asiatischen Staaten ist eines der Freihandelsabkommen, die Trump stets kritisierte. Für ihn waren sie für den Arbeitsplatzschwund in den USA verantwortlich. Daher war es nur konsequent, dass Trump auch das geplante Handelsabkommen mit der EU, die Transatlantische Handels- und Investitionspartnerschaft (*TTIP*) aussetzte.

Entsprechend versuchte Trump mit Strafzöllen gegenüber China, Mexiko oder der Europäischen Union, Druck für Neuverhandlungen der Handelsbeziehungen aufzubauen. Erfolgreich war Trump dabei zumindest bei der Erneuerung des Freihandelsabkommens *NAFTA*, das er durch das *US-Mexico-Canada Agreement (USMCA)* ersetzen konnte. Auch ging Trump als erster Präsident die bestehenden Probleme mit China an. Zudem rückte er negative Faktoren der chinesischen Regierung in das internationale Rampenlicht. Sein angezettelter Handelskrieg blieb zwar bislang ohne große Wirkung; dennoch wurde Trumps Druck auf China von vielen begrüßt, wenn auch oft heimlich: Dass Handelsbeziehungen mit einem Vorzug für China – und bisweilen der EU – ausgestaltet sind, ist kein Geheimnis. Es ist außerdem bekannt, dass die Kritik an Menschenrechtsverletzungen bei der chinesischen Regierung von anderen Staaten oftmals leise ausfällt. Wenn eine solche Kritik von einer Person wie Trump und mit derlei brachialen Methoden ausfällt, kann dies jedoch für andere Staatschefs kaum positiv beurteilt werden.

In Bezug auf China waren die Herausforderungen für einen unerfahrenen Politiker und erst recht für lediglich eine Amtszeit zu groß. Die Regierungen in China wie auch in den EU-Staaten hofften hier auf ein Aussitzen der Amtszeit Trumps – diese Rechnung ging auf. Dennoch dürfte es der Biden Regierung schwerfallen, wieder vollkommen in die alte Ordnung zurückzukehren. Zudem bewegte Trump andere Nationen zumindest themenspezifisch zum Umlenken, beispielsweise beim Aufbau des 5G-Mobilfunknetzes.

Trumps oftmals einseitige Entscheidungen ziehen sich durch seine Außenpolitik. Ein Paradebeispiel hierfür ist die Anerkennung Jerusalems als Hauptstadt Israels, mit der die Verlegung der amerikanischen Botschaft einherging. Zwar war dieser

Schritt seit Längerem vorgesehen, kaum ein anderer Präsident hätte ihn jedoch in naher Zukunft zu gehen gewagt, angesichts der dauerhaft angespannten israelisch-palästinensischen Beziehung. Dennoch ist der israelisch-palästinensischen Konflikt nicht befriedet, vielleicht ist eine Lösung durch Trumps Anerkennung sogar in weitere Ferne gerückt.

In diesem Zusammenhang ist es erstaunlich, wie wenig das in der Tat historische Abkommen zwischen Israel, den Vereinigten Arabischen Emiraten und Bahrain international gewürdigt wurde. Auch dies ist wohl auf die Person Trumps zurückzuführen: Neutral betrachtet wäre die Unterzeichnung des diplomatischen Abkommens, das größtenteils von Trumps Schwiegersohn Jared Kushner ausgehandelt wurde, wohl nobelpreisverdächtig. Bedenkt man jedoch die radikale Art Trumps, wie die Aufkündigung des Pariser Klimaabkommens, wird klar, warum kaum jemand Trump eine solch große Bühne geben möchte. Insbesondere in Anbetracht des Unmutes, für den Trump oftmals in der internationalen Staatengemeinschaft gesorgt hat – wie eben beim Rückzug aus dem Klimavertrag oder der Eliminierung Soleimanis. Zwar wurde die Entscheidung bezüglich des Klimavertrags von Joe Biden schnell wieder rückgängig gemacht, dennoch wird sich erst in Jahren zeigen, wie nachhaltig der Vertrauensverlust in die USA aufgrund der America-First-Doktrin bleiben wird.

Auch in der Sicherheitspolitik war Trumps America First-Ansatz erkennbar. Trump kündigte mehrere zentrale Abkommen und Vereinbarungen auf, wie den ‚Iran-Deal' oder auch den *INF-Vertrag* (*Intermediate-Range Nuclear Forces*) mit Russland. Die Bedingungen im Vertrag zur nuklearen Abrüstung im Mittelstreckenbereich sahen Trump und Verteidigungsminister Mark T. Esper nicht mehr als erfüllt an. Ähnlich war Trump fest davon überzeugt, dass der Iran trotz des Abkommens weiter an einer Atombombe arbeitete. Trump hatte allerdings kaum eine andere Wahl, als aus dem Abkommen auszutreten: Bereits vor seiner Präsidentschaft hat er den ‚Deal' regelmäßig als einen der schlechtesten in der Geschichte der USA bezeichnet. Den Austritt kritisierten vor allem europäische Staaten stark. Die Ankündigung aus dem *Open-Skies-Abkommen* auszutreten, sorgte für Unmut bei den Partnerländern. Zumindest hierbei hat es Trump seinem Nachfolger Biden weniger schwer gemacht, wieder in das Abkommen einzutreten als beim ‚Iran-Deal'.

Politisch betrachtet – und vor allem aus der Perspektive der Basis Trumps – kann seine Rückzugs- und Druck-Strategie als Erfolg bewertet werden. Vor allem Trumps Kommunikation reklamiert derlei Maßnahmen stets als Gewinn für die – oftmals innenpolitischen – Interessen der USA. Dennoch: Faktisch hat Trump mit der Doktrin gebrochen, die seit dem Zweiten Weltkrieg die amerikanische Politik geprägt hat und er gab im Grunde die Rolle der USA als liberale Führungsmacht in der Welt auf. Dazu trugen auch seine Beziehungen zu autoritären Führern und der Konfliktkurs zu alten Demokratischen Partnern bei. Niederlagen im eigenen Haus musste Trump nur in Hinblick auf seine vorgesehenen Sanktionserleichterungen für Russland hinnehmen. Der Kongress antwortete auf diesen Vorschlag mit einem Gesetz, das die Sanktionen gegenüber Russland nicht nur verschärfte, sondern darüber hinaus deren Aufhebung für Trump fast unmöglich machte. Die

Ankündigung, die NATO zu verlassen, quittierten mitunter Republikaner mit einem klaren Bekenntnis zum Bündnis der kollektiven Verteidigung. Hier verabschiedete der Kongress entsprechende Resolutionen. Trump tat sich bei anderen Aufkündigungen wesentlich leichter, da viele dieser Verträge Exekutivabkommen waren, z. B. das Pariser Klimaabkommen oder der ‚Iran-Deal'. Diese von Obama im Alleingang getroffenen Entscheidungen konnte Trump ebenso mit einer einfachen Anordnung aufheben.

Mit seiner America-First-Ausrichtung konnte Trump zwar einige Wahlkampfversprechen umsetzen; oftmals waren diese jedoch auf kurze Frist angesetzt – viele davon sind schließlich wiederum Exekutivabkommen. Zudem müssen sie sich am Vertrauensverlust der internationalen Gemeinschaft gegenüber der USA messen lassen. Außerdem wurde die Versprechung von Truppenabzügen nur teilweise eingelöst und Konfliktregionen, wie Syrien, nicht befriedet. Auch die ganz großen Sprünge, wie bei der Konfliktresolution mit Nordkorea konnten nicht vollständig ausgeführt werden. Insgesamt ist die Präsidentschaft Trumps in der Außen- und Sicherheitspolitik zwar erfolgreicher als dies oftmals wahrgenommen wurde, dennoch richteten seine radikalen Maßnahmen auch erheblichen Schaden an. Das Erbe der Trump-Außenpolitik ist also eher als ambivalent zu betrachten. Nicht zuletzt musste der 45. Präsident auch Rügen hinnehmen, wie jene der WTO aufgrund der Strafzölle gegen China.

Fragen

- Was sind zwei Gründe dafür, dass die Verfassungsväter keine direkte Volkswahl der Präsidenten wollten?
- Was sind *Executive Orders*?
- Was sind die legislativen Kompetenzen der Vizepräsidenten?

Zur weiteren Lektüre empfohlen

Aberbach, Joel D.; Peterson, Mark W. (Hg.) (2008): Institutions of American Democracy. The Executive Branch. Oxford: Oxford University Press.

Caro, Robert A. (2011): The Years of Lyndon Johnson I. The Path to Power. New York: Vintage Books.

Caro, Robert A. (2011): The Years of Lyndon Johnson II. Means of Ascent. New York: Vintage Books.

Edwards, George C., III; Wattenberg, Martin P.; Lineberry, Robert L. (2012): Government in America. People, Politics, and Policy. 16. Aufl. Boston: Pearson.

Gaillard, Frye (2009): Prophet from Plains. Jimmy Carter and His Legacy. 2. Aufl. Athens: University of Georgia Press.

Gellner, Winand; Oswald, Michael (2018): Die gespaltenen Staaten von Amerika – Die Wahl Donald Trumps und die Folgen für Politik und Gesellschaft. Wiesbaden: Springer VS.

Giglio, James N. (2006): The Presidency of John F. Kennedy. 2. Aufl. Lawrence: University Press of Kansas.

Greenstein, Fred I. (1994): The Hidden-Hand Presidency. Eisenhower as Leader. Baltimore: Johns Hopkins University Press.

Hamilton, Nigel (2011): Bill Clinton. An American Journey. New York. Kindle Ausgabe.

Hamilton, Nigel (2012): Bill Clinton. Mastering the Presidency. New York. Kindle Ausgabe.
Haney, Patrick (2010): Organizing for Foreign Policy Crises. Presidents, Advisers, and the Management of Decision Making. Ann Arbor: University of Michigan Press.
Heclo, Hugh; Salamon, Lester M. (2019): The Illusion of Presidential Government. New York: Routledge.
Howell, William (2015): Power Without Persuasion. The Politics of Direct Presidential Action. Princeton: Princeton University Press.
McConnell, Michael W. (2020): The President Who Would Not Be King: Executive Power under the Constitution. Princeton: Princeton University Press.
McCullough, David (2003): Truman. New York: Simon & Schuster.
Oswald, Michael (2018): Die Tea Party als Obamas Widersacher und Trumps Wegbereiter. Strategischer Wandel im Amerikanischen Konservatismus, Wiesbaden: Springer VS.
Patterson, Thomas E.; Halter, Gary M. (2012): The American Democracy. 11. Aufl. New York: McGraw-Hill Higher Education.
Pfiffner, James P. (2011): The Modern Presidency. 6. Aufl. Boston: Cengage Learning.
Pika, Joseph August; Maltese, John Anthony (2018): The Politics of the Presidency. 9. Aufl. Thousand Oaks, California: Sage and CQ Press.
Rockman, Bert A.; Rudalevige, Andrew (Hg.) (2020): The Obama Legacy. Lawrence: University Press of Kansas.
Sabato, Larry J. (2008): The Sixth Year Itch. The Rise and Fall of the George W. Bush Presidency. New York: Pearson.
Schlesinger Jr., Arthur M. (1973): The Imperial Presidency. Boston: Houghton Mifflin.
Small, Melvin (1999): The Presidency of Richard Nixon. Lawrence: University Press of Kansas.

5. Die Judikative

Die Judikative vereint alle rechtsprechenden Staatsorgane in den USA. Dazu zählen die Gerichte und einige Institutionen, die zwar organisatorisch und rechtlich zu den Exekutivbehörden gehören, aber judikative Aufgaben wahrnehmen. Darunter fallen beispielsweise Institutionen zur Schlichtung von Handelsdisputen.

Die Aufgabe der Judikative besteht generell vor allem darin, bei Streitigkeiten zwischen Personen Recht im Rahmen der geltenden Gesetze zu sprechen. Diese Befugnisse wurden von den *Framers* in die *Checks and Balances* eingebunden, so dass auch die Judikative sich verfassungsmäßige Rechte und Pflichten mit der Exekutive und der Legislative teilen muss. Zwar ist die Unabhängigkeit der Judikative eine Voraussetzung für einen funktionierenden Rechtsstaat; durch die Positionierung im System der *Checks and Balances* ist die Judikative zwangsläufig jedoch auch eine politische Kraft im amerikanischen Regierungssystem.

Kernsatz

Die Vereinigten Staaten haben getrennte Gerichtssysteme: Das Bundes- und das Staatensystem; dies ist Teil der verfassungsrechtlichen föderalen Gewaltenteilung.

Durch Artikel III der amerikanischen Verfassung wurde zum ersten Mal überhaupt eine bundesstaatliche Rechtsprechung geschaffen. Dies ist auch insofern bemerkenswert, als dass bis dahin die Judikative häufig ebenso in der Theorie marginalisiert war. Allerdings ist die besondere Bedeutung der Judikative ein altes britisches Erbe des *Common Law*. Dies ist immer mitzudenken und vor allem bei den *Founding Fathers* als selbstverständlich vorauszusetzen (vgl. hierzu auch Fraenkel 1976: 21–26).

Das Common Law

Das *Common Law* ist eine Art der Rechtsprechung. Es beruht auf alten Rechtsfällen und daraus abgeleiteten Rechtsprinzipien. Common Law bedeutet also die Orientierung an bewährten Prinzipien im Rahmen der Rechtsprechung. *Common Law* ist eher als bestimmte Denkweise zu verstehen, die ein ganz bestimmtes Vorgehen erforderlich macht, um die einschlägigen Präzedenzfälle zu erkennen, die Ratio Decidendi, die Vernunft des Entscheidens herauszuschälen und diese auf einen neuen Fall zu übertragen (Distinguishing, Limiting oder Expanding in Principle). Das *Common Law*-Denken ist induktiv, während beispielsweise *Civil-Law*-Denken deduktiv ist. Das Problem für Politikwissenschaftler ist hierbei die fehlende Vorkenntnis und Übung in diesem Bereich des Denkens. Daher ist es schwierig bis unmöglich, *Supreme-Court*-Urteile sinnverstehend zu lesen.

Vorausgegangen war der Einrichtung des Gerichtssystems der Essay *Federalist Nr. 78*. Er war ein Meilenstein für die Orientierung der Judikative. Zentral in der Etablierung des obersten Gerichtes war, dass die bestehenden Gerichtswesen der einzelnen Staaten nicht angetastet werden sollten. Gleichwohl mussten sie nach der Verabschiedung der Verfassung durch Gesetze in ihrem Verhältnis zur Bundesgerichtsbarkeit ausgerichtet werden.

Verfassungsrechtlich ist in Artikel III zunächst nur der *Supreme-Court* festgelegt: „The judicial power of the United States, shall be vested in one Supreme Court, and in such inferior courts as the Congress may from time to time ordain and establish". Das Bundesgerichtssystem wurde entsprechend von 1789 an vom Kongress etabliert: Im *Judiciary Act* von 1789 richtete der Erste Kongress (1789–1791) Bezirks- und Kreisgerichte ein, definierte die Zuständigkeit und Berufungsbefugnisse der Bundesgerichte und schuf die Position eines US-Generalstaatsanwalts. Auch die Anzahl der Richter sowie deren Qualifikationsanforderungen ließen die Verfassungsväter offen, dies wurde ebenfalls vom Kongress festgelegt.

In Folge der verfassungsrechtlich festgelegten Rolle des *Supreme Courts* einerseits und dem Schutz der Rechte der Einzelstaaten andererseits entstand ein relativ komplexes Rechtssystem. Dieses besteht aus bundes- und einzelstaatlichen Gerichten, der Repräsentation der Staaten auf Bundesebene und der Aufteilung von Kompetenzen zwischen Staaten und Bundesregierung.

Kernsatz

Die Gesetzgebungskompetenz liegt bei den Einzelstaaten, lediglich bei spezieller Ermächtigung, den *Enumerated Powers* ist der Bund zuständig; das Bundesgerichtssystem ist allerdings den Systemen der Einzelstaaten übergeordnet und daher kann es zu Eingriffen in Staatensysteme kommen.

Zunächst sind Kompetenzen von Bundesgerichten in der Verfassung dort verankert, wo das Bundesrecht tangiert wird und wo es um Rechtsprechung zwischen Personen aus zwei oder mehr Einzelstaaten geht (*Diversity Cases*). Während der Gründungsjahre der Vereinigten Staaten war es wichtig, dass Fragen nationaler Souveränität und Handelsstreitigkeiten nicht den Interessen einzelner Staaten überlassen blieben: Parteien aus unterschiedlichen Staaten sollten schließlich nicht durch einen eventuellen ‚Heimvorteil' begünstigt werden. Zudem sieht die Verfassung bundesstaatliche Zuständigkeiten bei Verfahren mit Beteiligung der Bundesregierung, von Diplomaten und fremden Regierungen vor. Die Einzelstaaten behalten die alleinige Zuständigkeit bei allen anderen Verfahren, außer in Ausnahmefällen, wie Streitigkeiten zwischen zwei Entitäten verschiedener Staaten. Dann werden Klagen vor besonderen Bundesgerichten verhandelt.

5.1 Organisation des Gerichtswesens

Abbildung 5.2 zeigt schematisch das Verhältnis von bundes- und einzelstaatlichen Gerichten in den USA. Es ist die bis heute im groben gültige Organisationsstruktur des Gerichtswesens, wie sie im *Judiciary Act* von 1789 durch den Kongress festgelegt wurde. Dieser *Judiciary Act* begründete auf Basis des Artikels III das föderale Gerichtssystem. In diesem bestehen bundes- und einzelstaatliche Gerichte parallel zueinander mit ausschließlicher Zuständigkeit für die ihnen von der Verfassung zugeordneten Bereiche. Eine der grundlegenden Neuerungen der amerikanischen Verfassung gegenüber den *Articles of Confederation* ist die *Supremacy Clause* im Artikel VI.

Der Judiciary Act

Der *Judiciary Act* von 1789 etablierte das föderale Gerichtswesen in den Vereinigten Staaten. Artikel III der Verfassung bestimmt zwar einen Obersten Gerichtshof, allerdings weist die Verfassung dem Kongress die Befugnis zu, nach Bedarf niedrigere Bundesgerichte einzurichten. Mit dem *Judiciary Act* wurden neben dem Obersten Gerichtshof Bezirks- und Kreisgerichte eingerichtet, für welche die Zuständigkeit eng begrenzt wurde. Im Obersten Gerichtshof sah der Kongress eine erstinstanzliche (originäre) Zuständigkeit von der Verfassung vorgegeben. In einem späteren Verfassungsgerichtsurteil befand der Oberste Gerichtshof den *Judiciary Act* daher für verfassungswidrig. Er habe die Zuständigkeit des Obersten Gerichtshofs über die in der Verfassung zulässige Kompetenz erweitert. Der *Judiciary Act* von 1869, auch *Circuit Judges Act* genannt, sieht vor, dass der Oberste Gerichtshof aus einem Vorsitzenden und acht assoziierten Richter bestehen solle. Zuvor schwankte die Anzahl der Richter zwischen fünf und zehn. In der Verfassung ist die Anzahl von neun Richtern nicht vorgesehen.

In der *Supremacy Clause* ist einerseits enthalten, dass die bundesstaatliche Verfassung die höchste Autorität gegenüber einzelstaatlichem Recht ist. Allerdings bedeutet die *Supremacy Clause* keine pauschale Überordnung des Bundes. Zum *Supreme Law of the Land* gehört die Souveränität der Einzelstaaten gemäß des zehnten und des elften Verfassungszusatzes. Jedoch stärkte 1868 der 14. Verfassungszusatz, insbesondere durch die dort enthaltene *Enforcement*-Klausel, in der Tendenz den Bund. Außerdem spielt die Reichweite der *Interstate Commerce Clause* eine Rolle, mit der nicht nur der Handel mit anderen Nationen, sondern auch innerstaatlich reguliert werden kann.

Die *Supremacy Clause* bezieht sich de jure nicht auf das gesamte Gerichtswesen, sondern auf konkrete Fälle, bei denen sich Bundes- und Staatenrecht quasi überschneiden. Aufgrund der *Enumerated Powers* sollte es theoretisch keine Überschneidung geben: Der Bund ist für die Materien der *Enumerated Powers* zuständig, der Rest obliegt vollständig den Staaten. Ein Kollisionsfall tritt ein, wenn Rechtsakte der Staaten mit Rechtsakten des Bundes in Konflikt treten, die er auf der Grundlage einer *Enumerated Power* erlassen hat. Solange der Bund noch keinen Gebrauch von einer *Enumerated Power* gemacht hat, können die Staaten im Rahmen der allgemeinen *Police Power*, die bei ihnen liegt, auch in diesen Bereichen tätig werden. Dies kann unter Umständen später zu Kollisionen führen.

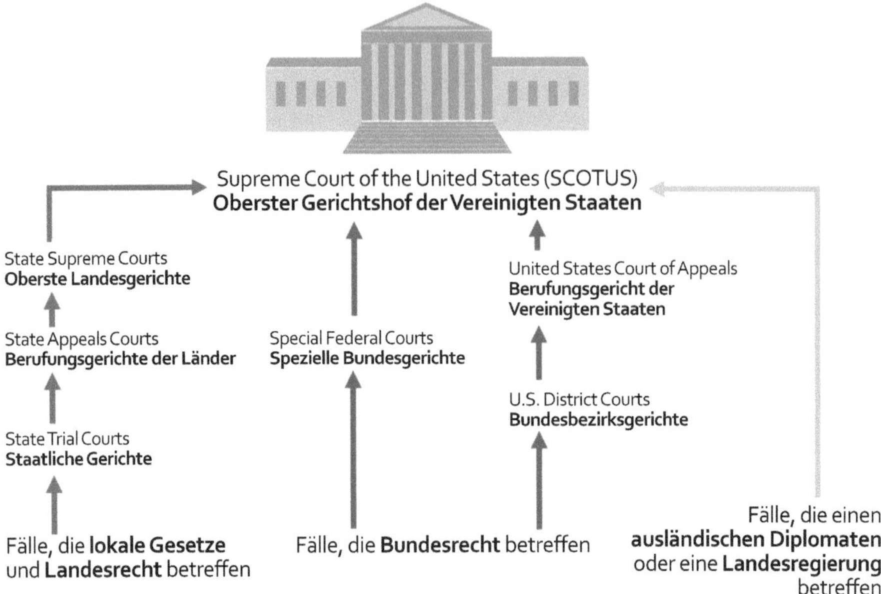

Abbildung 5.2: Die Organisation des Gerichtswesens in den USA, Quelle: Eigene Zusammenstellung.

Beide Säulen des Gerichtswesens verfügen auf unterster Ebene über Gerichte mit allgemeiner Zuständigkeit. Dabei bündeln die Gerichte der Einzelstaatsgerichtsbarkeit aus praktischen Gründen oft Verfahren nach bestimmten Sachfragen. Eine Abgrenzung der Gerichte nach Rechtsgebieten ist in der amerikanischen Judikative strukturell nicht vorgesehen. Hiervon ausgenommen sind wenige Spezialgerichte, die außerhalb der bezeichneten Struktur stehen. Dieser Unterschied ist vor allem im Vergleich zu politischen Systemen wie der Bundesrepublik Deutschland relevant. Hier besteht eine scharfe Trennung der Rechtsgebiete.

Die nach Bundes- und Einzelstaatsebene getrennten Zuständigkeiten sind ein bestimmendes Merkmal des amerikanischen Föderalismus (vgl. Kapitel 6). Eine Möglichkeit des Eindringens von Bundesgerichten zur Beilegung einzelstaatlicher Konflikte hätte die Ratifikation der Verfassung auf dem Konvent sicherlich verhindert. Jeder einzelne Staat bewahrte sich seine eigene Regierung mit allen drei Gewalten. Der *Supreme Court* kann jedoch im Zuge der Bundesgerichtsbarkeit die letzte Instanz von Verfahren der einzelstaatlichen Gerichte sein. Er ist als höchstes Bundesgericht schließlich die höchstrichterliche Berufungsinstanz für alle Gerichtsverfahren in den USA. Die mit Abstand meisten Fälle werden jedoch in untergeordneten Gerichten entschieden: Lediglich ein bis zwei Prozent der eingereichten Fälle werden tatsächlich vom *Supreme Court* verhandelt (zwischen 100–150 von 7.000 pro Jahr). Die Anzahl der entschiedenen Fälle ist in etwa konstant, da Richter über das eigene Ermessen einer Annahme auch ihren eigenen Arbeitsumfang bestimmen. Die angenommenen Fälle werden meist im selben

Term zwischen Anfang Oktober und Ende Juni entschieden. Es kommt nur in Ausnahmefällen vor, dass Fälle in den nächsten *Term* transferiert werden.

Exkurs: 11. Verfassungszusatz

Im Jahr 1795 wurde bereits ein weiterer Verfassungszusatz verabschiedet. Dieser elfte Zusatz ist eine Klarstellung der *Diversity Jurisdiction* und war eine Reaktion auf ein Urteil des *Supreme Courts.* Er soll verhindern, dass einzelne Staaten nicht von Bürgern aus anderen Staaten vor Bundesgerichten angeklagt werden können. Demnach wäre es nicht möglich, einen Einzelstaat direkt vor einem Bundesgericht zu verklagen. Der elfte Verfassungszusatz war jedoch nie besonders wirkungsvoll: Staaten werden häufig und aus vielfältigen Gründen vor Bundesgerichten verklagt. Allgemein besteht das Problem, einen Fall von der Staatenebene auf die Bundesebene zu transferieren. Hier bedarf es immer einer besonderen Kompetenzklausel.

Mit der zugewiesenen Kompetenz unter Artikel III hat der Kongress über die gesamten USA verteilt 94 Bezirke geschaffen, die jeweils ein Bundesgericht der ersten Ebene enthalten *(U.S. District Courts).* Diese Gerichte sind die erste Anlaufstelle für alle Verfahren mit Beteiligung der Bundesregierung und mit wenigen Ausnahme für jene, die die US-Verfassung oder andere Bundesgesetze tangieren. *District Courts* sind notwendig, damit alle in den USA anfallenden Streitigkeiten organisatorisch bewältigt werden können: Knapp 350.000 solcher Fälle werden pro Jahr in das Bundessystem eingebracht. Dabei spielt es keine Rolle, ob es sich um straf- oder zivilrechtliche Angelegenheiten handelt. Nach ordentlichem Abschluss eines Verfahrens ist das Urteil der *District Courts* rechtsgültig, es sei denn, die beteiligten Parteien legen Berufung gegen das Urteil ein.

Die zweite Stufe der Bundesgerichtsbarkeit sind die Berufungsgerichte *(Courts of Appeals).* Sie sind im gesamten Land über 13 Bezirke verteilt. Diese Gerichte haben in der Regel keine originäre Zuständigkeit. Sie verhandeln alle Fälle im Straf- und Zivilrecht in Berufung, also jene, die vorher in den *District Courts* entschieden wurden. Die Berufungsverfahren der *Courts of Appeals* drehen sich um prozedurale Fragen. Sie rollen weder Verfahren neu auf noch laden sie zuvor nicht gehörte Zeugen vor. Die Berufungsgerichte fällen somit keine neuen Urteile. Sie bestätigen diese allenfalls oder verweisen Verfahren zurück an die untere Ebene.

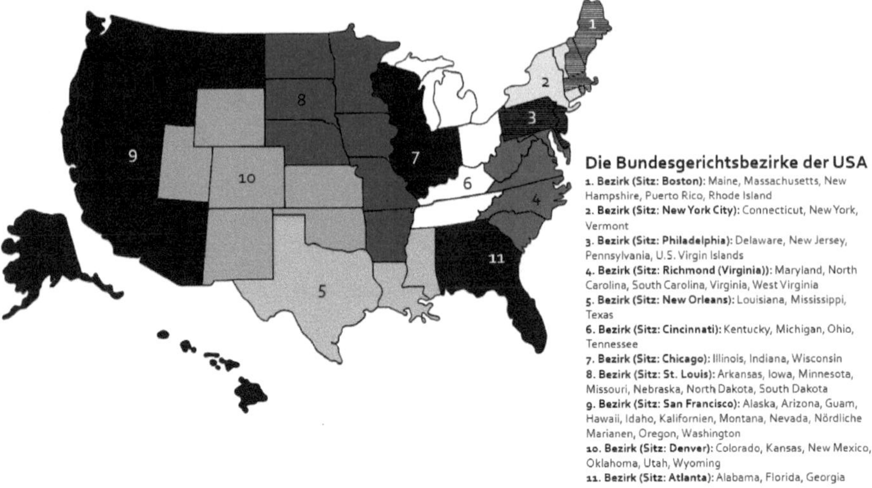

Abbildung 5.3: Bundesgerichtsbezirke, Quelle: Eigene Darstellung

Die Anzahl der Richter der Berufungsgerichte schwankt je nach Amtsbezirk. Jeder Fall wird aber mindestens von einem aus drei Richtern bestehenden Gremium gehört, in Ausnahmefällen von allen Richtern. Der *Court of Appeals for the District of Columbia Circuit* nimmt eine Sonderrolle ein. Sein Zuständigkeitsbereich erstreckt sich – wie der Name suggeriert – nicht über den *District of Columbia* hinaus; dafür verhandelt dieses Berufungsgericht Streitigkeiten zwischen Exekutivbehörden und besitzt zum Teil originäre Rechtsprechungskompetenzen.

Für den überwiegenden Teil aller Entscheidungen im amerikanischen Gerichtssystem sind die *Superior Courts* oder *State Trial Courts* von größter Bedeutung (in einigen Staaten auch als *Courts of Common Pleas* oder *Circuit Courts* bezeichnet). Diese Gerichte sind die erste Instanz für Streitigkeiten in allen Rechtsgebieten und sie behandeln das Groß aller Gerichtsverfahren in den USA, ausgenommen Verkehrsvergehen. Die meisten Staaten haben für derlei niederrangige Verfahren Gerichte der ersten Stufe (z. B. Verkehrs-, Stadt- oder Gemeindegerichte). Bedeutendere Verfahren werden i. d. R. in *Superior Courts* verhandelt. Die hohe Präsenz der Justizorgane in den Einzelstaaten macht diese für die amerikanischen Bürger sichtbarer als die Bundesgerichte. In einigen Staaten existiert jeweils ein *Superior Court* pro County, in Kalifornien entsprechend 58.

Bei den Staatsgerichten existieren zwei Ebenen von Berufungsgerichten. Auf der ersten Ebene funktionieren diese grundsätzlich wie auf der Bundesebene: 41 der 50 Staaten haben solche Gerichte, die oftmals verschiedene Bezeichnungen führen. Lediglich kleinere Staaten wie Maine oder New Hampshire verfügen nicht über derlei Gerichte. Die zweite Ebene besteht aus dem obersten Berufungsgericht des jeweiligen Staates, den *State Supreme Courts*. In vielen Fällen nehmen die obersten Staatsgerichte nur solche Fälle zur Berufung an, bei denen die Verfassung direkt betroffen ist oder wenn es um einen Disput über elementare Grundrechte geht. Ein großer Teil der Berufungsverfahren in den USA endet mit der Rückverweisung an die erste Ebene. Bundes- und Staatengerichte bilden jeweils eigene judikative Subsysteme. Diese können aber mitunter über denselben Fall entscheiden, solange der Sachverhalt auch für ein Bundesgericht qualifiziert ist. Viele Streitigkeiten können folglich sowohl vor den Bundesgerichten als auch vor den Staatsgerichten behandelt werden.

Die Ernennung von Richtern in den Einzelstaaten unterscheidet sich von der Praxis für die Bundesebene. Neben Ernennungen durch die Exekutive (z. B. Kalifornien) werden Richter in manchen Staaten durch den Kongress gewählt (Virginia & South Carolina), von einer ExpertenKommission benannt (z. B. Missouri) oder durch Wahlen bestimmt (z. B. Texas, Louisiana oder Alabama). Dies kann mit oder ohne Zuordnung zu einer Partei auf dem Wahlzettel geschehen (z. B. Texas bzw. Michigan; vgl. hierzu Kapitel 7). In einigen Staaten bestehen Mischsysteme und in manchen Staaten werden Richter für die Berufungsgerichte auf eine andere Weise bestimmt als für die Gerichte der ersten Stufe. Das amerikanische politische System lässt den Judikativen potenziell enormen politischen Gestaltungsspielraum. Die Berufung von Richtern kann daher dazu genutzt werden, die legislative Agenda gewählter Amtsträger zu unterstützen.

Exkurs: Gerichtsbarkeit im Vergleich

Die Wählbarkeit von Richtern ist ein weiterer zentraler Unterschied zur Gerichtsbarkeit in Deutschland und zum *Civil Law* allgemein. Referenden, die Gerichtsurteile außer Kraft setzen, die Rolle von Juries in Straf- und Zivilsachen, die im Unterschied zu Schöffen an deutschen Gerichten enorme Macht haben, unterscheiden die Systeme immens. Hier entsteht in den USA einerseits eine größere Volksnähe und eine direktere, vielleicht sogar höhere Form von demokratischer Mitbestimmung. Allerdings entsteht zugleich ein größerer ‚Populismus' der Gerichtsbarkeit.

5.2 Das oberste Bundesgericht der USA – der Supreme Court

Der *Supreme Court* ist das Ergebnis der Verfassungskontroverse um das am besten geeignete föderale Rechtssystem, denn er bricht die ansonsten konsequente Trennung von Bundes- und Staatsgerichtsbarkeit. Obwohl er organisatorisch ein Bundesgericht ist (vgl. Abbildung 5.2), besitzt der *Supreme Court* die letztinstanzliche Rechtsprechungskompetenz – sowohl über die bundes- als auch die einzelstaatlichen Gerichte.

Der *Supreme Court*, der sich in unmittelbarer Nähe zum Kapitol befindet, besteht aus neun Richtern, die vom Präsidenten auf Lebenszeit ernannt und durch den Senat bestätigt werden müssen. Der jährliche Sitzungsturnus des Gerichts beginnt am ersten Montag im Oktober und dauert ein Jahr, de facto bis Ende Juni des Folgejahres. Vorsitzende werden als *Chief Justice of the United States* bezeichnet. Sie genießen vor allem administrative und protokollarische Privilegien. Bei einem Amtsenthebungsverfahren gegen Präsidenten werden sie als Vorsitzende des Senats berufen, sie leiten die Diskussion bei Verhandlungen und bestimmen, falls sie bei einem Urteil der Mehrheit der Richter angehören, wer von den Kollegen die Urteilsbegründung *(Opinion Writing)* verfasst. Falls Vorsitzende den *Supreme Court* verlassen, kommt die Entscheidung über die Nachfolge von der Präsidentschaft. Es gibt keine festgelegte Nachfolgeordnung unter den Richtern.

Law Clerks

Jeder Richter hat einen Anspruch auf vier Law Clerks, die in der Regel jedes Jahr wechseln. Diese stammen meist aus der jüngsten Riege der Top-Rechtswissenschafts-Absolventen der Elite-Universitäten. Sie bereiten einen Großteil der Arbeiten vor und erledigen diese mitunter auch. Vor allem *screenen* sie die Petitionen an das Gericht im *Cert Pool* und sortieren hier bereits ein Großteil der Eingaben aus. Sie sammeln auch diejenigen, über deren Annahme dann in der Richterrunde abgestimmt wird.

Generell gilt, dass der *Supreme Court* vergleichsweise kollegial arbeitet und bis auf wenige – aber dennoch einschlägige Ausnahmen – pflegen die Richter eine recht gute Beziehung untereinander. Ein persönlicher Kontakt der Richter besteht meist ohnehin nur in den Verhandlungswochen. Ansonsten arbeiten die Richter i. d. R. lediglich mit den jeweiligen Mitarbeitern zusammen. Die Kommunikation unter den Richtern geht meist über schriftliche Memoranden vonstatten. Über den formalen Vorsitz entscheidet die Seniorität und häufig wird der *Supreme Court* synonym mit dem Namen des amtierenden Vorsitzenden Richters benannt, wie aktuell z. B. ‚*Roberts Court*' nach John G. Roberts.

Alle Urteile des *Supreme Court* werden per Mehrheitsentscheidung gefällt, das Quorum für Entscheidungen beträgt sechs Stimmen (dies ist nicht zu verwechseln mit dem Mehrheitsentscheid. Hier ist die knappste Form der Mehrheit eine 5:4 Entscheidung bei 9 Richtern; das Quorum bezieht sich darauf, mit welchem Minimum an Richtern ein Fall entschieden werden kann). Die geringere Anzahl an Stimmen kann beispielsweise daher rühren, dass Richter die Abstimmung bei erwarteter Befangenheit verweigern können. Bei einer Abstimmung mit einer geraden Anzahl von Richtern und einem ausgeglichenen Ergebnis bleibt das Urteil der niedrigeren Instanz bestehen.

Justice and Judges

Sowohl Justices als auch Judges sind Richter. Judges sind all jene Richter der Vorinstanzen, Staatsgerichten etc. Die Bezeichnung Justice ist jedoch in der Regel für Richter der Obersten Gerichtshöfe reserviert – auf Staatsebene mitunter nur für den Vorsitz.

Wie bereits angemerkt, liegt es im Ermessen des *Chief Justice*, wer die Begründung (*Majority Opinion*) für das Urteil schreibt, wenn er der Mehrheitsfraktion angehört. Ansonsten entscheidet die Seniorität. Richter mit der längsten Amtszeit bestimmen somit in diesem Fall. Die *Majority Opinion* legt die Argumentationsgrundlage für den Urteilsspruch offen, dient anderen Gerichten als Orientierung für zukünftige ähnliche Fälle und genießt weitreichende Aufmerksamkeit in Politik und Justiz.

Der *Supreme Court* ist vor allem eine Berufungsinstanz. Er behandelt meist bereits zuvor gehörte Fälle und verweist sie gegebenenfalls an niedrigere Instanzen zurück. Das Gericht besitzt jedoch laut Verfassung auch originäre Zuständigkeit bei Verfahren mit Beteiligung von Botschaftern fremder Staaten, der Bundesregierung sowie bei zwischenstaatlichen Streitigkeiten. Diese Fälle werden in der Praxis meist von den Bundesgerichten erledigt, so dass sie nur sehr selten den *Supreme Court* erreichen. Im Gegensatz zum deutschen Bundesverfassungsgericht besitzt der *Supreme Court* nicht die alleinige Kompetenz, Verfassungsangelegenheiten und Organklagen zu behandeln. Obwohl dies in den USA untergeordneten Gerichten erlaubt ist, sind die Urteile des *Supreme Court* die höchstrichterlichen Entscheidungen.

Die Ausrichtung des *Supreme Court* als ein Berufungsgericht zieht einige bedeutende staatsrechtliche Konsequenzen nach sich. Zunächst kann ein Fall von bis zu fünf Vorinstanzen behandelt worden sein, da drei einzelstaatliche Gerichtsebenen als auch die Districts und die *Appeals Courts* quasi untergeordnete Gerichte sind. Daher wird am *Supreme Court* kein Fall neu verhandelt, es wird hier nur eine etwaige Verfassungswidrigkeit geprüft. Dies ist aber lediglich die höchste Instanz, denn alle Instanzen an Bundesgerichten können zunächst Gesetze als verfassungswidrig einstufen und sie bis zu einer Entscheidung der nächsthöheren Instanz außer Kraft setzen – allerdings nur in der jeweils geltenden Jurisdiktion.

Der *Supreme Court* nimmt aufgrund seiner Natur ausschließlich Fälle an, die eine verfassungspolitische Dimension haben. Eine Revision des *Judiciary Act* im Jahre 1925 ließ den Richtern eine nahezu vollständige Entscheidungsfreiheit, welche Verfahren sie annehmen und welche sie ablehnen. Nach selbst geschaffenen Regeln bevorzugt das Gericht solche Fälle, die folgenden Anforderungen genügen:

Kernsatz

Der *Supreme Court* behandelt vorwiegend Fälle, die bedeutender Verfassungsfragen tangieren, zuvor nicht behandelte Angelegenheiten von wichtigem öffentlichem Interesse, Widersprüche zwischen den Urteilen mehrerer Berufungsgerichte, Widersprüche zwischen Entscheidungen niederer Instanzen und früheren *Supreme-Court*-Entscheidungen sowie Entscheidungen, die gegen akzeptierte juristische Prinzipien verstoßen haben (Grossmann/Epp 2002: 116).

Darüber hinaus weigern sich die Richter am *Supreme Court* grundsätzlich, Verfahren anzunehmen, deren Lösung ihrer Auffassung nach von politischen Kräften herbeigeführt werden sollte. Diese selbstauferlegte Beschränkung wird als *Political Question Doctrine* bezeichnet. Sie bedeutet, dass allzu politisch motivierte verfassungsrechtliche Kontroversen vom *Supreme Court* als nicht justiziabel eingestuft und politischen Akteuren zur Klärung überlassen werden sollten. Es liegt in der Natur der Sache, dass alle Fälle, die den *Supreme Court* erreichen, dennoch eine gewisse politische Bedeutung haben.

Ein besonders wegweisender Fall war *Hamdan v. Rumsfeld* im Jahre 2006. Der Oberste Gerichtshof entschied hier mit 5:3, dass Präsident Bush seine Autorität durch die Anordnung, Häftlinge in Guantanamo Bay (Kuba) vor Militärgerichten zu stellen, überschritten hat. Die Verfahren verstießen nach Einschätzung der Mehrheit des Gerichts gegen US-Gesetze und die Genfer Konventionen. Damit beschnitt das Urteil die Macht und Handlungskompetenz des Präsidenten immens. Im Jahr 2008 fällte der *Supreme Court* in *Boumediene v. Bush* ein Urteil, mit dem es die Praxis, Menschen unter Terrorismusverdacht auf unbestimmte Zeit in Guantanamo Bay zu inhaftieren, für illegal erklärte. Im Grunde wurde hierbei vom *Supreme Court* das gesamte System des Gefängnisses auf Kuba für ungesetzmäßig erklärt, denn die Richter unterminierten seinen Bestehensgrund für die Regierung Bush: Gefangene ohne Gerichtsverfahren auf unbestimmte Zeit inhaftieren zu können. In den USA selbst wäre diese Praxis von vornherein ein Verstoß gegen Habeas Corpus, daher wurden die Gefangenen auf Kuba inhaftiert.

Obgleich es beispielsweise strittig ist, ob und inwiefern parteiisch motivierte Wahlkreiszuschnitte unter die *Political Question Doctrine* fallen, hat der *Supreme Court* jüngst Fälle angenommen, sie jedoch mit einer zurückhaltenden Position entschieden. *Rucho v. Common Cause* und *Lamone v. Benisek* (2019) wurden in einem gemeinsamen Verfahren mit einer 5:4 Mehrheit so ausgelegt, dass die Frage um Wahlkreiszuschnitte eine politische sei und deshalb nicht in die Kompetenz der Bundesgerichte falle. Generell ist die *Political Question Doctrine* nur so lange eine Orientierung, bis vier Richter entscheiden, einen Fall anzunehmen.

Kernsatz

Die *Political Question Doctrine* ist eine selbstauferlegte Beschränkung bei Fällen, die nach Ansicht der Richter politische Lösungen verlangen.

Wann wird ein Fall vom Supreme Court gehört?

Die Richter arbeiten mit der Vier-Stimmen-Regel, d. h. wenn mindestens vier von ihnen dafür stimmen, einen Fall anzunehmen, wird dieser verhandelt. Bei einer Berufung erlässt in solch einem Fall das Gericht die Erstellung einer *Writ of Certiorari* – eine Bestätigung der Appellationszulassung. Mit ihr wird die Übersendung der Unterlagen vom unteren Gericht angewiesen. Daneben hat der *Solicitor General* Einfluss auf die Fallauswahl. Vereinfacht ist der *Solicitor General* der Anwalt der Bundesregierung in allen Verfahren vor dem Obersten Gerichtshof. Der Gerichtshof stützt sich bisweilen auf die Einschätzung des *Solicitor General*, ob ein Fall Verfassungsrechte oder Bundesrecht tangiert. Eine Negation dieser Frage zieht meist auch eine Ablehnung der Anhörung nach sich.

Die amerikanische Judikative arbeitet prinzipiell unter der Maxime der *Judicial Self-Restraint*. Sie verpflichtet sich selbst dazu, dass sie nicht zwischen die von der Verfassung bestimmten politischen Akteure treten soll. Diese Selbstbeschränkung besitzt jedoch keine Gesetzesgrundlage. Das Prinzip ist vielmehr, wie das Recht selbst, wiederkehrender Interpretation unterworfen und speist sich aus Grundsätzen der Rechtsprechung, der amerikanischen Verfassung, Gesetzen sowie aus bestehenden Urteilen und ihren Begründungen.

Exkurs: Der Begriff Judicial Self-Restraint

Der Begriff *Judicial Self-Restraint* stammt von Arthur Schlesinger (Fortune Magazine 1947) und ist kein etablierter Begriff in der US-Rechtsdogmatik. Schlesinger beschrieb ursprünglich die Rechtsprechung zweier konkreter Richter, Robert Jackson und Felix Frankfurter. Zudem kann der Begriff kaum generalisierend oder kontextunabhängig verwendet werden. Es muss begriffsnotwendig geklärt werden, worauf sich die Zurückhaltung jeweils bezieht: auf das Annullieren von Gesetzen des Bundes, der Einzelstaaten oder der eigenen Präjudizien. Bezogen auf das tendenziell geringfügige Aufheben von Gesetzen auf Bundes- und Staatenebene, kann der Begriff – empirisch – eher auf das Regierungshandeln und eigene Präzedenzfälle bezogen werden. Dieses empirische Verhalten wäre vollständig von Fragen der Rechtsinterpretation zu trennen (vgl. hierzu Dregger: 56f., 99f.)

Trotz der *Political Question Doctrine* und dem *Judicial Self-Restraint* sieht sich der *Supreme Court* häufig dem Vorwurf ausgesetzt, unverhältnismäßig politisch zu handeln. Nach landläufigem Verständnis soll sich die Judikative gerade darin von den anderen politischen Gewalten unterscheiden, dass sie sich einer Einmischung in die politischen Kämpfe der anderen beiden Gewalten enthält. Alexander Hamilton legte diese Überzeugung im *Federalist Nr. 78* dar:

„The judiciary, on the contrary, has no influence over either the sword or the purse; no direction either of the strength or of the wealth of the society; and can take no active resolution whatever. [...] It proves incontestably, that the judiciary is beyond comparison the weakest of the three departments of power; that it can never attack with success either of the other two; and that all possible care is requisite to enable it to defend itself against their attacks. It equally proves, that though individual oppression may now and then proceed from the courts of justice, the general liberty of the people can never be endangered from that quarter; I mean so long as the judiciary remains truly distinct from both the Legislature and the Executive" *(Federalist 78).*

In der politischen Diskussion in den USA betrifft die Kritik am *Supreme Court* vor allem die als zu stark empfundene Rolle als de facto-Gesetzgeber. Diese Rolle passt nicht in die amerikanische Vorstellung von Volkssouveränität und repräsentativer Demokratie – da sich der *Supreme Court* nicht auf eine unmittelbare Legitimationskette zum Volk berufen kann. Die umstrittensten Entscheidungen des *Supreme Court* in den letzten Jahrzehnten betreffen nach wie vor Abtreibungsregelungen, die Todesstrafe und das Verhältnis von Kirche und Staat (vgl. Kapitel 12). Dennoch wird der *Supreme Court* besonders in diesen kontroversen Politikfeldern häufig als ein ‚Policy-Maker' gesehen.

5.3 Richterliche Kontrolle

Innerhalb eines funktionierenden Rechtsstaats ist es in staatsrechtlicher Hinsicht die Hauptaufgabe der Judikative, mit höchster Autorität verfassungskonformes Regieren zu garantieren. Im amerikanischen Regierungssystem entspricht diese Vorstellung vor allem der Kontrolle der Regierung. Die Verfassung ist *eo ipso* als ein Schutz vor Übergriffigkeit der Regierung zu verstehen. In diesem Verständnis kommt der Judikative primär die Bedeutung zu, das politische System und damit letzten Endes die individuelle Freiheit der Bürger zu schützen.

Für eine Beurteilung der richterlichen Arbeit in den USA ist, insbesondere aus deutscher Sicht, das Verständnis des *Common Law* essenziell. Richter sehen sich bei ihren Entscheidungen stark an frühere Gerichtsentscheidungen mit ähnlichem Sachgehalt gebunden. Hierfür wird die Bezeichnung *Stare Decisis* genutzt, was in etwa für die Bestätigung bestehender Rechtssicherheit steht. Wegen des stark ausgeprägten Gewohnheitsrechts kommt einzelnen Entscheidungen ein viel größeres Gewicht zu als z. B. in Deutschland, wo kodifizierte Gesetze und Ausführungsbestimmungen Richter weniger Spielraum bei der Urteilsfindung einräumen und sich Gesetze als Grundlage von Urteilen schneller ändern können.

In der Tradition des *Case Law* sprach sich der *Supreme Court* durch ein Urteil im Jahr 1803 die Kompetenz für ihre Gesetzesprüfungskompetenz selbst zu. Er stärkte mit dieser Rechtsprechung die Macht der Judikative immens. In diesem wichtigen Urteil im Fall *Marbury v. Madison* interpretierte das Gericht die amerikanische Verfassung dahingehend, dass das oberste Bundesgericht die Befugnis besitzt, Bundesgesetze auf ihre Vereinbarkeit mit der Verfassung zu überprüfen. Damit können sie gegebenenfalls für nichtig erklärt werden. Mit diesem Urteil wurde die Praxis der *Judicial Review* geschaffen, die sowohl bundes- als auch einzelstaatliches Recht umfasst. Dieses richterliche Prüfungsrecht von Gesetzen und Vorschriften umfasst sämtliche Entscheidungen aller öffentlichen Gewalten. Durch diese Kompetenz der *Judicial Review* stärkte der *Supreme Court* auch seine politische Macht, denn insbesondere bei kontroversen Fällen ist es nicht immer klar, ob Gesetze gegen die Verfassung verstoßen oder ob eine bestehende Rechtsprechung gültig ist (vgl. Kapitel 2.2).

Exkurs: Der Fall Marbury v. Madison

Der Fall *Marbury v. Madison* kam zustande, da Präsident John Adams am 2. März 1801 William Marbury – zusammen mit 22 anderen Richtern – für ein Gericht in Washington D.C. nominierte. Der Senat bestätigte Marbury zwar am folgenden Tag, Adams hatte jedoch die Präsidentschaftswahl 1800 gegen Thomas Jefferson verloren und schied daher am 4. März, wenige Stunden nach der Bestätigung Marburys, aus dem Amt. Marbury hatte bis dahin seine Ernennungsurkunde noch nicht erhalten und der Innenminister der neuen Regierung, James Madison, weigerte sich aus parteipolitischen Gründen, die Urkunde an Marbury auszuliefern. Dieser klagte daraufhin vor dem *Supreme Court.* Jener sollte ein *Mandamus* (eine gerichtliche Verfügung) schicken, damit Marbury das Dokument doch noch zugestellt werden würde. Der vorsitzende Richter Marshall sah in dem Fall das folgende Problem: Marbury hatte zwar ein Recht auf Zustellung seiner Ernennungsurkunde, der *Supreme Court* war jedoch nicht für die Anweisung dafür zuständig. Im *Judiciary Act* von 1789 stehe, so Marshall, dass der *Supreme Court* ein solches *Mandamus* ausstellen könne; in der amerikanischen Verfassung finde sich jedoch keine Entsprechung. Als Konsequenz erklärte Marshall nicht nur das Gericht für nicht zuständig, sondern den *Judiciary Act* durch die mangelnde Übereinstimmung für verfassungswidrig. Mit dieser Begründung etablierte er eine bis heute gültige Verfassungspraxis, nämlich das Recht des Obersten Bundesgerichts, Gesetze des Kongresses zu prüfen und bei einem Verstoß gegen die Verfassung für nichtig zu erklären. Marbury erhielt jedoch seine Urkunde nicht – damit blieb ihm auch der Posten verwehrt.

Die durch *Marbury v. Madison* gewonnene Kompetenz des *Judicial Review* wurde zu einem gewichtigen *Check* der Judikative über die Legislative. Damit schuf Richter Marshall die wohl schwerwiegendste Präzedenz im amerikanischen Staatsrecht. Der Urteilsspruch hat unmissverständlich klargestellt, dass die amerikanische Verfassung über den Mehrheitsentscheidungen der politischen Gewalten steht und nicht durch politische Kompromisse aufgeweicht werden kann. Das Urteil *Marbury v. Madison* etablierte damit die Möglichkeit einer richterlichen Überprüfung mit dem *Supreme Court* als höchstrichterliche Instanz. Dies ist ähnlich der konkreten Normenkontrolle in Deutschland. Eine abstrakte Normenkontrolle, wie sie etwa am deutschen Bundesverfassungsgericht vorgebracht werden kann, kennt das amerikanische Rechtswesen hingegen nicht. Angelegenheiten dieser Art sind weder in der Verfassung oder in Gesetzen erwähnt noch von der *Judicial Review* umfasst. Nach der *Cases-or-Controversy-Clause* der Verfassung (Art. III, Sec. 2, Cl. 1) dürfen keine abstrakten Rechtsfragen, sondern nur konkrete Fälle entschieden werden.

In Hinblick auf das allgemein richterliche Prüfungsrecht ist verfassungsrechtlich keine Regelung festgelegt. Da sich das Gericht diese Rolle eines ‚Hüters der Verfassung' angeeignet hat, wurde dennoch gültiges und bis heute fest verankertes Recht geschaffen. Noch bei der Abfassung der *Federalist Papers* waren sich Alexander Hamilton und James Madison einig, dass es keine richterliche Kontrollinstanz oberhalb des Kongresses geben sollte. Auch später blieb Madison ein Gegner dieses Konzepts, während sich Hamilton in der Logik seines *Federalist*-Standpunkts für die richterliche Kontrolle aussprach.

Die Verfassung selbst kann in Hinblick für dieses richterliche Prüfungsrecht interpretiert werden: Sie ist schließlich oberstes Bundesrecht und die Richter des obersten Gerichtes haben den Auftrag, das Bundesrecht auszulegen und zu verteidigen. Dies war jedenfalls das entscheidende Argument des Vorsitzenden Richters John Marshalls in seiner Entscheidung in *Marbury v. Madison*. Das allgemeine, über dem Fall schwebende Problem dieses speziellen Konflikts war jedoch der grundsätzliche Streit zwischen *Federalists* und *Anti-Federalists*, also das Verhältnis zwischen Zentral- und Einzelstaaten. Während die *Federalists* für eine Stärkung der Zentralgewalt und auch der Bundesgerichte plädierten, erklärten die *Anti-Federalists* die Staaten und ihre jeweiligen obersten Gerichte zu den dominierenden Instanzen. Der Konflikt zwischen diesen beiden Gruppierungen gipfelte schließlich in der Wahl von Thomas Jefferson zum Präsidenten im Jahre 1800 – der erste *Anti-Federalist* im Amt, dessen ursprünglich als Republikaner bezeichnete Gefolgschaftspartei zum Nukleus der Demokratischen Partei werden sollte.

Exkurs: Von Marbury v. Madison zum politischen Impulsgeber

Das richterliche Prüfungsrecht entwickelte sich nach *Marbury v. Madison* noch erheblich weiter. Wie weit dieser Fall reichen würde, war damals nicht absehbar: Er behandelt schließlich reines Staatsorganisationsrecht. Deshalb könnte man das richterliche Prüfungsrecht anhand dieses Falles auch nur auf diese Materie beschränkt interpretieren. Eine erste praktische Anwendung des Falls *Marbury v. Madison* fand erst im Jahr 1857 statt. Dies kann entweder bedeuten, dass die Richter bis dahin die immense Erweiterung ihrer Macht nur im äußersten Falle einsetzen wollten oder dass der Präzedenzfall für andere Bereiche noch keine Relevanz hatte. Die erste Anwendung der Präzedenz von *Marbury v. Madison* geschah tragischerweise im berühmt-berüchtigten Fall *Dred Scott v. Sandford* (60 U.S. 393 (1857)). Hierbei erklärte der *Supreme Court* den Missouri-Kompromiss für verfassungswidrig. Der Missouri-Kompromiss wurde 1820 verabschiedet und etablierte Missouri als Sklavenstaat und Maine als einen ‚freien Staat' – also mit einem Verbot der Sklaverei. Im Kompromiss wurde zudem die Sklaverei in zukünftigen Gebieten oder Staaten nördlich der südlichen Grenze von Missouri für rechtswidrig erklärt. Der Kompromiss sollte die Sklaverei begrenzen, der Kongress war nach Ansicht des Gerichts jedoch nicht befugt, die Sklaverei in diesen Gebieten zu verbieten. Den Sklavenhaltern sprachen die Richter zudem gemäß dem fünften Verfassungszusatz Eigentumsrechte zu. Damit sollte die Debatte um die Sklavenhaltung befriedet werden, allerdings heizten die Richter sie mit dem Urteilsspruch erst recht an. Damit trug das Gericht entscheidend zum Ausbruch des Amerikanischen Bürgerkriegs bei. Für die weitere Entwicklung des richterlichen Prüfungsrechts spielte die Verabschiedung der Amendments nach dem Bürgerkrieg ebenso eine Rolle wie die Inkorporations-Doktrin, die sich ab den 1920er Jahren durchsetzte. Schließlich gab der *Supreme Court* Impulse für die Sozialgesetzgebung und wurde damit erst in den 1950er Jahren zu dem Verfassungsgericht, wie wir es heute kennen.

Auf den Punkt gebracht lautet das Dilemma des obersten Prüfungsrechtes für die Verfassungsrichter: „We are under the constitution, but the constitution is what the judges say it is" (*Chief Justice* Charles Evans Hughes, 1907).[7] Insoweit lassen sich zwei Arten von Grundlagen für *Judicial Review* unterscheiden, zwischen denen die Stellung der Gerichte im politischen System erheblich variieren kann. Zum einen prüfen die Gerichte und in letzter Instanz der *Supreme Court* Gesetze, Verordnungen und Ausführungsbestimmungen relativ häufig im Bereich des Strafrechts.[8] Bei einem festgestellten Verstoß gegen die Verfassung wird das Gesetz oder häufig auch nur Teile des Gesetzes nichtig.[9] In diesem Fall ist der politische Spielraum der anderen Gewalten begrenzt. Je nachdem, welcher Teil eines Gesetzes vom *Supreme Court* als nicht verfassungskonform benannt wurde, kann ein Gesetz nachträglich modifiziert werden, indem es neu in den Kongress eingebracht wird.

7 Rede vor der *Chamber of Commerce*, Elmira, New York, gehalten am 3. Mai 1907.

8 Laut der *Supreme Court*-Datenbank wurde zwischen in den Jahren 1946–2019 21,4% an Strafrechtsfälle thematisch behandelt. Es ist damit relativ am häufigsten, aber insgesamt nur rund 1/5 des *Dockets* des Gerichts.

9 Oftmals richten sich Klagen nur gegen eine bestimmte Klausel eines Gesetzes, wenn man sich so bessere Erfolgschancen ausrechnet.

Ist ein Gesetz in seinem Kern verfassungswidrig, besteht nur eine Möglichkeit, es doch noch zu verabschieden: es in modifizierter Form als Zusatz zur Bundesverfassung aufzunehmen. Aufgrund der fehlenden abstrakten Normenkontrolle könnte der *Supreme Court* höchstens in einem *Writ-of-Certiorari*-Fall der Frage nachgehen, ob ein Amendment verfassungswidrig ist. Das ist jedoch in der Praxis noch nie vorgekommen. Faktisch kann ohnehin kaum ein Verfassungszusatz die sehr hohe Hürde für seine Annahme nehmen, wenn ihm von vornherein der Makel eines Verfassungsverstoßes anhaftet – dies ist somit eher ein theoretischer Weg.

Ein Gesetz, das als verfassungskonform eingestuft wird, bleibt nicht nur einfach bestehen; die Begründung der Entscheidung wird ein wichtiger Bestandteil des *Case Law*. Es besteht bei vielen ein großes Missverständnis in Bezug auf den *Supreme Court*, denn die große Macht des Gerichts geht nicht unbedingt aus der Häufigkeit von Verfassungswidrigkeitserklärungen hervor. Sie liegt vor allem im Aufstellen von Rechtsprechungslinien und Lesarten zu Gesetzen und Verordnungen.

Judicial Review ist heute eine anerkannte Praxis und Bestandteil des Rechtsstaats sowie des amerikanischen *Common Law*. Die Entstehung des richterlichen Prüfungsrechts wird häufig als ein Coup dargestellt, der möglicherweise mehr verfassungsrechtliche Probleme aufgeworfen als beseitigt hat. Dies macht ein Blick auf die Häufigkeiten entschiedener Fälle offenkundig: Der *Supreme-Court*-Datenbank zufolge wurden 1946–2019 insgesamt 10493 Urteile gesprochen. Davon ergab sich in 9707 Fällen eine „no declaration of unconstitutionality", also in 92.51%. 164 Kongressgesetze wurden als „unconstitutional" deklariert (1,56%) sowie 550 Staatenrechtsakte (5.24%) und 71 kommunale Rechtsakte (0,68%). Der Fall der Verfassungswidrigkeitserklärung tritt also quantitativ nur sehr selten auf.

Als problematisch kann *Judicial Review* betrachtet werden, weil sie mitunter Entscheidungen gegen den Willen der Mehrheit der amerikanischen Bürger und ihrer politischen Vertreter mit sich ziehen kann. Dies ist der Fall, wenn ein Gesetz für ungültig erklärt wird, dieses jedoch weitläufig unterstützt wird. Sollte *Roe v. Wade* (siehe Exkurs) fallen oder etwa durch eine Staatenzustimmungserfordernis ergänzt werden, dann könnte jeder Einzelstaat selbst über die Legalisierung oder Nichtlegalisierung von Abtreibungen entscheiden. Es würde dann ein Flickenteppich von Regelungen entstehen. Für die Befürworter von Abtreibungsmöglichkeiten wäre die Aufhebung von *Roe v. Wade* eine klare Überschreitung von Kompetenzen und eine Entscheidung gegen den mehrheitlichen Volkswillen. Für die Gegner von *Roe v. Wade* war hingegen bereits die Entscheidung im Jahr 1973 jene Machtüberschreitung (vgl. hierzu auch Kap. 5.4 und den Exkurs zu *Roe v. Wade)*

Wie man sieht, können sich so Entscheidungen von erheblicher Tragweite der Klammer der *Checks and Balances* entziehen – eine Entscheidung des obersten Bundesgerichts kann schließlich nicht angefochten werden. Dies ist nur möglich, wenn das Gericht ein Urteil in einem anderen Fall selbst revidiert. Somit ist der nach *Federalist Nr. 78* ‚least dangerous branch' dennoch sehr prägend für die Gesellschaft. Man darf dabei jedoch nicht vergessen, dass die Entziehung des

Prinzips der Mehrheitsherrschaft als ein unverzichtbarer Schutz für Minderheitenrechte dient. Dies zeigt sich nicht zuletzt an der Bürgerrechtsgesetzgebung der 1950er Jahre. Das Gericht ist in der Praxis allerdings immer mit dem Problem konfrontiert, dass es seine Urteile nicht selbst vollstrecken kann.

Exkurs: Der Fall Roe v. Wade

Roe v. Wade ist eine Entscheidung des *Supreme Courts* zur Legalität von Abtreibungen. Der Oberste Gerichtshof hat 1973 ein texanisches Gesetz zum Verbot der Abtreibung für nichtig erklärt und das Verfahren in den Vereinigten Staaten effektiv legalisiert. Nicht nur dies, *Roe v. Wade* ist auch eine Rechtsprechung, aus der hervorgeht, dass der Staat die Vornahme von Abtreibungen nicht verhindern darf. In jedem Staat muss de facto mindestens eine Abtreibungsklinik verfügbar sein. *Roe v. Wade* wird in den USA nach wie vor kontrovers diskutiert und stark konservative oder religiöse Menschen sähen diese Rechtsprechung gerne verworfen. Im Staat Georgia wurde 2019 ein Gesetz verabschiedet, das die meisten Abtreibungen verboten hätte, nachdem eine Herzaktivität des Embryos festgestellt wurde. Das Bezirksgericht blockierte das Abtreibungsverbot Georgias mit der Begründung, dass es unter anderem gegen mehr als 50 Jahre Präzedenz des Obersten Gerichtshofs verstößt. Einige Beobachter sehen in dem Gesetz Georgias einen Vorstoß, die Rechtsprechung um *Roe v. Wade* noch einmal vor den Obersten Gerichtshof zu bringen. Allerdings bestehen inzwischen eine Vielzahl von *Supreme-Court*-Entscheidungen zu dem Thema und *Roe v. Wade* allein sagt kaum mehr etwas über den aktuellen Stand aus. *Roe v. Wade* gab einen Trimester-Rahmen vor, der 1992 in *Casey v. Planned Parenthood* durch den *Undue-Burden*-Standard ersetzt wurde. Es geht bei neueren Fällen seitdem darum, ob eine staatliche Regulierung eine *Undue-Burden* darstellt oder nicht – so umgeht das Gericht elegant die Probleme des *Right to Privacy*. Wichtige Fälle sind hier außerdem *Whole Woman's Health v. Hellerstedt* (2016) und *June Medical Services, LLC v. Russo* (2020). Von *Roe v. Wade* strikt zu trennen ist das staatliche Einrichten von Abtreibungskliniken und das staatliche Bezahlen von Abtreibungen. *Maher v. Roe* (1977) verbietet die Verwendung von Medicaid Geldern für Abtreibungen. Abtreibungskliniken sind in der Praxis Privatkliniken, die im Regelfall privat bezahlt werden müssen. In der Rechtsdogmatik im Grundrechtsbereich gibt es einen zentralen Unterschied zwischen Abwehr- und Leistungsrechten. Mit *Right-to-Privacy* gibt es nur die Abwehr staatlicher Eingriffe, aber nie die Vornahme staatlicher Leistungen. Rechtlich geht es um die Existenz eines ‚Rechts auf Privatsphäre' und um die Frage, ob Abtreibungen von einem solchen vermuteten Recht – in der US-Verfassung gibt es keine Privacy-Klausel – umfasst wird. Auf Einzelstaatenebene gibt es Programme, mit denen die Kosten für Abtreibungen übernommen werden können.

Außerdem interessant:

Das Kind aus der *Roe v. Wade* Klage wurde zur Adoption freigegeben und von einer Familie im Raum Dallas aufgenommen – ein Recht auf Abtreibung war damals schließlich noch nicht erstritten. Jane Roe, mit bürgerlichem Namen Norma McCorvey, soll sich später gegen das Recht auf Abtreibung ausgesprochen haben. In einer jüngeren Dokumentation sagt McCorvey aus, dass sie für diese Aussage von Abtreibungsgegnern bezahlt worden sein.

Whittington identifiziert drei Argumentationsstränge, um das Spannungsverhältnis zwischen autoritativer *Judicial Review* und Mehrheitsregierung aufzulösen (Whittington 2005: 130).

- Ein Ansatz besteht darin, die Rolle der Judikative vor allem als förderlich für das Gemeinwesen zu betrachten. *Judicial Review* ist danach einer von vielen politischen Mechanismen, um Mehrheitstyrannei zu verhindern. Nicht zuletzt ist sie ein steter Garant für den Schutz von Menschen- und Freiheitsrechten.
- Zum zweiten fungiert *Judicial Review* als Schutz vor Amtsmissbrauch des Gesetzgebers. Dieses Argument leuchtet wahrscheinlich am ehesten ein, erweist sich aber nicht als vollkommen überzeugend. In der Tat ist ein objektiver Kontrollmechanismus gegenüber Volksvertretern wünschenswert.
- Die dritte Argumentation besteht darin, ein demokratisches Mandat für die *Judicial Review* zu konstruieren. Nach diesem Verständnis stellt das ‚wahre' Verständnis der Verfassung eine bessere Repräsentation des Mehrheitswillens dar, als die durch spezielle Interessen verwässerte Vertretung durch den Kongress. Dies setzt eine geradezu sakrosankte Stellung der Verfassung voraus, die im politischen Diskurs der USA durchaus in dieser Form instrumentalisiert wird. Vertreter des *Original Intent* sehen nur eine wörtliche, enge Interpretation der geschriebenen Verfassung als Gewährleistung der vollen Souveränität amerikanischer Staatsbürger. Damit legitimiert sich die *Judicial Review*, indem sie *eo ipso* garantiert, den Willen der Verfassungsväter umzusetzen.

5.4 Politisierung der Judikative

5.4.1 Judicial Activism und Judicial Restraint

Bereits Alexis de Tocqueville (1805–1859) gab die Zielrichtung politischer Dispute in den USA vor: „Scarcely any political question arises in the United States that is not resolved, sooner or later, into a judicial question" (de Tocqueville 1976: 111). Auf den ersten Blick mag diese Ansicht verwundern, besonders vor dem Hintergrund der Gewaltenteilung im politischen System und der selbst auferlegten *Political Question Doctrine* der Gerichte. Zugleich ist zu fragen, ob der von Tocqueville identifizierte Zusammenhang nicht auch vice versa gilt, nämlich dahingehend, dass gerichtliche Entscheidungen immer zu politischen werden. Die Gerichte in den USA, insbesondere der *Supreme Court*, sind weitgehend politisiert. Und dies ist nicht erst seit Trumps kontrovers diskutierten Nominierungen von drei konservativen Richtern der Fall. Die vorherrschenden Parteienverhältnisse, die Regierung, die Erwartung der jeweiligen Wählerbasis und die Lobbybemühungen von Interessengruppen haben Einfluss auf die Ernennung von Richtern – insbesondere in Zusammenhang mit deren ideologischen Präferenzen. Damit werden durch entsprechende Mehrheiten Entscheidungen der Gerichte politisch verzerrt.

Exkurs: Ideologisierung der Gerichte?

Die Angst vor einer Ideologisierung des *Supreme Court* ist groß, vor allem nachdem Trump eine konservative Mehrheit für eine längere Zeit zementiert hat. Dennoch zeigt die empirische Analyse, dass die Selbstdarstellung der bevorzugten Interpretation des Rechts – wie sie in außergerichtlichen Schriften vertreten wird – so gut wie nichts über die tatsächliche Urteilstätigkeit am Gericht aussagt. Hier dominiert, laut Dregger, selbst bei einem der konservativsten Richter der letzten Jahrzehnte – Antonin Scalia – das *Common Law* (Dregger 2020: 417–421).

Für die Judikative gilt weitaus stärker als für die anderen politischen Gewalten, dass sich die Richter öffentlichem und politischem Druck zu entziehen versuchen. Vor allem die Richter am *Supreme Court* hegen ein Selbstverständnis, das sich durch eine sehr zurückhaltende Rolle in der politischen Öffentlichkeit auszeichnet – ansonsten wäre ihre richterliche Unabhängigkeit gefährdet. Nichtsdestoweniger sind die amerikanischen Gerichte heute weit von der Vorstellung der *Framers* entfernt, die für die Judikative eine von politischen Machtkämpfen verschonte, bewahrende Rolle vorsahen (siehe Kapitel 6.3). Insbesondere bei der Überprüfung kontroverser Kongressgesetze kommen Gerichte nicht umhin, das Verhältnis politischer Akteure zueinander zu bestimmen und Gesetze oder die Verfassung zu interpretieren.

Ein Blick auf die Fälle, die jährlich vom Obersten Bundesgericht entschieden werden, verdeutlicht, welchen Einfluss die Gerichte auf die Arbeit der Legislative und Exekutive ausüben. Dazu gehören beispielsweise das Verhältnis von Bundesregierung und Einzelstaaten, parlamentarische Entscheidungsverfahren, der Zuschnitt von Wahlkreisen oder die gleichgeschlechtliche Ehe.

Auf der inhaltlichen Ebene haben Urteile zu Abtreibungsregelungen, Steuermitteln für religiöse Zwecke, der bundesstaatlichen Krankenversicherung und der Bevorzugung ethnischer Minderheiten *(Affirmative Action)* erheblichen Einfluss auf die amerikanische Sozialpolitik. Damit entscheidet der *Supreme Court* zwar die wichtigsten und oft prägendsten Fälle. Mit diesem – verengten – Blick auf das höchste Bundesgericht wird jedoch oft vergessen, dass der weitaus größte Teil der Entscheidungen von den *District Courts* und den *Courts of Appeals* gefällt werden. Vor allem die 13 Berufungsgerichte sind sehr einflussreich. Sie können Präzedenzfälle für ganze Gerichtsbezirke schaffen; der Zuschnitt des neunten Gerichtsbezirks umfasst beispielsweise knapp 62 Millionen Menschen. Damit haben die Berufungsgerichte einen starken Einfluss auf das amerikanische Recht, mitunter aber auch auf die Politik und die Politische Kultur (vgl. hierzu Kapitel 1).

Der starke Bezug auf Präzedenzfälle bei der Rechtsprechung und die Tradition der *Stare Decisis* führen in den USA zur Herausbildung von *Legal Doctrines*. Allgemein geht es bei *Legal Doctrines* um Fragen der Prüfungsmaßstäbe und -ziele. Diese Rechtsdoktrinen gehen aus Urteilen zu einem Rechtsgebiet oder Politikfeld hervor und implizieren eine politische Stoßrichtung. Allerdings erfolgt in der Regel keine Abhandlung eines Falles mithilfe reiner politischer Werturteile. An einem der wichtigsten Urteile in der amerikanischen Rechtsprechung lässt sich ein Doktrinwechsel veranschaulichen: Nach dem Ende des amerikanischen Bürgerkriegs 1865 sollten die 13. bis 15. Verfassungszusätze auch den ehemals versklavten Menschen Gleichheit vor dem Gesetz garantieren. Besonders im amerikanischen Süden wurden allerdings schnell Gesetze verabschiedet, die Afro-Amerikaner diskriminierten (*Jim Crow Laws*). Wo Afro-Amerikaner zumindest prinzipiell Zugang zu Dienstleistungen und Gütern erhielten, unterschieden sich diese in ihrer Qualität erheblich von denen der weißen Bevölkerung. Im Urteil *Plessy v. Ferguson* von 1896 schrieb der *Supreme Court* diese Praxis fest, indem er die faktische Trennung der Rechte der weißen und schwarzen Bevölkerung zementierte und sie mit der Formel ‚*separate but equal*' für verfassungsgemäß erklärte (*Plessy v. Ferguson*, 163 U.S. 537 (1896)).

Exkurs: Plessy v. Ferguson

Plessy v. Ferguson war eine wegweisende Entscheidung des *Supreme Court*, mit der die Verfassungsmäßigkeit der institutionalisierten Segregation durch die *Separate-but-equal-Doktrin* höchstrichterlich bestätigt wurde. Der Fall stammte aus dem Jahr 1892 als Homer Plessy sich in einen Zugwagon für Weiße setzte. Plessy war zu einem Achtel afrikanisch-stämmig und dies teilte er bei der Fahrkartenkontrolle dem Schaffner der *East Louisiana Railroad* mit. Dieser forderte ihn daraufhin auf, das Abteil zu wechseln. Als Plessy sich weigerte, den Wagon zu verlassen, wurde er aus dem Zug gebracht und inhaftiert. Plessy und seine Anwälte wollten das *Louisiana Separate Car*-Gesetz von 1890 zu Fall bringen und stützten ihre Verteidigung vor Gericht darauf, dass es verfassungswidrig sei. Sie unterlagen jedoch vor Gericht. Auch die Berufung beim Obersten Gerichtshof in Louisiana scheiterte. Plessy legte daraufhin Berufung beim Obersten Gerichtshof der USA ein, der den Fall annahm. 1896 entschied der *Supreme Court*, dass die Rassentrennungsgesetze für öffentliche Einrichtungen verfassungsgemäß seien, solange die getrennten Einrichtungen gleich waren. Die Entscheidung legitimierte viele Gesetze zur Rassentrennung und gilt als einer der fatalsten Richtersprüche des *Supreme Courts*. Erst mit *Brown v. Board of Education* 1954 wurde die *Separate-but-equal-Doktrin* für verfassungswidrig revidiert.

1954 hob der *Supreme Court* die Rechtsdoktrin des *Separate-but-equal*-Prinzips auf. Im Urteil *Brown v. Board of Education* entschied das Gericht, dass afroamerikanische Schulkinder durch segregierte Schulen in ihren verfassungsmäßigen Rechten verletzt wurden und entsprechende Gesetze somit rechtswidrig waren. Damit läutete der *Supreme Court* eine Welle der Sozialgesetzgebung ein, die in den folgenden Jahren der afro-amerikanischen Bevölkerung Fortschritte bei der Gleichstellung brachte und die Segregation in weiten Teilen der USA *de jure* aufhob. Der Wechsel hatte sich bereits durch eine graduelle Änderung der Sozialgesetze angekündigt. Mit dem Urteil *Brown v. Board of Education* beendete das Gericht formal die Doktrin des *separate but equal* und schaffte mit diesem Präzedenzfall gemäß *Stare Decisis* eine neue Ära der Rechtsprechung und eine neue legislative Doktrin. Allerdings ist das Urteil von 1954 keineswegs eine politisch implizierte Abkehr des *Supreme Court* von der alten Doktrin. Vielmehr erfolgte bereits zwischen 1896 und 1954 eine langsame, stetige Distanzierung von *separate but equal.*

Das oberste Gericht hat mit dem Urteil *Brown v. Board of Education* nicht nur seine eigene Rechtsprechung trotz *Stare Decisis* zurückgenommen; es hat auch eine der wichtigsten politischen Entscheidungen in der Geschichte der USA getroffen. Damit verdeutlicht dieses Beispiel die weitreichende Bedeutung einzelner Gerichtsentscheidungen. Eine neue Epoche der Sozialpolitik wurde erst nach dem Urteil *Brown v. Board of Education* möglich, nachdem bereits die Änderung der Rechtsprechung ab *Wickard v. Filburn*, 317 U.S. 111 (1942) die Sozialpolitik des New Deal bestätigte (vgl. hierzu den folgenden Exkurs). Die politische Macht des *Supreme Court* ist in diesem Fall kaum zu überschätzen. Es ist zu bezweifeln, dass der Kongress in dem halben Jahrhundert zwischen den Urteilen *Plessy* und *Brown* Gesetze hätte durchsetzen können, die das *separate but equal* Prinzip hätte beenden können. Der *Supreme Court* hat diesen Schritt formal durch ein einziges Urteil bewirkt – wohlgemerkt jedoch über einen Zeitraum von knapp 60 Jahren hinweg.

Solch grundlegende Urteile werden generell selten innerhalb einer kurzen Zeit revidiert. Im Fall *Bowers v. Hardwick* (478 U.S. 186 (1986)) wurde mit einer 5:4 Mehrheit die Verfassungsmäßigkeit eines Sodomiegesetzes in Georgia bestätigt. Obwohl das Gesetz nicht explizit für Homosexuelle formuliert wurde, erweckte es implizit den Verdacht, gleichgeschlechtliche Beziehungen zu diskriminieren. Durch *Lawrence v. Texas* (539 U.S. 558 (2003)) wurde dieses Urteil nach 17 Jahren aufgehoben. Das Gesetz in Georgia wurde allerdings von dessen Obersten Gerichtshof bereits 1998 kassiert. Dieser Fall ist deshalb interessant, weil sich in dieser kurzen Zeit kaum etwas an der Rechtsprechung geändert hatte, jedoch in der Akzeptanz gleichgeschlechtlicher Beziehungen. Die Vermutung liegt nahe, dass der *Supreme Court* durchaus gesellschaftliche Wandel reflektiert. Generell ist dem Obersten Gericht zu attestieren, dass es sich i.d. R. nicht allzu weit von der vorherrschenden öffentlichen Meinung distanziert – in Zeiten einer fortschreitenden Polarisierung wird dies in Zukunft jedoch immer schwieriger möglich sein.

Exkurs: Wandel im *Supreme Court*

Seit der Rechtsprechung in *United States v. Carolene Products Company*, 304 U.S. 144 (1938), erfolgte ein Schwenk des *Supreme Court* vom Wirtschaftsregulierungsgericht zum Grundrechtsschutzgericht. Dies kann u. a. als Folge der *Footnote Four* von Richter Harlan Stone gesehen werden. Stone verwies hier auf den Schutz von „discrete and insular minorities" durch die Anwendung von „strict scrutiny" bei vermuteten Grundrechtseingriffen im Rahmen der *Equal-Protection*-Klausel (vgl. hierzu Brugger 1987: 174–188).

Die Beispiele *Brown v. Board of Education* und *Bowers v. Hardwick* zeigen, dass die Interpretation der Verfassung im historischen Kontext divergieren kann. In diesem Lichte wird der *Judicial Activism* kontrovers diskutiert. Die Kritik an *Judicial Activism* findet auf mehreren Argumentationsebenen statt, denn es lassen sich prinzipiell zwei entgegengesetzte und dennoch überlappende Auffassungen unterscheiden: *Judicial Restraint* im Gegensatz zu *Judicial Activism.*

Judicial Restraint steht für die strikte Interpretation von Verfassungstexten bei der Überprüfung der Verfassungsmäßigkeit von Gesetzen und Normen. Auf weitergehende Interpretationen soll dabei verzichtet werden. So sollen die Inhalte der Verfassung so gut wie möglich in der Rechtsprechung umgesetzt und nicht durch Einflüsse, wie eines gesellschaftlichen Wandels ‚verfälscht' werden. Verfechter dieser Sichtweise argumentieren darüber hinaus, dass auf diese Weise besonders der *Majority Rule* entsprochen wird.

Judicial Activism hingegen steht für eine weite Auslegung von Gesetzen oder Verordnungen anderer politischer Gewalten (Sunstein 2006: 33). Dieser ‚richterliche Aktivismus' steht im Lichte eines spezifischen Gerechtigkeitsverständnisses: Demnach sei es die Aufgabe aller staatlichen Gewalt, die Freiheiten der Bürger zu sichern und die Absichten der Verfassungsväter durchzusetzen. In Bezug auf die Judikative sollen in dieser Perspektive Richter ihre Macht dafür einsetzen, als ungerecht empfundene Gesetze über den Sachverhalt eines Gerichtsverfahrens hinaus zu bereinigen. In diesem Verständnis ist eine extensive Anwendung der Verfassungsprüfung notwendig. In der Vergangenheit wurde der richterliche Aktivismus vor allem von christlich-fundamentalistischen Gruppierungen kritisiert; sie monierten häufig, dass die Rechtsprechung zu liberal geprägt sei. Kritik am *Judicial Activism* kam aber auch lange in der Vergangenheit von der traditionellen Linken. Diese prangerten jedoch eher einen mangelnden Aktivismus für die Durchsetzung bspw. der Bürgerrechte an. Darüber hinaus beklagten sie die ‚Lochner-Rechtsprechung' des Gerichts. Mit dieser hob das Gericht häufig Gesetze zur Wirtschaftsregulierung in den Jahren 1905 bis 1938 auf (*Lochner v. State of New York*, 1905).

Empirisch ist diese vorgeworfene Einseitigkeit nur eingeschränkt nachzuweisen: Die relative Mehrheit der Fälle werden inzwischen mit 9:0 entschieden. Auch sind die äußeren ‚Variablen' von Richtern nicht unbedingt ein Faktor, der ihre Entscheidungen vorwegnimmt. Beispielsweise gehören Clarence Thomas und Sonia Sotomayor der gleichen Religion und Minorität an, sie sind in der Tendenz am jeweils anderen ideologischen Spektrum des Gerichts anzusiedeln. Generell existieren stets Interessengruppen, die mit den Judikaten unzufrieden sind, ganz gleich von welcher Seite.

Der zweite Konfliktbereich betrifft die Frage der ‚richtigen' Auslegung der Verfassung. Befürworter des *Original Intent,* eine Variante des *Originalism,* wollen bei der Prüfung von Gesetzen die Wertvorstellungen und Absichten der Verfassungsväter berücksichtigt sehen: Diese sollen möglichst authentisch in die aktuelle Rechtsprechung einbezogen werden. Themen, die bei der Staatsgründung der USA keine Rolle spielten, wie etwa Datenschutz oder das Abtreibungsrecht, sind daher möglichst restriktiv auszulegen.

Verfechter eines Verfassungsverständnisses als einem *Living Document* befürworten das Gegenteil des *Original Intent.* Ihrer Ansicht nach enthält die Verfassung, wo sie nicht explizit Ge- oder Verbote vorsieht, vor allem Leitlinien, die vor dem Hintergrund sich wandelnder gesellschaftlicher Umstände jeweils neu zu interpretieren seien. Sie sehen im ‚Recht auf Waffenbesitz' des zweiten Amendements beispielsweise keinen Freibrief, dass Privatbürger halbautomatische Waffen besitzen dürften.

Exkurs: Handfeuerwaffen und der zweite Verfassungszusatz

Das Urteil *District of Columbia v. Heller,* (554 U.S. 570 (2008)), hob den *Firearms Control Regulations Act* von 1975 als nicht verfassungskonform auf. Der *Firearms Control Regulations Act* sah vor, dass alle Schusswaffen, einschließlich Gewehre und Schrotflinten, entladen und zerlegt oder mit einer Abzugssperre gelagert werden müssen. Von 1975 an war der Besitz von Schusswaffen in Washington D.C. nicht erlaubt, mit Ausnahme derjenigen, die vor 1975 registriert wurden. Das Verfahren hatte einen gewissen Vorlauf. Bereits im Jahr 2002 begann ein Mitarbeiter des libertär geprägten Cato-Instituts, geeignete Kläger für eine Klage gegen den *Firearms Control Regulations Act* auszumachen. Sechs Einwohner des *Districts* wurden schließlich als Kläger bestimmt, um das Verbot auf der Basis des zweiten Verfassungszusatzes aufheben zu lassen. Sie waren damit erfolgreich, denn nach Einschätzung des Gerichts sind Handfeuerwaffen ‚Arms' im Sinne des zweiten Verfassungszusatzes. Das Verfassungsgericht sieht in dem Urteil zwar keinen Anspruch auf den Besitz eines bestimmten Waffentyps. Eine Stadt oder ein Staat kann jedoch den Besitz einer handelsüblichen Waffe für die häusliche Selbstverteidigung nicht vollständig verbieten, sofern Bürger keine Vorstrafen haben und nicht psychisch erkrankt sind. Dieser Fall ist auch deshalb interessant, da sich in der Debatte zwischen Richter Scalia und Richter Stevens verschiedene Arten des *Originalism* gegenüberstanden. Aufgrund der konträren Einschätzung der beiden ‚Originalisten' ist der Zweiten Verfassungszusatz ein Beispiel, dass die ‚Interpretation' tatsächlich fragwürdig sein kann. Generell ist es oft schwierig oder gar unmöglich, die originale Bedeutung zu rekonstruieren. Mit dem Schwenk zur Deutung eines fundamentalen Waffenbesitzrechts interpretierte das Gericht mit *District of Columbia v. Heller* und mit *McDonald v. Chicago,* 561 U.S. 742 (2010), relativ langgeltende Präzedenzfälle neu und verlieh dem Zweiten Verfassungszusatz mehr die Bedeutung eines fundamentalen Rechts zum Waffenbesitz.

Living Constitution ist eine Metapher für verstärkte richterliche Rechtsfortbildung im Verfassungsrecht. Das heißt konkret: Alte Verfassungsklauseln werden auf völlig neue Fallgruppen angewandt. Dazu zählt beispielsweise die *Equal-Protection*-Klausel auf andere Gruppen als ursprünglich nur auf Afro-Amerikaner und andere Faktoren als ‚*Race*', etwa ‚*Sex*' oder ‚*Sexual Orientation*'. In diesen Kontext fällt die Entwicklung der *Free-Speech*-Klausel. Sie wurde vom Schutz der politischen Rede zum Grundrecht auf allgemeine Handlungsfreiheit; allerdings beides mit unterschiedlichen Prüfungsmaßstäben. Weiterhin kreiert de-facto das Gericht neue Verfassungsrechtsklauseln, was dann später auf neue Fallgruppen angewendet wird.

Achtsamkeit ist vor allem bei der Beurteilung dieser Maßstäbe angebracht, denn hierbei sind keine definierte Abgrenzung möglich. Je nach Kontext kann eine Rechtsprechung gemäß des *Originalism* zum *Judicial Restraint* oder zum *Judicial Activism* führen. Oder eine Rechtsprechung kann je nach Kontext gemäß der *Living Constitution* zum *Judicial Restraint* oder zum *Judicial Activism* führen. Zudem ist diese Debatte eine klassische Frage der *Legal Theory,* allerdings spielt sie in der gerichtlichen Praxis nur eine untergeordnete Rolle. Hier dominiert das *Common Law*. Nur in Ausnahmefällen spielen Varianten des *Originalism* und der

Living Constitution eine entscheidende Rolle bei der Begründungsarbeit. Es kann jedoch vorkommen, dass jene die bedeutenden Fälle ausmachen.

Als konkretes Handwerkszeug ist die *Judicial Review* eines der wichtigsten Mittel für richterliche Politik. Mit der Ausdehnung der Zuständigkeit der Bundesregierung seit dem *New Deal* nahm der *Supreme Court* zwangsläufig zu immer mehr Themen Stellung. Parallel dazu ist ein Anstieg der Anzahl von Lobbygruppen zu verzeichnen, die versuchen, mit Musterprozessen und entsprechender Medienaufmerksamkeit Gerichtsurteile politisch zu instrumentalisieren. Für Interessengruppen sind Musterklagen (*Litigation*) ein bewährtes Mittel, um ihren Einfluss im politischen System geltend zu machen. Empirische Studien belegen den starken Anstieg von *Amicus Curiae Briefs* in den letzten Jahrzehnten. Diese oft gar nicht so kurzen *Briefs* sind Stellungnahmen von an einem Gerichtsverfahren unbeteiligten Parteien, mit denen der Ausgang des Prozesses beeinflusst werden soll. Das Gericht ist selbstverständlich nicht verpflichtet, diese Beiträge zur Kenntnis zu nehmen, aber sie sollen den Richtern bei der Einschätzung der Fakten des Falles helfen. Bemerkenswert ist, dass ein großer Teil der von Trump benannten Bundes- und Verfassungsrichter aus Vorschlägen einer einflussreichen konservativen Interessenorganisation stammen – der *Heritage Foundation.*

Das amerikanische politische System beruht auf der Vorstellung, dass die Vereinigten Staaten ein Gemeinwesen zur größtmöglichen Garantie und Förderung individueller Freiheitsrechte sein sollen. Persönliche Rechte sind zunächst nicht jene, die von den politischen Gewalten durchzusetzen sind. Vor diesem Hintergrund ist die verbreitete Neigung in den USA zu erklären, Streitigkeiten vor Gericht auszufechten. Einige Beobachter sehen seit längerem in der Intensität der gerichtlichen Konflikte um die Verfassung ein Indiz für eine ernsthafte Verfassungskrise. Auch in der Wahrnehmung der amerikanischen Öffentlichkeit gestaltet die Judikative, insbesondere der *Supreme Court,* zunehmend Politik.

Die Mehrheit der Amerikaner befand 2020 – vor Ruth Bader Ginsburgs Tod –, dass der Oberste Gerichtshof ideologisch relativ ‚mittig' liege (56%) und weder zu viel noch zu wenig Macht habe (65%) (Hartig 2020). Auch fallen die Urteile weniger ideologisch geprägt aus, als dies meist angenommen wird. Im *Term* 2019–2020 fielen lediglich 13 Entscheidungen (21%) von 5–4 oder 5–3 Stimmen aus. Die Anzahl der einstimmig entschiedenen Fälle ist mit 19 noch immer höher. Auch ist der *Supreme Court* nach wie vor jene Staatsgewalt, die am meisten Vertrauen der Öffentlichkeit genießt.

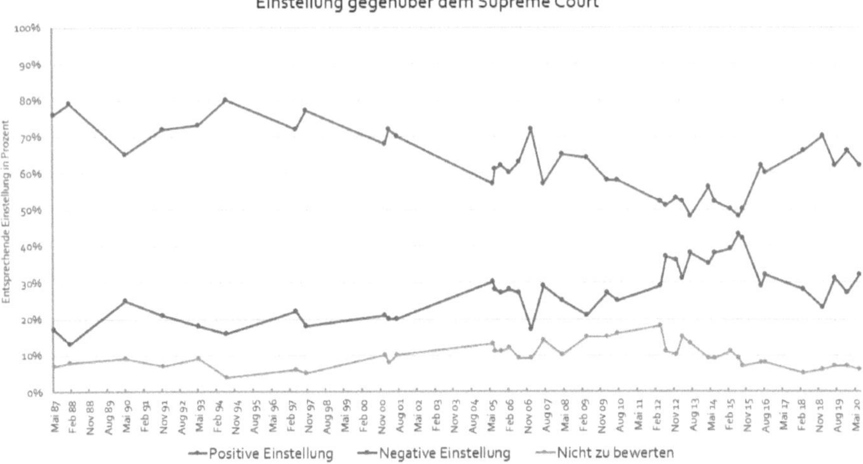

Abbildung 5.4: Öffentliche Zustimmung für den Supreme Court, Quelle: Pew 2020

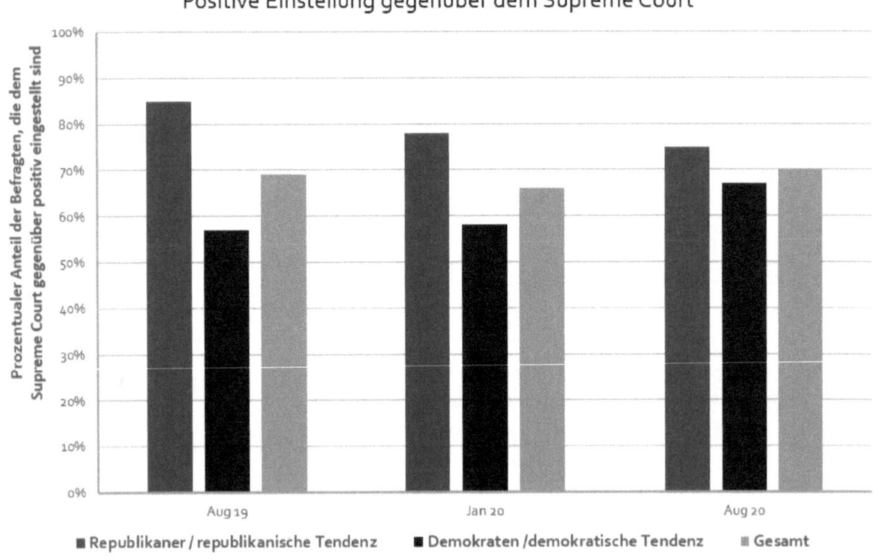

Abbildung 5.5: Parteispezifische Zustimmung für den Supreme Court, Quelle: Pew 2020

5.4.2 Nominierung von Richtern

Die amerikanische Verfassung sieht vor, dass der Präsident alle Richter an Bundesgerichten nominiert und diese vom Senat bestätigt werden. Die Ernennungen erfolgen auf Lebenszeit, die Amtszeit endet mit einem Rücktritt oder dem Tod.

Abgesetzt werden können Richter nur durch ein Amtsenthebungsverfahren (*Impeachment*). So soll die richterliche Unabhängigkeit von politischen Mehrheiten gewährleistet werden. Es gibt keinen Kriterienkatalog für ein Amtsenthebungsverfahren; vielmehr kommen Richter dann in Bedrängnis, wenn ihr Verhalten nicht mehr dem von der Verfassung geforderten *Good Behavior* entspricht – die im Grunde einzige Auflage der Verfehlungen. Dazu bedarf es allerdings schwerwiegender Amtsverstöße. Gegen *Supreme-Court*-Richter gab es bislang noch kein erfolgreiches Amtsenthebungsverfahren.

Meist werden *Supreme-Court*-Nominierungen von Mitarbeiter des *Executive Office of the President* und des Justizministeriums vorbereitet. Befindet sich der vakante Sitz in einem spezifischen Staat, geschieht dies meist in Zusammenarbeit mit den zuständigen Kongressabgeordneten. Für Nominierungen an den *Supreme Court* kann der Justizausschuss im Senat die schriftliche Stellungnahme der beiden Senatoren aus dem Staat einholen, aus dem der Kandidat oder die Kandidatin stammt. Wegen der blauen Briefbögen, auf denen die Gutachten geschrieben werden, ist dieses Verfahren auch unter der Bezeichnung *Blue Slip* bekannt. In diesem Netzwerk von politischen Abhängigkeiten offenbart sich das Potenzial für politisch motivierte Ernennungen. Selten wird jene Art von Personal ohne eine Abstimmung mit Kongressabgeordneten bestimmt. Das gilt umso mehr, wenn Abgeordnete oder Senatoren eine für den Präsidenten wichtige Rolle im Kongress einnehmen. Die Personalauswahl für Bundesgerichte trägt deshalb durchaus Züge einer Patronagepolitik.

Die typische Strategie für die Personalauswahl, insbesondere für ein Amt am *Supreme Court,* zielt nicht darauf ab, einzelne Entscheidungen zu beeinflussen, sondern den Grundstein für eine langfristig angelegte Doktrin zu legen. Die Auswahl von Richtern wird häufig als die am stärksten politisierte Durchdringung der Judikative durch eine andere politische Gewalt wahrgenommen. Dies zeigten die kontrovers geführten Diskussionen um Trumps *Supreme Court* Besetzungen. Allerdings ist die Geschichte des *Supreme Court* reich an Beispielen, die eine Kluft zwischen den Erwartungen der Präsidenten und den Urteilen der Richter aufzeigen. Präsident Eisenhower nominierte beispielsweise den Richter Earl Warren zum *Chief Justice*, der in der Folge mit seiner unerwartet liberalen Rechtsprechung maßgeblich an der amerikanischen Sozialpolitik der 1950/60er Jahre beteiligt war – sehr zum Missfallen Eisenhowers. Ähnlich unglücklich über ihre Entscheidung waren auch Truman in Bezug auf Tom C. Clark und Theodore Roosevelt mit Oliver Wendell Holmes. Auch die von Obama ernannte Richterin Elena Kagan sprach sich nur in etwa der Hälfte ihrer Entscheidungen für Obamas Positionen aus.

Laut Verfassung muss der Senat allen Kandidaten zustimmen, bevor deren Berufung rechtskräftig wird. Dafür befasst sich zunächst der Justizausschuss mit deren Anhörungen. In der Regel dauert dies mehrere Wochen. Während dieser Zeit bieten sich viele Gelegenheiten für Interessengruppen, die Senatoren zu briefen oder öffentlichkeitswirksame Kampagnen für oder gegen Kandidaten zu führen. Wenige Benennungen wurden hierbei so kontrovers und medial begleitet wie jene von Justice Kavanaugh und Justice Coney Barrett.

Nach den Anhörungen spricht der Justizausschuss eine Empfehlung an den gesamten Senat aus. Bei der Abstimmung im Plenum reicht eine einfache Mehrheit, um Kandidaten zu bestätigen. In parteipolitisch polarisierten Zeiten ist diese ‚einfache Mehrheit' mitunter nur noch schwer zu erreichen. Nominierungen werden daher im Voraus sehr gründlich vorbereitet und die Kandidaten bis in die letzten Details ihrer Vergangenheit durchleuchtet. Die letzte gescheiterte Nominierung stammte von Ronald Reagan. Der stark konservative Robert Bork wurde 1987 mit 58:42 Stimmen abgewiesen. Einen ähnlichen Rückschlag versuchen Präsidenten seither in jedem Fall zu vermeiden.

Eine seit dem Ende des Zweiten Weltkriegs fest verankerte Praxis im Ernennungsprozess ist die Empfehlung der *American Bar Association.* Sie gibt Empfehlungen als ‚very qualified', ‚qualified' und ‚not qualified' heraus. In der Vergangenheit galt es für Kandidaten mit der Bewertung ‚not qualified' als ziemlich aussichtslos, für ein hohes Richteramt ernannt zu werden. Präsident Trump allerdings hat von allen Präsidenten die meisten Richter nominiert, die als ‚not qualified' bewertet wurden: Von Trumps Nominierungen waren zehn entsprechend eingestuft. Allerdings ist dies in Anbetracht der Rekordzahl an 220 Nominierungen in kurzer Zeit nicht verwunderlich. Trump konnte damit in etwa so viele Richter in einer Amtszeit ernennen wie Bill Clinton, George W. Bush und Barack Obama innerhalb von zwei Amtszeiten.

Die Qualifikation von Richtern wird vor allem dann zum entscheidenden Kriterium, wenn sie politisch vergleichsweise gemäßigt sind. Moderate, hoch qualifizierte Richter haben für die opponierende Partei kaum eine Angriffsfläche. Mitunter war dies wohl ein Grund, warum Mitch McConnell die Nominierung von Merrick Garland nicht zur Anhörung bringen wollte (siehe Exkurs). Den Empfehlungen der *American Bar Association* folgen freilich nicht alle Präsidenten. Dennoch ist diese Bewertung ein beachtlicher Grund, wie mit einer Nominierung umgangen wird. Die Verfassungsrichterin Coney Barrett wurde beispielsweise mit ‚very qualified' bewertet.

Infobox: Frauen am Supreme Court

Unter den bislang 114 Supreme Court Richtern ist Amy Coney Barrett erst die fünfte Frau.

Exkurs: Die weitreichende Missachtung einer Nominierung

Im letzten Jahr der Amtszeit Obamas nominierte dieser Merrick Garland für den durch den Tod von Antonin Scalia freigewordenen Sitz am *Supreme Court.* Der Republikanische Mehrheitsführer im Senat, Mitch McConnell, gab kurz nach der Nominierung bekannt, dass er eine solche im letzten Amtsjahr eines Präsidenten nicht berücksichtigen würde. Die Nominierung Garlands wurde in Folge vom Senat gar nicht erst debattiert. Dies brach mit Konventionen, man hätte Garland schließlich ablehnen können – wenn auch die Rechtfertigung hierfür schwergefallen wäre. Im September 2020 verstarb Richterin Ruth Bader Ginsburg. Obwohl dies wesentlich kürzer vor der Präsidentschaftswahl war als im Jahr 2016, gab McConnell Präsident Trump sofort grünes Licht, so dass eine

Bestätigung seiner Nominierung noch vor der Wahl möglich gemacht wurde. Kritiker sahen dies als klaren Integritätsbruch der Republikaner im Senat, die schließlich Amy Coney Barrett mit 52 Stimmen, einer Stimme weniger als die Republikaner Sitze hatten, bestätigten. McConnell rechtfertige diese zum Jahr 2016 konträre Handlung, dass die Mehrheitsverhältnisse dies eben möglich machten – Obama hätte im Jahr 2016 aufgrund der republikanischen Dominanz ohnehin keine Mehrheit bekommen. Coney Barrett wurde damit etwas mehr als eine Woche vor der Präsidentschaftswahl 2020 bestätigt. Eine der liberalsten Stimmen im *Supreme Court* wurde in Folge durch eine der vermutlich konservativsten ersetzt, was die Rechtsprechung in zukünftigen wichtigen Fällen durchaus verschieben kann. Aus dem Umfeld von Joe Biden wurden schnell Rufe nach einem ‚Court Packing' laut. Ein solches ‚Packing' bedeutet, dass die üblichen neun Richter durch weitere Richter mit der eigenen ideologischen Ausrichtung aufgestockt werden. Durch die Kompetenz des Kongresses in Bezug auf jene Fragen, könnte die Anzahl der Richter theoretisch durch ein einfaches Gesetz verändert werden. Diese Idee war zunächst von Franklin Delano Roosevelt popularisiert, nachdem der *Supreme Court* einige seiner *New-Deal*-Gesetze für verfassungswidrig erklärte. FDR wurde jedoch von Parteigenossen davon abgebracht und das ‚Court Packing' ist seither negativ konnotiert. Dies ist auch verständlich: Wenn die Zusammensetzung des Gerichts leicht durch die anderen Gewalten zu ändern wäre, dann würde dies nicht nur die Gewaltenteilung, sondern auch den Charakter und die Legitimität des *Supreme Courts* immens tangieren. Die Zahl von neun Richtern ist jedoch nicht in der Verfassung festgelegt, was ein ‚Packing' zumindest theoretisch möglich macht. Ohne eine Mehrheit im Senat ist dieses Vorhaben jedoch ohnehin aussichtslos.

Fragen

- Wie ist die Judikative in den USA föderal strukturiert?
- Welche Teile der Judikative sind verfassungsrechtlich festgelegt und wie werden andere Teilsysteme bestimmt?
- Was ist die *Political Question Doctrine*?

Zur weiteren Lektüre empfohlen

Abraham, Henry J. (1998): The Judicial Process. An Introductory Analysis of the Courts of the United States, England, and France. 7. Aufl. New York: Oxford University Press.

Baum, Lawrence (2009): The Supreme Court. 10. Aufl. Washington, D.C: CQ Press.

Brünneck, Alexander von (1992): Verfassungsgerichtsbarkeit in den westlichen Demokratien. Ein systematischer Vergleich. Baden-Baden: Nomos.

Epstein, Lee; Walker, Thomas (2010): Constitutional Law for a Changing America. Institutional Powers and Constraints. 7. Aufl. Washington, D.C: CQ Press.

Fraenkel, Ernst (1976): Das amerikanische Regierungssystem. Eine politologische Analyse. Wiesbaden: Vieweg & Teubner.

Kremp, Werner (Hg.) (2003): 24. Februar 1803. Die Erfindung der Verfassungsgerichtsbarkeit und ihre Folgen. Trier: Wissenschaftlicher Verlag Trier.

Kühne, Ulrich (2015): Amicus Curiae. Richterliche Informationsbeschaffung durch Beteiligung Dritter", Dissertation 2014. Freiburg im Breisgau: Mohr-Siebeck.

O´Brien, David M. (2011): Storm Center. The Supreme Court in American Politics. 9. Aufl. New York.

Sunstein, Cass R.; Schkade, David; Ellman, Lisa M.; Sawicki, Andreas (2005): Are Judges Political? An Empirical Analysis of the Federal Judiciary. Washington, D.C: W. W. Norton.

Tarr, Alan G.; Porter, Mary C. (2009): State Supreme Courts in State and Nation. 2. Aufl. New Haven: Yale University Press.

Woodward, Bob; Armstrong, Scott (2011): The Brethren. Inside the Supreme Court. New York: Simon & Schuster.

6. Vertikale Gewaltenteilung – Föderalismus in den USA

6.1 Kulturelle und staatsrechtliche Grundlagen

Der föderale Staatsaufbau unter einer zentralen Regierung war in der Entstehungsphase der Vereinigten Staaten höchst umstritten. In einem Flächenstaat hatte bislang weder eine repräsentative noch eine föderale Republik bestanden. Auch wenn das Heilige Römische Reich Deutscher Nation als föderale Struktur angesehen werden kann, wird das bis 1787 schon ausgezehrte Reich kaum als Vorbild gegolten haben können.

Das Regierungssystem ‚Vereinigte Staaten' unter den *Articles of Confederation* (vgl. Kapitel 1 & 2) war lediglich eine Konföderation und bereits kurz nach der Unabhängigkeit offenbarte sich seine Schwäche: Der Bundeskongress verfügte über keine Grundlage, die Konflikte zwischen Einzelstaaten zu entschärfen; er konnte nicht einmal Verbindlichkeit für Bundesgesetze herstellen und die Finanzierung der Bundesregierung beruhte auf freiwilliger Mitarbeit der Staaten. Die Regierung war de facto gescheitert.

Der Konflikt um das Verhältnis von Staaten und Bundesregierung mündete bereits wenige Jahre nach der Verabschiedung der *Articles of Confederation* in der Erarbeitung einer neuen bundesstaatlichen Verfassung. Doch nach wie vor waren die Gründerväter und die Einzelstaaten misstrauisch gegenüber etwaigen Machtkompetenzen des Bundes. Madison sah angesichts des gescheiterten ersten föderalen Regierungssystems die Notwendigkeit einer stärkeren Bundesregierung, aber mit einer starken Begrenzung der föderalen Macht: „[...] to construct a polity that was neither a wholly centralized regime nor merely a confederation or league" (*Federalist 39*). Die Idee eines gewaltenteilenden Systems, auch auf föderaler Ebene, wurde zur Grundlage der Bundesverfassung.

Es zeigte sich jedoch schnell, dass auch nach der Ratifikation der Verfassung die Konflikte über die konkrete Ausgestaltung der föderalen Ordnung nicht beigelegt waren. De facto ist sie bis heute umstritten. Dieses Spannungsverhältnis zwischen Bundesregierung und Einzelstaaten durchzieht die gesamte politische Geschichte der USA. Ihre politischen Konflikte waren und sind gekennzeichnet von konkurrierenden Vorstellungen über das Verhältnis der unterschiedlichen Regierungsebenen: vom Unabhängigkeitskrieg über die *Articles of Confederation* und die Verfassung, die Herausbildung amerikanischer politischer Parteien, den Bürgerkrieg, den *New Deal* (vgl. Exkurs) und die Ausweitung staatlicher, regulativer Politik im 20. Jahrhundert bis zur Krankenversicherungsreform unter Präsident Obama. Mit der nahezu diametralen Ausrichtung von Bundes- und einigen Staatsregierungen hinsichtlich der Eindämmungsmaßnahmen gegen COVID-19 war wieder ein vorläufiger Höhepunkt der Konflikte erreicht: Die Kompetenzen für die Bekämpfungsmaßnahmen oblagen fast ausschließlich den Einzelstaaten, die von Präsident Trump verlangte ‚Öffnung' der Wirtschaft konnte daher nicht einfach umgesetzt werden. Nicht zuletzt wurde das ‚Maskentragen' zu einem kuriosen politischen Symbol: Ein demonstratives – und bisweilen auch konfrontatives – Nicht-Tragen galt als Unterstützung des Trump-Kurses, während das Tragen von Masken fast einem Anti-Trump-Statement gleichkam.

In der amerikanischen Verfassung ist die Verteilung politischer Macht zwischen Zentralregierung und Einzelstaaten föderal gegliedert. Da es sich bei den Vereinigten Staaten um ein ‚künstliches Staatssubjekt' handelt, entsprechen die unterschiedlichen staatlichen Ordnungen weitestgehend der zentralstaatlichen. Das heißt, dass die Gewalt in den jeweiligen Staaten ähnlich wie im Bund verteilt und verschränkt ist. Da jeder Einzelstaat seine eigene Exekutive, Legislative und Judikative hat, sind die Bürger einer doppelten staatlichen Gewalt unterstellt. Gleichzeitig sind sie aber auch der Souverän – sowohl in Bezug auf die Einzelstaaten als auch auf den Bund.

In der Verfassung sind die einzelstaatlichen Kompetenzen konkret aufgeführt. Der 10. Verfassungszusatz lautet: „The powers not delegated to the United States by the Constitution, nor prohibited by it to the states, are reserved to the states respectively, or to the people." Demzufolge liegen zwar zunächst alle Kompetenzen, die nicht ausdrücklich dem Zentralstaat gegeben, beim Volk und den Einzelstaaten – sofern sie ihnen nicht ausdrücklich verweigert sind.

Kernsatz

Die Verfassung etabliert ein System des Trennföderalismus, unter dem im Grundsatz zunächst die Einzelstaaten in Hinblick auf die Gesetzgebungskompetenz ermächtigt sind.

Die gängige Interpretation der Verfassung lautet, dass die Einzelstaaten während der Entstehung der Verfassung die mächtigeren politischen Einheiten waren und somit bei der Verteilung politischer Macht bevorzugt wurden.

Diese ausschließlichen Staatenkompetenzen unterliegen jedoch gleichzeitig auch der Gesetzgebung des Bundes, zumindest unter den *Enumerated Powers*, den spezifisch dem Bund zugewiesenen Kompetenzen (vgl. Kap. 5). Daneben existiert noch die konkurrierende Gesetzgebung (*Concurrent Powers*), bei der die Staaten gesetzgebungsbefugt sind, wenn der Bund von seiner Gesetzgebungszuständigkeit noch keinen Gebrauch gemacht hat. Aufgrund der relativ klar ausgestalteten *Enumerated Powers* sollte es theoretisch keine überlappende und konkurrierende Gesetzgebung geben: Der Bund ist für die Materien der *Enumerated Powers* zuständig, der Rest obliegt vollständig den Staaten. Die Bundesregierung ist allein zuständig für ihre in der Verfassung zugesprochenen Aufgaben. Nach amerikanischem Verständnis, sollte darüber hinaus i.d.R. aber keine Verantwortlichkeit bestehen. Die theoretische Ausarbeitung des Trennföderalismus lässt sich auf Madisons *Federalist* Nr. 45 zurückführen: „The powers delegated by the proposed constitution to the federal government are few and defined. Those which are to remain in the State governments are numerous and indefinite" (*Federalist 45*)).

Konkurrierend sind jedoch jene Bereiche, bei denen die Kompetenzen nicht ausschließlich beim Zentralstaat liegen. Der amerikanische Trennföderalismus kennt damit im Grunde zwei Zuständigkeiten nach Politikfeldern, jeweils bundesstaatliche und einzelstaatliche.

Umgekehrt haben amerikanische Einzelstaaten anders als in Deutschland keinen Einfluss auf die Bundesgesetzgebung: Es gibt für die Bundesebene kein Oberhaus im Sinne einer Vertretung der Länderregierungen. Gouverneure – die höchsten Repräsentanten der Exekutive in einem Bundesstaat – und die Kongresse der Einzelstaaten sind auf der bundesstaatlichen Ebene nicht an der Regierung beteiligt. Auch die Senatoren sind als Teil der Bundesgesetzgebung nicht ihren Staaten gegenüber verantwortlich.

Kernsatz

Der Senat ist im Gegensatz zum Bundesrat in Deutschland keine Vertretung der Länder bei der Gesetzgebung und Verwaltung des Bundes; er ist für die Bundesgesetzgebung zuständig und nicht gegenüber den Staatenregierungen verantwortlich.

Während in Deutschland viele Gesetze auf Bundesebene der Zustimmung des Bundesrats bedürfen, ist der Senat von den Staatenregierungen unabhängig – zumindest seit dem Ende ihrer Wahl durch die Staatsparlamente 1913. Gleichwohl nutzen Repräsentanten aus den Einzelstaaten die nationale Medienöffentlichkeit, um sich als Kandidaten für ein Bundesamt zu empfehlen, parteipolitische Wahlkampfhilfe zu leisten oder breite Unterstützung für ein regionales Thema zu gewinnen.

Die föderale Repräsentation in den USA ist durch nebeneinander bestehende und sich gegenseitig blockierende Elemente in allen politischen Gewalten geprägt. Die vertikale Gewaltenteilung in den USA lässt sich daher als ein Mosaik politischer Kräfte verstehen, das der Bewahrung individueller Freiheiten und der Überlebensfähigkeit des Staates dienen soll. Föderalismus ist nach amerikanischem Verständnis kein Konstrukt, um Interessenrepräsentation und effektives Regieren zu sichern; es soll dem zentralen Grundgedanken dienen, Formen der Tyrannei oder einen Zerfall der Vereinigten Staaten durch Machtkonzentration und Missbrauch zu verhindern (Dye 1990: 5). Die Notwendigkeit der Verhinderung einer tyrannischen Mehrheit durch die vertikale Gewaltenteilung formulierte Madison im *Federalist 45*. Er schreibt zur *Raison d'être* des amerikanischen Föderalismus, nur so sei es „less probable that a majority of the whole will have a motive to invade the rights of other citizens“ (*Federalist 45*). Die vertikale Gewaltenteilung ist also ebenso wie die horizontale vor allem ein Mittel der *Checks and Balances*: Den Einzelstaaten war es besonders wichtig, die Regierung im Zaum halten zu können. Bei Streitigkeiten über konkurrierende Gesetzgebungen entscheidet der *Supreme Court*.

Kernsatz

Während der deutsche Föderalismus mehr Interessenrepräsentation und effektives Regieren sicherstellen soll, ist der amerikanischer Föderalismus ein Mittel zur Machtdispersion und zur Aufrechterhaltung der USA.

Die Formel ‚e pluribus unum' (lat. ‚aus vielen Eines') im Siegel der Vereinigten Staaten kann auch in Hinsicht auf die Stärke des föderalen Systems interpretiert werden. Damit ist es nicht nur Ziel der amerikanischen Verfassung, die Eigenständigkeit der Staaten im Bund zu erhalten, sondern auch ihre Vielfalt. ‚E pluribus unum' steht schließlich für den Einsatz einer Bundesregierung, die alle Amerikaner repräsentiert, ihnen aber gleichzeitig ihre Freiheiten bewahrt – Einheit ohne Einheitlichkeit. Die aus der Verfassung abgeleiteten Prinzipien, die das Verhältnis von Bundes- und Staatenregierungen bestimmen, sind allerdings nicht ganz trennscharf formuliert und können unterschiedlich ausgelegt werden.

10. Verfassungszusatz

Wie bereits dargelegt, verbleiben mit dem 10. Verfassungszusatz zunächst alle Kompetenzen bei den Staaten, wenn sie ihnen nicht ausdrücklich verwehrt oder dem Kongress vorbehalten sind. Das ursprüngliche Verständnis dieses Verfassungszusatzes beruht auf der Ansicht, dass die Einzelstaaten vor der Verabschiedung der Verfassung souverän waren und auch trotz Annahme der Bundesverfassung unveräußerliche Rechte besitzen.

Supremacy clause

Artikel VI der Verfassung enthält die *Supremacy-Clause* (Art. VI, cl.2). Sie besagt: „The Constitution and the laws of the United States which shall be made in Pursuance thereof [...] shall be the supreme Law of the Land, and the Judges in every State shall be bound thereby". Demnach muss sich auf jeder Ebene der Rechtsprechung das jeweilige Staatenrecht der Bundesverfassung als auch den Bundesgesetzen beugen. Allerdings ist die *Supremacy-Clause* im Lichte der Einzelstaatensouveränität (*10th Amendment*) auszulegen. Sie bildet damit keine eigenständige Generalkompetenzgrundlage für den Bund, sondern garantiert lediglich die Durchsetzung der *Enumerated Powers* (vgl. Kapitel 5) gegenüber den Staaten.

Enumerated powers

Wie beschrieben, sind im Grundsatz die Einzelstaaten für die Gesetzgebung zuständig. Bei spezieller Ermächtigung, den *Enumerated Powers,* ist es jedoch der Bund. Die Prärogative des Bundeskongresses geht zunächst aus dem Artikel I der Verfassung hervor. In ihm sind die expliziten Befugnisse aufgelistet, die ausschließlich dem Bund vorbehalten sind. Der Kongress hat unter anderem die ausschließliche Befugnis, Steuern zu erheben, Geld zu prägen, den Außen- und zwischenstaatlichen Handel zu regulieren sowie Krieg zu erklären.

Wo die genauen Grenzen zwischen Staaten- und Bundeskompetenz über diese klaren Kompetenzen hinaus liegen, ist im Einzelnen und vor allem in der Praxis umstritten: Dies schwankt mitunter je nach Rechtsprechung. Föderale Konflikte ergeben sich vor allem aus den *Implied Powers*, die der Bundeskongress für sich reklamiert, um seine explizit genannten Pflichten erfüllen zu können. Laut Verfassung darf der Kongress Gesetze erlassen, die notwendig sind, um seinen Pflichten nachzukommen. Dies geht vor allem aus der von Kapitel drei bekannten

Necessary and Proper Clause hervor. Diese Klausel lässt eine Ermächtigung von Befugnissen zu, die nicht ausdrücklich in der Verfassung genannt werden, die sich aber aus den *Enumerated Powers* ergeben.

In der staatsrechtlichen und politischen Auseinandersetzung kollidiert der 10. Verfassungszusatz oft mit der *Necessary and Proper Clause*. Dabei stoßen zwei staatsrechtliche Interpretationen aufeinander, die beide erheblichen politischen Spielraum und Konfliktpotenzial bieten: auf der einen Seite das Mandat des Kongresses, seine Gesetze in den gesamten Vereinigten Staaten gelten zu lassen; auf der anderen Seite das Recht der Staaten, den Großteil der Gesetzgebung in ihrem Zuständigkeitsbereich selbst zu vollziehen. In einem konkreten Beispiel zählte hierzu die Frage, ob *Obamacare* als eine Steuer deklariert werden könne oder nicht. Die Einrichtung einer generellen Krankenversicherung würde unter eine der am dehnbarsten formulierten Aufgaben fallen, die *General Welfare Clause*. Sie ist in der *Taxing and Spending Clause* enthalten (Artikel I, Abschnitt 8, Klausel 1). Der *General Welfare Clause* zufolge besitzt die Bundesregierung die Kompetenz, für das Wohl der gesamten Vereinigten Staaten zu sorgen und impliziert, dass sie die Bürger hierfür auch besteuern darf.

14. Verfassungszusatz (1868)

Dieser Verfassungszusatz sieht vor, dass allen Bürgern gleiche Rechte zu garantieren sind. Im Einklang mit der *General Welfare Clause* (Präambel und Artikel I, Sektion 8, Klausel 1) hat die Bundesregierung hieraus traditionell abgeleitet, dass sie potenziell für alle Politikfelder auf allen Ebenen der vertikalen Gewaltenteilung zuständig ist.

Incorporation doctrine

Mit dem Urteil *New York v. Gitlow* (268 U.S. 652 (1925)) begründete der *Supreme Court* die *Incorporation Doctrine*. Sie setzt fest, dass alle Staaten, die in der *Bill of Rights* festgeschriebenen Grundrechte garantieren müssen. Das gilt insbesondere für die Grundrechte, die das oberste Bundesgericht als fundamental ansieht, wie z.B. das Recht auf freie Meinungsäußerung und die Pressefreiheit.

Repräsentanz auf Bundesebene

Teil des *Great Compromise* aus dem Verfassungskonvents war eine Schutzgarantie für die bevölkerungsarmen Staaten. Die gleiche Repräsentanz aller Staaten im Senat sollte ihrem Schutz dienen. Dieses Repräsentationsprinzip erhält durch seine Verankerung im Artikel V Verfassungsrang: „no state, without its consent, shall be deprived of its equal Suffrage in the Senate.“ Die Repräsentation der Einzelstaaten im Senat sichert allen Staaten die gleiche Anzahl von Vertretern, seit 1913 durch Direktwahl. Die Präsidentschaftswahl trägt durch das System der Wahlleute ebenfalls der Unterschiedlichkeit der einzelnen Staaten Rechnung.

Beteiligung der Einzelstaaten am Amendment-Prozess

Bundes- und Staatenregierungen teilen sich die Macht bei dem wirkungsmächtigsten politischen Entscheidungsverfahren: der Verabschiedung eines Verfassungszusatzes. Insoweit kann keine Ebene in der föderalen Gewaltenteilung ohne die andere in solchen Verfahren ihre Interessen durchsetzen, denn wie in Kapitel 2 klar geworden ist, existieren zwar vier verschiedene Wege, einen Verfassungszusatz zu verabschieden; es gibt allerdings keinen an einer Zweidrittelmehrheit aller Staatenregierungen vorbei.

6.2 Entwicklung des Föderalismus in den USA

Die amerikanischen Verfassungsväter verfolgten mit ihrer Vorstellung von der vertikalen Gewaltenteilung keineswegs ein möglichst effizientes Regieren oder einen Sozialstaat, wie er heute in westlichen Demokratien tendenziell vorherrscht. Vielmehr sollten der junge Staat geschützt und wirtschaftliche Barrieren überwunden werden, die aufgrund der faktischen Souveränität der einzelnen Staaten noch bestanden. Anders hätte die amerikanische Verfassung vermutlich nie eine Chance zur Annahme gehabt. Es musste erst klar sein, dass die Bundesverfassung letztlich dem Zweck dient, die Interessen der Einzelstaaten zu schützen. Die Argumentation Madisons setzt die Grundlage für dieses System des Trennföderalismus. In ihm existieren zwei Regierungsebenen mit je eigenen Zuständigkeitsbereichen, die sich aber letztlich gegenseitig beschränken:

> „In this relation, then, the proposed government cannot be deemed a NATIONAL one; since its jurisdiction extends to certain enumerated objects only, and leaves to the several States a residuary and inviolable sovereignty over all other objects. [...] The proposed Constitution, therefore, is, in strictness, neither a national nor a federal Constitution, but a composition of both. In its foundation it is federal, not national; in the sources from which the ordinary powers of the government are drawn, it is partly federal and partly national; in the operation of these powers, it is national, not federal; in the extent of them, again, it is federal, not national; and, finally, in the authoritative mode of introducing amendments, it is neither wholly federal nor wholly national" *(Federalist 39)*.

In der ersten Ära des *Chief Justice* Marshall (1801–1835) überwogen Urteile, die die Bundesgewalt stärkten. Der Fall *Dred Scott v. Sandford* (60 U.S. 393 (1857)) unter Marshalls Nachfolger Taney fiel hingegen wesentlich stärker für die Eigenständigkeit der Einzelstaaten aus. Er besagte schließlich, dass der Kongress keine Rechtsgrundlage besitze, die Sklaverei in den Einzelstaaten zu regulieren. Die resultierende politische Polarisierung zwischen Nord- und Südstaaten führte schließlich – neben anderen Ursachen – zur größten Krise des amerikanischen Föderalismus: dem Bürgerkrieg. Die Frage um die Sklaverei war zwar zuvörderst sozialpolitisch und kulturell. Analytisch betrachtet war sie aber auch ein Konflikt zwischen der Unvereinbarkeit und Unabhängigkeit von einzelstaatlichem mit bundesstaatlichem Recht (vgl. hierzu auch Kapitel 5).

Im Nachgang des Bürgerkriegs wurden die *Reconstruction Amendments* (die 13. bis 15. Verfassungszusätze) verabschiedet. Mit diesen drei Verfassungsänderungen wurde die Sklaverei abgeschafft sowie ein gleichberechtigter Schutz der Gesetze und des Wahlrechts garantiert. Allerdings wurde in diesem Kontext auch das Verhältnis zwischen bundes- und einzelstaatlichen Gesetzgebungskompetenzen festgesetzt.

Exkurs: Reconstruction Amendments

Reconstruction Amendments ist ein Sammelbegriff für die Verfassungsänderungen nach dem Bürgerkrieg. Sie sind ein Teil von Lincolns Plan für Amnestie gegenüber den Südstaaten und ihren Wiederaufbau. Mit dem dreizehnten Verfassungszusatz (1864 vorgeschlagen und 1865 ratifiziert) wurde zunächst die Sklaverei abgeschafft. Das Ziel war es, die konföderierten Staaten wieder in die Union zu integrieren und die Konföderierten zu begnadigen, insofern sie einen Eid auf die künftige Treue zur Union leisteten. Ausgenommen sollten nur die politischen Führer werden. Vielen Republikanern war dieses Vorgehen zu mild und sie verabschiedeten die *Wade-Davis*-Bill: 50 Prozent der weißen Männer in den jeweiligen Südstaaten sollten einen Treueid ablegen, um wieder in die Union aufgenommen zu werden. Außerdem sollte Afro-Amerikanern das Wahlrecht eingeräumt werden. Lincoln kassierte die Bill mit einem Pocket-Veto.

Durch die Ermordung Lincolns kam Andrew Johnson (1865 – 1869) an die Macht. Präsident Johnson stellte sich den Republikanern im Kongress massiv entgegen und legte Vetos gegen wichtige Gesetzesvorlagen im Zuge der *Reconstruction* ein. Das Bürgerrechtsgesetz von 1866 wurde bereits 1865 vom Kongress verabschiedet, von Johnson jedoch mit einem Veto belegt. Im April 1866 verabschiedete der Kongress erneut das Gesetz zur Unterstützung des 13. Verfassungszusatzes. Johnson legte erneut ein Veto ein, aber eine Zweidrittelmehrheit in jeder Kammer überstimmte dieses Veto. So wurde es ohne Unterschrift des Präsidenten zum Gesetz. Dies war das erste Mal, dass der Kongress ein Veto des Präsidenten für ein wichtiges Gesetz außer Kraft setzte. Da der *Civil Rights Act* jedoch auf diesem Wege eingesetzt wurde, sollte der 14. Verfassungszusatz (1866 vorgeschlagen und 1868 ratifiziert) Zweifel an der Verfassungsmäßigkeit des *Civil Rights Acts* eliminieren und sicherstellen, dass kein nachfolgender Kongress die wichtigsten Bestimmungen dieses Gesetzes später aufheben kann. Johnson lehnte auch die Verabschiedung des 14. Verfassungszusatzes mit der Begründung ab, dass die Verfassung nicht ohne Vertretung der Südstaaten geändert werden sollte. Er legt daher erneut ein Veto gegen die *Southern States Admission Bill* (H.R. 1058) ein. In diesem sollten die Südstaaten dazu verpflichtet werden, den 14. Verfassungszusatz zu ratifizieren. Auch dieses Veto wurde überstimmt. Im 14. Verfassungszusatz wurden vor allem Rechte, die aus der Staatsbürgerschaft hervorgehen und der gleiche Schutz vor den Gesetzen für alle Personen festgeschrieben. In diesem Kontext wurde allerdings auch das Verhältnis zwischen bundes- und einzelstaatlichen Gesetzgebungskompetenzen festgesetzt.

Andrew Johnson legte gegen mehr Gesetzesvorlagen des Kongresses ein Veto ein als jeder andere Präsident vor ihm, er bekam dadurch den Beinamen ‚Veto-Präsident' (bis heute hält diesen Rekord Franklin Delano Roosevelt mit 635 Vetos).

1870 wurde auch der fünfzehnte Verfassungszusatz ratifiziert. Er verbietet die Diskriminierung der Bürger aufgrund ihrer Hautfarbe oder vorhergegangener Versklavung. Erst damit war die Voraussetzung für die Ausweitung der bundesstaatlichen Sozialpolitik und die sie unterstützende Rechtsprechung im 20. Jahrhundert geschaffen.

Der 16. Verfassungszusatz aus dem Jahre 1913 begründete das Recht der Bundesregierung, eine Bundeseinkommenssteuer zu erheben. Durch diese Einnahmen verschaffte sich die Bundesregierung die notwendigen Mittel, die sie zwei Jahrzehnte später für den wohl größten Umbruch im System der amerikanischen vertikalen Gewaltenteilung benutzte. Die von da an durchgesetzte Sozialpolitik des *New Deal* unter Präsident Franklin D. Roosevelt markierte das faktische Ende des Trennföderalismus in der politischen Praxis.

Die Regulierung der enormen wirtschaftlichen und sozialpolitischen Probleme während der Weltwirtschaftskrise 1933–1939 erforderte, dass die Bundesregierung mit ihrer Sozialpolitik in fast alle Lebensbereiche der Bürger vorstieß. Die Wirtschaftsordnung der gesamten Vereinigten Staaten wurde damit zu einer nationalen Angelegenheit. Bis zum *New Deal* fiel distributive Sozialpolitik in den USA de facto in den Zuständigkeitsbereich der Einzelstaaten. Noch 1930 betrug die Gesamtsumme der von der Bundesregierung den Staaten zur Verfügung gestellten Gelder lediglich 100 Millionen US-Dollar (Walker 2000: 87–88). Seit dem *New Deal* gibt es in dieser Hinsicht eine legislative Doktrin der Ausweitung der Bundeskompetenzen. 1936 übertrafen die Einnahmen aus Bundessteuern erstmals die Staaten- und Kommunalsteuereinnahmen, seitdem hat sich die Disparität kontinuierlich vergrößert (Anton 1989: 134). In der politischen Praxis wird auch deutlich, dass der Trennföderalismus nur noch als Idealtyp in der Verfassung existiert und in der Praxis eher vielfältige Politikverflechtungen

Exkurs: *New Deal*

Als *New Deal* wird eine Reihe von innenpolitischen Policies bezeichnet, die von 1933 bis 1939 die Auswirkungen der Weltwirtschaftskrise auf die US-Wirtschaft mindern sollten.
Mit seinem Amtsbeginn setzte Präsident Franklin D. Roosevelt 1933 auf Programme, mit denen sowohl die Wirtschaft stabilisiert als auch Arbeitsplätze geschaffen wurden. Gleichzeitig sollte jedoch auch die Gesellschaft mehr vor den Kräften des Marktes geschützt werden. Der *New Deal* besteht daher aus drei Elementen: Erleichterung (für Arbeitslose), Erholung (der Wirtschaft durch Bundesausgaben und Schaffung von Arbeitsplätzen) und Reform (des Kapitalismus durch Regulierungsgesetze und die Schaffung neuer Sozialprogramme).

Die größte *New-Deal*-Agentur war die *Works Progress Administration* (WPA). Sie hat Millionen von Arbeitsplätzen kreiert und ließ Straßen, Gebäude, Parks, Brücken und Schulen errichten. 1939 wurde sie in *Works Projects Administration* umbenannt und erst 1943 offiziell beendet. Millionen von Menschen wurden für Maßnahmen wie den Dammbau beschäftigt. Gewerkschaften profitierten stark von der *New Deal*-Politik und mit dem *Social Security Act* wurde eine Art Rentensystem, Arbeitslosenversicherung und soziale Hilfen für Härtefälle vorgesehen. Der *New Deal* hat damit die Reichweite und Kompetenzen der Bundesregierung grundlegend verändert, insbesondere in Hinblick auf die Regulation der Wirtschaft.

In den 1980er Jahren versprach Präsident Reagans *New Federalism* eine Beschneidung der Bundeskompetenzen und eine Rückkehr zum Trennföderalismus. Vor allem sollten Ausgaben für die Sozialpolitik auf der Bundesebene drastisch reduziert und den Einzelstaaten übertragen werden. Beginnend mit der Amtszeit Präsident Reagans 1981 und im Besonderen nach dem Sieg der Republikaner bei den Kongresswahlen 1994 wird sogar häufig von einer *Devolution* gesprochen (Barbour/Wright 2005: 133; Bowman/Kearney 2003: 32). In seiner bekannten *Executive Order* 12.612 (1987) führte Reagan programmatisch aus:

> „(a) Federalism is rooted in the knowledge that our political liberties are best assured by limiting the size and scope of the national government.
>
> (b) The people of the States created the national government when they delegated to it those enumerated governmental powers relating to matters beyond the competence of the individual States. All other sovereign powers, save those expressly prohibited the States by the Constitution, are reserved to the States or to the people.
>
> (c) The constitutional relationship among sovereign governments, State and national, is formalized in and protected by the Tenth Amendment to the Constitution. [...]
>
> (e) In most areas of governmental concern, the States uniquely possess the constitutional authority, the resources, and the competence to discern the sentiments of the people and to govern accordingly. In Thomas Jefferson's words, the States are „the most competent administrations for our domestic concerns and the surest bulwarks against antirepublican tendencies" (Executive Office of the President 1987).

Der Republikanische *Contract with America* aus dem Jahr 1994 griff Reagans Initiative wieder auf. Sutton spricht sogar von einer ‚Federalism Revolution' des *Supreme Court*, die Mitte der 1990er Jahre eingesetzt habe (Sutton 2002: xxviii). Im Zuge dieser Reform sei eine Reihe von Entscheidungen des Obersten Gerichts zu beobachten, deren Gemeinsamkeit darin bestehe, das Vordringen der Bundesregierung in das Regieren der Einzelstaaten einzudämmen. Auch die *Tea Party* machte ab 2009 mit klassischen föderalistischen Forderungen, den Einzelstaaten mehr Souveränität zuzusprechen, Druck auf die Republikanische Partei.

Die Bilanz politischer Vorhaben, einen dem ursprünglichen Konzept entsprechenden Trennföderalismus wiederherzustellen, fällt allerdings spärlich aus. Trotz der Bekenntnisse vor allem von Republikanischen Regierungen seit den 1980er Jahren, steigen die Reichweite politischer Regulierung und damit sowohl Ausgaben als auch Schulden der Bundesregierung kontinuierlich an.

Exkurs: Policy-Making und Föderalismus – Die Krankenversicherungsreform von 2009/2010

Der *Patient Protection and Affordable Care Act* war eine der wichtigsten Reformen der Obama-Regierung. Er trat am 23. März 2010 in Kraft und war heftig umkämpft: Es rührte sich Widerstand in Teilen der Bevölkerung, vor allem aus der *Tea-Party* -Bewegung. Wenige Stunden nachdem Präsident Obama das Gesetz unterschrieben hatte, reichte der Staat Virginia bei einem Bundesgericht Klage gegen das Gesetz ein, Florida am darauffolgenden Tag. 25 weitere Staaten unterstützen schließlich die Klage.

Die Hauptbeschwerde der Staaten lag darin, dass die Bundesregierung mit einem Bundesgesetz so viele Auflagen schaffen würde, dass den Staaten kein finanzieller Spielraum und damit praktisch keine Autonomie mehr bliebe. Viele der Klagen beriefen sich zudem auf eine Verletzung des zehnten Verfassungszusatzes sowie der in der Verfassung festgelegten *Enumerated Powers.* Befürworter der Gesundheitsreform wiederum berufen sich auf die *Interstate Commerce* und *General Welfare Clauses* in der Verfassung.

Die Kontroverse um das Gesundheitsreformgesetz veranschaulicht die Fülle möglicher Konflikte im amerikanischen Föderalismus. Beide Seiten beriefen sich auf verschiedene Verfassungsbestimmungen und -zusätze, legislative Doktrinen sowie den Schutz persönlicher Freiheiten im Allgemeinen.

Problematisch war, dass bei den Summen, die bei der Gesundheitsreform im Spiel sind, die konsequente Umsetzung den finanziellen Kollaps vieler Staaten bedeutet hätte. Der Supreme Court hat in seinem Urteil über den *Patient Protection and Affordable Care Act* im Juni 2012 diese Position der klagenden Staaten bestätigt und sich damit gegen die Anwendung der *Commerce Clause* gewandt. Die Regierung in Washington konnte demnach die Einzelstaaten nicht dazu zwingen, die in dem Gesetz vorgesehene zusätzliche Aufnahme von ca. 17 Millionen Amerikaner in das *Medicare*-Programm zu finanzieren. In der Hauptsache haben die Richter allerdings in dem überraschenden und für Obama außerordentlich wichtigen Urteil festgehalten, dass die grundlegende Position der Bundesregierung, durch ein Bundesgesetz eine verpflichtende neue Bundessteuer zu erheben, mit der Verfassung in Einklang steht. Es war überraschenderweise der *Chief Justice* Roberts, der zusammen mit den liberalen Mitgliedern des Supreme Courts diese zentrale *Policy* auf Obamas innenpolitischer Agenda entgegen aller Erwartungen ‚rettete'. Dies war eine der knappen Entscheidungen des *Supreme Courts* mit 5:4 Stimmen. Roberts hatte dabei die ausschlaggebende Stimme, denn er änderte seine Meinung über die Krankenversicherung während der Beratungen.

Das Urteil des *Supreme Courts* hat für die Zukunft des Föderalismus in den USA bedeutsame Konsequenzen. Einerseits hat das Gericht die Bundesstaaten in ihrer Ansicht gestärkt, dass die Zentralregierung die *commerce clause* nicht beliebig zur Durchsetzung föderaler Regelungen anwenden und ausdehnen darf. Andererseits hat der *Supreme Court* die Regierung mit seiner Rechtsauffassung gestärkt, mittels Steuergesetzgebung in die regulatorischen Belange der Einzelstaaten einzugreifen.
Diese Zwänge und Abhängigkeiten sind typisch für die vertikale Politikverflechtung in den USA. Sie werfen die berechtigte Frage auf, ob *Checks* und *Balances* zwischen Staats- und Bundesgewalt tatsächlich funktionieren. Bei Fragen zum Föderalismus kommt dem *Supreme Court* in jedem Fall eine entscheidende Rolle zu.
Obwohl Donald Trump ‚Obamacare' mit einigen Handlungen torpedierte, funktionierte sein Plan der Aufhebung und Ersetzung des Gesetzes nicht. Der verstorbene Senator John McCain (R-AZ) hatte Trump bei einer entscheidenden Abstimmung die Stimme verweigert. Nachdem Susan Collins (R-ME) und Lisa Murkowski (R-AK) bereits zuvor die Ablehnung des *Repeal and Replace* verkündet hatten, war dies das Aus für ‚Trumpcare'.

6.3 Kommunalregierungen

In den USA umfasst der Föderalismusbegriff einerseits das System aller politischen Einheiten von der Bundesregierung bis zur niedrigsten Ebene der Lokalverwaltung, die in manchen Staaten mit *Townships* (Gemeinden) bisweilen lediglich ein Dutzend Menschen umfassen können. Andererseits fallen darunter auch funktionelle Einheiten, wie etwa Schulbezirke, Parkverwaltungen oder Polizeibezirke. Im amerikanischen Sprachgebrauch werden auch diese funktionalen Verwaltungseinheiten als *Government* bezeichnet, denn sie sind oft in ihrem Funktionsbereich finanziell autonom, ihre Entscheidungen sind verbindlich und sie bestimmen ihr Führungspersonal durch allgemeine Wahlen.

Infobox

In den USA gab es im Jahr 2017 insgesamt 90.126 lokale und funktionelle *Governments*, also Bundes-, Landes- und Kommunalverwaltungseinheiten (U.S. Census Bureau 2017). Entsprechend weitgefächert ist beispielsweise auch die Strafverfolgung in den Vereinigten Staaten. Sie besteht aus etwa 18.000 Bundes-, Landes-, Kreis- und lokalen Behörden; das heißt, es gibt über 18.000 verschiedene Polizeibehörden in den USA.

Einem bekannten Diktum des *Supreme Court*-Richters Brandeis zufolge, erfüllt die Vielfalt der amerikanischen Staaten eine wichtige Funktion für die Stabilität und Kreativität der amerikanischen Demokratie. Brandeis bezeichnete 1932 die einzelnen Staaten und ihre Kommunalregierungen als *Laboratories of Democracy*, in denen neue Politik und neue politische Verfahren permanent entwickelt und getestet werden (zit. nach Burk 1997: 150). Die Entstehung kleiner, auf sich gestellter Gemeinden ist tatsächlich fest in der amerikanischen kollektiven Erfahrung verankert. Schließlich wurde die Bundesregierung nach allen anderen Einheiten geschaffen. Traditionell vertrauen amerikanische Bürger den ihnen am ‚nächsten' stehenden Regierungsebenen, eine Lösung ihrer Probleme herbeizuführen.

Alle Kommunalregierungen in den USA werden durch die Kongresse und Gouverneure bzw. Exekutiven der Einzelstaaten reguliert und fallen in den alleinigen Zuständigkeitsbereich der Staaten. Die Beziehungen zwischen Staaten- und Kommunalregierungen werden maßgeblich durch eine legislative Doktrin, *Dillon's Rule,* geprägt. Ihr zufolge stehen den Kommunalregierungen nur solche Rechte zu, die ihnen explizit von den Staatenregierungen zugeordnet werden. Richter Dillon, ehemaliger Richter am *Supreme Court* in Iowa, gestand den Kommunen überhaupt nur dort eigene Kompetenzen zu, wo sie klar und explizit genannt wurden und wo sie notwendig für das Funktionieren der Gemeinden waren (Nice 1998: 26). *Dillon's Rule* basiert auf der Überzeugung, dass Kommunalregierungen im Vergleich zu Bundes- und Staatenregierungen unter der Verfassung am wenigsten legitimiert sind, denn sie werden dort gar nicht behandelt. Kritiker sehen hierin einen Grund für das Wachstum der Bundes- und Staatsregierungen zu Lasten der Kommunen, die heute ohne die Unterstützung anderer Regierungseinheiten nicht mehr handlungsfähig oder auf Partnerschaften mit Unternehmen oder Stiftungen angewiesen seien. Lamentiert wird hierbei, dass sie somit ihren politischen Gestaltungsspielraum weitgehend eingebüßt hätten.

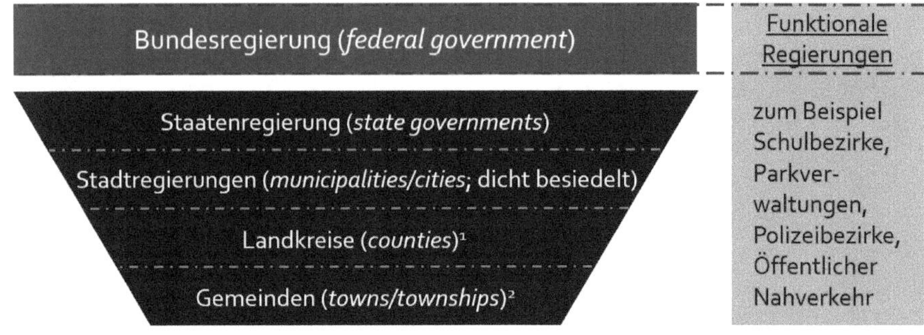

[1] entsprechen weitgehend deutschen Landkreisen; sie haben den Auftrag, vom Staat bevollmächtigte Dienstleistungen auszuführen; Alaska, Connecticut, Louisiana und Rhode Island haben keine *counties*
[2] traditionell vor allem in *homestead states*, „subdivision of counties"

Abbildung 6.1: Föderale Verwaltungsstruktur in den USA, Quelle: Eigene Zusammenstellung.

Innerhalb eines Staates gibt es grundsätzlich zwei Möglichkeiten für die Entstehung lokaler Regierungen. Entweder gewährt die Regierung einer Stadt ein Selbstverwaltungsrecht (*Charter*), oder eine Stadt gibt sich dieses Recht selbst (*Home Rule*). Die letztgenannte Möglichkeit kann in der Verfassung der Staaten verankert sein und bedarf entweder der Zustimmung der Staatenregierung oder der Bürger per Referendum. Die amerikanische Bundesverfassung enthält keine Vorgaben zur Organisation der Kommunalregierungen, sie ergibt sich aus der Rahmengesetzgebung der Staatenregierungen. Die *Home Rule* ist naturgemäß aus der Besiedlung des amerikanischen Kontinents entstanden und steht exemplarisch für Selbstverwaltung und *Limited Government* auf Basis eines Vertrags.

6.4 Sonderfall amerikanische Ureinwohner

Einen Sonderfall innerhalb des amerikanischen Föderalismus stellt die Selbstverwaltung der amerikanischen Ureinwohner (*Native Americans*) dar. Seitdem durch die Besiedlung Nordamerikas die ursprüngliche Bevölkerung aus ihren Lebensräumen vertrieben wurde, haben einzelne Stämme mit der amerikanischen Bundesregierung Verträge über Landnutzungsrechte und politische Ordnung ausgehandelt. Dabei wurden die einzelnen Stämme zunächst wie souveräne Staaten behandelt. Aus diesem Grund besitzen die Ureinwohner auch keine rechtliche Grundlage innerhalb des amerikanischen Gemeinwesens, denn in der Verfassung und im amerikanischen Gewohnheitsrecht sind sie nicht als Teil des amerikanischen politischen Systems vorgesehen. Die über fünf Millionen Nachkommen der Ureinwohner haben grundsätzlich ein Anrecht darauf, in bestimmten Reservaten ihre politische Verwaltung weitestgehend selbstständig zu organisieren, allerdings leben knapp 80% außerhalb von Reservaten. Das Recht auf politische Selbstverwaltung beinhaltet Wahlen zu politischen Ämtern, Steuerautonomie, eine eigene Jurisdiktion und in vielen Fällen eigene Verfassungen. Auch verfügen sie über weitestgehende Autonomie in kulturellen und politischen Angelegenheiten. Die politischen Beziehungen finden hauptsächlich zwischen der Bundesregierung und den Verwaltungen einzelner Reservate statt. Im Fall *Lone Wolf v. Hitchcock* fasst der *Supreme Court* zusammen: „It is thoroughly established that Congress has plenary authority over Indians" (*Lone Wolf v. Hitchcock*, 187 U.S. 553 (1903)). Der Kongress übernimmt demnach prinzipiell die Sozialfürsorge und verantwortet die Rahmengesetzgebung für die Landbewirtschaftung (Ashley/Hubbard 2004: 24).

Heute konzentriert sich die politische und vor allem wirtschaftliche Aufmerksamkeit für die lange Zeit vernachlässigten Ureinwohner auf die Nutzung ihrer Autonomie für kommerzielle Zwecke. Seitdem der Kongress in Washington den Reservaten mit dem *Indian Gaming Regulatory Act* von 1988 das Recht erteilt hat, Glücksspiel auf ihren Territorien zu betreiben, dürfen die Ureinwohner Spielcasinos in ihren Reservaten betreiben. Sie dürfen dabei lediglich nicht gegen Bundesgesetze verstoßen und müssen den Spielbetrieb in Absprache mit der Regierung des nächstgelegenen Staates vollziehen. Glücksspiel ist den USA trotz hoher Nachfrage relativ restriktiv geregelt. Daher sind die Casinos in den Reservaten ein Schlupfloch für potenzielle Einkommensquellen. Der Abramoff-Skandal im Frühjahr 2006 beleuchtete diese Praktiken mit aller Deutlichkeit. Der Lobbyist Jack Abramoff hatte sich Einnahmen aus Spielcasinos in Reservaten illegal angeeignet und dann unter Umgehung der Wahlkampfgesetze an Kandidaten für öffentliche Ämter in Washington D.C. verteilt.

6.5 Föderalismus im politischen Diskurs

Kernsatz
Grundlegend dreht sich der amerikanische Föderalismus moderner Prägung darum, welche Regierungsebene welche Politik ausführen darf, vor allem aber auch darum, wer entsprechende Programme finanziert.

Diese im Kernsatz zugegeben simplifizierende Pauschalisierung ist kaum von der Hand zu weisen. Föderalismus kann so schließlich als eine Einladung gesehen werden, sich im Sinne politischer Konkurrenz Partner frei zu wählen, die zur Lösung und vor insbesondere zur Finanzierung politischer Herausforderungen beitragen. Solche Partnerschaften umfassen verschiedene Regierungsebenen und, vor allem auf kommunaler Ebene, Regierungen und privatwirtschaftliche Unternehmungen, Stiftungen oder Interessengruppen, die gemeinsam *Iron Triangles* oder *Issue Coalitions* bilden. Dies hat in der Praxis zu einer engen Verzahnung zwischen Bundes-, Staaten- und Kommunalregierungen geführt, besonders im Bereich distributiver Politik. Weil Bund und Staaten verfassungsmäßig getrennt sind, entsteht ein Wettbewerb um knappe Ressourcen, vor allem um Geld. Die ursprüngliche Betrachtungsweise eines Trennföderalismus ist deshalb in Bezug auf die föderalen Beziehungen in den USA eigentlich nicht mehr angemessen, denn in nahezu jedem Politikfeld wird Politik sowohl von Bundes- als auch Staatenregierungen geplant und ausgeführt. In der amerikanischen Politikwissenschaft wird häufig der Begriff *Competitive Federalism* genutzt, um den amerikanischen Föderalismus zu Beginn des 21. Jahrhunderts zu charakterisieren. Dem *Supreme Court* kommt im Kompetenzgerangel eine entscheidende Rolle zu, denn er entscheidet letztinstanzlich, welche Regierungsebene welche Zuständigkeiten innehat.

Ein Beispiel soll die konkurrierenden Ziele und die Lösungsmechanismen zwischen den verschiedenen Regierungsebenen veranschaulichen: In den 1970er Jahren bemühte sich der Bundeskongress darum, ein Gesetz zu verabschieden, das den Erwerb von alkoholischen Getränken an ein bestimmtes Lebensalter knüpfte. Die Regulierungskompetenz dafür liegt allerdings bei den einzelnen Staaten, so dass sich die Altersbeschränkungen in den USA von Staat zu Staat unterschieden. Allerdings gibt es für den Kongress die Möglichkeit, Fahrsicherheit auf Bundesautobahnen durch die *General Welfare Clause* zu regulieren. Der Kongress in Washington drohte schließlich damit, die Bewilligungsgesetze für den Autobahnbau, eine wirtschaftlich wichtige Maßnahme für alle Staaten, zu kürzen. Letztlich gaben die Regierungen der Bundesstaaten nach, und der Kongress in Washington verabschiedete ein entsprechendes Gesetz mit einem *Amendment* für eine einheitliche Altersgrenze beim Alkoholverkauf, so dass heute in allen Staaten der USA diese Grenze bei 21 Jahren liegt.

Föderalismuspolitik in den USA beinhaltet fast immer den Wettbewerb um die Finanzierung von Politik zwischen den verschiedenen Regierungsebenen:

> „The key devolutionary mechanisms in the US federal system are intergovernmental grants, the judicial delegation of fiscal responsibility, and the legislative delegation of spending and revenue authority" (Gamkhar 2002: 9).

Zuwendungen von übergeordneten Regierungen *(Grants)* sind in alle Politikfelder eingesickert und aus dem öffentlichen Politik-Verwaltungsbetrieb nicht mehr wegzudenken. *Grants* stellen den hauptsächlichen Geldtransfermechanismus im föderalen System der USA dar. Fast immer zahlen höhere Ebenen für distributive Politik an untere Ebenen. Ein Länderfinanzausgleich hätte in den USA keine rechtliche Grundlage und liefe wohl auch dem amerikanischen Verständnis von Gerechtigkeit, Freiheit und der begrenzten Rolle der Regierung entgegen.

In der Regel besitzen alle Regierungen, mit Ausnahme einiger funktioneller *Governments*, das Recht, Steuern zu erheben. Für die Bundes- und Staatenregierungen besteht die Grundlage der Besteuerung in der Verfassung bzw. in auf dieser verabschiedeten Gesetzen. Die Staaten geben ihrerseits den Kommunen das Recht, Steuern zu erheben. Kommunalregierungen erhalten neben ihren eigenen Steuereinnahmen den größten Teil ihrer Geldmittel von den Staatenregierungen. Die Haupteinnahmequelle für Kommunalregierungen in den USA ist die Grundbesitzsteuer. Zudem gibt es lokale Umsatzsteuern, die entweder von den Kommunen selbst erhoben, oder als Anteil von den Umsatzsteuereinnahmen der Staaten abgeführt werden. Die Haupteinnahmen der Staaten sind Umsatz- und Einkommenssteuern, die von fast allen Staaten neben der Bundeseinkommensteuer erhoben werden. Die Bereitschaft lokaler Regierungen, distributive Politik von der Bundesregierung bezahlen zu lassen, ist deshalb enorm. Bei vielen *Grants* kooperieren Bundesregierung und Kommunen, letztere als Verwaltungseinheiten, die die Auszahlung des Geldes verwalten, jedoch stammen die meisten Geldtransfers an lokale Regierungen von den Staatenregierungen.

Noch 1920 bestanden nur elf *Grant*-Programme der Bundesregierung an die Staaten, die meisten davon in Form von Landnutzungsrechten. Heute existieren über 900 *Grant*-Programme, die von 26 Bundeszuschussagenturen angeboten werden. Dem letzten verfügbaren Zensus zufolge überwies die Bundesregierung im Jahr 2009 über diese *Grant*-Programme mehr als 250 Milliarden US-Dollar an die Staaten (U.S. Census Bureau 2011).

Grundsätzlich bestehen drei verschiedene Arten von *Grants*:

Categorical Grants

Diese Programme binden Geldzuweisungen an eng gefasste Regeln und Auflagen für ihre Verwendung. Die Einhaltung der Auflagen kann nicht erzwungen werden, aber bei mangelnder Kooperation wird der Kongress die Zahlungen einstellen. Vermehrt werden *Categorical Grants* der Bundesregierung an *Matching Funds* gebunden, d.h. die Mittel werden von der Bundesregierung erst freigegeben, wenn die Regierung eines Staates oder eine Kommunalregierung dieselbe oder eine ähnliche Geldsumme aus eigener Kraft aufbringt. *Categorical Grants* machen knapp 90 % aller *Grants* der Bundesregierung aus, und praktisch alle Staaten sind für ihre Sozialausgaben auf diese Zuwendungen angewiesen.

Block Grants

Sie bestehen seit 1966 und sind oft konsolidierte *Categorical Grants*. In der Regel unterscheiden sich *Block Grants* von *Categorical Grants* durch weniger Auflagen an die Geldempfänger und oft werden *Block Grants* in einer Summe ausgezahlt. Staaten können zudem selbst entscheiden, wie sie das erhaltene Geld ausgeben. Es ist leicht ersichtlich, dass die derzeit 21 bestehenden *Block-Grant*-Programme mit einem Volumen von über 58,4 Milliarden Dollar (2020) im Kongress nicht besonders beliebt sind. Präsident Trump wagte einen weiteren Vorstoß *Categorical Grants* in *Block Grants* umzuwandeln. Die Krankenversorgung für Bedürftige (*Medicaid*) sollte hierbei von bundesstaatlichem *Entitlement Spending* auf *Block Grants* an die Staaten umgestellt werden. Die Bundesregierung erwartet eine wesentliche Senkung der *Medicaid*-Kosten, allerdings würde den Einzelstaaten wohl die Medicaid-Mittel erheblich gekürzt werden. Wie sich das in der Praxis auswirkt und ob diese Regelung die Trump-Regierung lange überdauert, wird sich erst zeigen.

Unfunded Mandates

Unfunded Mandates sind Gesetze oder Verordnungen, nach denen ein Staat oder eine lokale Regierung bestimmte Maßnahmen umsetzen muss, ohne dass der Bund Mittel für die Erfüllung der Anforderungen bereitstellt. Kraft der *Necessary and Proper Clause* ist dem Kongress in Washington ohne weiteres vorbehalten, Gesetze zu verabschieden, die weitgehend die einzelnen Staatenregierungen betreffen. Beispiele sind etwa Umweltvorschriften wie die *Clean Air and Clean Water Acts*, nach denen die Regierungen der Bundesstaaten bestimmte vorgeschriebene Standards durchsetzen müssen, oder der *Americans with Disabilities Act,* der in regelmäßigen Abständen erneuert wird. Das Gesetz verlangt z.B. einen adäquaten Zugang zu öffentlichen Gebäuden für Rollstuhlbenutzer, überlässt die Finanzierung dieser Maßnahmen aber den Staaten. Da die Auflagen meist per Bundesgesetz verordnet sind, sie aber Ausgaben von Staaten- und Kommunalregierunen erfordern, werden *Unfunded Mandates* häufig kritisch angesehen. Mit dem *Unfunded Mandate Act* von 1995 sollte Geld für bestimmte *mandates* nachträglich zurückerstattet werden, dieser scheiterte jedoch im Kongress.

Fragen

- Was bedeutet Trennföderalismus?
- Warum ist der 10. Verfassungszusatz für den Föderalismus in den USA bedeutend?
- Warum war der 16. Verfassungszusatz aus dem Jahre 1913 so bedeutend für die Entwicklung des politischen Systems?

Zur weiteren Lektüre empfohlen

Beer, Samuel H. (1998): To Make a Nation. The Rediscovery of American Federalism. Cambridge: Harvard University Press.

Dye, Thomas R. (1990): American Federalism. Competition Among Governments. Lexington: Lexington Books.

O'Toole, Laurence J. (2013): American Intergovernmental Relations. 5. Aufl. Washington, D.C.: CQ Press.

Peterson, Paul (1995): The Price of Federalism. Washington, D.C.: Brookings Institution.

Rodden, Jonathan A. (2006): Hamilton´s Paradox. The Promise and Peril of Fiscal Federalism. New York: Cambridge University Press.

Wright, Deil S. (1988): Understanding Intergovernmental Relations. 3. Aufl. Pacific Grove, Californien: Brooks/Cole.

Zimmerman, Joseph F. (2009): Contemporary American Federalism: The Growth of National Power. 2. Aufl. New York: State University of New York Press.

7. Politische Parteien

7.1 Parteien und Gewaltenteilung

Politische Parteien – oder vielmehr die Vorläufer in der Gründungszeit der USA – waren unter den Autoren der *Federalist Papers* nichts Erstrebenswertes. Die seinerzeit als *Factions* verstandenen Gruppierungen sollten so gut wie möglich aus dem politischen Prozess herausgehalten werden, da die Gefahr bestanden hätte, dass sie für Partikularinteressen eintreten. James Madison hat gar im berühmten *Federalist* Nr. 10 erklärt, dass es kein größeres Übel für die junge Demokratie geben könne, als die ‚gefährlichen Laster des Parteienkampfes'. Auch George Washington hatte in seiner Abschiedsrede vor den Parteien gewarnt: Er hatte den Eindruck, dass Parteien zersetzend auf die fragile junge Republik wirken könnten und erklärte sie zu den ‚schlimmsten Gegnern der Demokratie'.

Washingtons Vizepräsident und Nachfolger Adams bezeichnete Parteien noch als die *natürlichen Feinde* der Verfassung. Der dritte Präsident, Jefferson, wurde bereits als Führer einer parteiähnlichen Gruppierung gewählt: der *Democratic-Republican-Party*. Man kann daher seinen Amtsantritt im Jahr 1801 als den Beginn des ersten amerikanischen Zwei-Parteiensystems datieren. Selbst Madison, der Verfasser von *Federalist* Nr. 10, wurde schließlich 1808 als Parteiführer zum Präsidenten gewählt. Bis dahin erkannte er an, dass Parteien ‚a natural offspring of freedom' seien. Spätestens mit Andrew Jackson (1829–1837) galten die Parteien schließlich als wichtige Instrumente politischen Handelns, die bestrebt waren, möglichst alle drei Gewalten zu erobern: die Präsidentschaft, den Kongress und – zumindest indirekt – den *Supreme Court*. Genau dies hatten die Verfassungsväter eigentlich verhindern wollen. Ebenso wie die heutige Vormachtstellung der Präsidenten, gepaart mit einer relativ gehörigen Gefolgschaft etwaiger Kongressmehrheiten.

Das Parteiensystem in den USA wird im Grunde seit seinem Bestehen von der demokratischen und republikanischen Partei sowie ihren Vorläufern dominiert. In über zwei Jahrhunderten konnte keine andere Partei die starke Stellung dieser beiden durchbrechen. Dabei gäbe es eine ganze Reihe an Parteien in den USA, wie die *Libertarian Party* oder die *Party for Socialism and Liberation*. Diese befinden sich jedoch außerhalb des politischen Mainstreams.

Von Beginn an sind die USA von zwei konkurrierenden Denkschulen geprägt: der Hamilton'schen und der Jefferson'schen Tradition. Diese Teilung entspricht dem Konflikt zwischen *Federalists* und *Anti-Federalists* (Reichley 1999: 13). Diese Strömungen standen schon bei der Staatsgründung für die Interessen der unterschiedlichen sozialen Gruppen in den USA. Jefferson und Madison plädierten in den 1790er Jahren für eine größere Distanz gegenüber Großbritannien. Hamilton und Adams dagegen befürworteten aus Angst vor den Ausartungen der Französischen Revolution einen politischen Kompromiss mit Großbritannien. Jeffersons Parteigänger waren die Vertreter der ländlichen Demokraten, während die *Federalists* Zuspruch bei den Kapitaleignern in den Großstädten fanden und von ihren Gegnern als Aristokraten diffamiert wurden.

Federalists und *Anti-Federalists* waren zwar kaum politische Parteien, in dem Sinne, wie wir sie heute kennen; sie prägten aber durch ihre weltanschaulichen Orientierungen die öffentliche Debatte. Trotz aller Unterschiede bekannten sich beide Parteien gleichwohl zu den in der amerikanischen Verfassung verankerten Normen. Eine gesellschaftliche Identifikation ließ sich indes nur mit inhaltlicher Breite und relativer institutioneller Schwäche herstellen. Hinzu kommt das einfache Mehrheitswahlrecht (*Winner take all*, siehe hierzu Kapitel 8), das die Benachteiligung dritter Kandidaten noch verstärkt.

Die beiden großen amerikanischen politischen Parteien haben sich im Lauf ihrer Geschichte mehrmals gewandelt und auch im 21. Jahrhundert sind bereits große Veränderungen aufgetreten. Amerikanische Parteien waren nie straff organisierte, homogene Organisationen mit einem inhaltlich fixierten, polarisierenden Parteiprogramm gewesen. Dies beginnt sich jedoch zu ändern.

7.2 Geschichte der amerikanischen Parteien

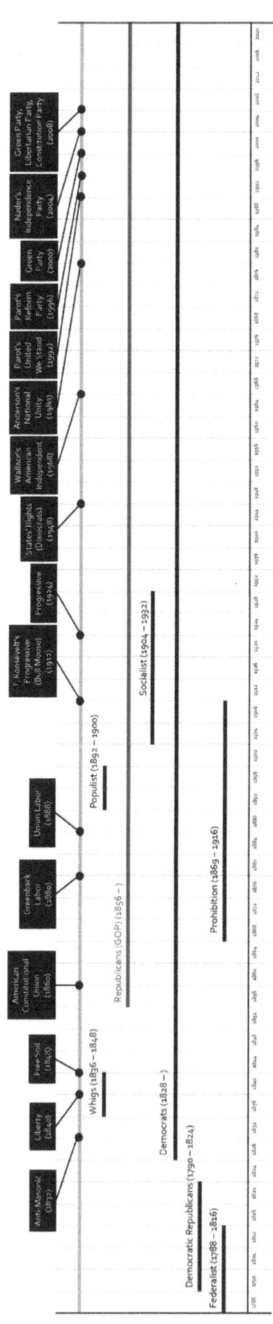

Abbildung 7.1: Stammbaum der Demokratischen und Republikanischen Partei, Quelle: Lowi et al. 2012: 536 / Eigene Erweiterung

7.2.1 Die Anfangszeit der Vereinigten Staaten

Politische Parteien gab es bereits vor der Unabhängigkeit des Landes. Schon während der *Constitutional Convention* formierten sich *Factions*, die über den künftigen Standort der Hauptstadt, die Fiskalpolitik und eine föderale Struktur debattierten. Diese Gruppierungen verfügten über keine organisatorische Geschlossenheit und waren eher ein Ergebnis politischer Debatten, als dass sie klar eine Konfliktsituation vertraten. Diese informellen Gruppen waren charakteristisch für die Entstehungszeit der USA, die zudem die wirtschaftlichen Interessen ihrer Staaten gegenüber dem Bund verteidigten. Eine nationale Politik bestand während der Zeit der *Articles of Confederation* ohnehin kaum, sodass eine Interessenaggregation auf gesamtstaatlicher Ebene wenig Sinn ergab. Die Verfassung von 1787 enthält keinen Orientierungspunkt für die Stellung politischer Parteien im politischen System. Sie werden dort nicht einmal erwähnt. Die Debatte um die Verfassung führte eine gesamtstaatliche Konfliktlinie in die öffentliche Diskussion ein, nämlich die Frage nach der Gestaltungsart der föderalen Gewaltenteilung. Vor dem Hintergrund der Debatte um die Stellung der Bundesregierung begannen sich zwei Gruppen zu verfestigen, die in der Folge den Grundstein für das noch heute bestehende Parteiensystem legten.

Der Entstehungspunkt amerikanischer Parteien im modernen Sinne lässt sich auf das Jahr 1800 datieren. Damals übernahmen Organisationen zweier Lager parteiähnliche Funktionen, die bis in die Gegenwart reichen. Die *Democratic-Republicans* waren aus den *Anti-Federalists* hervorgegangen und organisierten sich, um Jefferson ins Präsidentenamt zu bringen. Die Partei hatte keine Organisation mit festen Strukturen, auch wenn in bemerkenswert vielen Regionen *Local Chapters* entstanden waren (Aldrich 1995: 72). Hamilton, Jeffersons Rivale, war der Anführer der eher zentralistischen *Federalists*. Sowohl *Federalists* als auch *Democratic-Republicans* wurden damit um die Jahrhundertwende zu den konkurrierenden Kräften in der Bundespolitik. Trotzdem waren beide Gruppen nicht in der Lage, ein einheitliches Programm zu entwerfen, eine Parteiorganisation mit einer breiten Mitgliedschaft zu unterhalten oder gar eine Art Fraktionsdisziplin im Kongress durchzusetzen.

Nach Aldrich lässt sich bei einer Auswertung der *Roll Call*-Abstimmungen im Kongress des frühen 19. Jahrhunderts zwar durchaus ein Zwei-Blöcke-System identifizieren, das aber nicht durch den alles dominierenden Konflikt zwischen *Federalists* und *Anti-Federalists* gekennzeichnet war. Meist waren dies politische Auseinandersetzungen zwischen Vertretern unterschiedlicher geografischer Regionen (Aldrich 1995: 75). Jeffersons *Democratic-Republicans* vertraten Agrarinteressen im Süden und zeigten bereits durch ihren Namen die Sympathien für die Ideen der Französischen Revolution. Sie standen für eine Annäherung an Frankreich. Die *Federalists* um Hamilton legten ihren Schwerpunkt vor allem auf den transnationalen Handel. Sie waren der politischen Elite eher affin und erstrebten eine verstärkte Kooperation mit Großbritannien.

Obwohl sich bereits relativ klare Positionen in den jeweiligen Blöcken abgezeichnet hatten, war das Umfeld für eine Etablierung als Parteien ungünstig und

Washingtons Warnung vor den Unwägbarkeiten parteipolitischer Verwicklungen wirkte nach. Von einem Parteien*system* in den frühen Jahren der Republik kann daher nicht gesprochen werden. Die Vereinigungen der einzelnen Politiker glichen kaum dem, was wir heute unter dem Begriff ‚Partei' verstehen – obwohl hier ihr Ursprung liegt. Zudem stand das Abstimmungsverhalten der Parlamentarier kaum im Zeichen der beiden politischen Pole. In den beiden Jahrzehnten nach Jeffersons Wahl nahm die Bedeutung der Parteien weiterhin ab. Die sukzessive Ausweitung des Wahlrechts auf Bürger ohne Besitz schuf eine klare Vormachtstellung der agrarisch geprägten *Democratic-Republicans* gegenüber den elitären *Federalists*. Dies machte weitere Parteien nahezu obsolet und es oblag den Präsidenten vielmehr, die Nation als eine Partei zu führen.

Im Gegensatz zu der Bedeutung, die moderne Parteien in Demokratien haben, waren die *Democratic-Republicans* und die als Nachfolger der *Federalists* entstandenen *National Republicans* unterentwickelt. Amerikanische Politik war weitgehend Eliten vorbehalten, auch wenn vor allem Jeffersons Gefolgsleute sich als Fürsprecher der Landwirte und mittelständischer Geschäftsleute profilieren konnten. Wegen fehlender nationaler Organisation und eines die Parteien zusammenhaltenden Weltbildes fehlte die Kohärenz, um sich gegen Abgeordnete mit ihrer Loyalität zu lokalen Interessen durchzusetzen. Die Rolle der Parteien war bestenfalls auf ein Ordnungsprinzip in den Kongressen beschränkt.

Kernsatz

Die Democratic-Republicans entstanden aus den Anti-Federalists. Aus den Federalists entwickelten sich die National Republicans. Beide 'Parteien' hatten lediglich die Ordnungsfunktion in den Kongressen inne.

7.2.2 Parteien während der Jacksonian Democracy

Ein Parteienwettbewerb begann ab den 1820er Jahren. Die Ausdehnung der politischen Partizipation während der *Jacksonian Democracy* zwischen 1824 und 1832 machte vor den Parteien nicht halt. Ausgehend von seiner Niederlage bei den Präsidentschaftswahlen 1824 startete General Andrew Jackson eine Kampagne gegen das bestehende Wahlsystem, da er, wie Hillary Clinton im Jahr 2016, die meisten Stimmen landesweit gewonnen, aber keine Mehrheit im Wahlleutesystem errungen hatte. Das Repräsentantenhaus wählte schließlich den Präsidenten und Jackson unterlag.

In den Jahren 1824–28 entstand das ‚zweite Parteiensystem'. In dieser Zeit spalteten sich die *Democratic-Republicans* in die Jackson-Fraktion, aus der in den 1830er Jahren die Demokratische Partei hervorging und in die Henry-Clay-Fraktion. Diese wurde später zur *Whigs* Partei.

Jackson sorgte dafür, dass sich in den Jahren bis zur nächsten Präsidentschaftswahl die Stellung der Parteien im politischen System veränderte. Begünstigt wurde diese Renaissance der Parteien durch die Erweiterung des aktiven Wahlrechts. Fast alle Staaten schrieben in den 1820er Jahren die Bestimmung des *Electoral Colleges* durch allgemeine Wahlen fest. Die persönliche Beliebtheit eines Kandidaten wurde erstmals zu einem Erfolgsfaktor bei Wahlen und fokussierte die Aufgabe der Parteien wieder stärker darauf, einen Kandidaten ins höchste Amt zu bringen. Mit Hilfe des Demokratischen Senators Martin van Buren, der im Senat die Wahl orchestrierte, gewann Jackson 1828 die Präsidentschaftswahlen. Zugleich betraten die gegen Jackson opponierenden *Whigs*, die in der Tradition der *Federalists* standen, die parteipolitische Bühne. Im Jahr 1854 sollte aus den *Whigs* die *Republican Party* hervorgehen.

Jackson und Van Buren formierten im Grunde die *Democratic Party* und diese wandelte sich im Wahlkampf für Jacksons erste Amtsperiode zu einer Organisation der Wählermobilisierung. Vor den Wahlen 1828 hatte van Buren eine Koalition zur Unterstützung von Andrew Jackson organisiert, die in einem Parteiausschuss (*Caucus*), der *Democratic Alliance,* versammelt war. Dieser Ausschuss bestand zwar weitgehend aus Parteieliten und Amtsträgern, jedoch wurden Konturen einer Parteiorganisation sichtbar. Die *Democratic Alliance* sorgte für die Koordination von Bundeswahlkampf und Staatenparteien, obwohl die Wahlkampfkommunikation sich vorwiegend unter Regierungseliten abspielte. Van Burens Ausschuss brachte Zeitungen als Wahlkampfmittel heraus und betätigte sich in der Einwerbung von Geldern für Andrew Jacksons Wahlkampf. Die Wahlbeteiligung stieg vor dem Hintergrund Jacksons und van Burens Wahlkampf 1828 im Vergleich zu 1824 um mehr als das Doppelte von 26,5 % auf 56,3 % (Aldrich 1995: 104, 111). Unter der Führung von Senator van Buren nahm die Demokratische Partei damit Funktionen wahr, die heute noch zum Repertoire amerikanischer Parteien zählen. Die Wahl Jacksons zum Präsidenten 1828 krönte diese Strategie schließlich mit Erfolg. Zum ersten Mal in der amerikanischen Geschichte hatte eine politische Partei einen Weg gefunden, potenzielle Wähler – zumindest für den Wahltag – verlässlich an sich zu binden.

Die rapide Ausweitung der Zahl der Wähler in den 1820er und 1830er Jahren zwang die amerikanischen Parteien einerseits, Wähler zu mobilisieren und andererseits, eine Mehrheit unter ihnen zu sichern. Ein Ergebnis der Parteien- und Gesetzesreformen, während der *Jacksonian Democracy,* war die Ausdehnung politischer Partizipation (Lowi 1999: 174). Die Rolle der Parteien erweiterte sich zu organisierten Präsidentenwahlvereinen mit Anhängerschaft. Dies war zunächst vor allem bei der Demokratischen Partei der Fall. Ein inhaltliches Profil bildete dies jedoch nicht. Die Einführung nationaler Delegiertenversammlungen der Parteien (*National Conventions*) im Jahr 1832 stärkte die bis dahin schwachen lokalen Parteiorganisationen: Sie entschieden über die Entsendung der Delegierten zu den *National Conventions.*

1848 gründeten die aus den *Democratic-Republicans* hervorgegangenen Demokraten ihr erstes *National Committee,* das den bescheidenen Beginn einer nationalen Parteiorganisation darstellte; 1856 zogen die Republikaner nach. Der Zweck dieser Ausschüsse blieb zunächst auf die Koordination der *Conventions* beschränkt. Erst nach dem Bürgerkrieg und dann vor allem im 20. Jahrhundert kam die Notwendigkeit dazu, Wahlkämpfe zu organisieren. Das Zwei-Parteiensystem, das die *Jacksonian Democracy* hervorgebracht hatte, geriet jedoch in den 1850er Jahren, insbesondere aufgrund der Sklavereifrage, unter Druck und sah den Zusammenbruch der *National-Republicans* bzw. *Whigs*. Im Jahr 1854 entstand aus deren Resten die moderne Republikanische Partei (die *Grand Old Party*), die seit dieser Zeit zusammen mit den Demokraten das Zwei-Parteiensystem der USA bildet.

Inhaltlich opponierten Republikaner und Demokraten oft stark. Während die Republikaner eine offene Einwanderung aus Europa, vor allem von Katholiken, ablehnten, war dies für die Demokraten opportun. Die Republikaner wollten die industrielle Revolution anfeuern, die Demokraten warnten jedoch vor den Effekten einer verstärkten Industrialisierung – obwohl sie der Freien Marktwirtschaft wesentlich offener gegenüberstanden. Es war jedoch die Frage der Sklaverei, bei der am wenigsten Einigkeit herrschte: Die Republikaner standen der Sklaverei skeptisch gegenüber und Teile der Partei wollten sie generell abschaffen. Die Demokraten beharrten jedoch auf den Beibehalt der ‚*Peculiar Institution*' – ein damals viel genutzter Euphemismus für die Versklavung von Menschen.

7.2.3 Bürgerkrieg

Die Frage der Sklaverei wurde in der Mitte des 19. Jahrhunderts zu einer nationalen Kontroverse und hatte erhebliche Auswirkungen auf die Parteienlandschaft. Wählerkoalitionen änderten sich in ihrer geografischen Verteilung, die Demokraten wurden noch stärker als zuvor eine Partei des amerikanischen Südens. Die *Whigs* zerfielen gar aufgrund innerparteilicher Differenzen zwischen Vertretern des Südens und des Nordens über die Sklavereifrage. Aus den Vertretern des Nordens ging schließlich die Republikanische Partei hervor und 1854 traten schließlich Abgeordnete der *Whigs* als ihre Vertreter bei Kongresswahlen an. Im Norden der USA war diese neue Partei sehr erfolgreich, da sie sich auf alte Wählerkoalitionen des Nordens und Nordostens stützen konnte. Die Republikaner konnten ohne Übergangsverluste die Rolle einer zweiten Massenpartei wahrnehmen und hatten sich bereits nach wenigen Wahlen als solche etabliert. Aldrich erklärt den raschen Umschwung mit der *Ambition*-Theorie, wonach beim Abstieg der *Whigs* klar war, dass in Zukunft nur die Republikanische Partei den Weg in die höchsten Ämter ebnen würde und somit den *Whigs* nahestehende Abgeordnete den Weg in den Kongress über die Republikaner suchten (Aldrich 1995: 145).

Im Disput über die Sklavereifrage brach schließlich der amerikanische Bürgerkrieg aus. Entsprechend bildete sich schließlich die Landkarte der Sieger und Verlierer in den Kriegsjahren von 1861 bis 1865 im amerikanischen Parteienwesen ab: Der Norden, insbesondere seine industriellen Zentren, sicherten der Republikanischen Partei relativ stabile Mehrheiten, der im Krieg unterlegene Süden wurde zur Hochburg der Demokraten. Die Republikaner profitierten in den folgenden Jahren von der erfolgreichen Industrialisierung und dem Wirtschaftsaufschwung im Nordosten. Darüber hinaus sicherte ihnen Lincolns stilisierte Rolle als Bewahrer der amerikanischen Nation breite Mehrheiten in der Bundespolitik.

7.2.4 Die Ära der Machines

Als *Machines* wurden ab dem 19. Jahrhundert informelle Organisationen bezeichnet, die wirtschaftliche Interessen und Ämterpatronage mit Mitarbeit in der Lokalpolitik sowie strenger Parteiloyalität verbanden. Die bekannteste *Machine* in den USA war *Tammany Hall*. Sie war eine New Yorker Parteiorganisation, die als Synonym für die Praktiken der *Machines* gilt.

Exkurs: Praktiken der *Machines*

- *Machines* stellten Dienstleistungen bereit, die hauptsächlich für Einwanderer essenziell waren. Anführer von *Machines* lockten potenzielle Mitglieder damit, Arbeitsplätze und Sozialfürsorge beschaffen zu können und verlangten im Gegenzug deren Wählerstimmen. Eine geschlossene ideologische Identität oder ein Parteiprogramm war innerhalb der *Machines* nicht vorhanden.
- *Machines* waren straff und paternalistisch geführte Organisationen, mit einer Machtkonzentration bei den Anführern, den *Bosses*. Das hierarchische Mitgliedersystem bot Vorteile vor allem durch Patronage bei der Verteilung öffentlicher Ämter. Nach außen hin wurde ein Eintreten für das Gemeinwohl kommuniziert, aber jedes Mitglied einer *Machine* war letztlich gezwungen, deren Interessen zu unterstützen. So sollte die Grundlage für weitere Mitgliederrekrutierung und Ämterpatronage erhalten bleiben.
- *Machines* konzentrierten sich geografisch auf große Städte, insbesondere Einwandererhäfen. *Machines* waren dort besonders stark, wo mittellose Einwanderer Arbeitsplätze, Wohnungen und Kontakt zu ihren Landsleuten haben wollten.
- *Machines* waren stets von Korruptionsverdachten umgeben. Sie waren eng verwoben mit den Massen an Einwandern. Für sie waren die Dienstleistungen der *Machines* ein verlockendes Angebot, um in der neuen Welt Fuß zu fassen. Aus diesem Grund wurde den *Machines* vorgeworfen, Politik eben nicht für das Gemeinwohl, sondern zum Vorteil ihrer Wählerbasis zu betreiben. Damit wurden sie zu einem Synonym für zwielichtige Praktiken von politischen Parteien und die Vermischung von persönlichen Geschäfts- und Amtsinteressen (LaCerra 1997: 2). Bereits zu Beginn des 20. Jahrhunderts gerieten die *Machines* vor allem in die Kritik des populistischen *Progressive Movement*, das die *Machines* für Verschwendung und unredliche Praktiken in der Politik verantwortlich machte. Dieser Bewegung und ihrer Abneigung gegen den als undemokratisch empfundenen Führungsstil der Parteibosse ist die Einführung der Vorwahlen bei Präsidentschaftswahlen zu verdanken. Der Leitgedanke war, die Kandidatenaufstellung von den ‚unsauberen' Machenschaften der Parteiorganisationen zu lösen.

Die Verschärfung der Einwanderungsregelungen entzog in den 1920er Jahren indes den bereits geschwächten *Machines* die personelle Grundlage. Außerdem bedeuteten die extensiven Sozialprogramme des *New Deal* eine direkte Konkurrenz für die *Machines*: Nun konnten mit Bundesmitteln Sozialprogramme zur Verfügung gestellt werden, ohne diese von der Loyalität gegenüber einer politischen Partei abhängig zu machen. Spätestens nach dem Zweiten Weltkrieg hatten sich die sozialen Bedingungen der Zielgruppen für *Machines* deutlich verbessert, so dass kaum noch eine Notwendigkeit bestand, sich auf die Dienste der *Machines* einzulassen. Zudem erschwerte die Konsolidierung des Berufsbeamtentums die Möglichkeiten der Ämterpatronage.
Eine Konkurrenz zu den *Machines* waren auch die um die Jahrhundertwende zum ersten Mal eingeführten Vorwahlen. Minnesota und Florida waren die ersten Staaten, die um 1900 auf dieses System setzten. Heute haben nahezu alle Staaten ein Vorwahl-System (vgl. Kapitel 8).

Im Jahr 1910 gab es im Repräsentantenhaus eine Revolte gegen den Republikanischen *Speaker*, Joseph Cannon. Cannon hatte als Vorsitzender des *Rules Committee* eine enorme Machtfülle im Kongress und damit gleichsam alle wichtigen Funktionen, von der Ausschussbesetzung bis zu den Abstimmungsregeln, an sich gezogen. Er regierte mit einem Zirkel loyaler Parteigänger. Frustrierte Republikaner und die *Progressives* enthoben Cannon schließlich seines Vorsitzes im *Rules Committee*. Als Konsequenz lockerte sich die starke parteipolitische Durchdringung der Kongressorganisation. Das Senioritätsprinzip gewann in der Folge wieder eine höhere Bedeutung bei der Besetzung der Ausschüsse und des *Majority Leader*-Amtes. Das Repräsentantenhaus änderte seine Geschäftsordnung mit der *Norris-Resolution* dahingehend, dass Personalauswahl und Gesetzesarbeit bei den Fraktionen und Ausschüssen lagen. Die Resolution besagte in ihrer modifizierten Form Folgendes:

- Es war dem *Speaker* verboten, Ausschussangehörige einzusetzen;
- der *Speaker* durfte nicht länger dem *Rules Committee* angehören;
- die Besetzung des *Rules Committee* wurde auf sechs Sitze für die Angehörigen der Mehrheitspartei und vier für die Minderheitspartei beschränkt.

Exkurs: Chicagos ‚Big Boss'

Die letzte große *Machine* bestand rudimentär noch bis knapp über einem Jahrzehnt in Chicago unter dem Bürgermeister Richard M. Daley, der Sohn von Richard J. Daley – einer der mächtigsten Parteibosse in der amerikanischen Nachkriegsgeschichte. Richard J. Daley gilt als der letzte ‚Großstadt Boss'. Es ist kein Zufall, dass beide Präsidentschaftskampagnen Obamas ihr Wahlkampfzentrum in Chicago hatten. Auch Daleys Bruder, William M. Daley, wurde White House Chief of Staff unter Obama. Trotz dem Ende der Ära der *Machines* bot ihr ehemaliges Umfeld nach wie vor die Möglichkeit auf einen großen politischen Einfluss.

Die große Depression und der *New Deal* erschütterten nicht nur die gesamte Gesellschaft, sondern auch das amerikanische Parteiensystem. Zu Beginn des 20. Jahrhunderts waren die Parteien mit vergleichsweise festen Wählergruppen regional verankert. Der amerikanische Süden und die Arbeiterbezirke in den Industriestädten des Nordens bildeten Hochburgen der Demokraten, der Westen und Norden, mit Ausnahme Neuenglands und Kaliforniens, waren das Kernland für die Republikanische Partei.

Bei den Präsidentschaftswahlen 1932 und 1936 vollzog sich eine Wanderung traditioneller Wählerschichten zugunsten der Demokraten. Die wirtschaftliche Depression in den 1930er Jahren verbreiterte die Basis der Demokraten in den großen Städten. Dieses *Realignment* brachte große Teile der Südstaatenbevölkerung, Arbeiter, Juden, Katholiken, Afroamerikaner, Bauern, städtische Intellektuelle, Gewerkschaftsanhänger sowie Kleingewerbetreibende und Wähler im Einflussbereich der *Machines* zusammen. Sie wurden zur *New Deal Coalition* der Demokraten und diese Wählermehrheit verhalf der Partei zu Jahrzehnten politischer Dominanz.

Die Entstehung der ersten Elemente eines Wohlfahrtsstaates mit dem *New Deal* der 1930er Jahre war eine neue Herausforderung für die Parteien. Traditionell waren Regierungen in den USA nicht dafür zuständig, Sozialleistungen bereitzustellen. Dennoch wurden die Parteien durch das mittlerweile hereingebrochene Zeitalter der Massenkommunikation gezwungen, zu aktuellen sozialpolitischen Fragen öffentlich Stellung zu beziehen. Die Demokraten wurden über die *New Deal* Reformen in der öffentlichen Wahrnehmung zu der Partei des *Big Government*. Sie standen in der Tat für eine aktive Rolle der Bundesregierung in der Sozialpolitik, während die Republikaner vermehrt für einen schlankeren Staat und *Business*-Interessen einstanden. Der wirtschaftsliberale Einschlag der Republikaner hat seinen Ursprung in der Kontroverse um die *New Deal* Reformen.

7.2.5 Moderne nach 1945

Seit Franklin D. Roosevelt dominierten die Demokraten die Politik über den Rest des 20. Jahrhunderts. Sie stellten für die folgenden Jahrzehnte die Mehrheit der Präsidenten und verfügten häufig über Mehrheiten im Kongress. Die Basis dieser Machtfülle war jene *New Deal Coalition*. Hervorzuheben ist die Rolle des Südens, der seit dem Bürgerkrieg mehrheitlich fest zu den Demokraten stand und daher aus demokratischer Sicht als *Solid South* bezeichnet wurde. Obwohl der *Solid South* noch eine Weile bestehen würden, sank bereits 1948 die Unterstützung des Südens für den Demokratischen Kandidaten Truman. Dies lag nicht zuletzt daran, dass im selben Jahr eine dritte Partei bei den Wahlen antrat: die *Dixiecrats* des vormaligen Demokratischen Senators Strom Thurmond aus South Carolina. Thurmond repräsentierte den konservativen und rassistischen Flügel der Demokratischen Partei, deren liberale Wendung unter Truman für viele Wähler im Süden nicht akzeptabel war. Als Vertreter der *Dixiecrats* hatte er allerdings nur mäßigen Erfolg, der allein weißen Wählern im Süden zu verdanken war. Thurmond kehrte schließlich zu den Demokraten zurück. Allerdings setzten die *Dixiecrats* eine Revolution des amerikanischen Parteiwesens in Gang: Ein *Realignment,* das innerhalb der gesamten USA einen strukturellen Vorteil für die Republikanische Partei mit sich brachte.

In der Wahl von 1964 traten die Demokraten mit Lyndon B. Johnson für eine Ausweitung der Bürgerrechte ein. Hiervon profitierten die Demokraten im Süden einerseits, weil die nunmehr wahlberechtigten Afro-Amerikaner mehrheitlich für sie stimmten. Andererseits verloren die Demokraten weiße, konservative Wähler an die Republikaner, die 1964 mit Barry Goldwater einen strammen Konservativen aufboten, der besonders gegen den *New Deal*, aber auch den *Civil Rights Act* wetterte. Die Region war damit nicht mehr jener Block, der über Jahrzehnte mehrheitlich an die Demokraten gegangen war. 1968 folgte bei der Demokratischen Delegiertenversammlung ein weiteres entscheidendes Ereignis, als das *Democratic National Committee* den Staatendelegationen Vorgaben über die Auswahl der Delegierten machen wollte. Dabei handelte es sich vor allem um Quoten für Minderheiten und Frauen. Dies löste eine Revolte der Vertreter aus dem Süden aus. Spätestens zu diesem Zeitpunkt war das Band, das die heterogene Mehrheit von Wählern für die Demokraten zusammenhielt, gerissen. Von 1964 an löste sich die *New Deal Coalition* auf und setzte ein *Realignment* in Gang, mit dem vor allem weiße Konservative vermehrt ihre politische Heimat fest bei den Republikanern verorteten. Auch Thurmond wechselte 1964 zu den Republikanern.

Es war jedoch insbesondere Richard Nixons Wahl von 1972, bei der er mit seiner *Southern Strategy* den Süden und vor allem jene Weiße des Landes für die Republikaner gewann, die sich von der Politik vernachlässigt fühlten. In dieser Wahlkampfstrategie entstand die Idee der *Silent Majority*, um jene Leute zu erreichen, die 1968 noch für den Kandidaten der *American Independent Party*, George C. Wallace, gestimmt hatten. Die Republikaner wurden zur klaren konservativen und wirtschaftsliberalen Partei, die allerdings spätestens mit Ronald Reagan (1981–1989) auch auf die große Mehrheit der Evangelikalen zählen konnte. Katholiken waren früher Teil der *New Deal Coalition*, mittlerweile verteilt sich die Parteiaffiliation jedoch eher gleichmäßig. Die früher beständige Spaltung zwischen Katholiken und Protestanten ist heute obsolet, da vor allem konservative Christen relativ sicher zum Lager der Republikaner zählen. Die Demokraten behielten das Erbe des *New Deal* bei und wurden zunehmend zu einer sozialdemokratischen Partei, die zwar keine einheitliche Linie vertritt, dennoch einen geteilten Kern im Streben nach *Equality* hat.

Mehr als 120 Jahre galt die Herrschaft der Parteien als die kontinuitätsstiftende Konstante des politischen Systems, das einen Hang zur Fragmentierung und als Folge zum *Gridlock* aufweist. Die grundsätzliche Bedeutung der Parteien im Regierungsprozess wurde nie in Frage gestellt. Im Gegenteil: Führende Politikwissenschaftler der *American Political Science Association* forderten in einem einflussreichen Papier aus dem Jahre 1950, die Parteien so zu reformieren, dass sie besser zum verantwortlichen Regieren taugen würden. David Truman schrieb noch im Jahr 1971: „the national political party is the sole efficient means of producing union between the executive and legislative branches of the government" (zit. nach Sundquist 1988: 620). Auch sollten sie ideologisch abgrenzbarer werden, da in den 1950er Jahren nach der landläufigen Auffassung kaum ein Unterschied zwischen Republikanern und Demokraten bestünde.

Die Parteien wurden vor allem durch populistisch geprägte Reformen zu Beginn des 20. Jahrhunderts geschwächt. Hierzu zählt insbesondere die Einführung der Vorwahlen (vgl. Kap. 8). In diesen haben die Parteimitglieder und in den offenen Vorwahlen auch Nicht-Mitglieder das Recht, die Kandidaten zu nominieren. Die professionellen Parteiführungen wurden damit zunehmend entmachtet. Die Parteien verloren in der Folge dieser Demokratisierung ihre führende und integrierende Kraft. Regierungshandeln wurde wahlloser und damit anfälliger für *Gridlock*. Kandidaten wie Donald Trump oder die Erfolge von Bernie Sanders wären in früheren Zeiten vom Partei-Establishment verhindert worden. Diese *Gatekeeper*-Rolle gaben zuletzt die Demokraten mit der Reduktion der Super-Delegierten auf. Die Stimmen dieser Delegierten des Establishments zählen bei der Nominierung mehr als die jene einfacher Parteimitglieder.

In Folge gelang den Parteien immer seltener, verlässliche Mehrheiten und Koalitionen zustande zu bringen. Immer häufiger kam es zur gegenseitigen Blockade. Selbst wenn eine Partei die Legislative und die Exekutive stellte, konnte keine Rede mehr von *Party Government* sein. Gründe hierfür sind sowohl im veränderten Wählerverhalten als auch in Umbrüchen des politischen Systems zu suchen. Ihre volle Wirkung erhielt die in der Folge breiterer Mitbestimmungsrechte einsetzende Marginalisierung der Parteien und vor allem ihrer Führungen durch den gleichzeitigen Bedeutungsgewinn zweier anderer politischer Akteurinnen: der Interessengruppen und der Medien.

Im Lichte der modernen Entwicklungen einen absoluten Bedeutungsverlust amerikanischer Parteien anzunehmen, wäre indes falsch. Zwar sind sie nicht straff organisiert oder staatsrechtlich verankert und oft können einzelne Personen mehr Wähler mobilisieren als es die Parteien an sich vermögen. Auch wurden die Parteien in der jüngeren Zeit – vor allem durch Dynamiken der jeweiligen Basen – geschwächt; man kann sie aber kaum als *schwach* bezeichnen. Die Stellung individueller Personen mag tendenziell für den politischen Willensbildungsprozess ausschlaggebend sein, aber auch andere Organisationen, die parteiähnliche Funktionen übernehmen, können die politischen Parteien in den USA nicht wirklich ersetzen. Wohlfahrtsgruppen, Kirchen, Gewerkschaften, Wählermobilisierungskomitees und politische *Grassroots*-Organisationen sind auf nationaler Ebene für sich genommen zunächst relativ wirkungslos. Sie gewinnen ihre Macht erst dadurch, dass sie Koalitionen bilden. Die Parteiorganisationen der Demokraten und Republikaner mögen in ihrer Geschichte Kompetenzen eingebüßt haben, aber ihre Macht ist nicht auf eine andere, klar umrissene politische Organisationsform übergegangen.

Es ist kein neuer Trend, dass Integrationsdefizite in und um die Parteien herrschen. Bill Clinton musste beispielsweise erkennen, dass es seine eigenen Parteifreunde waren, die ihn in wichtigen Fragen im Stich ließen und sich sogar weigerten, den Präsidenten zu ihren Wahlkampfveranstaltungen einzuladen. Sie sahen in ihm bisweilen eine Gefahr für ihre Wiederwahl. Schon sein Demokratischer Vorgänger, Jimmy Carter, war weniger an seinen Parteigegnern als an seinen Parteifreunden Ted Kennedy und Tip O'Neill gescheitert. Während erstgenannter seine Niederlage in den Vorwahlen nicht verwinden konnte und im Senat alles tat, den Präsidenten schlecht aussehen zu lassen, organisierte O'Neill als *Speaker* und damit Vorsitzender des Repräsentantenhauses die parteiinterne Opposition gegen Jimmy Carter, den ungeliebten Erdnussfarmer aus Georgia. Carter hatte sich am Parteiestablishment vorbei, gestützt nur auf das populistische Element der Vorwahlen, in das Amt des Präsidenten hineingekämpft und musste während seiner Regierungszeit die Konsequenzen dieses Außenseitertums erfahren. Auch George W. Bush hatte in seiner zweiten Amtszeit mit wenig Rückhalt in der eigenen Partei zu kämpfen. Heute ist Bush in einigen Parteikreisen sogar persona non grata. Umso überraschender war es, dass im Grunde fast die gesamte Republikanische Partei zu dem Außenseiter und stark polarisierenden Präsidenten Trump stand. Generell sind die Republikaner geschlossener als die Demokraten, doch in diesem Fall ist eine weitere Schwächung der Parteien zu erkennen. Insbesondere das starke Kommunikationspotenzial Trumps ließ viele Republikaner auf seine Linie einschwingen. Dies sind jedoch nicht die einzigen Probleme der amerikanischen Parteien in der Gegenwart.

7.2.6 Amerikanische Parteien in der Gegenwart

Bis heute sind Demokraten und Republikaner anders als ihre europäischen Pendants keine Mitgliederparteien und sie weisen nach wie vor einen geringen Organisationsgrad auf. Mitunter werden sie zu Wahlkampfplattformen degradiert, da sie weniger über Parteiprogramme als eine ideologische Affinität verfügen. Für die amerikanischen Parteien sind es oftmals einzelne Personen oder vorhandene Strukturen als Policy-Vorschläge, die zu Mehrheiten führen. Kandidaten stehen heute mehr im Mittelpunkt der amerikanischen Politik, als es jemals zuvor gewesen sein mag. Zumindest suggeriert der Medienfokus, die Wahlkämpfe, die Berichterstattung und die Dominanz einzelner Personen, dass sie sowohl Parteien als auch die Politik dominieren. Dies war vor allem mit Donald Trump der Fall, der bis zum Ende seiner kontroversen Präsidentschaft die Partei fest unter Kontrolle hatte. Die wenigen Gegenstimmen waren entweder gewichtslos oder sie wurden von Trump eliminiert. Die Parteiorganisation der Republikaner ist im Vergleich zu ihren Demokratischen Kollegen straffer. Zudem ist das schnell gewachsene konservative Mediennetzwerk für die Republikaner eine exzellente Möglichkeit zur öffentlichen Kommunikation.

Kernsatz

Amerikanische Parteien sind eher Wahlkampfplattformen als organisierte Mitgliederparteien.

Obwohl auch bei den Demokraten – zumindest in Hinsicht auf Abstimmungen – die Parteidisziplin so hoch wie kaum zuvor zu sein scheint, haben sie das Problem, dass sie innerlich uneins sind. Sie sind zerrissen in zwei Lager: Dem eher zentrierten Establishment und dem stärker werdenden linken Flügel, dem vor allem durch die Popularität junger weiblicher Abgeordneter ein großer Einfluss auf die Partei zugerechnet werden kann. Mit der Forderung, der Polizei ihre Finanzierung zu entziehen, konnte der Flügel beispielsweise die Diskussion in der Präsidentschaftswahl 2020 deutlich beeinflussen. Für Joe Biden war dieser Standpunkt kaum vertretbar, dennoch war jener bei den Demokraten omnipräsent. Biden konnte derlei Fragen im Wahlkampf höchstens ausweichen – die Agenda wurde in dieser Hinsicht vom linken Flügel gesetzt. Dies lässt vermuten, dass die Präsidentschaft Bidens weiter ‚links' regieren wird, als dies ohne den Druck dieses progressiven Flügels der Fall sein würde.

Zu dieser Uneinigkeit kommen einige strukturelle Nachteile für die Demokraten: der Verlust des Südens als homogener Demokratischer Block, ungünstige Wahlkreiszuschnitte und eine ideologische Zersplitterung der verschiedenen Wählergruppen. Die Demokraten wären zwar die Mehrheitspartei in den USA, die Umsetzung dieses Vorteils wird jedoch oft von diesen Strukturen verhindert.

Im Gegensatz zu den Demokraten verfügt die Republikanische Partei über eine höhere Wählerkohäsion. Die alte Konfliktlinie in der Partei zwischen Vertretern des industrialisierten Nordens, die für eine aktive, wenn auch beschränkte Rolle des Staates eintraten, während Parteigänger aus dem Westen der USA dies emphatisch ablehnten, ist obsolet. Der Republikanischen Partei ist es hingegen gelungen, insbesondere religiös-konservative Wähler zu mobilisieren und parteipolitisch fest an sich zu binden. Die *Tea Party*-Bewegung hat die ideologischen Grundlagen der Partei aus der Zeit nach der Jahrtausendwende nicht nur aktualisiert, sondern radikalisiert.

Zwei grundlegende politische Denkmuster sind charakteristisch für die *Tea Party*. Zum einen ist eine stark sozialkonservative Grundhaltung erkennbar, die die Ideologie fundamentalistischer evangelikaler Gruppen in die Bewegung einbringen konnte. Das zweite wesentliche Element besteht in einer antistaatlichen, libertären Einstellung. Allen Strömungen in der *Tea Party* war die Ablehnung des Establishments gemein. Eine Haltung, die für die Republikanische Partei noch bestimmend werden sollte. Auch wenn die *Tea Party* heute kaum mehr existent ist, spielt die Bewegung jedenfalls *innerhalb* der Republikanischen Partei immer noch eine entscheidende Rolle: Sie wurde im Grunde zur *Make America Great Again* Bewegung. Damit wurden nicht nur Kandidaten wie Trump möglich, auch die politische Landschaft nahm an Polarisierung zu.

Obwohl der Süden gegenwärtig ein mehrheitlich ‚rotes' Amerika ist, kann die Republikanische Partei auch dort nicht mehr überall stabile Wählermehrheiten aufweisen – jedenfalls nicht bei Präsidentschaftswahlen. Unvorhergesehene Ereignisse können oft dünne Mehrheiten in Minderheiten verwandeln. So kam es, dass Trump 2020 beispielsweise Georgia verlor. Seit der Wahl des Demokraten aus dem Süden, Bill Clinton, im Jahr 1992 hatte kein Republikaner den Staat verloren. Ähnlich dünne Mehrheitsverhältnisse sind bisweilen auf Senats- und Hausebene zu finden – trotz eines für die Republikaner günstigen *Redistricting*.

Weiterhin wurden beide Parteien zu Bastionen von stark divergierenden politischen Lagern und die Politik zunehmend von den Flanken dominiert. Dies wird auch Joe Biden kaum ändern können, der zwar als Präsident für alle Amerikaner angetreten ist, dem Beschuss von beiden ideologischen Rändern jedoch kaum standhalten können wird. Bereits sein demokratischer Vorgänger Obama war unter einem ähnlichen Versprechen angetreten. Er musste jedoch schnell erkennen, dass die Republikanischen Abgeordneten unter *Tea Party* Einfluss eisern ihre Rolle als politischer Gegner wahrnahmen. Dies wurde besonders deutlich, als die Republikaner Mehrheiten im Repräsentantenhaus und im Senat erringen konnten. Von Mitregierung war hier keine Rede, dies kam eher einer Obstruktionspolitik gleich. Obama blieb kaum etwas anderes übrig als über Exekutivbefugnisse und mit der Unterstützung der demokratischen Minderheit zu regieren.

Das Beispiel Obama illustriert die großen Veränderungen im Vergleich zu vergangenen Zeiten. Als die politischen Parteien der Aufgabe des (Mit)Regierens nachkamen, war ein Politikstau eher die Ausnahme. Und selbst dann, wenn *Divided Government* herrschte, bestand in aller Regel eine stabile, parteienübergreifende Koalition. Für alle Gewaltenkonstellationen galt: Führung war möglich, und zwar entweder durch einen Präsidenten und seine verlässliche Parteimehrheit oder durch eine fest gefügte, auf Dauer angelegte parteienübergreifende Koalition. *Divided government* war seit 1945 eher die Regel als die Ausnahme, wie Tabelle 7.2 zeigt. Dies gilt zugleich für die Ablehnung von Zusammenarbeit.

Kernsatz

Gehen sowohl Präsidentschaft und die Mehrheiten beider Kammern des Kongresses an eine Partei, spricht man von *Unified Government*; *Divided Government* beschreibt die Konstellation, wenn die Mehrheiten im Repräsentantenhaus und/oder dem Senat einer anderen Partei zustehen als das Präsidialamt.

Tabelle 7.2: Zunahme von Divided Government nach 1945

Election Year	President	House of Representatives	Senate
1946	*D (Truman)*	*R*	*R*
1948	D (Truman)	D	D
1950	D (Truman)	D	D
1952	R (Eisenhower)	R	R
1954	*R (Eisenhower)*	*D*	*D*
1956	*R (Eisenhower)*	*D*	*D*
1958	*R (Eisenhower)*	*D*	*D*
1960	D (Kennedy)	D	D
1962	D (Kennedy)	D	D
1964	D (Johnson)	D	D
1966	D (Johnson)	D	D
1968	*R (Nixon)*	*D*	*D*
1970	*R (Nixon)*	*D*	*D*
1972	*R (Nixon)*	*D*	*D*

Election Year	President	House of Representatives	Senate
1974	*R (Ford)*	*D*	*D*
1976	D (Carter)	D	D
1978	D (Carter)	D	D
1980	*R (Reagan)*	*D*	*R*
1982	*R (Reagan)*	*D*	*R*
1984	*R (Reagan)*	*D*	*R*
1986	*R (Reagan)*	*D*	*D*
1988	*R (G. H. W. Bush)*	*D*	*D*
1990	*R (G. H. W. Bush)*	*D*	*D*
1992	D (Clinton)	D	D
1994	*D (Clinton)*	*R*	*R*
1996	*D (Clinton)*	*R*	*R*
1998	*D (Clinton)*	*R*	*R*
2000	*R (G. W. Bush)*	*R*	*D**
2002	R (G. W. Bush)	R	R
2004	R (G. W. Bush)	R	R
2006	*R (G. W. Bush)*	*D*	*D***
2008	D (Obama)	D	D
2010	*D (Obama)*	*R*	*D*
2012	*D (Obama)*	*R*	*D*
2014	*D (Obama)*	*R*	*R*
2016	R (Trump)	R	R
2018	*R (Trump)*	*D*	*R*
2020	D (Biden)	D	D***

* Die Demokraten erlangten die Kontrolle über den Senat, nachdem ein Senator von Vermont, James Jeffords, im Mai 2001 von den Republikanern zu den Independents gewechselt war (Abstimmung mit den Demokraten).

** Der Senat bestand aus 49 Demokraten, 49 Republikaner und zwei Independents.

*** Die Demokraten haben lediglich eine de facto Mehrheit im Senat. Sie haben 48 Sitze und zwei Independents, die dem Democratic Caucus angehören und i. d. R. mit den Demokraten stimmen. Eine strukturelle Mehrheit ist in diesem Fall nur möglich, weil ein 50:50 Split von Kamala Harris gelöst werden kann. Allerdings ist das keine sichere Mehrheit.

7.3 Parteienorganisation

Heute noch wird zur analytischen Betrachtung amerikanischer Parteien eine Typologie von Valdimer O. Keys verwendet: die Dreiteilung *Party-in-Government* (Partei in öffentlichen Ämtern) *Party-as- Organization* (Partei als Organisation in der Gesellschaft), und *Party-in-the-Electorate* (Partei in der Wählerschaft) (Key 1958).

7.3.1 Party-in-Government

Eine der wichtigsten Funktionen von Parteien im amerikanischen Regierungssystem ist die Herstellung einer übergreifenden Mehrheit im Kongress, die das Regieren in dem institutionell fragmentierten politischen System erleichtert. Eine gewisse Kohäsion sowie die Überwindung der fragmentierten Regierungsstruktur durch Mehrheiten ist in einer Konkurrenzdemokratie und zwischen den *Checks and Balances* des politischen Systems der USA unverzichtbar. Empirisch lässt sich feststellen, dass nicht nur *Divided Government* ein *Gridlock*-Faktor ist, sondern dieser bei Dominanz einer Partei durchaus häufig vorkommt: Die Parteien im Kongress bildeten in der Vergangenheit schließlich kaum eine homogene Einheit.

Als *Party-in-Government* oder *Party-in-Congress* ist die Gesamtheit der Abgeordneten einer Partei in einem Kongress bzw. in einer seiner Kammern und im Weißen Haus zu verstehen. Der Begriff abstrahiert von der Untersuchung der beiden großen Parteien und führt eine Definition ein, mit der die Partei über ihre Funktion bestimmt werden. Bei der *Party-in-Congress* sind die Parteiprofile von allen Regierungseinheiten am deutlichsten sichtbar. Die Untersuchung von *Party-in-Congress* offenbart auf den ersten Blick ein Spannungsverhältnis, das in den USA noch stärker als in anderen westlichen Demokratien ausgeprägt ist: Alle Kongressabgeordneten, die ihre politischen Karrieren oftmals nicht einer Partei verdanken, finden sich im Spannungsverhältnis von Parteifraktion (*Caucus* oder *Conference*) und Wahlkreis. Alle Abgeordneten, bisweilen nur unter Ausnahme der wenigen *Independents,* gehören einer Fraktion an, weil nur sie ihnen Chancen zur Durchsetzung ihrer Interessen einräumt. Die Mitglieder der Fraktionen stimmen heute zumindest bei wichtigen *Bills* in einer Linie. Wenn überhaupt, gibt es hierbei wenige Abweichler, so dass mittlerweile von einem *Party Voting* gesprochen werden kann. Dies hat auch mit der zunehmenden Polarisierung in beiden Häusern zu tun, da die Fraktionen einheitlich *gesorted* sind.

Die Stärken der *Party-in-Government* bestehen u. a. in den Sanktionsmechanismen, die ihr zur Verfügung stehen. Wie bereits gezeigt, finden Abstimmungen in Bundeskongressen weitgehend entlang von Parteigrenzen statt (vgl. Kapitel 3). Untersuchungen von *Roll-Call*-Abstimmungen in den Einzelstaaten zeigen regelmäßig, dass hier die Parteilinie schwächer ausgeprägt ist als auf der Bundesebene. Die amerikanische *Party-in-Government* nimmt zusammengefasst folgende Funktionen wahr:

Herstellung einer Partei

Die Funktion *Herstellung einer Partei* unterscheidet amerikanische Parteien am deutlichsten von ihren europäischen Pendants. Trotz bestehender institutioneller Pfadabhängigkeiten ist jeder neue Kongress gezwungen, eine Partei im Sinne einer gemeinsamen Einheit zu organisieren. Dabei fungiert die jeweilige *Party-in-Congress* zunächst als identitätsstiftende Organisationseinheit für alle Abgeordneten, die als Demokraten oder Republikaner gewählt wurden. Dieser Identitätsbasis verdanken die Abgeordneten z. T. ihren Wahlerfolg. Somit haben alle Abgeordneten ein Interesse daran, die fortgesetzte Funktion der Partei zu gewährleisten. Zugleich wird damit für die Abgeordneten ein Anreiz auf der inhaltlichen Ebene geschaffen, sich im Kongress als Demokrat oder Republikaner zu profilieren, um so die Voraussetzungen für ihre Wiederwahl zu schaffen. Die gemeinsame parteipolitische Identität ist eine wichtige Voraussetzung für eine Verbindung der Gewalten.

Dem Streben nach Parteikohäsion steht die institutionelle Fragmentierung des Kongresses entgegen (vgl. Kapitel 3). Alle Abgeordneten haben einen personenbezogenen Wahlkampf gewonnen, in dem sie sich als Einzelpersonen vor den Wählern aufstellen mussten, denen gegenüber sie nach der Wahl verantwortlich sind. Hinzu kommen gerade bei *Divided Government* eventuelle Loyalitäten gegenüber Teilen der Exekutive, insbesondere wenn diese für einen Abgeordneten wichtige Ressourcen bereitstellen können, wie etwa Arbeitsplätze im Wahlkreis.

Die Fraktionen bereiten typischerweise Gesetzentwürfe und Resolutionen vor, während Mehrheitsführer und *Whips* auf ein möglichst parteikonformes Abstimmungsverhalten achten. Insbesondere das *Rules Committee* im Repräsentantenhaus ist als ein Instrument der Parteipolitik politisch aufgeladen und wird regelmäßig mit überproportional vielen Abgeordneten der Mehrheitspartei besetzt – etwa im Verhältnis 2:1. Besonders bei einer schwachen Parteiführung ist das *Rules Committee* ein Notbehelf für die Durchsetzung der Interessen der Mehrheitspartei. Dieser Ausschuss ist ein Mittel des *Majority Leaders* und des *Speakers*, um loyale Abgeordnete an einer der politischen Schaltstellen im Repräsentantenhaus zu positionieren.

Die *Caucuses* haben in den letzten Jahrzehnten Aufgaben übernommen, die früher den *Speakers* vorbehalten waren. Die Republikanische Mehrheit im Repräsentantenhaus zwischen 1994 und 2006 hatte darüber hinaus einige Veränderungen bewirkt, die im Allgemeinen die Partei auf Kosten der Ausschussvorsitzenden stärkten.

Entwicklung und Durchsetzung einer legislativen Agenda

Auch bei der Parteienfunktion *Entwicklung und Durchsetzung einer legislativen Agenda* wird das Spannungsverhältnis zwischen Einzelabgeordneten und der Partei sichtbar. Dabei muss zunächst gefragt werden, wie die *Party-in-Congress* eine legislative Agenda entwickelt. Das Interesse der Parteiführung besteht darin, Mehrheiten im Kongress zu sichern. Dies steht nicht immer in Zielkongruenz mit den Interessen einzelner Abgeordneter, die sich vor allem auf ihre Wiederwahl und Vorteile für ihre Wahlkreise konzentrieren.

Wright erklärt die Reichweite der *Party-in-Congress* bei der Entwicklung einer legislativen Agenda so:

> „In presidential systems the parties are not primarily trying to promote the policies. That remains the task of interest groups, or their members' support, that parties adopt policy positions. Thus, [...] parties advance policy agendas only as a means of competing for electoral support from interest groups" (Wright 2000: 221).

Demnach ist im Kongress zwischen Parteieninteresse und dem Interesse von *Issue Coalitions* zu unterscheiden. In der Sichtweise von Wright ist die *Party-in-Congress* nicht als Initiator einer Gesetzesagenda zu verstehen, sondern als Filter, der parteipolitische Interessen verstärkt. In der Tat gibt der amerikanische Kongress in den meisten Politikfeldern nicht den Anstoß für Gesetzesvorlagen, sondern teilt sich diese Rolle mit der Exekutive und einem sich stets verändernden Feld von Interessengruppen und *Think Tanks*.

Ein Mittel, um mit der Entwicklung von Gesetzesvorhaben Schritt halten zu können, sind neben den Fachausschüssen informell organisierte *Policy Committees*. Sie dienen einer *Party-in-Congress* dazu, eine Gesetzesstrategie zu erarbeiten, die nicht von den Mehrheitsverhältnissen und eng umrissenen Zuständigkeiten der Fachausschüsse behindert wird. Diese informellen Zusammenschlüsse finden ihre Grenzen dort, wo ihre Arbeit wieder in die Fachausschüsse zur Abstimmung gelangt. Letztere sind an einzelnen *Issues* orientiert und verhindern tendenziell die parteipolitische Dominanz eines Themas.

An dieser Stelle offenbart sich die Schwäche der Parteien bei der *Policy-Making*-Funktion. Der *Democratic Caucus* und die *Republican Conference* müssen in erster Linie Parteikohäsion bewahren, was den Ausgleich zwischen unterschiedlichen Gruppen innerhalb der Parteien erfordert. Informelle Zusammenschlüsse, wie etwa eine *Conservative Coalition* bilden sich in erster Linie, um Sachfragen in konkrete politische Ergebnisse zu verwandeln und diese gegenüber ihren Parteiführungen zu vertreten. Das *Bipartisan Policy Making* nimmt allerdings schon seit den 1970er Jahren stark ab. Parteiübergreifende Gesetzesinitiativen kommen jedenfalls erheblich seltener vor als während der zweiten Hälfte des 20. Jahrhunderts. Meist beinhalten diese eher technische Regulierungen zur Wahlkampffinanzierung oder Wahlkreisreformen.

Die Herstellung einer legislativen Agenda, unabhängig davon wie substanziell sie ausfällt, ist für die Parteiorganisationen im Kongress in einer weiteren Hinsicht wichtig: Eine bestimmte Politik in der Hand der Mehrheitspartei gibt ihr ein immenses politisches Kapital. Sie kann mit einem *Legislative Bargaining* die anderen politischen Gewalten und Regierungseinheiten, wie die jeweils andere Kammer im Kongress, auf eine Linie bringen. *Legislative Bargaining* ist ein Verhandlungsprozess, den der Kongress vor allem mit der Exekutive suchen muss, um die gewünschten Ergebnisse zu erzielen. Rodriguez und Weingast betonen die Rolle, welche die *Party-in-Congress* bei der Herstellung einer Verhandlungsposition spielt:

> „the structure of legislative rules, party organization, processes, and mechanisms, are designed in part to facilitate legislative bargaining and statutory enactment by ensuring that decisions will be respected – or, perhaps more aptly, protected – by the body. Institutions are created by self-interested legislators in order to facilitate bargaining and control. When successfully constructed and maintained, these institutions guard against chaotic, unpredictable decisionmaking; they insure the maintenance of what has been called a *structureinduced equilibrium* which undergirds the industrial organization of Congress" (Rodriguez/Weingast 2003: 20).

Für die *Party-in-Congress* hat dies zur Folge, dass sie bei der Herstellung einer legislativen Agenda gegebenenfalls Kompromisse zwischen Parteieninteressen und denen der Kongressinstitutionen schließen muss. Das gilt insbesondere für die Minderheitspartei, die sich möglicherweise einen Vorteil verschafft, indem sie gemeinsam mit der Mehrheitspartei die Interessen der Legislative gegenüber anderen politischen Gewalten vertritt.

Dienste

Aus der Sicht einzelner Abgeordneter ist die Parteiorganisation im Kongress eine unverzichtbare Dienstleisterin. Die Zugehörigkeit zum Kongress bietet Vergünstigungen und Steuervorteile, einen höheren und prestigewirksamen Bekanntheitsgrad bei Wähler, eine verstärkte Medienpräsenz sowie die Möglichkeit, die Ergebnisse der Arbeit im Kongress als Vorteil für den Wahlkreis präsentieren zu können.

Darüber hinaus schaffen Parteien im Kongress Anreize für einzelne Abgeordnete, ihre Partei zu unterstützen: Sie bietet Zugang zu Führungspositionen, eine politische Identität und Unterstützung bei Wahlkämpfen. Die Hierarchie innerhalb der *Party-in-Congress* wirkt als Anreiz für die Abgeordneten, denn ein Aufstieg in der Partei hilft ihnen bei ihrer Wiederwahl, indem sie die öffentliche Aufmerksamkeit verstärkt, mehr Gestaltungsspielraum bei der Arbeit im Heimatwahlkreis bietet und persönliche Ambitionen befriedigt. In dieser Hinsicht besteht zwischen den Zielen eines einzelnen Abgeordneten und denen der Partei Kongruenz.

Die praktische Wahlkampfhilfe der *Party-in-Congress* verliert dagegen an Bedeutung. Die Parteien haben als Führungsgremien für Kongresswahlen ein *Democratic Congressional Campaign Committee (DCCC)* und ein *National Republican Congressional Committee (NRCC)* im Repräsentantenhaus und entsprechende Ausschüsse im Senat eingerichtet. Die Abgrenzung dieser beiden speziellen Organisationsformen der Parteien zur *Party-as-Organization* (s. u.) ist keineswegs klar, denn *DCCC* und *NRCC* gründen sich zum gleichen Zweck wie die landesweiten Parteiorganisationen: ihren Kandidaten in die angestrebten Ämter zu verhelfen. Sie sind deshalb als komplementär zu den Parteiorganisationen zu verstehen.

Heute treten alle Kandidaten, die ernsthafte Ambitionen auf einen Einzug in den Kongress haben, mit eigenen Wahlorganisationen an. In diesen fungieren Berater, die das gesamte Spektrum eines Wahlkampfes abdecken. Diese *Campaign Organizations* von Abgeordneten werden zudem von lokalen Parteiorganisationen, *Political Action Committees* und Interessengruppen vor allem finanziell unterstützt, so dass *DCCC* und *NRCC* bei neuen Abgeordneten nur eine untergeordnete Rolle spielen. Hinzu kommt, dass das traditionelle *Grassroots-Campaigning* heute vermehrt über Wählermobilisierungsgruppen und ad-hoc Organisationen stattfindet.

7.3.2 Party-as-Organization

Die amerikanischen Parteien sind weder verfassungsrechtlich festgelegt noch waren sie in dieser Form im System vorgesehen. Die Organisation von Parteien zu greifen ist aufgrund ihrer organischen Entwicklung innerhalb des Systems schwer, außerdem sind die Strukturen mitunter diffus. In den USA bestehen im Grunde tausende Demokratische und Republikanische Parteien. Neben der Organisation auf Bundesebene gibt es Parteiorganisationen in allen 50 Staaten und in den meisten *Counties* und Städten – oft sogar in einzelnen Stadtteilen. Ähnlich wie deutsche Parteien orientieren sich die amerikanischen in ihren Gliederungsebenen grob an der bestehenden Verwaltungsstruktur. In den USA sind die Parteien auf lokaler Ebene als *eigenständige* Einheiten zu verstehen und nicht als Untereinheiten der nationalen Parteiorganisation.

Zwischen den nationalen und lokalen Parteiorganisationen existieren wichtige Unterschiede hinsichtlich ihrer Funktionen. Amerikanische Parteien bestehen zunächst auf regionaler und lokaler Ebene. Ihr Organisationsbildungsprozess ist als *Bottom-Up*-Modell zu verstehen. Zwischen den einzelnen Organisationsebenen einer Partei gibt es formal nur wenige Berührungspunkte; überregional können sie sogar widersprüchlich sein. Die Parteiorganisationen sind nicht nur dezentral, sondern sie sind mitunter völlig unabhängig voneinander. Lange Zeit waren Parteien weniger als Organisationen, sondern mehr im Sinne von Wahlvereinen zu verstehen. Schließlich gibt es keine formalen Mitgliedschaften, wie dies in Deutschland der Fall ist. Eine Parteimitgliedschaft wird in den USA erworben, indem man sich im Wählerverzeichnis entsprechend registriert.

Aufgrund der Autonomie der einzelnen Parteieinheiten kommt es mitunter zu Konflikten entlang der föderalen Organisation der Parteien. Demokraten oder Republikaner auf lokaler Ebene stimmen oftmals nicht mit ihren Parteikollegen auf der Staatenebene überein, vor allem wenn es um die Verwendung von Bundesgeldern geht.

Die lokalen Parteien unterliegen hinsichtlich ihrer Organisation den Gesetzen der Einzelstaaten: Da politische Parteien in der Verfassung nicht aufgeführt sind, besteht kein bundesstaatlicher Regelungsbedarf. In allen amerikanischen Regierungseinheiten stehen sich Demokraten und Republikaner als die beiden wichtigsten Kontrahenten gegenüber, so dass deren Parteiorganisationen die Parteienlandschaft auf allen Organisationsebenen dominieren. Auch wenn die organisatorische

Kohäsion der *Machine*-Ära vorbei ist, existieren dennoch gut organisierte Parteiorganisationen vor allem in einigen wohlhabenden Großstadtvororten.

Jede Parteiorganisationseinheit der untersten Gliederungsebene wählt ihre Führungsgremien selbst. Darüber hinaus wird von ihnen für die nächsthöhere Ebene ein *County Committee* gewählt, das wiederum Vertreter in das *State Committee* und die Parteiversammlung auf Staatsebene *(State Convention)* entsendet. Das *State Committee* wählt den Parteivorsitz für den jeweiligen Staat. Die große Mehrheit der Staatengesetze sieht heute Vorwahlen für das Repräsentantenhaus, Senat und den Gouverneursposten vor; die *Conventions* haben dementsprechend an Bedeutung verloren.

Wahlen bilden regelmäßig den Anstoß für eine Neuordnung der bestehenden Parteistrukturen. Es bilden sich *Party Legislative Committees,* hauptsächlich um Kandidaten ihrer Partei mit Geld und Dienstleistungen zu unterstützen. Diese ad-hoc-Organisationen sind durchaus als Bestandteile von Parteien zu verstehen, dennoch ist ihre Reichweite im politischen Willensbildungsprozess beschränkt.

Auf der nationalen Ebene sind faktisch das *Democratic National Committee (DNC)* und das *Republican National Committee (RNC)* die Bundesparteien. Sie sind historisch als Folge der Einführung der Delegiertenversammlungen entstanden. Damit ist die traditionelle Rolle der Parteien vor allem auf die Nominierung von politischen Kandidaten beschränkt. Folgerichtig heißt es in einer Definition des Begriffs *political party* der *Federal Election Commission:*

> „[A political party is] an association, committee, or organization that nominates or selects a candidate for election to any Federal office, whose name appears on the election ballot as the candidate of such association, committee, or organization“ (Federal Election Commission 2004: 128).

Bei Präsidentschafts- und Kongresswahlen bilden die *National Conventions* sowie die *Campaign Committees* im Kongress zusammen mit *DNC* und *RNC* die amerikanische Demokratische und Republikanische Partei. In den letzten beiden Jahrzehnten haben die nationalen Parteiorganisationen eine Nische gefunden, aus der heraus sie dem bis in die 1980er Jahre allenthalben vorhergesagten Parteienniedergang trotzen konnten. *DNC* und noch stärker das *RNC* haben sich in den letzten beiden Jahrzehnten zu modern geführten, einflussreichen Dienstleistungsorganisationen entwickelt.

Nahezu alle Aufgaben, die die nationalen Parteiorganisationen ausüben, sind Koordinierungstätigkeiten, d. h. die amerikanischen Parteienorganisationen besitzen kaum eine originäre Zuständigkeit. Schon die Mitgliederstruktur verdeutlicht, dass die Parteien von regionalen Koalitionen abhängig sind. Alle Staaten entsenden Mitglieder, die größtenteils nach demselben Verfahren bestimmt werden wie die Delegierten zu *National Conventions.*

Darüber hinaus werben *DNC* und *RNC* für politische Kandidaten ihrer Parteien. Sie akquirieren und verwalten Wahlkampfspenden und nehmen als Parteiorganisationen eine besondere Stellung im Rahmen der geltenden Wahlgesetze ein, weil eine Partei höhere Spenden annehmen darf als Einzelpersonen. Dieses *Fundraising* kostet die Parteien jährlich dutzende Millionen US-Dollar, die für Wohltätigkeitsveranstaltungen, direkte Bürgerkontakte und die Anwerbung von Honoratioren aufgewandt werden müssen. Seit Jahrzehnten hat das *RNC* bei der Spendenwerbung einen Vorsprung vor den Demokratischen Konkurrenten. Auch im Wahlkampf 2020 lag Joe Biden und das *DNC* mit knapp 1,7 Milliarden Dollar hinter Donald Trump und dem *RNC* mit knapp 2 Milliarden – eine Rekordsumme. Die Republikaner sind straffer organisiert und haben früh damit begonnen, systematisch Daten über potenzielle Spender zu sammeln und engen Kontakt zu ihnen zu halten. Die Parteizentralen haben hier eine besonders wichtige Funktion inne, denn die monströsen Summen, die heute ein Wahlkampf kostet, könnten anders kaum gestemmt werden.

Parteiennetzwerke

Um die Parteien herum haben sich ganze Netzwerke von Akteuren gebildet, die zu großen Teilen außerhalb der Parteien stehen, mit ihnen jedoch auf einer politischen Linie liegen. Dazu zählen Wahlkampfberater, Interessengruppen, Think Tanks, *SuperPACs* (eine Art Wahlkampfvehikel, die Spenden für Kandidaten und Parteien sammeln), Medienorganisation oder Lobbyisten.

Die Vielzahl an Interessengruppen und spendenbereiten Einzelpersonen stellt die Parteiapparate vor die Herausforderung, möglichst viele Spender an sich zu binden und zugleich ihre Interessen zu bedienen. Daneben geben die Parteien Geld an Kandidaten ihrer Partei. Diese Beträge betragen meist etwa 10 % der Gesamtmittel eines Kandidaten. Zudem stehen auf der Ausgabenseite Zuwendungen an andere Parteiorganisationen. In der Regel fließen die Mittel von der nationalen Parteiebene an lokale Parteien, die mit dem Geld *Grassroots*-Initiativen zur Wählermobilisierung finanzieren.

Das dritte große Aufgabenfeld stellt die Bereitstellung von Dienstleistungen für Kandidaten der Partei dar. Hierfür haben sich die nationalen Parteiorganisationen zu professionellen Beratungsorganisationen in der Größe mittelständischer Unternehmen entwickelt. Im Zeitalter der Spezialisierung und Professionalisierung von Wahlkämpfen können die Parteiorganisationen den Stäben der einzelnen Kandidaten jedoch wenig entgegensetzten. Diese arbeiten in der Regel lieber mit langjährigen Vertrauten zusammen, als sich auf die Dienste von Parteiangestellten zu verlassen. Die Parteien stellen eher Mitarbeiter für einfachere Dienste, wie etwa Unterschriftensammlungen und Haustürkampagnen, zur Verfügung.

Auf allen Regierungsebenen nehmen Parteiorganisationen zusammengefasst folgende Funktionen wahr:

Interessenaggregation und -artikulation

Das moderne amerikanische Parteiensystem sieht die Parteiorganisationen als Mittlerinnen in einem Netzwerk von ihnen nahestehenden Organisationen, z. B. *Political Action Committees,* Medien, Interessengruppen und *Grassroots*-Organisationen. Je nach Themenbereich organisieren sich amerikanische Parteien in ad-hoc-Ausschüssen, die dadurch oftmals Teil eines *Issue Network* werden. Damit variiert die Bedeutung der Parteiorganisationen erheblich. In der Regel sind sie als ein Teil aller politischer Gruppen zu verstehen, die Interessen artikulieren. Die Bedeutung der Parteien kann als hoch eingeschätzt werden, wenn es ihnen gelingt, die Führung bei der Koordination aller an einem Wahlkampf beteiligten Gruppen zu übernehmen oder diese unter einem explizit Demokratischen oder Republikanischen Dach zu vermarkten.

Wahlkampfhilfe

Parteien können eine Reihe von Dienstleistungen bieten, um Kandidaten im Wahlkampf zu unterstützen. Die Wählermobilisierung erfolgt oft emphatisch mit Werbegeschenken, Gewinnspielen und Haustürkampagnen der Parteiangehörigen und freiwilligen Helfer. Parteiorganisationen sind in diesem Bereich Dienstleisterinnen unter vielen anderen. Es hängt maßgeblich von den einzelnen Kandidaten ab, inwieweit sie die Leistungen der Parteien in Anspruch nehmen.

Parteien können sich in der Regel einen Vorteil verschaffen, wenn sie frühzeitig junge oder unerfahrenere Kandidaten an sich binden. Kandidaten für die Kongresse in den einzelnen Staaten sind im Übrigen weitaus stärker von der Hilfe der Parteiorganisationen abhängig als etablierte *Incumbents.*

Darüber hinaus bewegen die Parteien ihnen nahestehende Organisationen, wie z. B. Gewerkschaften oder religiöse Vereinigungen, dazu, ihren Mitgliedern einzelne Kandidaten zu empfehlen. Hier wird erkennbar, dass Parteiorganisationen meist nur in Zusammenarbeit mit anderen Organisationen wirkungsvolle Wahlkampfdienste leisten können. Besonders deutlich zeigt sich dies bei der Einwerbung von Wahlkampfspenden durch die Parteien.

Die nationalen Parteiorganisationen verfügen über eigene Trainingszentren für Kommunikationsstrategien, politisches Marketing und Medienstudios für Wahlkämpfe. Prinzipiell stehen diese allen für die Partei interessanten Personen offen. Damit haben sich die Parteien wieder einen komparativen Vorteil gegenüber anderen Gruppen erworben, denn sie bieten Kandidaten professionelle Dienste ‚aus einem Guss' an, d. h. die Parteien binden die Wahlkampfführung Einzelner in die Parteistrategie ein.

Personalrekrutierung

Wer in den USA in ein höheres Regierungsamt gewählt werden will, muss im Grunde die Unterstützung einer politischen Partei ersuchen. Parteien wiederum bemühen sich um aussichtsreiche Kandidaten. Die Parteien rekrutieren zunächst nicht unbedingt aus ihrer Mitgliedschaft, sondern konzentrieren sich in erster Linie darauf zu eruieren, ob potenzielle Kandidaten in einem Wahlkreis oder in einem Staat die Mehrheit gewinnen können.

Die *Party-as-Organization* spielt für die Karriere Einzelner nur eine untergeordnete Rolle, allein aufgrund der fehlenden festen Parteimitgliedschaft. Genauso wenig ist in den USA die ‚Ochsentour' bekannt, der lange Weg, den die Politiker hierzulande durch die Parteiinstanzen zu absolvieren haben. Dies ginge auch kaum: Nach dem faktischen Ende der *Machines* können die Parteien keine öffentlichen Ämter mehr versprechen. Die Entscheidung, für ein Amt zu kandidieren, fällt meist individuell und in der Regel losgelöst von den Parteiorganisationen. Erst nach Bekanntgabe der Kandidatur suchen sie die Unterstützung der Parteiorganisationen, um auf den Wahlzettel einer Partei zu gelangen. Die Personalrekrutierung der amerikanischen Parteien, vor allem hinsichtlich höherer Ämter, vollzieht sich oft reaktiv.

Die Vorwahlen nehmen den *State Party Conventions* einen ihrer vormals wichtigsten Daseinszwecke und verhindern die Verbindung zum Wahlkampf ihrer Wunschkandidaten. Dies wirkt sich auf die Personalrekrutierung und die strategische Planung der Parteien aus. Die Führung einer lokalen Parteienorganisation kann sich heute nicht sicher sein, dass ihr Wunschkandidat oder -kandidatin als Sieger oder Siegerin aus den Vorwahlen hervorgehen wird.

Politische Zielfindung (Programmfunktion)

Programmatisch treten die amerikanischen Parteien praktisch nur alle vier Jahre in Erscheinung, nämlich dann, wenn sie auf ihren nationalen Delegiertenversammlungen – eindrucksvoll inszeniert – ein Parteiprogramm (*Party Platform*) verabschieden. Parteiprogramme sind inhaltlich eher kleinste gemeinsame Nenner und symbolisches Mittel zum Zweck als die Grundlage künftiger *Policies*. Dennoch binden die Programme alle Parteiorganisationen, um während der heißen Phase der Präsidentschaftswahlen Geschlossenheit zu demonstrieren. Sie überdauern bisweilen nur die Zeit von den Delegiertenversammlungen bis zu den Wahlen im November. Während dieser Zeit bieten sie den Bürgern inhaltliche Orientierung und grenzen die Parteien inhaltlich voneinander ab. Daher sind Parteiprogramme oftmals kurzfristig angelegt und durchaus populistisch aufgeladen.

Bei der programmatischen Arbeit (*Issue Development*) verfügen *DNC* und *RNC* meist nicht über ausreichend inhaltliche Kompetenz, diese Aufgabe wird eher von ideologischen *Think Tanks* übernommen (vgl. Kapitel 11). Gleichwohl haben sie bei der nationalen Delegiertenversammlung eine nicht zu unterschätzende Koordinierungs- und *Gatekeeper*-Funktion. Die höchsten nationalen Gremien sind es in der Regel, die im Vorfeld der *Conventions* ausloten, welche Inhalte innerhalb der Partei mehrheitsfähig sind. In programmatischer Hinsicht konzentrieren sich die nationalen Parteiorganisationen darauf, Themen strategisch zu politisieren und mit einer für Wähler identifizierbaren Kompetenz zu besetzen.

Koordination der Staatenparteien

Sichtbarstes Zeichen dieser Funktion ist die Vorbereitung der *National Conventions*. Nationale amerikanische Parteien sind genau genommen nur alle vier Jahre für vier Tage eine präsente Einheit: Während der *Convention* kommen alle gewählten Staatendelegierten einer Partei zusammen. Die nationale Parteiorganisation rückt während der Delegiertenversammlungen deswegen ins Rampenlicht, weil es sich um eine *nationale* Veranstaltung handelt und einige *Super Delegates* (hochrangige Vertreter des nationalen Parteiapparats) die *Conventions* medienwirksam leiten.

Geldeinwerbung

Parteien haben schon von Gesetzes wegen eine Sonderstellung bei Wahlkämpfen, denn sie sind nach geltender Rechtsprechung befugt, höhere Spenden entgegenzunehmen als individuelle Kandidaten (vgl. Kapitel 8.7). Bis vor kurzem waren die formalen Parteiorganisationen Empfänger von *Soft Money* – weitgehend unregulierte Zuwendungen von Unternehmen, Gewerkschaften und Interessengruppen an die Parteien. Klassische Beispiele für enge *Fundraising*-Partnerschaften sind Demokraten und Gewerkschaften sowie Republikaner und Evangelikale. Die Geldeinwerbungsfunktion ist die einzige zentralisierte Dimension der Parteiaktivitäten in den USA.

Die Unterschiede in der Höhe von Spendeneinnahmen fallen bei den *Campaign Committees* der *Parties-in-Congress* nicht so stark aus. Insbesondere wenn es um die Geldeinwerbung geht, rückt demnach der Präsident als informeller Führer seiner Partei in den Vordergrund. Im Rahmen von Wahlkämpfen für Kongressabgeordnete unterstützen Präsidenten gezielt die Kampagnen ihrer Parteikollegen mit Reden, öffentlichen Veranstaltungen und vor allem durch Spendeneinwerbung. Abendessen mit Präsidenten und zahlungskräftigen Förderern bringen an einem Abend teilweise mehr als eine Million US-Dollar ein.

7.3.3 Party-in-the-Electorate

Die amerikanischen Parteien verfügen über eine kleine Mitgliederzahl, zumindest, wenn man diese in Relation zur Bevölkerungszahl setzt. Die höchste Stufe der Parteizugehörigkeit besteht ohnehin darin, sich als Wähler mit einer ausdrücklichen Präferenz für eine Partei in das Wahlverzeichnis eintragen zu lassen. Bei dieser Eintragung verlangt die Mehrheit der Wahlgesetze in den einzelnen Bundesstaaten die Bekanntmachung der Präferenz. Für den Wahlerfolg der Parteien ist die Mobilisierung der Wähler aufgrund der *Party Identification* entscheidend, die Neigung von Bürgern, eine Partei ideell zu unterstützen und ihr bei Wahlen ihre Stimme zu geben. Diese parteipolitischen Affinitäten sind in den USA der entscheidende Gradmesser für die Unterstützung der Parteien durch die Bevölkerung und tragen erheblich dazu bei, die Rolle der Parteien als Orientierungsmarken im politischen Diskurs zu schärfen. Die *Party-in-the-Electorate* stellt demnach die Verteilung von Parteienpräferenzen unter den Wählern dar und manifestiert sich durch die Stimmabgabe.

Einige Experten gehen davon aus, dass sich liberale und konservative Dominanz in den USA Phasenweise abwechselt und damit zu einem regelmäßigen Machtwechsel zwischen Demokraten und Republikanern führt (z. B. Schlesinger 1986: 23–48). Sicher ist jedenfalls, dass das amerikanische politische System insbesondere nach dem Zweiten Weltkrieg durch eine schwächere Parteibindung und durch häufigere Wechsel zwischen Parteiloyalitäten gekennzeichnet ist. Umfragewerte, nach denen vermehrt Stimmensplitting und Wechselwahlen beobachtet wurden, belegen diese Annahmen und stützen die Thesen vom Abstieg der Parteien und dem Niedergang klar umrissener *Parties-in-the-Electorate*. Das Ergebnis des gesellschaftlichen Wandels ist ein parteipolitisches *Dealigment* der *New Deal Coalition* sowie der *Baby-Boomer*-Generation, eine Veränderung traditioneller Wählerstrukturen, die bis heute anhält (Lowi et al. 2019).

Die Kombination aus einem höheren Bildungsniveau und allgegenwärtiger, selektiv verfügbarer Medienpräsenz hat zu einer größeren Bedeutung einzelner *Issues* geführt, was wiederum die Vermehrung von Interessengruppen mit einer eng umrissenen Agenda begünstigt hat. Die *Party-in-the-Electorate* erhält, anders als die *Party-in-Congress* oder die *Party-as-Organization,* ihr Profil durch politische Sachfragen. Wie in anderen politischen Systemen auch, wird der tendenziell konservativeren Partei, den Republikanern, generell mehr Kompetenz in der Wirtschaftspolitik und hinsichtlich der nationalen Sicherheit zugesprochen; traditionelle Vorteile der Demokraten liegen im Bereich der Sozialpolitik. Hinter der Sachkompetenz verbirgt sich insoweit eine ideologische Perspektive, die der *Party-in-the-Electorate* als Hilfsmittel für Wahlentscheidungen dient.

In den letzten Jahren ist die politische Diskussion in den USA wieder vermehrt von der ideologischen Intensität der beiden großen politischen Parteien geprägt. Die amerikanische Bevölkerung ist in Bezug auf die Parteien relativ klar in zwei Lager geteilt, deren unterschiedliche kulturelle Präferenzen die Identifikation mit einer Partei zementierten. Die Quote der *Strong Partisans*, also jene, die in jedem Fall für ihre Partei votieren, hat in den USA nicht gekannte Höhen von knapp 37 % erreicht (American Election Study 2016). Dazu kommen jene, die eine Partei zumindest präferieren. Dies ist bei den Angaben der *Independents* höchst relevant, denn lediglich eine Minderheit unter ihnen ist wirklich unabhängig: Die Mehrheit der *Independents* neigt einer der großen Parteien zu. Zudem hat die Zahl der *Split Ticket Votings*, also die unterschiedliche Stimmabgabe in Bezug auf Kandidaten für die Präsidentschaft und des Kongresses, stark abgenommen. Der Ausgang von Wahlen hängt zunehmend von zwei Variablen in Bezug auf die Wähler ab: die Wahlbeteiligung und die Entscheidung der wenigen wirklich unabhängigen *Independents.*

Die Präsidentschaftswahl 2020 bestätigte die ideologische Spaltung zum wiederholten Male und sie ist ein vorläufiger Höhepunkt des ideologischen Kampfes zweier zunehmend unversöhnlich gegenüberstehender Lager. Die jeweiligen Dominanzen im Repräsentantenhaus haben sich zu homogenen Bastionen entwickelt, die mitunter Konsens in grundlegenden prozeduralen Fragen verhindern. Der Senat ist die Kammer mit höherer Achtung vor Normen und einem geringen Grad an Polarisierung, aber auch hier lassen sich trennscharf die Haltungen zu gewissen Sachfragen und die Parteizugehörigkeit ablesen.

Das geografische *Sorting* ist ein relevanter Faktor für die *Parties-in-the-Electorate.* In vielen Regionen dominieren gewisse Parteien und dieser Prozess wird dadurch verstärkt, dass Bürger vermehrt in Gegenden ziehen, in denen ähnlich politisch orientierte Menschen leben. In Gegenden Kaliforniens stehen bisweilen keine Republikanischen Kandidaten zur Auswahl, während sich mitunter in Distrikten in

Texas oder Oklahoma keine Demokraten aufstellen lassen, da keine Aussicht auf einen Wahlsieg besteht. Insgesamt ist etwa noch ein Viertel der Wahlkreise des Repräsentantenhauses umkämpft. Der Rest gilt in der Regel bereits als gesetzt.

Wahlerfolge von Parteien beruhen auf der Fähigkeit, einzelne Gesellschaftssegmente zusammenzubinden. Moderne Parteien müssen idealerweise so viele Kleingruppen für sich mobilisieren, dass diese im Idealfall mindestens die Hälfte der Wähler repräsentieren. Die Wählerbasis der amerikanischen Parteien speist sich immer noch nicht aus vergleichsweise homogenen gesellschaftlichen Gruppen. Weder die Demokraten noch die Republikaner sind Milieuparteien, weil in der heterogenen amerikanischen Gesellschaft eine Konzentration auf eng definierte soziale Gruppen keine Aussicht auf politische Mehrheiten bietet. Allerdings sind die Republikaner deutlich zur Mehrheitspartei der Weißen geworden. Unter den weißen Frauen, die Trump 2016 schon mehrheitlich wählten, konnte er beispielsweise bei der Wahl 2020 noch einmal an Stimmen gewinnen. Die Demokraten sind hingegen bei allen Minderheiten die deutlich favorisierte Partei. Auch wenn Trump 2020 unter Afro-Amerikanern und Latinos etwas zulegen konnte, fällt dieser Vorteil für die Demokraten am deutlichsten in diesen Bevölkerungsgruppen aus. Unter den Afro-Amerikanern erhielt Joe Biden 87 % der Gesamtstimmen und 90 % der Frauen unter ihnen. Die Republikaner hatten eigentlich die Strategie weiter in das Segment konservativer Latinos vorzustoßen, da die weißen Amerikaner in wenigen Jahrzehnten eine Minderheit sein werden. Trump grätschte in diese Strategie und setzte vor allem auf die Mobilisierung konservativer Weißer in ländlichen Gebieten in den USA, insbesondere im *Rust Belt*, im Mittleren Westen und in den Südstaaten. Viele Großstädte hingegen werden zu oder sind schon lange Bastionen der Demokraten. Hier zeigt sich der Einfluss der Bevölkerungsdichte: Der Großteil der Counties in den USA ist republikanisch dominiert. Bei den letzten Präsidentschaftswahlen konnte Donald Trump 2.497 *Counties* gewinnen, Biden lediglich 477. Allerdings sind diese *Counties* nicht nur sehr bevölkerungsreich, sondern vor allem auch reich an Kapital: Sie produzieren etwa 70% der amerikanischen Wirtschaftsleistung. Die ärmsten *Counties* sind hingegen republikanisch dominiert.

Abbildung 7.4 zeigt die Parteibindungen verschiedener sozialer Gruppen.

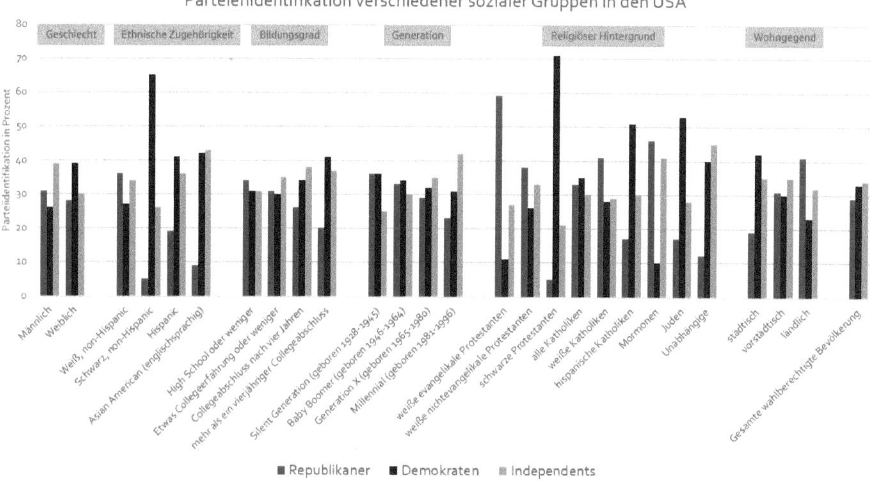

Abbildung 7.4: Parteienidentifikation in den USA, Quelle: Pew 2018

Fragen

- Wie wird nach Valdimer O. Keys die Funktion von Parteien analytisch aufgeteilt?
- Welche Wählergruppen zählten zur *New Deal Coalition*?
- Welche strukturellen Nachteile haben die Demokraten heute?

Zur weiteren Lektüre empfohlen

Gellner, Winand; Oswald, Michael (2018): Die gespaltenen Staaten von Amerika – Die Wahl Donald Trumps und die Folgen für Politik und Gesellschaft, Wiesbaden: Springer VS.

Green, John C.; Herrnson, Paul S. (Hg.) (2003): Responsible Partisanship? The Evolution of American Political Parties Since 1950. Lawrence: University Press of Kansas.

Hacker, Jacob; Pierson, Paul (2005): Off Center. The Republican Revolution and the Erosion of American Democracy. New Haven: Yale University Press.

Hershey Party, Marjorie Randon (2017): Politics in America. 17. Auflage. New York: Routledge.

Kornacki, Steve (2019): The Red and the Blue: The 1990s and the Birth of Political Tribalism. New York: Ecco.

Milkis, Sidney M.; Rhodes, Jesse H.; Charnock, Emily J. (2012): What Happened to Post-Partisanship? Barack Obama and the New American Party System. In: *Perspectives on Politics* 10 (1), S. 57–76.

Oswald, Michael (2018): Die Tea Party als Obamas Widersacher und Trumps Wegbereiter. Strategischer Wandel im Amerikanischen Konservatismus, Wiesbaden: Springer VS.

8. Wahlen

Wahlen sind für amerikanische Bürger mehr als nur eine staatsbürgerliche Pflicht. Sie sind Ausdruck der Selbstbestimmung und Freiheit, als Souverän über das Schicksal des politischen Gemeinwesens bestimmen zu können. Thomas Jefferson schrieb Samuel Adams: "a government by representatives, elected by the people at *short* periods was our object, and our maxim at that day was 'where annual election ends, tyranny begins'" (Jefferson 1800). Das Erringen des Wahlrechts ist als Teil der kollektiven Erfahrung des amerikanischen Unabhängigkeitskriegs untrennbar mit dem Freiheitsrecht verknüpft, obwohl es lange auf weiße Männer mit Landbesitz beschränkt war. Aus dieser Historie heraus ist es zu erklären, warum kein anderer Staat so häufig Wahlen ausschreibt wie die USA. Präsidentschaftswahlen finden alle vier Jahre statt; alle zwei Jahre wird das Repräsentantenhaus und jeweils ein Drittel des Senats neu bestimmt. In den Einzelstaaten werden Gouverneure und die Hälfte der meist für vier Jahre gewählten Senatoren neu zur Wahl gestellt. Nur in wenigen Staaten haben Senatoren und Gouverneure eine zweijährige Amtszeit (u. a. Vermont, New Hampshire) oder eine 2-4-4 Abfolge über 10 Jahre (u. a. Arkansas, Texas).

Nirgendwo werden zudem so viele öffentliche Ämter durch Wahlen besetzt: In den USA wird nicht nur über die prominenten Ämter, sondern regelmäßig auch über viele weitere Posten entschieden. Auf Staatsebene sind dies oft Ministerposten, Staatsanwälte, Richter oder Posten in den Finanzverwaltungen. Auf kommunaler Ebene stehen beispielsweise oft Sheriffs, Richter oder Besetzungen von Schulbehörden zur Auswahl. Um den Prozess zu vereinfachen, gibt es in manchen Staaten die Option des *Straight-Party-Votings*: Mit nur einem Kreuz können jeweils alle Stimmen für die Kandidaten einer Partei abgegeben werden. Hinzu kommen noch direktdemokratische Abstimmungen auf staatlicher und kommunaler Ebene, wie Referenden über Verfassungszusätze oder Finanzfragen.

Gewählt wird seit 1845 am ersten Dienstag nach dem ersten Montag im November eines Schaltjahrs – folglich in geraden Jahren. Lediglich fünf Einzelstaaten setzen ihre Wahlen in ungeraden Jahren an.

Write-In-Kandidaten

In vielen Staaten besteht die Möglichkeit eines *Write-Ins*, d. h. Wähler können Kandidaten in den Wahlzettel eintragen, obwohl diese Person ursprünglich nicht aufgestellt war. Nur wenige Staaten verbieten *Write-Ins* generell. Strom Thurmond wurde 1954 als *Write-In*-Kandidat in den Senat gewählt, da ihn die Demokratische Partei verhindern wollte und er nicht nominiert wurde.

Wahlen sind in den USA grundsätzlich frei, gleich, allgemein, direkt und geheim, mit einigen wichtigen Ausnahmen, wie bei der Präsidentschaftswahl; bei dieser gehen die Stimmen nicht direkt an die Kandidaten, sondern an ein Wahlleutegremium. Generell wurde die Umsetzung dieser Elemente demokratischer Wahlen erst durch langwierige Reformen möglich. Heute wählen die amerikanischen Bürger als Souverän Vertreter aller drei politischer Gewalten. Lediglich Bundesrichter sowie die gesamte politische Führung der Exekutive werden ernannt. Das Mindestalter für das aktive Wahlrecht beträgt seit dem 23. Verfassungszusatz (1961) für alle Männer und Frauen 18 Jahre. Frauen wurde es erst 1920 erlaubt, auch bei nationalen Wahlen ihre Stimme abzugeben (siehe Infobox). In der Verfassung war zunächst nicht festgelegt, wer wahlberechtigt war. Die Einzelstaaten bestimmten daher selbst, wer Stimmzettel abgeben durfte. In den späten 1700er Jahren waren die einzigen Personen, die ihre Regierung bestimmen konnten, weiße männliche Grundbesitzer. Bis zur Mitte der 1820er Jahre haben einerseits die meisten Staaten ihre Eigentumsbeschränkungen gestrichen, andererseits verloren afroamerikanische Männer ihre Wahlberechtigung 1838 in Pennsylvania. Bis Ende der 1850er Jahre waren weiße Männer generell wahlberechtigt: 1856 schaffte North Carolina seine Eigentumsbeschränkungen ab. Mit dem 15. Verfassungszusatz von 1870 wurde das Wahlrecht auf afroamerikanische Männer erweitert. De facto errichteten jedoch vor allem Südstaaten Hürden, die das Wahlrecht von Afroamerikanern erheblich einschränkten, dazu zählten beispielsweise Tests über Lese- und Schreibfähigkeiten. Ohnehin konnten Wahlbeamte im Grunde bei jedem noch so kleinen Mangel die Registrierung oder Stimmabgabe verweigern. Zudem waren Wahlsteuern ein Mittel der Abschreckung. Einige dieser Hindernisse wurden erst durch den *Voting Rights Act* 1965 abgeschafft.

Frauenwahlrecht

Wyoming war der erste Staat, in dem Frauen im Jahr 1869 das Wahlrecht eingeräumt wurde, nachdem New Jersey im Jahr 1807 als letzter Staat Frauen das Wahlrecht entzogen hatte. Im Jahr 1838 wurde zwar in Kentucky ein landesweites Wahlgesetz verabschiedet, das Frauen ermöglichte, zumindest bei Abstimmungen über Steuern und Bildungsinitiativen zu votieren; Wyoming wurde aber das erste Territorium, in dem alle Frauen wählen konnten, als der *Wyoming Suffrage Act* verabschiedet wurde.

Seit 1848 setzten sich *Suffragisten*[10] – organisierte Frauenrechtler – bereits auf nationaler Ebene für das Frauenwahlrecht ein. Ein wichtiges Treffen der *Suffragisten* in Seneca Falls gilt heute als die erste Frauenrechtskonvention und aus ihr ging die amerikanische Frauenrechtsbewegung hervor. In den folgenden Jahrzehnten versuchten ihre Vertreter mit Protestmärschen und Lobbyarbeit Druck auf den Kongress auszuüben. Der 19. Verfassungszusatz, der Frauen das volle Wahlrecht einräumte wurde aufgrund von Repression erst 1920 ratifiziert.

Das passive Wahlrecht unterliegt je nach Amt bestimmten Auflagen. Präsidentschaftskandidaten müssen mindestens 35 Jahre alt, amerikanische Staatsbürger und in den USA geboren sein. Zudem müssen sie mindestens 14 Jahre lang dort gelebt haben. Zukünftige Senatoren müssen 30 Jahre alt, seit neun Jahren Staatsbürger und Einwohner des Staates sein, den sie vertreten wollen. Abgeordnete für das Repräsentantenhaus müssen mindestens 25 Jahre alt, seit sieben Jahren Staatsbürger und Einwohner des Staates sein, in dem sie ihren Wahlkreis vertreten. Diese Bestimmungen haben in den USA Verfassungsrang.

10 In den USA war der Term *Suffragetten* als das aufgefasst worden, was er war: Eine Verhöhnung der Frauenwahlrechtsbewegung. Der Zusatz ‚getten' zum Wort *Suffrage* sollte ein Diminutiv ergeben. Während die Frauenwahlrechtsbewegungen in Ländern wie Großbritannien das Wort sich dennoch zu eigen machten, lehnte die Bewegung in den USA es ab.

Um wählen zu können, muss man sich gemäß der jeweiligen Staatengesetze vorher in einem Wählerverzeichnis registrieren lassen. North Dakota sieht als einziger Staat keine Registrierungspflicht vor. Wahlgesetze und -ergebnisse bestehen im Grunde nur auf einzelstaatlicher Ebene, obwohl Art. 1, Abs. 4 der Verfassung eine bundesweite Regulation der Kongresswahlen möglich machen würde. Alle Staaten haben bezüglich der Registrierungsformalitäten eine Fülle von Regelungen. So bestehen erhebliche Unterschiede darin, wie lange vor einer Wahl die Eintragung in das Register vollzogen sein muss – mitunter geht es noch am Wahltag selbst –, welche Möglichkeiten zur Briefwahl (*Absentee Voting*) bestehen sowie bei Modalitäten der Registrierung am Erst- und Zweitwohnsitz.

Dieses Regelgeflecht erscheint auf den ersten Blick trivial, es hat jedoch weitläufige politische Konsequenzen. Zum einen reduzieren komplizierte Bestimmungen die Wahlbeteiligung, weil sie potenzielle Wähler Zeit und Geld kosten. Ein einfaches Registrierungsverfahren trägt im Allgemeinen dazu bei, die Wahlbeteiligung zu erhöhen. Zum anderen lässt sich durch schwer zu durchschauende Regeln die Wahlbeteiligung gezielt steuern: Bürger mit niedrigen Einkommen und geringer Bildung werden überproportional von den komplizierten Wahlbestimmungen abgeschreckt. Diese nachweisbaren Zusammenhänge werden von den Parteien zu ihrem Vorteil instrumentalisiert. Mit Hilfe statistischer Verfahren und moderner Kommunikationstechnik können in Wahlkämpfen potenzielle Wähler der Gegenseite demobilisiert werden. Oft treffen solche Maßnahmen exzessiver Bürokratie Minderheiten, die das Englische nicht beherrschen. In vielen Staaten bestehen zudem Registrierungsverbote für bestimmte Gruppen, wie etwa verurteilte Kriminelle – selbst nach Verbüßung ihrer Strafe. Dies führte dazu, dass in manchen Staaten bis zu zehn Prozent der afroamerikanischen Männer das Stimmrecht verwehrt wird. Auch hier unterscheiden sich jedoch die Wahlgesetze eklatant: In Maine und Vermont dürfen Verurteilte sogar im Gefängnis wählen.

Auch die Einwohner des Hauptstadtbezirks *District of Columbia* müssen Einschnitte ihres Wahlrechts hinnehmen. Sie dürfen zwar mit dem 1961 verabschiedeten 23. Verfassungszusatz in Präsidentschaftswahlen abstimmen, eine volle Kongress-Repräsentation fehlt jedoch bis heute. Auch die Bewohner von Überseegebieten wie Puerto Rico sind von Bundeswahlen ausgeschlossen. Über diese Umstände wird jedoch häufig diskutiert, vor allem über das Erheben von Washington D.C. in einen Staat. Das Allgemeinheitsprinzip bei Wahlen muss angesichts aller genannten Umstände jedenfalls mit Vorsicht betrachtet werden.

Bei Wahlen in den USA findet i. d. R. das relative Mehrheitswahlrecht Anwendung (*Winner-takes-all* oder *First-past-the-Post*). Das Mehrheitswahlrecht folgt der britischen Tradition und ist nach amerikanischem Verständnis Garant für das Verfassungsprinzip der *Majority Rule* (vgl. Kapitel 1). Auf Staatenebene bestehen auch absolute Mehrheitswahlrechte, ein Verhältniswahlrecht – mit oder ohne Parteilisten – kommt in den USA nicht zum Einsatz. Den Wahlmodus legen die Staaten für alle Wahlen in ihrem Zuständigkeitsbereich selbst fest.

8.1 Kongresswahlen

Artikel I der amerikanischen Verfassung bestimmt, dass einzelne Staaten die Wahlen der Kongressabgeordneten durchführen und der Bundeskongress Gesetze zur Regulierung dieser Wahlen verabschieden darf. Die Kandidaten der Parteien werden ebenso wie die Bewerber für das Präsidentenamt in Vorwahlen bzw. *Caucuses* ihrer Parteien bestimmt. Erst die Gewinner der jeweiligen Vorwahlen treten anschließend in ihrem Wahlkreis als Amtsinhaber (*Incumbent*) oder als Herausforderer an. Am Wahltag enthält der Wahlzettel (*Ballot*) alle Namen der Kandidaten, die die Nominierungsvoraussetzungen erfüllt haben.

Abgeordnete für das Repräsentantenhaus werden direkt als einzige Vertreter eines Wahlkreises gewählt. Zweitstimmen gibt es in den USA ebenso wenig wie die Parteilisten. Die Wahlkreise innerhalb eines Staates werden von diesen selbst festgelegt. In Artikel I Abs. 2 der Verfassung ist jedoch die Anzahl der Vertreter vorgegeben: "The Number of Representatives shall not exceed one for every thirty Thousand, but each State shall have at least one Representative". Jedem Staat ist also ein Sitz im Repräsentantenhaus garantiert, unabhängig von seiner Bevölkerungszahl. Einen Sitz haben derzeit Alaska, Delaware, Montana, North Dakota, South Dakota, Vermont und Wyoming (Stand 2020). Im Vergleich dazu hat der bevölkerungsreichste Staat, Kalifornien, 53 Sitze (Stand 2020).

Obwohl Kalifornien damit eine dominierende Position einnimmt, ist das Stimmgewicht der einzelnen Bürger in den kleinen Staaten überproportioniert. Dennoch sollen alle 435 Wahlkreise in den USA in etwa dieselbe Bevölkerungsgröße haben, um eine faire Repräsentation aller Stimmen zu gewährleisten. Alle zehn Jahre wird daher in Volkszählungen (*U.S. Census*) die neue Bevölkerungsverteilung erhoben. Auf deren Basis werden die Verteilung und der Zuschnitt einiger Wahlkreise neu bemessen. Einen gesetzesmäßigen Kriterienkatalog für diese Wahlkreisbestimmung (*Reapportionment*) gibt es nicht. Allgemeine Prinzipien sind der geografische Zusammenhalt der Wahlkreise, die Bestimmungen der verschiedenen *Voting Rights Acts* sowie die Entscheidungen des Obersten Bundesgerichts in den Fällen *Baker v. Carr, Wesberry v. Sanders* und *Thornburgh v. Gingles* und einige andere, wonach Staaten eine faire Verteilung der Stimmen zulassen müssen.

Allerdings wurden mit *Shelby County v. Holder* im Jahr 2013 Kriterien des *Voting Rights Acts* von 1965 für verfassungswidrig erklärt. Staaten, die durch Rassendiskriminierung bei Wahlen in der Vergangenheit auffielen, mussten bis 2013 Änderungen des Wahlrechts vom Bundesjustizministerium genehmigen lassen. Die bundesstaatliche Aufsicht ist daher solange beschnitten, bis ein neues Regelwerk verabschiedet wurde. Ursprünglich wurden diese Prinzipien zum größten Teil aus Gerichtsentscheidungen der 1960er Jahren abgeleitet, nachdem die einzelnen Staaten jahrelang die Wahlkreise nach ihrem Ermessen, d. h. nach den Interessen der gewählten Abgeordneten, bestimmt hatten. Im Laufe der Zeit hatte dies zu Schieflagen bei der politischen Repräsentation geführt, als z. B. entvölkerte ländliche Wahlkreise faktisch dieselbe politische Repräsentation genossen wie städtische Wahlkreise mit Hunderttausenden Einwohnern.

Die rechtliche Grauzone, die durch das Nebeneinander abstrakter Prinzipien und zuletzt durch *Shelby County v. Holder* entstanden ist, lässt den Politikern, die für die Einteilung der Wahlkreise zuständig sind, erheblichen Spielraum, die Distrikte zu ihren Gunsten zu gestalten. Jene Partei, die eine Mehrheit in der Legislative eines Staates hat, kann sich somit Vorteile verschaffen, indem Wahlkreise so zugeschnitten werden, dass eine Partei bei Wahlen begünstigt wird. Beide Parteien setzen die *Reapportionments*, die Neuzuschnitte, zuweilen entsprechend. Diese Praxis wird nach dem ehemaligen Gouverneurs Elbridge Gerry *Gerrymandering* genannt.

Exkurs: Gerrymandering

Gouverneurs Elbridge Gerry unterzeichnete 1812 die Vorlage für einen Wahlkreiszuschnitt in seinem Staat Massachusetts, der so zugeschnitten war, dass er einem Salamander glich. Die Boston Gazette druckte deshalb eine Persiflage des Wahlkreises als ‚Cartoon-*Gerrymander*'. Daraus ging der Begriff *Gerrymandering* hervor, der heute allgemein für eine höchst kreative Wahlkreisabgrenzung zum eigenen Vorteil steht. Gerrys Republikanische Partei gewann durch den Wahlkreiszuschnitt mit einer satten Mehrheit. Obwohl Gouverneur ‚Gerry' mit einem ‚harten G' ausgesprochen wird, nutzt man für das Wort *Gerrymandering* das weiche, wie beim Vornamen ‚Jerry'.

Abbildung 8.1: The Gerry-Mander, Quelle: Tisdale 1812.

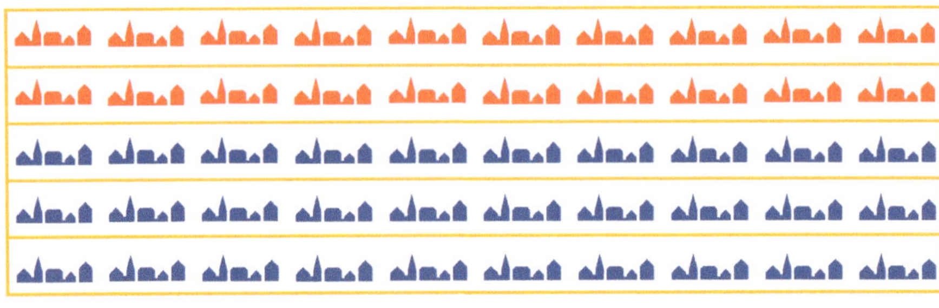

Mathematisch geordnete Festlegung der Wahlkreise:

Abbildung 8.2: Beispielzuschnitt für einen demokratisch dominierten Wahlkreis, Quelle: Eigene Darstellung.

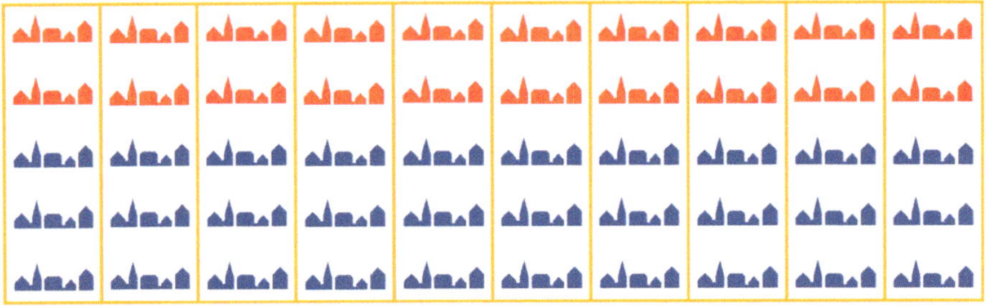

Festlegung der Wahlkreise durch die Demokraten:

Abbildung 8.3: Beispielzuschnitt für denselben Wahlkreis zugunsten der Demokraten, Quelle: Eigene Darstellung.

Für die Bestimmung der Wahlkreise sind in den meisten Staaten die Kongresse zuständig. Einige Staaten setzen dagegen paritätisch besetzte oder unabhängige Kommissionen ein. Der bekannte Ausspruch „one man, one vote" war vor allem in den Jahren vor dem *Civil-Rights-Act* eine dominierende Forderung von Protestierenden und bezog sich darauf, dass manche Wahlkreise nie an die Bevölkerungsentwicklung angepasst wurden. Dahinter steckt das Prinzip der Stimmengleichheit. Dieses wiederum ist abgeleitet aus den Vorgaben der Verfassung: „The House of Representatives shall be composed of Members chosen every second Year by the People of the several States [...]" (Artikel I). Jene Vorgabe gilt für alle Regierungen in den USA, mit Ausnahme des US-Senats. Vor allem in den Südstaaten wurde diese Formel lange nicht durchgesetzt, da die afroamerikanische Bevölkerung durch Einschüchterung und verwaltungsrechtliche Hürden massiv an der Ausübung ihres Wahlrechts gehindert wurde. Häufig war die geografische Zersplitterung der Wahlkreise ein Problem, vor allem wenn in einer Region möglicherweise Afroamerikaner die Mehrheit der Bevölkerung stellten. Für eine Repräsentation wurden in den 1980er Jahren *Majority-Minority-Wahlkreise* geschaffen. Der Begriff bedeutet, dass in einem Wahlkreis die Mehrheit der Wähler einer ethnischen Minderheit angehört. Unter bestimmten Umständen darf demnach der Faktor Ethnizität beim Zuschnitt der Wahlkreise berücksichtigt werden. Als Konsequenz dürfen nach Hautfarben gemischte Kreise politisch bestimmt werden. Etwa 28% der 435 Wahldistrikte sind nach diesem Grundsatz strukturiert. Das Gerichtsurteil im Fall *Shaw v. Reno* führte wichtige Prinzipien ein, die das letzte *Reapportionment* nach der Volkszählung des Jahres 2010 leitete:

- Die Zugehörigkeit zu einer ethnischen Minderheit kann ein Kriterium für den Zuschnitt von Wahlkreisen sein, darf aber nicht andere, übergeordnete Prinzipien außer Kraft setzen.
- Wahlkreise dürfen nicht allein aufgrund ihrer geografischen Form für ungültig erklärt werden. Zugleich deutet eine ungewöhnliche Grenzziehung darauf hin, dass der Wahlkreis hauptsächlich wegen ethnischer Kriterien bestimmt wurde.
- Falls die Hautfarbe der Bevölkerung das entscheidende Kriterium bei der Wahlkreisorganisation war, muss das verantwortliche Regierungsorgan beweisen, dass dadurch ein wichtiges staatliches Interesse berührt ist.

Majority-Minority-Wahlkreise bleiben, wie die gesamte Wahlkreisbestimmung, Gegenstand politischer und vor allem rechtlicher Debatten. Nachdem Prinzipien zur fairen Repräsentation Eingang in die Rechtsprechung gefunden haben, sind Klagen gegen die Praxis von Wahlkreiszuschnitten ein beliebtes Mittel, politische Nachteile auszugleichen bzw. sich eine vorteilhafte Position zu sichern. Es ist zu beobachten, dass in einigen Staaten nicht erst auf den nächsten Zensus gewartet wird, sondern Wahlkreise z. B. bereits nach dem Wechsel von Gouverneuren neu zugeschnitten werden. Die Entwicklung der Wahlkreiszuschnitte deutet darauf hin, dass die Abgeordneten in den einzelnen Staaten vor allem daran interessiert sind, sichere Wahlkreise zu etablieren. Moderne Wahlanalysen erlauben präzise Vorhersagen darüber, wo die loyalsten Wähler welcher Partei wohnen. Entsprechend können anschließend die Wahlkreise zugeschnitten werden. Auch dies hat einen Anteil daran, dass zwischen 1946 und 2020 konstant mehr als 80 % der Sitze im Repräsentantenhaus bei derselben Partei geblieben und 2020 lediglich elf *Incumbents* im Repräsentantenhaus nicht wiedergewählt worden sind. Der *Supreme Court* entschied 2019 vereinfacht, dass die Frage der Wahlkreiszuschnitte eine politische sei und keine juristische. Das bedeutet, dass jene Partei, die 2021 legislative Mehrheiten in den Staaten hat, die Zuschnitte auf Grundlage des 2020 Zensus nach eigenem Gutdünken neu ziehen kann.

Die gegenwärtige Organisation der Wahlkreise wirft in sozioökonomischer Hinsicht Probleme auf. Heute umfassen nur etwa zwei Dutzend Wahlkreise sowohl städtische als auch ländliche Gegenden. Im Umkehrschluss bedeutet dies, dass über 90 % aller Abgeordneten im Repräsentantenhaus entweder die urbane oder die ländliche Bevölkerung vertreten. Angesichts der bestehenden Disparitäten des Wahlverhaltens dieser Bevölkerungsgruppen fördert der Zuschnitt der Wahlkreise eine homogenere Vertretung und somit stärker polarisierte parlamentarische Entscheidungsverfahren. Die Mobilität der amerikanischen Bevölkerung hat sich auch in der Wahlgeografie niedergeschlagen: Nordosten und Mittlerer Westen sind die Verlierer, während der Westen und der Süden profitieren.

Insbesondere zu Beginn des 21. Jahrhunderts bestimmt die Entwicklung von *Safe Districts* den politischen Prozess in Washington D.C. und in den Einzelstaaten. Als *Safe Districts* werden solche Wahlkreise bezeichnet, bei denen ein Kandidat mindestens 60 % der Stimmen gewinnt. Die Absicherung beider Parteien führt in den Augen der Kritiker zu weniger qualifizierten Abgeordneten und mangelnder politischer Repräsentanz der politischen Mitte. Unbestritten ist, dass *Redistricting* die politischen Interessen der Mehrheitsparteien fördert. Der Zusammenhang zwischen *Safe Districts* und einer zunehmenden Polarisierung des politischen Systems der USA ist empirisch nicht gesichert.

Seit den *Voting Rights Acts* in den 1960er Jahren und der beginnenden gerichtlichen Auseinandersetzung um Wahlkreise hat eine massive bundesstaatliche Intervention bei den Wahlen des Repräsentantenhauses stattgefunden. Sie vollzieht sich in der Gesetzgebung über Wahlkreise, in Form von Wahlbeobachtung und Aufstellung von Regeln, welche die Durchsetzung gleicher und allgemeiner Wahlen garantieren sollen. Die Wahl der Senatoren unterliegt demgegenüber weniger formalen Wahlverfahren. Bei den bundesweiten Wahlen werden alle zwei Jahre nur 33 Senatoren gewählt, so dass in 17 Staaten gar kein Senatswahlkampf stattfindet. Die Senatoren werden in den einzelnen Staaten ohne Wahlkreise *(at large)* in allgemeinen Wahlen bestimmt. Senatswahlen sind erst seit dem 17. Verfassungszusatz von 1913 allgemein, davor wählten die Kongresse der einzelnen Staaten die Senatoren für den Bundessenat.

8.2 Präsidentschaftswahlen

Amerikanische Präsidentschaftswahlen sind der Inbegriff von Personalisierung, Medienabhängigkeit und der Professionalisierung von Wahlkämpfen. Bisher schien jede Wahl die vorherige dahingehend zu übertreffen, dass noch mehr Geld ausgegeben und noch raffiniertere und professionellere Wahlstrategien entwickelt wurden.

Zunächst müssen gemäß Verfassung bestimmte formale Voraussetzungen für das passive Wahlrecht vorliegen. Nach Artikel II können nur gebürtige US-Bürger, die mindestens 35 Jahre alt sind und 14 Jahre lang in den USA gelebt haben, als Kandidaten antreten. Seit dem 22. Verfassungszusatz von 1951 ist die maximale Amtsdauer auf acht Jahre, also zwei Perioden, begrenzt.

8.2.1 Von der Idee auf den Wahlzettel – die Vorwahlen in den USA

Eine Präsidentschaftswahl ist heute ohne Vorwahlen (*Primaries*) undenkbar. Für alle Kandidaten, die das höchste Regierungsamt anstreben, beginnt der Wahlkampf in der ersten Phase damit, bei den *Primaries* bzw. *Caucuses* möglichst viele Stimmen zu gewinnen, um anschließend von ihren Parteien nominiert zu werden. Der gesamte Wahlprozess, von den Vorwahlen bis zu den eigentlichen

Wahlen, wird durch den *Federal Election Campaign Act* geregelt, der vor allem die Offenlegung von Geldspenden und Wahlkampfregelungen bestimmt.

Die Vorwahlen und *Caucuses* finden etwa zehn Monate vor der eigentlichen Präsidentschaftswahl statt. Kandidaten müssen allerdings schon mindestens ein Jahr vorher einen organisierten Wahlkampf beginnen, vor allem um Geldspenden einzuwerben und ihr Medienprofil zu schärfen.

Bei den letzten Präsidentschaftswahlen 2020 hatten sich über 1200 Kandidaten aufstellen lassen. Allerdings konnten sich davon lediglich etwa ein Dutzend überhaupt Hoffnungen auf eine Nominierung durch die beiden großen Parteien machen: Auf der Republikanischen Seite unterzogen sich nur wenige Kandidaten der müßigen Aufgabe, gegen einen amtierenden, im eigenen Lager äußerst beliebten Präsidenten anzutreten – und in ein engeres Auswahlfeld schaffen es selten mehr als zwölf Kandidaten einer Partei. Die Registrierung bei der Wahlkommission setzt eine offizielle Ankündigung voraus. Sobald sich Kandidaten registrieren lassen, müssen sie gegenüber der Wahlkommission alle bis dahin erhaltenen Wahlspenden offenlegen.

Die Ankündigung, sich um das Präsidentenamt zu bewerben, ist bei einigen Kandidaten keine Überraschung. Von Personen, die hohe öffentliche Ämter bekleiden, wird sogar erwartet, dass sie kandidieren. Im Fall Hillary Clintons wurde über eine Kandidatur für das Präsidentenamt schon gemutmaßt, als sie noch als *First Lady* im Weißen Haus logierte; Joe Biden war auch trotz seines hohen Alters im Jahr 2019 ein im Grunde unausweichlicher Kandidat. Außenseiter bringen jedoch jüngst immer mehr Überraschungen mit sich: War bereits der Wahlsieg von Barack Obama eine solche, hat Donald Trump mit seiner Wahl nicht nur das Land, sondern vielleicht sogar sich selbst überrascht.

Eine *Presidential Primary* ist eine Wahl, die jeweils in einem Bundesstaat stattfindet, um Kandidaten für die nationalen Wahlen zu bestimmen. Bei den Vorwahlen stehen diese entweder direkt zur Wahl oder Vertreter für die Delegiertenversammlung einer Partei (*Party Convention*), die sich darauf festlegen, dort einem bestimmten Kandidaten ihre Stimme zu geben. Vorwahlen entstanden im Zuge des *Progressive Movements*, woraufhin politische Entscheidungsprozesse transparenter und demokratischer gestaltet wurden. Vorwahlen fanden zum ersten Mal 1903 im Staat Wisconsin statt. In den *Primaries* werden formal die Delegierten für die nächsthöhere Ebene gewählt. Man unterscheidet zwischen verschiedenen Arten von Vorwahlen:

- Bei *Closed Primaries* sind nur Parteimitglieder wahlberechtigt,
- bei *Open Primaries* alle zur Wahl registrierten Bürger des jeweiligen Staates.
- Bei *Blanket Primaries* dürfen die Wähler beider Parteien teilnehmen und ihnen stehen zudem Kandidaten aller Parteien zur Auswahl. Reine *Blanket Primary* Systeme, wie in Kalifornien, Washington und Alaska wurden vom *Supreme Court* als unzulässig erklärt.

- Falls in Staaten die absolute Mehrheit gefordert und diese nicht im ersten Wahlgang erreicht wird, werden die darauffolgenden Stichwahlen als *Runoff Primary* bezeichnet.

In den Staaten, die ihre Delegierten nicht durch Vorwahlen bestimmen, übernehmen parteiinterne Auswahlkomitees (*Caucuses*) diese Funktion. Bei diesem Verfahren treten die Parteiführung oder normale Parteimitglieder eines Staates zusammen und bestimmen intern ihre Vertreter für die Delegiertenversammlung.

Während der mehrwöchigen Phase der Vorwahlen sind die Wahlkämpfe staatenzentriert. Um letztlich die bundesweiten Präsidentschaftswahlen gewinnen zu können, müssen die Kandidaten in allen oder zumindest einer Mehrheit der Staaten antreten: Sie müssen zum einen zeigen, dass sie genügend Delegierte hinter sich vereinen und zum anderen auch landesweit Mehrheiten gewinnen können. Den Zeitpunkt für *Primaries* legen die Kongresse der einzelnen Staaten fest, allerdings werden sie mit der nationalen Parteiorganisation abgestimmt. Traditionelle Ausnahmen bilden die Staaten Iowa und New Hampshire, die gemäß der Parteiregeln vorher ihre *Party Caucuses* und Vorwahlen abhalten dürfen. Die Vorwahlen in diesen beiden Staaten verfügen gewissermaßen über eine Filterfunktion: Unter immenser Medienaufmerksamkeit zeigt sich bereits hier, wer realistische Chancen auf eine Nominierung besitzt. Damit geraten sie im Winter vor jedem Präsidentschaftswahljahr in den Brennpunkt der Medienaufmerksamkeit. Wahlkampfähnliche Veranstaltungen von Kandidaten finden daher in Iowa und New Hampshire schon zwei bis drei Jahre vor der eigentlichen Wahl statt. Ein gutes Abschneiden bei beiden Wahlen garantiert ein hohes Medieninteresse bei den folgenden Vorwahlen. Eine gute Platzierung kann Kandidaten also Schwung verleihen; ein sehr schlechtes Ergebnis dünnt das Feld hingegen schon aus. Bei den Vorwahlen in Iowa oder New Hampshire zu verlieren, begräbt hingegen keineswegs die Chancen auf die Präsidentschaft. Bill Clinton und Donald Trump haben beispielsweise beide die Vorwahl in Iowa verloren.

Um den eigenen Vorwahlen mehr Bedeutung zu verleihen, versuchen die Parteiführungen in größeren Staaten, die eigenen Vorwahlen immer früher auszurichten. Drohungen der nationalen Parteiführungen, die Vorwahlergebnisse nicht zu akzeptieren, bleiben dabei ungehört.

Die frühen Vorwahlen sind in der Tat wichtig: Hier beweisen Kandidaten, dass sie von verschiedenen Mehrheiten gewählt werden können und sie empfehlen sich damit für die nationalen Wahlen. Im Umkehrschluss werden hoch gehandelte Kandidaten umso härter abgestraft, wenn sie die gesetzten Erwartungen nicht erfüllen. Die Vorwahlen nehmen sich damit selbst die programmatische Orientierung und zementieren die Abhängigkeit von personalisierten Wahlkämpfen. Im Vergleich zur zweiten Hälfte des 20. Jahrhunderts sind die Vorwahlen meist bereits entschieden, bevor überhaupt die Hälfte aller Staaten zur Wahlurne geschritten ist. Die Wahlbeteiligung variiert je nach Staat immens. Das liegt daran, dass einige Staaten bei Vorwahlen kaum eine Rolle spielen, aber auch an der Struktur des Wahlsystems. Im Wahljahr 2020 lag entsprechend die Wahlbeteiligung in Montana bei 45,7 %, in North Dakota hingegen bei 2,6 % (Duffin 2020a).

8.2.2 Die Wahlkampfphase nach den Vorwahlen

Angesichts der gering ausgeprägten Macht der Parteien sind amerikanische Präsidentschaftswahlkämpfe neben der Fixierung auf eine Person vor allem durch die Abstimmung einer Vielzahl unterstützender Organisationen gekennzeichnet. Kandidaten müssen sich selbst ein Netzwerk an entsprechenden Organisationen maßschneidern, die von einem *Campaign Committee* koordiniert werden. Die politischen Parteien sind nur ein Teil dieses Netzwerks, die Mobilisierung von Wähler und die Finanzierung der Wahlkämpfe übernehmen vorwiegend *Grassroots*-Organisationen und *Political Action Committees.*

Anders als in Systemen mit starken Parteien ist es ab der Phase der Vorwahlen die Aufgabe der Kandidaten, die Partei hinter sich zu bringen. Auf der inhaltlichen Ebene konzentrieren sie sich vor allem auf bestimmte *Issues,* die erst später als Parteiprogramm in eine kodifizierte, aber weitgehend unverbindliche Form gebracht und von der Partei angenommen werden.

Das staatenzentrierte Wahlsystem zwingt die Kandidaten zu einer sorgfältig geplanten, regionalen Wahlkampfstrategie. Erst seit den 1920er Jahren erlaubten moderne Transport- und Kommunikationsmittel sowie die Entstehung der Massenmedien einen in dem Sinne landesweiten Wahlkampf. Die Schwerpunkte des Wahlkampfs werden primär nach regionalen und lokalen Marketinggesichtspunkten ausgesucht. Vor allem Großstädte als Regionalzentren verfügen über eine Konzentration an Medienunternehmen, die die Reichweite der Kandidaten überproportional vergrößern. Donald Trump war im Wahlkampf 2020 der erste Kandidat, der vorwiegend ländliche Regionen in umkämpften Staaten in den Fokus seiner Aktivitäten nahm.

Exkurs: Ein landesweiter Wahlkampf?

Ein Präsidentschaftswahlkampf, wie er heute üblich ist, wäre ohne das *Electoral College* kaum möglich, da die Kandidaten nicht die gesamten Vereinigten Staaten bereisen könnten. Zumindest müssten die Kampagnen auf der Grundlage anderer Marketinggesichtspunkte erfolgen. Ein solcher Wahlkampf würde allerdings alleine in Hinsicht auf Fernsehwerbung unvorstellbar teuer, da alle Kandidaten in allen Staaten Werbungen schalten lassen müssten. In kompetitiven Staaten ist die Anzahl dieser Werbungen bereits immens hoch.

Aufgrund des staatenzentrierten Wahlverfahrens sind relative Mehrheiten in den einzelnen Staaten die Voraussetzungen für den Erfolg auf der nationalen Ebene. Zum anderen sind die *Swing States* oder auch *Battleground States* für den Wahlausgang entscheidend; deshalb konzentrieren Kandidaten ihre Wahlkämpfe auf diese Staaten. Bei den letzten beiden Präsidentschaftswahlen (2016 & 2020) gab es in einigen Staaten nur jeweils hauchdünne Mehrheiten für Donald Trump bzw. Joe Biden.

Swing States

Als *Swing States* werden die Staaten bezeichnet, in denen der Wahlausgang als unsicher gilt und die wegen ihrer Stimmenanzahl der Wahlleute und in ihrem Verhältnis zu den als sicher geltenden Staaten den Wahlausgang entscheidend beeinflussen können. Daher gelten z. B. die Staaten Florida, New Hampshire, Pennsylvania, Ohio und mittlerweile auch Arizona umkämpft, während in Kalifornien oder Oklahoma kaum ein direkter Präsidentschaftswahlkampf ausgetragen wird: Hier gewinnen jeweils nur Demokraten bzw. Republikaner.

8.2.3 National Convention

Im Sommer nach den Vorwahlen finden die *National Conventions* statt.

Kernsatz

National Conventions sind bundesweite Versammlungen der Parteidelegierten, die in den jeweiligen Vorwahlen gewissermaßen als dessen Wahlleute bestimmt wurden.

Traditionell konferiert die herausfordernde Partei zuerst. Heute liegt die Zahl der Delegierten beider Parteien, die über *Primaries* nominiert werden, bei etwa 90 %. Die verbleibenden Plätze sind der Parteiführung und den Parteivertretern im Kongress vorbehalten. An den *Party Conventions* nehmen zwischen 2.500 bis 5.000 Delegierte teil. Diese meist drei- bis viertägigen Delegiertenversammlungen sind die einzige Manifestation der nationalen Parteiorganisation. Bei den *Conventions* werden nicht nur die Kandidaten der Präsidentschaftswahlen sowie potenzielle Vizepräsidenten bestimmt, sondern auch das Parteiprogramm (*Platform*). Zudem wird auch die Geschäftsordnung der Partei festgelegt. Nach wie vor wird die Person Präsidentschaftskandidat, die auf der Delegiertenversammlung die einfache Mehrheit der Stimmen der Anwesenden auf sich vereinigt. Dieses Verfahren ist seit 1832 in Kraft, hat aber seit Jahrzehnten nur noch deklaratorischen Charakter: De facto werden die Kandidaten schon während der Vorwahlen bestimmt. Amtierende Präsidenten bleiben ohnehin meist unangefochten und bei der herausfordernden Partei steht oft schon fest, wer auf der *Convention* gewählt werden wird, bevor die Vorwahlen abgeschlossen sind. Im Vorwahlkampf 2020 der Demokraten lieferten sich Kandidaten wie Biden, Harris und Sanders bis zum März noch ein knappes Rennen. Als die Vorwahlen in Arizona, Florida und Illinois jedoch vorüber waren, stand bereits fest, dass Biden der Kandidat werden würde, nachdem sich auch die vorherige Konkurrentin um den Posten, Kamala Harris, am 08. März 2020 für Biden aussprach. Am 11. August gab Biden schließlich bekannt, dass Harris seine *Running Mate* werden würde – die Vizepräsidentschaftskandidatin.

Durch Delegiertenversammlungen, so die ursprüngliche Idee, sollte der Nominierungsprozess durch die Beteiligung der Parteibasis verbreitert und damit demokratisiert werden. Es änderte sich jedoch zunächst nur wenig an den bestehenden Machtkonstellationen. Trotz der Versammlungen war der Einfluss bei der Parteiführung konzentriert und Delegierte wurden nach Patronage ausgewählt. Erst das *Progressive Movement* zu Beginn des 20. Jahrhunderts verhalf den einfachen Parteimitgliedern durch die Einführung der Vorwahlen zu mehr Einfluss. Zumindest in der ersten Hälfte des 20. Jahrhunderts war der Einfluss der *Party Machines* noch unübersehbar, da sie das Abstimmungsverhalten bei den Delegiertenversammlungen ohne Rücksicht auf die Ergebnisse der Vorwahlen beeinflussen konnten. Eine echte Beschneidung der Macht der Parteiführungen kam erst im Zuge der Demokratischen Delegiertenversammlung 1968 zustande, die die Verteilung von Blockstimmen abschaffte und damit die Vorwahlen als Partizipationsinstrument insgesamt erheblich aufwertete. Nach der zumindest teilweisen Entmachtung der Superdelegierten hat heute tatsächlich die Basis in beiden Parteien bei der Auswahl der Kandidaten nahezu uneingeschränkte Macht.

8.2.4 Bundesweite Wahlen

Am ersten Dienstag nach dem ersten Montag im November eines Schaltjahres finden die allgemeinen Wahlen statt, bei denen alle registrierten Wahlberechtigten über 18 Jahre abstimmen können. Diese geschieht allerdings nicht direkt, denn rein technisch betrachtet wird bei den allgemeinen Präsidentschaftswahlen ein Wahlgremium gewählt, das dann kurz vor Weihnachten abstimmt. Im neuen Jahr wird dieses Ergebnis in einer gemeinsamen Sitzung des Kongresses bestätigt.

Warum Dienstag?

Die Bestimmungen über die Terminierung der Wahlen stammen aus der Mitte des 19. Jahrhunderts und spiegeln die Bedürfnisse einer landwirtschaftlichen Gesellschaft in einem geografisch weiten Raum wider. Man wollte der Bevölkerung Zeit geben, nach dem arbeitsfreien Sonntag am Montag anzureisen und dann am Dienstag zu wählen. Der Monat November ließ den Farmern außerdem Zeit, bis sie zumindest die Ernte eingeholt hatten.

Kernsatz

Das Wahlsystem in den USA existiert im Grunde lediglich auf Einzelstaatenebene.

Dass das Wahlsystem in den USA faktisch nur auf der Einzelstaatenebene besteht, ist für das Verständnis des Wahlleutesystems unerlässlich. Das *Electoral College* ist de facto lediglich die Übertragung des *Winner takes all* Prinzips auf die bundesstaatliche Ebene. Die Stimmen für die Vize- und die Präsidentschaft werden *en bloc* – also immer für ein *Ticket* aus Präsidenten- und Vizepräsidenten-Kandidatenpaar – abgegeben. Damit wird einem *divided White House* – Präsident und Vize-Präsident aus verschiedenen Parteien – vorgebeugt. Zu Beginn der Republik kam dies noch vor. Jenes *Ticket*, das die einfache Mehrheit aller abgegebenen Stimmen in einem Staat gewinnt, sichert sich damit die Stimmen der Wahlleute in diesem Staat. Es existieren nur wenige Ausnahmen, wo Wahlleute proportional zum tatsächlichen Ergebnis entsandt. Derzeit sind dies lediglich Maine und Nebraska. Ansonsten stimmen die Staaten geschlossen ab, alle Stimmen für die Zweit- und Drittplatzierten verfallen. Nach landläufiger Meinung sind die Wahlleute frei in ihrer Entscheidung, Abweichungen vom Wählerauftrag kommen zwar vor, dies geschieht jedoch äußerst selten. Mehrere Staaten verpflichten ihre Wahlleute darüber hinaus per Gesetz, für das Kandidatenpaar zu stimmen, das in dem jeweiligen Staat die meisten Stimmen gewonnen hat. Sie sehen entsprechend Strafen für Abweichler (*Faithless Electors*) vor.

Das Wahlleutegremium (*Electoral College*) wurde aus verschiedenen Gründen errichtet: Zunächst wollten die Gründerväter dem Volk zwar die Macht geben, gemäß dem *Checks and Balances* System jedoch nicht uneingeschränkt. Die USA waren schließlich ein Experiment, das durchaus auf Grundlagen der damals verfügbaren politiktheoretischen Schriften gegründet wurde. In einigen dieser Schriften wurde vor der absoluten Macht des Volkes gewarnt. Es bestehe schließlich die Gefahr, dass Bevölkerungsgruppen lediglich auf ihr eigenes Wohl achteten oder dass sie durch Populisten oder gar autoritäre Führer verführt würden. Als ein *Check* wurde daher das *Electoral College* installiert. (vgl. Kapitel 1 & 2)

Neben der Souveränität der einzelstaatlichen Wahlsysteme waren die Unabhängigkeit der Einzelstaaten insgesamt und der Schutz der kleineren Staaten weitere Gründe für die Etablierung des *Electoral Colleges*. So haben kleinere Staaten ein tendenziell höheres Stimmgewicht als die großen, da jeder Staat so viele Personen entsendet, wie er Kongressabgeordnete nach Washington schickt: Jedem Bundesstaat steht die Anzahl von Wahlleuten zu, wie er Sitze im Repräsentantenhaus hat, plus die der Anzahl der Senatoren. Dem *District of Columbia* sind per Gesetz drei Wahlleute vorbehalten. Damit beträgt die Gesamtheit 538 (435 entsprechend den Abgeordneten im Repräsentantenhaus + 100 Senatoren + drei Vertreter des *District of Columbia*). Diese Anordnung verzerrt zwar die Wertigkeit der einzelnen Stimmen der Bürger in verschiedenen Staaten, schützt jedoch die kleineren Staaten vor der Dominanz der größeren Staaten. Dadurch soll eine landesweite Mehrheit gewährleistet und gleichzeitig eine Tyrannei über die kleineren Staaten verhindert werden. Dieses System soll garantieren, dass die Präsidentschaftswahl sowohl von den Staaten als auch vom Bund getragen wird.

Das *Electoral College* stimmt etwa einen Monat nach den eigentlichen Wahlen ab. Wer die Wahlleute sind, bestimmen die Kongresse der Einzelstaaten. Die Parteien haben für ihre Auswahl der *Electors* meist unterschiedliche Methoden. In der Regel wählen sie wichtige Parteiunterstützer aus, es dürfen jedoch keine Abgeordneten oder Amtsträger darunter sein. Physisch tritt das *Electoral College* jedoch nie zusammen, das Ergebnis der einzelnen Staaten wird lediglich dem Präsidenten des Senats übermittelt. Am 6. Januar des auf die Wahl folgenden Jahres werden die Stimmen in einer gemeinsamen Sitzung des Kongresses verlesen, ausgezählt und bestätigt. Gemäß dem 20. Verfassungszusatz treten die Gewinner der Wahl am 20. Januar des auf die Wahl folgenden Jahres ihre Ämter an.

Aufgrund der Tatsache, dass bisher fünf Kandidaten in der Geschichte der USA einen *Electoral College* Sieg, aber nicht die Mehrheit der abgegebenen Stimmen gewinnen konnten, wird vermehrt die Legitimität der Institution in Frage gestellt. Schon länger existierten verschiedene Reformvorschläge von Seiten der Politikwissenschaft, aber erst im Zuge der Wahl im Jahr 2000 ist eine öffentliche Diskussion entbrannt, die bis heute andauert. Die größte Schwierigkeit für die Durchsetzung von Reformen besteht darin, dass sämtliche Vorschläge eines Verfassungszusatzes bedürften, denn die Präsidentschaftswahl per *Electoral College* ist in Artikel II der amerikanischen Verfassung fixiert. Da eine Verfassungsänderung eine Zwei-Drittel-Ratifizierung in den Einzelstaaten bedarf (vgl. hierzu Kap. 2.1), ist eine Änderung des bestehenden Systems in naher Zukunft geradezu unmöglich. Die kleineren Staaten würden ihre Vorteile nicht abgeben wollen und republikanisch dominierte Staaten würden so größere Gefahr laufen, eine Demokratische Dauerregierung auf Bundesebene zu bekommen.

8.3 Wahlen und Wahlergebnisse seit 2000

Die Wahlen seit dem Jahr 2000 deuten auf eine dauerhafte politische Spaltung zwischen zwei unterschiedlichen politischen Kulturen in den USA hin. In den letzten beiden Jahrzehnten haben sich zwei nahezu homogene Blöcke herausgebildet – das *rote* Amerika im Innern des Landes und das *blaue* Amerika entlang der Küsten und in Großstädten. Die Gesellschaft spaltet sich zunehmend in diese beiden politischen Kulturen des konservativen und liberalen Amerikas. Gläubige und eher konservative Amerikaner bevölkern mehrheitlich die roten Staaten zwischen den Küstenregionen der USA. In der politischen Geografie signalisieren diese eher ländlich geprägte Gebiete eine Mehrheit für die Republikanische Partei, während liberale, eher säkulare und tendenziell höher gebildete Bürger als eine Demokratische Mehrheit vornehmlich an der Ost- und Westküste des Landes sowie in Großstädten leben. Die Verteilung Demokratischer und Republikanischer Mehrheiten haben sich zwischen 2000 und 2020 sogar noch verstärkt, die Aufteilung zwischen *roten* und *blauen* Staaten ist jedoch stark verkürzt.

Es gibt verschiedene Gründe für die verstärkte Polarisierung der beiden großen amerikanischen Parteien. Die Rolle der Parteiführungen im Repräsentantenhaus wurde gestärkt, was in der Folge zu einem einheitlicheren Abstimmungsverhalten führte. Die im historischen Vergleich hohe Zahl an *Safe Districts* tut ihr Übriges, um Parteiloyalisten ins Amt zu verhelfen. Das *Redistricting*, eine auseinanderklaffende sozioökonomische Entwicklung in der amerikanischen Bevölkerung und das *Geographical Sorting* (vgl. hierzu Kapitel 3.1.1) sind Gründe für die Polarisierung des Wahlverhaltens. Das zugunsten der Republikaner ausgefallene *Realignment* im Süden der USA hat die Parteien darüber hinaus ideologisch kohärenter gemacht.

Dünne Mehrheiten sind zunächst noch kein Hinweis auf eine politische Polarisierung des Landes, sie deuten eher auf rasch wechselnde Stimmenverhältnisse hin. Die in einigen Staaten nur hauchdünnen Mehrheiten für nationale politische Ämter lassen kaum dauerhafte Mehrheiten etablieren, wie die Zunahme von *Divided Government* eindrücklich belegt (vgl. Tabelle 7.2). *Gridlocks* und ein geringer Konsens werden trotz gelegentlicher Phasen von *United Government* wohl ein Bestandteil der Amerikanischen Politik bleiben, auch wenn die Demokraten ihre Mehrheit im Lande seit 2018 wieder besser zu nutzen vermögen.

Interessanterweise ist trotz dieser parteiisch-ideologischen Blockbildung die amerikanische Gesellschaft nach wie vor sehr heterogen und generell kritisch gegenüber ihrer Regierung eingestellt. Die Wahlergebnisse von 2018 und 2020 sind – zumindest noch nicht – so auszulegen, dass die Demokraten einen substantiellen und dauerhaften Vorteil haben werden. Im Jahre 2020 konnten die Demokraten ihre Mehrheit im Repräsentantenhaus verteidigen und auch im Senat erhalten sie eine theoretische Mehrheit, da zwei *Independents* ihrem *Causus* angehören und da die Vizepräsidentin, Kamala Harris, als Vorsitzende des Senats über die entscheidende *Tie-Breaker*-Stimme verfügt. Kontroverse und vor allem groß angelegte Reformen werden mit dieser Mehrheit zwar kaum möglich sein, dennoch bietet sie der Biden-Regierung die Möglichkeit, zumindest einige Vorhaben umzusetzen. Bereits 2022 kann jedoch wieder eine Republikanische Mehrheit im Haus, eventuell sogar im Senat errungen werden. Dann würden sich *Gridlock* und parteipolitische Spannungen wieder stark auf den politischen Prozess auswirken.

8.4 Wahlverhalten

Erklärungen des Wahlverhaltens, die sich auf rationale Entscheidungen von Individuen stützen, oder Theorien, die vor allem Sachthemen als entscheidende Variable fokussieren, werden zunehmend kritisiert. Sie können die Veränderungen von großen gesellschaftlichen Gruppen nicht ausreichend erklären. Generell wird seit längerem die *Rational-Choice*-Perspektive von einigen Forschern hinterfragt. Spezifisch für die USA wird mittels der *rot-blau*-Dichotomie versucht, Wahlverhalten als Ergebnis der wachsenden Kohäsion zweier, nahezu gleich großer Gruppen der amerikanischen Bevölkerung zu erklären, die durch *mehrere* Konfliktlinien voneinander getrennt sind. Weit bedeutendere Faktoren als die *Rational-Choice*-Erklärung scheinen dabei Identität und Lifestyle-Präferenzen zu sein.

Multivariate Verfahren ermöglichen die Untersuchung des Wahlverhaltens in Abhängigkeit von der Korrelation mehrerer Variablen wie etwa Einkommen und Bildung. Die ‚Michigan-Schule' postuliert beispielsweise, dass die Wahlentscheidung eine Funktion der Variablen *Parteienunterstützung, Sachthemen* und *Kandidatenorientierung* ist (Campbell et al. 1960). Diese Beschreibung ist allgemein plausibel; die entscheidende Frage für Erklärungen von Wahlverhalten und Vorhersagen betrifft indes das jeweilige Verhältnis dieser drei Bestimmungsfaktoren zueinander.

Die *Parteienidentifikation* berührt im Kern eines der Grundthemen der Politikwissenschaft, die Entstehung von Parteien. Nach der *Cleavage* (Konfliktlinien)-Theorie von Lipset und Rokkan (1967) lassen sich politische Konflikte und ihre resultierende Repräsentation in einem politischen System auf aggregierter Ebene erklären. Diese Konfliktlinien sind per definitionem langfristige Verteilungen von sozioökonomischen und kulturellen Präferenzen und Interessen. Sie sind relativ konstante Variablen, denn sie ändern sich nur sehr langsam. Demnach ist die gegebene Aufteilung der *Party-in-the-Electorate* die Reflexion unterschiedlicher *Cleavages* sozioökonomischer Gruppen. Die Varianz im Parteiensystem kommt durch ein *Dealignment* zustande, durch das Abnehmen von Parteiidentifikationen aufgrund veränderter Konfliktlinien. Die Konfliktlinien-Theorie sagt aber nichts über die Stärke der Parteienpräferenz aus. Die Michigan-Schule untersucht diese Variable daher im Zusammenhang mit der Themen- und Kandidatenorientierung.

Auch die Kategorie *Sachthemen* wird für die parteipolitische Polarisierung der amerikanischen Bevölkerung verantwortlich gemacht. Demnach sind viele der Themen auf der politischen Agenda *Wedge Issues*, Themen, bei denen die gegnerischen Gruppen kaum bereit sind, Kompromisse einzugehen. Dies zieht sich in Umwelt- über Abtreibungsgesetzen und Einwanderungspolitik bis hin zur Sozialpolitik.

Was schließlich den dritten Teil der Michigan-Formel – die *Kandidatenorientierung* – betrifft, lassen sich naturgemäß nur sehr bedingt Voraussagen treffen. Diese Variable ist gewiss ein Entscheidungsfaktor. Jener Teil der Gesellschaft wird jedoch zunehmend größer, der in einer Wahl nur für eine Partei stimmen würde. Sollte ihnen ein Kandidat überhaupt nicht zusagen, würden sich einige dieser Wähler tendenziell eher enthalten. Die Parteigrenzen haben in den letzten beiden Jahrzehnten immens an Wichtigkeit gewonnen. Damit wurde als Konsequenz der Raum für politische Kompromisse kleiner.

Im Folgenden wird das Wahlverhalten nach den Punkten Ethnizität (Kap. 8.4.1), Einkommen und Bildung (Kap. 8.4.2), Religion (Kap. 8.4.3), Alter und Geschlecht (Kap. 8.4.4) und regionalspezifische Konflikte (Kap. 8.4.5) untersucht.

8.4.1 Ethnizität

Die Ergebnisse der Präsidentschaftswahlen 2020 zeigten wieder einmal einen bedeutenden Unterschied im Wahlverhalten zwischen weißer und nicht-weißer Bevölkerung. Insbesondere die afro-amerikanische Bevölkerung, entschied sich mit 87 % mehrheitlich für den Kandidaten Joe Biden, während für Donald Trump lediglich 12 % stimmten (Duffin 2020b). Zwischen dieser und allen anderen ethnischen Gruppen klafft in Bezug auf die Parteienpräferenz schon lange eine große Lücke. Dies reflektiert die andauernde Dominanz der Demokratischen Partei in dieser Bevölkerungsgruppe, die auch nach dem *Realignment* während der Bürgerrechtsbewegung in den 1960er Jahren anhält. Unter anderen nicht-weißen Amerikanern ist die Stimmverteilung zwar weniger eindeutig, es gibt aber eine klare Tendenz: Bei den *Hispanics* lag die Wahlverteilung bei 32 % für Trump und 66 % für Biden, bei den *Asian Americans* war mit 31 % bzw. 63 % eine ähnliche Mehrheit auf Seiten der Demokraten vorhanden.

Für die Wahlen in den kommenden Jahren wird die Gruppe der *Hispanics* von immer größerer Bedeutung werden, denn sie ist die am schnellsten wachsende ethnische Minderheit in den USA. Ihr Wahlverhalten kann noch nicht als konsolidiert angesehen werden und sie sind als Wählergruppe eher heterogen. Bei den Wahlen 2020 konnte Donald Trump beispielsweise unter den *Hispanics* im Vergleich zu 2016 noch einmal zulegen. In Teilen Kaliforniens, des südlichen Westens der USA und Floridas, werden *Hispanics* in naher Zukunft vielerorts die Mehrheit der Einwohner stellen. Vor der Trump-Nominierung wollten sich viele Republikaner daher in Hinsicht auf die *Hispanics* neu ausrichten. Dies wurde vor allem in der 2016 Wahlkampagne von Jeb Bush klar. Der Bruder von George W. Bush sprach wiederholt dezidiert *Hispanic*-Wähler an, u. a. auch in spanischer Sprache. Trump grätschte mit seiner Agitation gegen illegale Einwanderer in den ursprünglich geplanten Ansatz der Annäherung. Aus wahlsoziologischer Sicht wäre dies in der Tat sinnvoll, schließlich haben einige *Hispanics* konservativ-religiöse Überzeugungssysteme und viele sind aufgrund von Erfahrungen in ihren Heimatländern anti-sozialistisch eingestellt. Sie würden daher in die Wählergruppe der Republikaner passen.

Das Wahlverhalten der *weißen* Amerikaner ist insgesamt mehrheitlich Republikanisch, im Besonderen in Verbindung mit den Merkmalen *Alter* (hoch) und *Religion* (protestantisch). Für Trump stimmten weiße Amerikaner mit 57 %, für Biden mit 42 %. Verloren hat Trump 2020 gegenüber 2016 lediglich unter den weißen Männern, bei den Frauen konnte er Stimmen gewinnen.

8.5.2 Einkommen und Bildung

Die oftmals vertretene These, nach der die Republikaner die Partei der Besserverdienenden sind, findet in Wahlergebnissen nur begrenzt Bestätigung – zumindest muss dieser Sachverhalt differenziert betrachtet werden. Auf der County-Ebene lässt sich zunächst beispielsweise eine andere These ablesen: 2020 hat Trump 2496 Counties gewonnen, während Biden lediglich 477 für sich verbuchen konnte. Biden gewann jene Counties mit der höchsten Bevölkerungsdichte – und auch die reichsten. Im Gegensatz dazu lag Trump in den meisten Counties mit geringerem Durchschnittseinkommen vorne. Im Gesamtdurchschnitt liegt Trump allerdings bei den Wählern mit einem Jahreseinkommen über 100.000 $ höher in der Gunst: Sie stimmten zu 54 % für ihn. Somit ist es richtig, dass mit steigendem Einkommen der Vorsprung der Republikaner unter den Wählern zunimmt. Dies hängt nicht zuletzt auch mit der Republikanischen Niedrigsteuerpolitik zusammen. Zugleich sind eher ländlich geprägte ‚Problemregionen' weitgehend und zunehmend Republikanisch geprägt.

In der Tendenz steigt mit der Höhe des Bildungsabschlusses die Affinität zu den Demokraten. Umgekehrt gilt, dass je geringer die Qualifikation und das Bildungsniveau sind, eher eine Nähe zu den Republikanern erkennbar ist. Menschen mit einem geringen Bildungsniveau tendieren allgemein eher dahin, gar nicht zu wählen. Deshalb ist Bildung nicht immer ein guter Wahlindikator. Wähler ohne Hochschulabschluss entschieden sich 2020 zu etwa 50 % für Donald Trump und zu etwa 48 % für Joe Biden (CNN 2020). Damit ist zwar eine Tendenz erkennbar, diese ist jedoch relativ gering.

8.5.3 Religion

Die Verteilung der Präferenzen bei den einzelnen religiösen Gruppen zeigt vor allem die klare Dominanz der Republikaner bei den weißen Protestanten und hier besonders stark bei den Evangelikalen. Jüdische Wähler stimmen traditionell eher für die Demokraten, während die Katholiken ein uneinheitliches Bild abgeben. Dabei ist zu beachten, dass unterschiedliches Wahlverhalten nicht mehr vorrangig vom Unterschied zwischen verschiedenen Denominationen bestimmt ist, sondern stärker von der religiösen Intensität abhängt. Vieles deutet darauf hin, dass besonders gläubige Protestanten und Katholiken sich in ihrem politischen Verhalten stärker ähneln als fromme und weniger fromme Angehörige jeweils anderer Denominationen.

Es ist ebenfalls zu berücksichtigen, dass sich je eine Minderheit der amerikanischen Bürger als besonders fromme Gläubige oder als Atheisten bezeichnen. Die überwiegende Mehrheit der Amerikaner geht wöchentlich oder seltener zum Gottesdienst, ist statistisch betrachtet durchschnittlich religiös. Darüber hinaus verrät die bloße Besuchshäufigkeit wenig über die zugrundeliegenden Gründe, warum eine bestimmte Partei oder Person bevorzugt wird. Die gängige Interpretation lautet, dass Menschen, die sehr häufig Gottesdienste besuchen, tendenziell konservative Werte pflegen und somit der Republikanischen Partei nahestehen. Es ist keineswegs klar, ob dies in Bezug auf alle politischen *Issues* gilt und wie sich die Variable ‚Gottesdienstbesuch' in Kombination mit anderen sozioökonomischen Kategorien verhält. So genießt z. B. die Demokratische Partei unter gläubigen afroamerikanischen Bürgern einen enormen Vorsprung vor den Republikanern.

8.5.4 Alter und Geschlecht

Die Bürgerrechtsbewegung der 1960er Jahre resultierte in einem spürbar unterschiedlichen Wahlverhalten zwischen Männern und Frauen, das in der amerikanischen Politikwissenschaft als *Gendergap* bezeichnet wird. Demnach neigen Frauen allgemein stärker der Demokratischen Partei zu, während Männer die Republikanische Partei präferieren. In den meisten Jahren seit 1968 betrug der *Gendergap* etwa zwischen fünf und 13 Prozent. Bei den Präsidentschaftswahlen 2020 war von vielen Beobachtern ein historischer *Gendergap* erwartet worden, allerdings blieb dieser – wie seit Jahrzehnten – relativ konstant. Dies ist umso bemerkenswerter, als bei den Wahlen Themen, die Frauenrechte tangierten, im Mittelpunkt standen und im Vorfeld Umfragen einen *Gendergap* von bis zu 30 % vorhersagten. Allerdings wird der *Gendergap* stark von der Parteiidentifikation überlagert. Da die Mehrheit weißer Frauen erneut für Trump stimmte, eine große Mehrheit der nicht-weißen Frauen jedoch für Biden, spielt auch die Variable Ethnizität eine größere Rolle als das Geschlecht.

Ein *Age-Gap* in den USA ist gut im Wahlverhalten erkennbar. Jüngere Wähler stimmen – sofern sie wählen gehen – mehrheitlich für demokratische Kandidaten. Dies ist besonders bei den Menschen unter 30 erkennbar, hält aber bis zu den Mittvierzigern an. Erst ab einem Alter von 45 Jahren wandert die Tendenz zu den Republikanern. Die Interpretation dieses Wahlverhaltens kann bedeuten, dass jüngere Generationen generell etwas progressiver sind und die Gesellschaft im Laufe der Zeit weniger konservativ wird. Es ist jedoch ein Truismus, dass viele Menschen im späteren Teil ihres Lebens konservativer werden.

8.5.5 Regionalspezifische Konflikte

Der amerikanische Politikwissenschaftler Valdimer Orlando Key schuf für die sozialwissenschaftliche Betrachtung politischer Verhältnisse im amerikanischen Süden den Begriff *Sectional Politics* (Key 1964: 232). Damit ist gemeint, dass sich entlang regional unterschiedlicher *Cleavages* Wählercluster herausbilden. Die USA zeichnen sich zwar immer schon durch eine geografische Verteilung von Wählergruppen aus, allerdings war dies noch nie so ausgeprägt wie bei den Wahlen 2020.

Unübersehbar umklammerte schon seit einigen Jahrzehnten das *blaue* Amerika der Küstenstaaten das *rote* Amerika im Herzen der Vereinigten Staaten. Allerdings zeigt sich mit den letzten Wahlen nochmals nachdrücklich, dass eine der empirisch am stärksten nachweisbaren Konfliktlinien die Stadt-Land-Dimension ist. In vielen Staaten, vor allem im Mittleren Westen und im Süden, gingen ländliche Gebiete an Trump, während Biden die Großstädte gewann. Auf der *Electoral Map* wirkt dies wie ein häufig republikanisch-rot geprägtes Land mit blauen Punkten an den Stellen, wo sich Großstädte befinden. Gerade dort ist die Bevölkerungsdichte so hoch, dass diese ‚Punkte' mitunter wahlentscheidend sind. Dies konnte mit dem *Blue Shift* in Staaten wie Pennsylvania oder Georgia beobachtet werden.

Generell ist deshalb immer eine Betrachtung der County-Ebene in Bezug auf Wahlausgänge relevant. Ein *roter* oder *blauer* Staat ist dies oftmals lediglich mit einem geringen Vorsprung, was bedeutet, dass Unterschiede *innerhalb* von Staaten z. T. genauso stark ausgeprägt sind, wie auf der gesamtstaatlichen Ebene. Dies gilt auch für generell progressive Staaten wie Kalifornien, weniger jedoch für traditionell konservative Staaten wie Oklahoma.

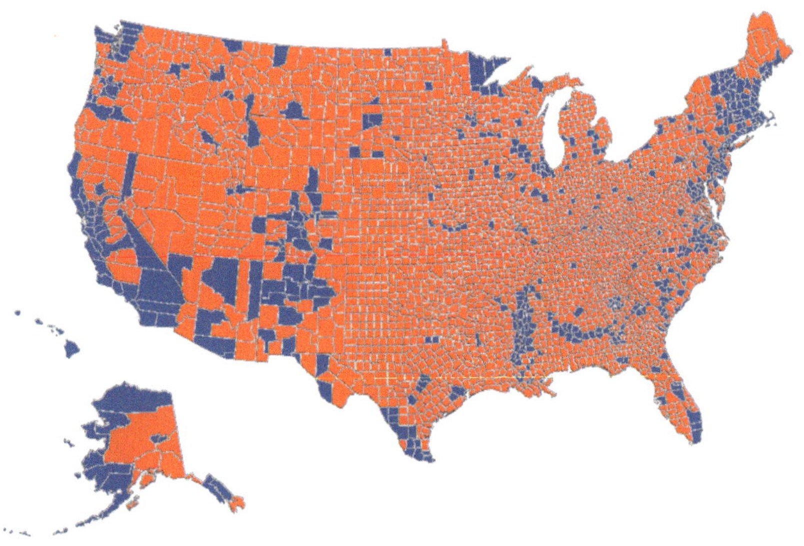

Abbildung 8.4: Ergebnisse der 2020 Präsidentschaftswahl nach Counties

Die Erosion der Vorherrschaft der Demokratischen Partei im amerikanischen Süden brachte zunächst ein *Realignment* von Wählerkoalitionen mit der Republikanischen Partei mit sich. Das hatte entscheidende Konsequenzen für die politische Landschaft der gesamten Vereinigten Staaten gehabt. Allerdings ist der amerikanische Süden heute keineswegs politisch so homogen, wie er es vor zwei Generationen war. Die Zahl der *Independents* hat sich erhöht und die Parteienloyalität bei den Wahlen seit 2000 war relativ ausgeglichen. Dies liegt vor allem daran, dass

Afroamerikaner mit großer Mehrheit Demokratisch wählen, die weiße Bevölkerung dagegen mehrheitlich Republikanisch, aber bei weitem nicht so geschlossen ist. Die Republikanische Mehrheit im Süden ist zwar immer noch vorhanden, sie ist jedoch nicht stabil.

In Abbildung 8.5 sind die Parteipräferenzen der einzelnen Wählergruppen noch einmal zusammengefasst.

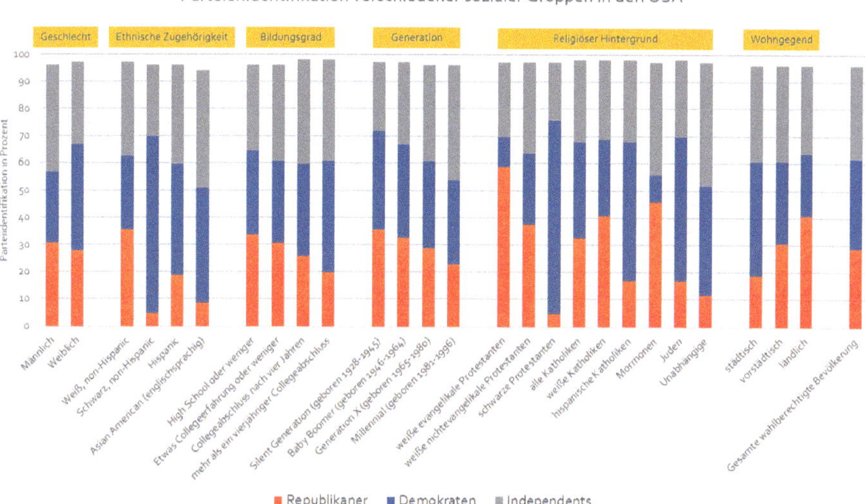

Abbildung 8.5: Parteienidentifikation sozialer Gruppen in den USA, Quelle: Pew 2018

8.6 Wahlbeteiligung

Die USA hatten in den letzten Jahrzehnten eine notorisch niedrige Wahlbeteiligung. Im Schnitt beteiligte sich lediglich gut die Hälfte der wahlberechtigten Bevölkerung an Präsidentschaftswahlen. Dabei weisen diese im historischen Vergleich die höchste Beteiligung auf; bei Kongress-, Gouverneurs- und allen anderen lokalen Wahlen übersteigt die Wahlbeteiligung die 50 %-Marke nur selten. Die Wahl von 2020 brach mit einer Wahlbeteiligung von 66,3 % hingegen alle Rekorde seit 1900: An dieser Wahl zwischen William McKinley und William Jennings Bryan beteiligten sich 73,7 % der Wahlberechtigten (Duffin 2020c).

Häufig wird moniert, dass die Präsidentschafts- und Kongresswahlen in den USA an einem Dienstag stattfinden. In der Tat ist es wahrscheinlich, dass viele Wähler – vor allem Angestellte – vor oder nach einem Arbeitstag keine Gelegenheit finden, ein Wahllokal aufzusuchen. Oft wird den Amerikanern zudem eine Wahlmüdigkeit aufgrund der Vielzahl von Wahlen für lokale und funktionale Regierungen zugeschrieben. Nicht zuletzt sorgen teils komplizierte und aufwendige Registrierungsbestimmungen dafür, dass sich viele Bürger auch von der Registrierungspflicht und den Regelungen für Briefwahlen von den Wahlen abgeschreckt fühlen.

Bei den Präsidentschaftswahlen 2020 stieg die Wahlbeteiligung aufgrund der parteipolitischen Kontroversen und der Persönlichkeit von Donald Trump signifikant an. Neben der *rot-blauen* Dichotomie und professionellen Mobilisierungskampagnen (*Get Out the Vote*), wurden viele Biden-Wähler davon mobilisiert, dass sie gegen Trump stimmen konnten. Die Trump-Anhänger wollten dagegen unbedingt eine zweite Amtszeit ihres Präsidenten und eine Biden/Harris-Regierung verhindern. Dies führte dazu, dass sowohl Biden als auch Trump die jeweils meisten Stimmen in der Geschichte beider Parteien erhielten. Generell wird die parteipolitische Polarisierung in der amerikanischen Gesellschaft dafür verantwortlich gemacht, dass jede der beiden Parteien ihre Wähler gegen den politischen Gegner mobilisieren kann. Auch in Zeiten umkämpfter politischer und gesellschaftlicher Debatten ist die Wahlbeteiligung generell höher als im Durchschnitt. Belege sind die Wirtschaftskrise der 1930er Jahre, die Bürgerrechtsbewegung und der Vietnam-Krieg in den 1960er Jahren. Die hohe Wahlbeteiligung während der Corona-Krise 2020 stünde damit auch im Licht der Krisenjahre.

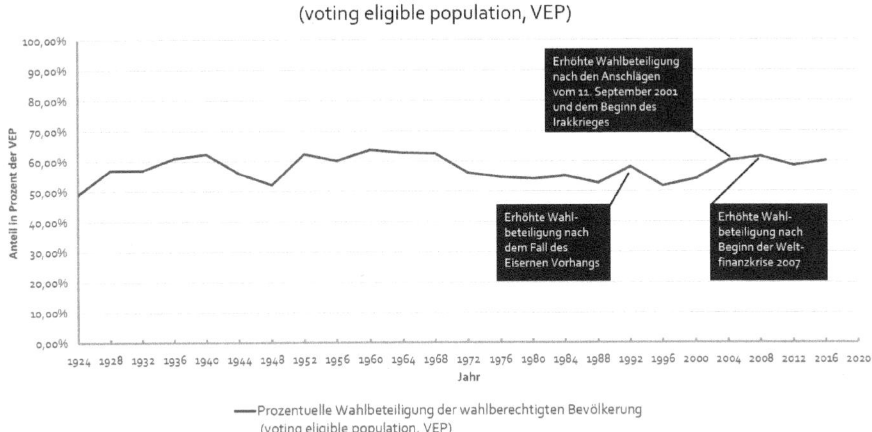

Abbildung 8.6: Wahlbeteiligung bei Präsidentschaftswahlen mit Bezug auf Krisen, 1924–2020, Quelle: Eigene Darstellung, Daten für Wahlbeteiligung entnommen von The American Presidency Project

8.7 Wahlkampffinanzierung

Wahlen in den USA brechen regelmäßig Rekorde. Die Gesamtkosten der Kongress- und Präsidentschaftswahlen 2020 haben beispiellose 14 Milliarden Dollar überschritten. Sie sind damit die teuersten Wahlen in der Geschichte der USA und doppelt so teuer wie jene von 2016. Demokratische Kandidaten und Gruppen gaben knapp 7 Milliarden Dollar aus, die Republikanischen etwa 3,8 Milliarden. Für zynische Beobachter sind vor dem Hintergrund dieser Zahlen Wahlprognosen im amerikanischen politischen System einfach: Wer das meiste Geld hat, gewinnt.

Geld spielt bei den Wahlen in den USA in der Tat eine erhebliche Rolle und häufig haben die Kandidaten mit dem höheren Budget einen immensen Vorteil; es ist jedoch kein determinierender Faktor für Wahlerfolg. Dies zeigte u. a. Donald Trump im Jahr 2016, der erheblich weniger für seine Kampagne ausgab als Hillary Clinton.

Allerdings ist es in den meisten Situationen kaum möglich, dass Kandidaten, die über deutlich weniger Geld als ihre Herausforderer verfügen, diesen Nachteil bei Wahlen ausgleichen können. Wahlkampfhilfen, ideeller oder materieller Art, sind im amerikanischen Bewusstsein ein Dienst an der Gemeinschaft und genießen, verfassungsrechtlich gesprochen, den besonderen Schutz der freien Meinungsäußerung. Es verwundert deshalb nicht, dass die Frage nach der Regulierung von Geldspenden für politische Kandidaten seit Gründung der Vereinigten Staaten auf der politischen Agenda steht, mit erheblichen Konsequenzen für die Arbeit im Kongress und für das Parteiensystem. Die Gesetze und Regeln, die Wahlkampfeinnahmen und -ausgaben regulieren, sind deshalb in ihrer Wirkung auf das amerikanische politische System kaum zu überschätzen.

Schon zu Beginn des 20. Jahrhunderts war der Druck auf den Kongress groß, Ausgaben für Wahlkämpfe zu beschränken und damit der Käuflichkeit von Politik entgegenzuwirken. Der 1907 verabschiedete *Tillman Act* untersagte z. B. Geldspenden von Unternehmen in Wahlkämpfen. Die Grundlage für das heute bestehende Regelwerk sind der *Federal Election Campaign Act (FECA)* von 1971 und eine Reihe von Zusätzen, die nach der *Watergate*-Affäre 1973 verabschiedet wurden. Die Entscheidung des obersten Bundesgerichts im Fall *Buckley v. Valeo* von 1976 ließ die Gesetzgebung dahingehend ändern, dass Höchstgrenzen für eigene Mittel der Kandidaten und eine Beschränkung der Gesamtausgaben in einem Wahlkampf mit Hinweis auf die freie Meinungsäußerung als nicht verfassungsgemäß erklärt wurden. Mit dem *Bipartisan Campaign Reform Act* (nach seinen Sponsoren allgemein als *McCain-Feingold Act* bekannt) aus dem Jahr 2002 wurde diese hoch umstrittene Gerichtsentscheidung revidiert. Neben einem Verbot von *Political Attack Advertisements* beinhaltete dieses Gesetz eine Revision der Spendenpraxis seit *Buckley v. Valeo*, die zu einer unkontrollierten Ausweitung von *Soft Money* geführt hatte.

Soft Money

Soft Money sind Spenden von Privatleuten an Parteiorganisationen, die nicht der Regulierung des *FECA*, sondern ggf. einzelstaatlichen Regelungen unterliegen. Sie müssen daher weder bewilligt noch offengelegt werden. Mit dem *Bipartisan Campaign Reform Act* (*BCRA*) aus dem Jahr 2002 sollte die massive Verwendung von *Soft Money* eingedämmt werden. Für Wahlwerbung sollte nur noch Hard Money verwendet werden, Geld, das direkt an Kampagnen einzelner Kandidaten geflossen ist. Der *McCain-Feingold Act* sah eine Abschaffung von *Soft Money* auf nationaler Ebene vor. Nach dem *Citizens United vs. FEC* Urteil (s. u.) ist diese Regelung obsolet.

Der *Supreme Court* revidierte in seinem Urteil *Citizens United v. FEC* das Herzstück von *McCain-Feingold* und erlaubte ausdrücklich den unbegrenzten Einsatz finanzieller Mittel durch Firmen und Interessengruppen. So entstanden schnell *SuperPACs*, eine Art Wahlkampfvehikel, die Spenden für Kandidaten und Parteien sammeln. Ihre Urheber können sich dabei auf den Grundsatz der *Freedom of Speech* berufen, der in Gerichtsurteilen bereits Mitte der 1970er Jahre als Maßstab der Rechtsprechung in Sachen Wahlkampffinanzierung etabliert wurde. Der von den Richtern formulierte Vorbehalt, dass die *SuperPACs* in keiner direkten Verbindung zu den unterstützten Kandidaten und deren Wahlkampforganisation stehen dürften und insofern von diesen unabhängig sein sollten, kann in der Praxis mit Leichtigkeit umgangen werden. In seiner denkwürdigen Rede zur Lage der Nation im Jahre 2010 verurteilte Barack Obama die Entscheidung des *Supreme Court* in Anwesenheit der Richter mit harschen Worten:

> „Last week, the Supreme Court reversed a century of law to open the floodgates for special interests – including foreign companies – to spend without limit in our elections. Well, I don't think American elections should be bankrolled by America's most powerful interests, and worse, by foreign entities. They should be decided by the American people, and that's why I'm urging Democrats and Republicans to pass a bill that helps to right this wrong" (zit. nach Barbour/Wright 2011: 515).

Trotz seiner Kritik hat Obama selbst die Unterstützung durch *SuperPACs* akzeptiert.

Tabelle 8.8: Zentrale Begriffe der Wahlkampffinanzierung

527 committees und 501c groups
527 committees und 501c groups sind jeweils benannt nach den entsprechenden Abschnitten in Steuergesetzen. Die Gesetze sehen Steuerfreiheit für bestimmte politische Organisationen vor. 527-Organisationen betreiben Wählermobilisierung, *Issue Advocacy*, dürfen aber nicht ausdrücklich für oder gegen spezifische Kandidaten werben. Sie unterliegen keinen Beschränkungen, de facto fließt offiziell verbotene *Soft Money* vermehrt in 527-Organisationen. 501c-Gruppen sind z. B. *Think Tanks* oder politische Stiftungen.
FECA (Federal Election Campaing Act)
FECA ist ein 1972 in Kraft getretenes Gesetz, das Wahlkampfeinnahmen und -ausgaben mit dem Ziel reguliert, bei Wahlkämpfen die Chancengleichheit und Unabhängigkeit der Kandidaten zu sichern. Die im Rahmen dieses Gesetzes geregelten Geldflüsse werden *Hard Money* genannt. Für Individuen gilt: Maximal 2.800 US-Dollar direkt an Kandidaten, 5.000 US-Dollar an ein *PAC* und 35.500 US-Dollar an eine Partei oder ein *Party Committee.*

Matching Funds
Öffentliche Wahlkampfunterstützung mit Geld aus dem steuerfinanzierten *Presidential Election Campaign Fund* wird als *Matching Funds* bezeichnet. Die Finanzierung kann für den Wahlkampf der Vorwahlen eingesetzt werden: Wer mindestens 5.000 US-Dollar, bestehend aus Einzelspenden von nicht mehr als 250 US-Dollar in jeweils 20 Staaten, einwirbt, bekommt dieselbe Summe als Bonus, muss sich aber gleichzeitig an eine Höchstgrenze von Ausgaben halten, die jedes Jahr angepasst wird (1974 auf max. 20 Mio. US-Dollar zzgl. jährlichem Inflationszuschlag festgelegt). Geldspenden von *PACs* sowie Spenden von über 250 US-Dollar sind nicht zuschussfähig. *Matching Funds* gibt es nur bei Präsidentschaftswahlen sowie Vorwahlen.

Bipartisan Campaign Reform Act (auch: *McCain-Feingold-Act*)
Das 2002 verabschiedete Gesetz *Bipartisan Campaign Reform Act* erhöhte die Spendengrenzen unter der *Hard Money*-Regelung und schaffte *Soft Money* ab, was bis dahin die wichtigste Einnahmequelle für nationale Parteiorganisationen war. Auf der einzelstaatlichen Ebene war die Praxis von *Soft Money*-Spenden noch erlaubt. Das Urteil *Citizens United vs. FEC* (s. u.) hob das *McCain-Feingold* Parteifinanzierungsgesetz fast völlig auf.

PAC (Political Action Committee)
PACs sind Organisationen, um Wahlkampfmittel einzuwerben und auszugeben. Sie bestehen seit den 1940er Jahren. Für sie gilt, dass sie 5.000 Dollar jährlich direkt an Kandidaten und 10.000 Dollar an Parteiorganisationen spenden und gleichzeitig pro Jahr 5.000 Dollar aus derselben Quelle einwerben dürfen. Unternehmen, Gewerkschaften und Interessengruppen zahlen an *PACs* und umgehen damit die Beschränkungen von *Hard Money*. Die explosionsartige Vermehrung der *PACs* steht in direktem Zusammenhang mit dem Zuwachs an Spenden, die wegen der Obergrenzen häufig auf formal verschiedene, de facto aber gleiche *PACs* verteilt werden. *PACs* sind äußerst flexible Organisationsformen, um Geld für ein bestimmtes Thema einzuwerben. Sie können auf spezifische Kandidaten maßgeschneidert werden. Die in der Folge von *Citizens United* entstandenen neuen *PACs* werden aufgrund ihrer großen Finanzkraft als *SuperPACs* bezeichnet.

Citizens United vs. FEC
Bei *Citizens United vs. FEC* handelt sich um eine Entscheidung des *Supreme Court*, dass einzelne Firmen und Interessengruppen finanzielle Mittel in unbegrenzter Höhe zur Unterstützung eines Kandidaten einsetzen dürfen, sofern kein direkter Kontakt zu seiner Wahlkampforganisation besteht.

Quelle: Eigene Zusammenstellung.

8.7.1 Öffentliche Wahlkampffinanzierung

In den USA gibt es sowohl eine öffentliche als auch eine private Wahlkampffinanzierung, wobei letztere in ihrer Summe klar überwiegt. Seit 1976 können Kandidaten bei Präsidentschaftswahlen auf einen Fonds zugreifen, der durch Steuermittel finanziert wird (*Matching Funds*). Die *Federal Election Commission (FEC)* verwaltet diese öffentlichen Wahlkampfmittel, die aus freiwilligen, von der Steuer absetzbaren Spenden bestehen. Die Behörde ist Teil der amerikanischen Exekutive und hat den Auftrag, die Einhaltung der Wahlkampfgesetze zu überwachen und alle verwaltenden Aufgaben, z. B. die Veröffentlichung der Namen von Spender, durchzuführen. Das Regelsystem für öffentliche Wahlkampfspenden zielt in seiner Gesamtheit auf drei Phasen ab: die Vorwahlen, die *Party Conventions* und den anschließenden Wahlkampf bis zur Wahl. Für jede einzelne Phase bestehen unterschiedliche Qualifikationsvoraussetzungen.

Für die Phase der Vorwahlen, die nach den Bestimmungen bis zur *Party Convention* dauert, gelten folgende Regeln: Um sich für öffentliche Zuwendungen zu qualifizieren, müssen Kandidaten in 20 Staaten jeweils 5.000 US-Dollar in Einzelspenden von nicht mehr als 250 US-Dollar einwerben. Trifft dies zu, können sie bis zu 250 US-Dollar pro Einzelspende als Bonus aus den *Matching Funds* erhalten. Außerdem müssen sich Kandidaten zum einen verpflichten, keine weiteren Spenden anzunehmen, und zum anderen ist die Summe aus dem öffentlichen Fonds begrenzt. 2016 betrug die Höchstgrenze an öffentlicher Unterstützung für die Vorwahlen rund 48 Millionen US-Dollar.

Mittlerweile ist es üblich und durch die *SuperPACs* ohnehin unproblematisch geworden, bei den Vorwahlen auf *Matching Funds* zu verzichten und den Wahlkampf mit privaten Mitteln zu bestreiten. Da die erwarteten Ausgaben für den Wahlkampf i. d. R. um ein Vielfaches über der öffentlichen Ausgabengrenze liegen, würden die öffentlichen Mittel ohnehin nicht ausreichen, einen erfolgreichen Wahlkampf zu führen. Der Trend überproportional steigender Wahlkampfkosten scheint schließlich ungebrochen. Demnach ist für die Phase der Vorwahlen für die Zukunft zu erwarten, dass aussichtsreiche Kandidaten die öffentliche Finanzierung ablehnen werden, um somit der Ausgabenbeschränkung zu entgehen.

Bis 2014 standen für die *Party Convention* seit 1974 je vier Mio. Dollar (zzgl. jährlichem Inflationsausgleich) zur Verfügung. Eine Partei qualifizierte sich für *Matching Funds*, wenn ihr Kandidat bei den vorangegangenen Präsidentschaftswahlen mindestens 5 % der abgegebenen Stimmen erreicht hat. Diese Form der *Matching Funds* wurde jedoch eliminiert. Demokraten und Republikaner verfügen ohnehin über *Host Committees*, die jeweils Dutzende Millionen US-Dollar ausschließlich für die Organisation der *Party Convention* eingeworben haben. Diese Gelder fallen unter keine Regelung und sind somit eine beachtliche Summe an *Soft Money*.

Für den Wahlkampf *nach* der Delegiertenversammlung können sich die Kandidaten für weitere *Matching Funds* bewerben. Noch 2004 akzeptierten Bush und Kerry diese Mittel, die jeweils 74,62 Millionen US-Dollar betrugen. Im Jahr 2008 erhielt John McCain die Höchstsumme von 84,1 Mio. Dollar, während die späteren Präsidenten Obama, Trump und Biden auf die öffentliche Finanzierung verzichten konnten. Für das Jahr 2020 wäre die Höchstgrenze für öffentliche Gelder auf 103,7 Mio. Dollar begrenzt gewesen. Alle Kandidaten verzichteten auf diese öffentlichen Mittel, da sie über ausreichende private Finanzierungsmöglichkeiten verfügten. Darüber hinaus besteht in einigen Staaten die Möglichkeit, sich für Wahlkampfhilferückerstattung aus Steuermitteln zu bewerben. Das Geld fließt entweder an die Parteiorganisation des jeweiligen Staates oder direkt an die Kandidaten. Die zu erstattende Summe basiert dabei entweder auf der Stimmenverteilung oder der Anzahl registrierter Wähler.

8.7.2 Wahlkampffinanzierung aus privaten Mitteln

Weitaus wichtiger als öffentliche Geldmittel sind mittlerweile private Spenden und Vermögen. Sie sind geradezu essenziell für einen Wahlerfolg. Für die nationalen Wahlen bestimmen ausschließlich Bundesgesetze, die zusammen genommen ein System aus Ausgabengrenzen und Zweckbindungen bilden, Ausmaß, Art und Verwendungszweck der Spenden. Durch die faktische Freigabe der Spendenhöhe in der Folge der *Supreme Court*-Entscheidung im Fall *Citizens United vs. FEC* ist der *McCain-Feingold-Act* im Wesentlichen aufgehoben worden. Wahlkämpfe sind seither durch die enormen Spendenmittel der *SuperPACs* geprägt.

Future Forward USA, ein neuer *SuperPAC*, hat dadurch Schlagzeilen gemacht, dass er 2020 knapp 100 Millionen US-Dollar für Pro-Biden-Kampagnen ausgegeben hat. *SuperPACs* wie Future Forward USA müssen der *Federal Election Commission* eigentlich die Quellen für die Spenden offenlegen, allerdings ist ein großer Teil des Geldes als ‚Dark Money‘ deklariert: Es stammt von politischen *Non-Profit*-Organisationen, die nicht unter diese Regelung fallen. Viele Kandidaten kommen durch derlei Operationen in Verbindung mit ‚Dark Money', von dem nicht bekannt ist, woher es stammt. Dadurch wird finanzstarken Gruppierungen ein gravierender politischer Einfluss ermöglicht. Allerdings hat auch Bernie Sanders gezeigt, wie man mit Kleinspenden einen Wahlkampf ohne Inanspruchnahme des ‚Big Money‘ und ‚Dark Money‘ führen kann.

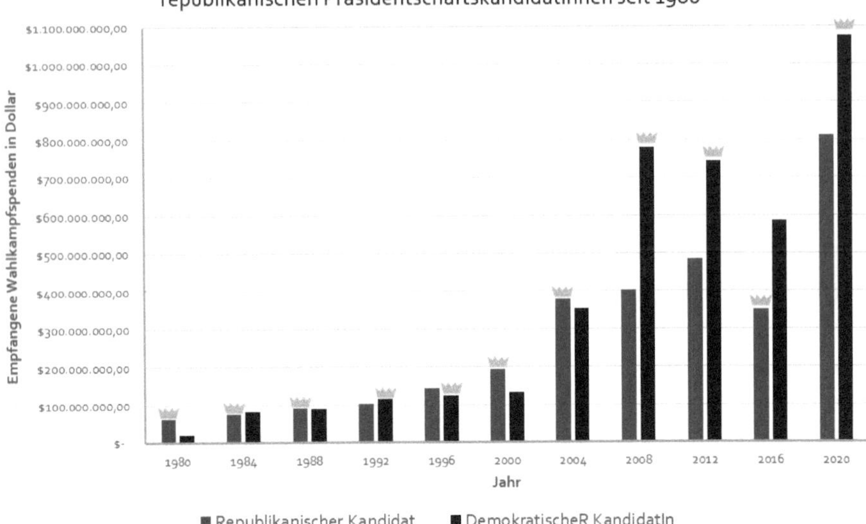

Abbildung 8.7: Wahlkampfspenden bei Präsidentschaftswahlen, Quelle: Federal Election Commission 2020

Auch wenn der *McCain-Feingold-Act* durch *Citizens United* zum Großteil ausgehebelt wurde, bleibt die mit diesem Gesetz beschlossene Regulierung der Übertragung von Wahlwerbung in Medien gültig. Grundsätzlich darf diese wegen des Rechts auf freie Meinungsäußerung nicht beschnitten werden, allerdings hat der *Supreme Court* in diesem Bereich Ausnahmen zugelassen. Sie betreffen Aussagen, die explizite Kandidaten unterstützen oder gegen sie werben (*Negative Campaigning*). Werbemaßnahmen, mit denen beispielsweise bestimmte Gesetzesinitiativen befördert oder Probleme identifiziert werden sollen, sind hingegen erlaubt. Diese werden als *Issue Advocacy* bezeichnet. Ausgaben für *Issue Advocacy* in allen Wahlen für Bundesämter gehören zu den am schnellsten wachsenden Ausgabenposten der Wahlkämpfer. Das meiste Geld verschlingt bei nationalen Wahlen indes nach wie vor die direkte Medienarbeit, die von professionellen Medienberatern geleitet wird. Dazu werden immer häufiger wissenschaftlich geschulte Wahlanalysten engagiert. Ihre Aufgaben reichen von der statistischen Erfassung der Wähler über die Koordination mit intermediären Gruppen bis zur Ausforschung der politischen Gegner. Die Entwicklung immer aufwändigerer Wahlkämpfe verschiebt den Einfluss von Parteien immer stärker zu den Wahlkampfkomitees der einzelnen Kandidaten.

8.7.3 Kritik

Einzelne Kandidaten in den USA planen und führen ihre Wahlkämpfe weitgehend unabhängig von den Parteien. Damit müssen sie eigenständig die Ressourcen aufbringen, die in einer Mediengesellschaft nötig sind. Zugleich steht die amerikanische Demokratie damit im Spannungsfeld zwischen Meinungsäußerung, Interessenvertretung und dem den Mehrheitswillen verletzenden Einfluss von finanzkräftigen Spendern. Dabei war der Einsatz von Wahlkampfhilfen schon immer eine Kontroverse: Bereits George Washingtons Wahlkampf für den Kongress in Virginia war von einer Diskussion über die Rechtmäßigkeit der Bereitstellung von freiem Alkohol verbunden. Bis heute versucht der Kongress regelmäßig, Wahlkampfausgaben präzise zu regeln. Es zeigt sich aber, dass sich an dem Finanzierungssystem über Jahrzehnte faktisch wenig geändert hat. Die Ausgabenexplosion wird durch eine wachsende Spendenbereitschaft getragen und der Vielzahl von *PACs* und 527-Gruppen mangelt es schließlich nicht an Geld. Durch *Citizen United* haben sich diese Trends noch weiter verschärft und es bleibt abzuwarten, ob sich nach den bereits jetzt erkennbaren Ausgabenexzessen in den Wahlen 2020 eine Kongressmehrheit mit dem Ziel zusammenfindet, die völlige Freigabe der privaten Wahlkampffinanzierung wieder zurückzunehmen.

Fragen

- Wie häufig und zu welchem Tag finden auf der Bundesebene Wahlen statt?
- Über wie viele Wahlleute verfügt das *Electoral College*?
- Welche Einschränkungen des Wahlrechts müssen Einwohner des Hauptstadtbezirks *District of Columbia* hinnehmen?

Zur weiteren Lektüre empfohlen

Campbell, James E. (2018): Polarized: Making Sense of a Divided America. Princeton: Princeton University Press.

Nelson, Michael (Hg.) (2010): The Elections of 2008. Washington, D.C.: CQ Press.

Polsby, Nelson W.; Wildavsky, Aaron; Schier, Steven E.; Hopkins, David A. (2015): Presidential Elections. Strategies and Structures of American Politics. 14. Aufl. Lanham: Rowman & Littlefield Publishers.

Sides, John; Tesler, Michael; Vavreck, Lynn (2018): Identity Crisis: The 2016 Presidential Campaign and the Battle for the Meaning of America. Princeton: Princeton University Press.

9. Interessengruppen und *Think Tanks* im politischen Prozess

9.1 Interessengruppen

Die USA gelten als Mutterland des Lobbyismus; die Rolle von Interessengruppen im politischen Prozess wurde jedoch seit jeher kontrovers diskutiert. James Madison vertrat in den *Federalist Papers* einen eindeutigen Standpunkt: Er präferierte ein Regierungssystem, in dem Interessengruppen als zwangsläufig akzeptiert werden. Gleichzeitig sollten sie sich gegenseitig zugunsten des Gemeinwohls beschränken. Diese freie Betätigungsmöglichkeit der Bürger jenseits politischer Parteien bildet in diesem Denken den Kern einer funktionierenden Zivilgesellschaft. Die amerikanische Konkurrenzdemokratie mit ihrem Bekenntnis zur Meinungsfreiheit ist die Voraussetzung für die – je nach Politikfeld und Sachverhalt – unterschiedliche Partizipation von Interessengruppen. Interessengruppen sind in ihrer Funktion unentbehrlich; allerdings verfügen sie nicht über die gleichen Startchancen. Je nach monetärem Gewicht, kann eine Stimme mehr oder weniger zählen. Deshalb wird die Rolle von Geld in der Politik auch in den USA kritisch betrachtet.

Kernsatz

Interessengruppen erfüllen im politischen Willensbildungsprozess mehrere Funktionen: *Agenda-Setting,* Informationsbereitstellung, Integration, Partizipation, Legitimation, Interessenaggregation, -selektion und -artikulation sowie eine mitunter sehr genaue Kontrolle politischer Akteure.

Interessengruppen stellen insbesondere Verhandlungskonstellationen her. Stimmen Abgeordnete gegen Interessen oder werden bestimmte Mittel nicht bewilligt, haben Interessengruppen Möglichkeiten, gegen die aus ihrer Sicht unkooperativen Amtsträger vorzugehen: Sie können eine negative öffentliche Kampagne starten oder mit der Unterstützung von Alternativen drohen. Die Fülle und Vielfalt von politischen Interessengruppen in den USA – Schätzungen zufolge existieren bis zu 24.000 von ihnen – sind Teil des ausgeprägten Pluralismus, der von Anfang an die Geschicke des Landes mitbestimmt hat.

Alexis de Tocqueville sah vor mehr als 150 Jahren die Rolle von organisierten Interessen im politischen Prozess als essentiell an:

> „[I]n den Vereinigten Staaten vereinigt man sich zu Zwecken der öffentlichen Sicherheit, des Handels und Gewerbes, der Sittlichkeit und der Religion. Es gibt nichts, das der menschliche Wille nicht durch freies Handeln der vereinigten Macht einzelner zu erreichen hoffte“ (Tocqueville 1976: 216f.).

In der amerikanischen Politikwissenschaft ist seit langem die Forderung zu hören, dass die politischen Parteien ihre Aufgaben als verantwortliche Teile des politischen Meinungs- und Willensbildungsprozesses ernst nehmen sollten (vgl. Kapitel 7). Dies verhallt jedoch meist ungehört. Grund hierfür ist nicht zuletzt, dass im politischen Denken das Verhältnis zu den Interessengruppen durchweg positiv besetzt ist. Diese werden einerseits als notwendiges Übel betrachtet; andererseits spielen sie im Rahmen eines pluralistischen Gemeinwesens eine wichtige Rolle bei der Interessenartikulation. Madison wies in Artikel 10 der *Federalist Papers* auf die integrative Kraft organisierter Interessen hin: Sie trügen nicht nur maßgeblich dazu bei, eine Diktatur der Mehrheit zu verhindern, sondern darüber hinaus auch, die Effizienz der Regierung zu erhöhen, weil sie eine Interessenselektion vornehmen. Insoweit mag es dahingestellt bleiben, wie man unter normativ-demokratietheoretischen Gesichtspunkten Interessengruppen grundsätzlich einschätzt. Im Selbstverständnis vieler amerikanischer Interessengruppen legitimieren sie ihre Arbeit mit der Behauptung, sie würden tun, wozu ‚die Politik' berufen sei, diesem Auftrag jedoch selbst nicht leisten könne. Gesellschaftlich ist gerade das Lobbying eher negativ konnotiert. Dabei wird jedoch oft übersehen, dass auch viele populäre Interessengruppen, wie Umweltschutz- oder Verbraucherschutzverbände, Lobbying betreiben.

Interessengruppen haben in den USA von Anfang an eine vergleichsweise große Rolle gespielt. Dies gilt weniger für die organisierten Großgruppen wie Arbeitgeberverbände oder Gewerkschaften, die aus deutscher Perspektive zunächst in den Sinn kommen würden. Es sind vielmehr die spezielleren *Single-Issue Groups*, die einen entscheidenden Einfluss in Washington D. C. gewonnen haben. Seit den 1960er Jahren stieg ihre Anzahl sprunghaft an: Heute bestehen knapp zehnmal so viele Organisationen wie damals. Allein von den registrierten *PACs*, deren einzige Aufgabe in der Wahlkampfunterstützung einzelner Kandidaten besteht, existieren über 4500.

Einige Interessengruppen in den USA vermögen es, direkt oder indirekt, Millionen von Menschen zu mobilisieren, um letztlich eine allgemeinverbindliche Entscheidung herbeizuführen oder zu beeinflussen. Mit solchen *Collective-Action*-Problemen befasst sich ein ganzer Zweig der Politikwissenschaft. Der Nutzen, den eine Interessengruppe erlangt, kommt oft der Allgemeinheit zugute, obwohl nur ein Bruchteil der Gesellschaft Ressourcen dafür eingesetzt hat. Dieses Trittbrettfahrerphänomen wird traditionell als eines der wichtigsten Hindernisse bei der Herausbildung von Interessengruppen angesehen.

Einer der großen amerikanischen Politikwissenschaftler, Elmer E. Schattschneider, konstatierte, dass der politische Druck kleiner Interessengruppen charakteristisch für das amerikanische Interessenvermittlungssystem sei, während große Gruppierungen überraschend wirkungslos blieben; allerdings stellte Schattschneider auch heraus: „the flaw in the pluralist heaven is that the heavenly chorus sings with a strong upper-class accent." (Schattschneider 1975: 35). Kleine Interessengruppen haben in der Tat organisatorische Vorteile gegenüber größeren, meist bürokratisch organisierten Gruppierungen. Bei diesen ist der Nutzenzuwachs für das einzelne Mitglied vergleichsweise marginal. Die Arbeit kleinerer Gruppen kommt häufig ausschließlich ihren Mitgliedern zugute, daher können diese eher mobilisiert werden als Massenorganisationen. Es lässt sich schließen, dass kleine Interessengruppen und ihre Aktivisten eine höhere Pro-Kopf-Motivation besitzen und sich besser organisieren können als Massenorganisationen. Allerdings finden die großen Interessengruppen wie Unternehmen politisches Gehör und die Höhe der Ausgaben verschafft ihnen nicht selten einen Vorteil. Zumindest aus heutiger Sicht muss die Einschätzung Schattschneiders differenziert betrachtet werden.

Die hohe Anzahl und Diversität der Interessengruppen in den USA erklären die Einschätzung ihres Einflusses nicht. Ein typisch amerikanisches Phänomen ist das Fehlen einer in breiten Teilen der Bevölkerung verankerten Arbeiterbewegung bzw. einer breiten, sozialdemokratischen Kraft in der Politik. Hinzu kommt ein spezifisch amerikanisches Verständnis von Meinungsfreiheit im politischen Diskurs. Amerikaner stehen jeder Beschneidung dieser Freiheit i. d. R. äußerst kritisch gegenüber. Sie fordern von politischen Mandatsträgern meist eine Kombination von Meinungsfreiheit und Allgemeinwohl. Die Vorstellung, wie diese Kombination ausdefiniert ist, kann dagegen sehr unterschiedlich ausfallen.

Tabelle 9.1 zeigt eine Rangfolge der gegenwärtig einflussreichsten Interessengruppen in den USA.

Tabelle 9.1: Die einflussreichsten Interessengruppen in den USA

■ National Rifle Association ■ American Association of Retired Persons ■ National Federation of Independent Business ■ American Israel Public Affairs Committee ■ Association of Trial Lawyers of America	■ AFL-CIO (Gewerkschaft) ■ Chamber of Commerce ■ National Beer Wholesalers Association ■ National Association of Realtors ■ American Medical Association

Kernsatz

Interessensorganisationen unterscheiden sich grundlegend, ob sie *for-profit* oder *non-profit* orientiert sind: Ein *for-profit*-Unternehmen ist gewinnorientiert und schüttet Gewinne aus; *non-profit*-Organisationen investieren ihre Gelder gemeinnützig.

Einige Wirtschaftsunternehmen engagieren *Lobbying Firms* zur Vertretung ihrer Interessen. Die Mehrheit der Unternehmen ist jedoch Mitglied in einem Wirtschafts- bzw. Unternehmensverband. Der größte Wirtschaftsverband, die U.S. Chamber of Commerce (USCC), fasst über drei Millionen Unternehmen.

Die Ausgaben der Interessengruppen stiegen in den letzten Jahren auf Rekordhöhen: Für 2019 waren Ausgaben von 3.47 Milliarden Dollar zu verzeichnen und für 2020 deutet sich erneut ein Rekordjahr an, da im ersten Quartal mit etwa 938 Millionen Dollar extrem hohe Ausgaben getätigt wurden. Dies ist unter anderem auf die Bemühungen von Unternehmen und Handelsorganisationen zurückzuführen, die versuchten, die Regulierungen in der Pandemie zu beeinflussen. Viele Verbände und Interessengruppen bilden sich themenspezifisch um lediglich ein Themengebiet herum. Werden diese tangiert, wie unter der Pandemie der Handel, folgen ausgiebige Anstrengungen, den Entwicklungen gegenzusteuern.

9.1.1 Ein-Themen-Interessengruppen und Verbände

In gleichem Maße, in dem die Parteien ihren formierenden und integrierenden Einfluss verloren, stieg die Bedeutung der Interessengruppen. Heute sind Lobbygruppen in dem fragmentierten Gesetzgebungsprozess der USA stets beteiligt. Sie haben damit das eher fest gefügte *Establishment* der Washingtoner Netzwerke und Klüngel gesprengt. Der Regierungsprozess wurde so einerseits ‚demokratischer'– in dem Sinne, dass alle denkbaren Interessen artikuliert werden – die Aggregation der Interessen zu einem einheitlichen politischen Willen jedoch erschwert. In der Fülle und der atomisierten Struktur der Interessengruppen in den USA liegt sogar eine der Hauptursachen für den politischen *Gridlock*.

Single Issue Groups sind dementsprechend besser in der Zersplitterung als im Aufbau von politischen Koalitionen, weil sie allein durch das Verhindern einer Gesetzgebung ihren Daseinszweck erfüllen. Warum sollten sie bei der Suche nach Kompromissen oder Koalitionen behilflich sein, wenn sie durch ein Veto ihre Ziele leichter erreichen können?

Die enorme Vermehrung der Interessengruppen, und zwar insbesondere der auf ein einziges Thema beschränkten, hat die Zusammenarbeit im Regierungshandeln erschwert und *Gridlock* erleichtert: Erfolgreiches Regieren hängt im amerikanischen System von genau dieser zunehmend verschwindenden Bereitschaft zum Kompromiss, zum *Coalition Building*, ab. Allein aus diesem Grund ist es erstaunlich, dass mit dem Lobbying Disclosure Act (1995) erst sehr spät ein umfassendes Lobbyregulierungsprogramm verabschiedet wurde. Heute zählen die USA zu den Staaten, die Lobbygruppen am stärksten regulieren.

Dennoch ist der Wettbewerb der Interessengruppen untereinander in allen politischen Prozessen relativ ungezügelt. Dies ist ein Kennzeichen der amerikanischen Konkurrenzdemokratie. In den USA fehlen korporative Vermittlungsmuster, wie es sie in Deutschland gibt, die den systematischen Einbezug der Verbände in den politischen Meinungs- und Willensbildungsprozess bewerkstelligen. Die wenigen bundesweit tätigen Verbände, wie die *National Association of Manufacturers* oder der Gewerkschaftszusammenschluss *American Federation of Labor-Congress of Industrial Organizations (AFL-CIO)*, verlieren zunehmend an Einfluss, während Unternehmen wie Facebook oder Amazon als zahlungskräftige Lobbyisten zunehmend Einfluss geltend machen können. Die Auswirkungen für den politischen Meinungs- und Willensbildungsprozess liegen auf der Hand: Die amerikanischen Interessengruppen müssen ständig um Zugang kämpfen. Insofern ist das *Agenda-Setting* für die amerikanischen Interessengruppen von besonderer Bedeutung.

Der Einfluss der Interessengruppen in den USA gründet nicht zuletzt auf ihre durchaus sehr guten Informationen, die sie den einzelnen Abgeordneten zur Verfügung stellen. Im Gegenzug wird ein Verhalten erwartet, das den vertretenen Interessen dient. In diesem Zusammenhang spielen *Think Tanks* eine Rolle. Bei ihnen handelt es sich um ursprünglich ‚objektive' Organisationen der Politikberatung, die verstärkt als interessenorientierte bzw. -gebundene Ideenagenturen auftreten und den politischen Prozess insbesondere im Kapitol beeinflussen (vgl. hierzu Kap. 9.2).

Aus europäischer Perspektive ist es erstaunlich, dass der ohnehin schon geringe Anteil der organisierten Arbeitnehmerschaft noch weiter im Gesamtgefüge der Interessengruppen geschrumpft ist. Dies bedeutet allerdings nicht, dass eine starke Konzentration der Interessengruppen besteht. Es ist vielmehr seit einigen Jahren zu beobachten, dass die Dominanz von mitgliederstarken Verbänden kontinuierlich abnimmt.

In den USA haben *Think Tanks* teilweise die Funktion der Interessenartikulation und -aggregation von den Verbänden übernommen. Bereits seit den 1960er Jahren ist ein Trend zur Herausbildung artverwandter *Public Interest Groups* und ideologisch motivierter Gruppen erkennbar. *Public Interest Groups* stehen in der Tradition US-typischer populistischer Reformbemühungen und sind insbesondere Umwelt-, Natur- oder Verbraucherschutzverbände. Zudem finden sich darunter Bürgerrechtsinitiativen oder Organisationen für Minderheitenrechte. Ideologisch motivierte Gruppen sind hingegen eher aus einer Reaktion auf die Bürgerrechtsbewegung und die Antivietnamkriegsbewegung heraus entstanden oder groß geworden. Hervorzuheben ist, dass es viele solcher ideologischen Lobbyisten mit unterschiedlichen Vorstellungen für das Gemeinwohl gibt, sie jedoch nach denselben Methoden wie *Think Tanks* arbeiten: Erarbeitung von Orientierungswissen und Transfer dieses Wissens in den politischen Meinungs- und Willensbildungsprozess. Die Vermutung liegt nahe, dass die Grenze zwischen derartigen Gruppierungen und Ideenagenturen oftmals nur schwer zu ziehen ist oder von vornherein nicht besteht (vgl. Kap. 9.2).

9.1.2 Stiftungs- und Spendenwesen

Der philanthropische Sektor stellt in den USA traditionell eine Macht für sich dar. Die großen Stiftungen der Familien Gates, Ford, Getty, Kellogg, MacArthur, Rockefeller, Soros, Pew und Mellon, um nur einige der größten mit jeweils mehr als einer Milliarde US-Dollar Stiftungsvermögen zu nennen, sind ein Bestandteil des öffentlichen Lebens in den USA. Aus Mangel an umfangreichen, staatlichen Wohlfahrtsprogrammen wird in den USA schon seit der Anfangszeit der Republik Sozialpolitik vielerorts von privaten Trägern geleistet. Ohne diese traditionell angelsächsischen *Charity*-Programme sähe die Wirklichkeit für einige Amerikaner schlechter aus. In der öffentlichen Meinung nehmen solche Wohltätigkeitsorganisationen einen zentralen Stellenwert ein. Eine Mehrheit der Amerikaner steht staatlichen Umverteilungsprogrammen eher kritisch gegenüber; Geldspenden oder die freiwillige, unentgeltliche Mitarbeit in einer Suppenküche sind hingegen allgemein akzeptiert und ein respektierter Bestandteil der amerikanischen Gesellschaft.

Der Gedanke, dass sich die Gesellschaft selbst helfen und die Ressourcen für alle Arten von intermediären Gruppen – zumindest zu einem großen Anteil – von gesellschaftlichen Institutionen kommen sollten, ist in der amerikanischen politischen Kultur verankert. Viel von diesem Geld geht an private Organisationen, die den Interessen und Bedürfnissen der gehobenen Schichten dienen. Dazu zählen Museen, Opernhäuser, Orchester, private Bildungseinrichtungen, Universitäten der Spitzenklasse und *Think Tanks,* die gleichfalls zu den bevorzugten Adressen der *Golden Donors* gehören, wie die philanthropischen Gönner gelegentlich bezeichnet werden. Die politische Agenda der *Think Tanks* spielt für die Spender eine große Rolle. Organisationen wie die Stiftungen von Carnegie, Russell Sage, Ford, die Open Society Foundations von George Soros oder Rockefeller besitzen gewollten politischen Einfluss.

Gelegentlich wird darüber spekuliert, ob nicht die Stiftungen inzwischen Aufgaben der Interessengruppen und im Besonderen der *Political Action Committees* übernommen hätten, die mit den Stiftungsgesetzen nicht mehr in Einklang zu bringen sind. Das ist insbesondere dann der Fall, wenn die von Kongressabgeordneten betriebenen, wohltätigen Organisationen Spenden von Unternehmen und anderen Organisationen einwerben.

Tabelle 9.3 zeigt diejenigen Interessengruppen, die im Jahr 2020 am meisten Geld an Kongressabgeordnete gespendet haben.

Tabelle 9.3: Interessengruppen mit den größten Geldspenden und deren Empfänger

	Interessengruppe	Ausgaben	D	R	Top-Empfänger
1	Retired	$352,558,633	36%	64%	Lindsey Graham (R-SC)
2	Lawyers/Law Firms	$89,677,759	76%	24%	Mark Kelly (D-Ariz)
3	Securities/Invest	$80,574,944	57%	43%	Mark Kelly (D-Ariz)
4	Education	$77,563,693	90%	9%	Bernie Sanders (I-Vt)
5	Real Estate	$76,462,918	48%	52%	David Perdue (R-Ga)
6	Democratic/Liberal	$59,432,256	99%	0%	Mark Kelly (D-Ariz)
7	Health Professionals	$57,319,949	59%	41%	Bernie Sanders (I-Vt)
8	Repub/Conservative	$50,226,610	0%	100 %	Martha McSally (R-Ariz)
9	Insurance	$41,551,801	47%	53%	Bernie Sanders (I-Vt)
10	Leadership PACs	$38,669,734	46%	54%	David Perdue (R-Ga)
11	Business Services	$33,274,446	74%	25%	Bernie Sanders (I-Vt)
12	Civil Servants	$30,345,001	82%	18%	Bernie Sanders (I-Vt)
13	Electronics Mfg/Eqp	$29,838,268	74%	25%	Bernie Sanders (I-Vt)
14	Misc Finance	$27,287,175	52%	48%	David Perdue (R-Ga)
15	TV/Movies/Music	$25,365,027	85%	15%	Bernie Sanders (I-Vt)
16	Pharm/Health Prod	$24,398,759	54%	45%	Bernie Sanders (I-Vt)
17	Hospitals/Nurs Homes	$24,357,583	67%	32%	Bernie Sanders (I-Vt)
18	Oil & Gas	$22,593,361	18%	82%	John Cornyn (R-Texas)
19	Commercial Banks	$21,489,151	41%	59%	Bernie Sanders (I-Vt)
20	Lobbyists	$21,378,797	47%	53%	Kevin McCarthy (R-Calif)

Quelle: Open Secrets 2020.

9.1.3 Interessengruppen in der Außenpolitik

Eine erste Welle verstärkter zivilgesellschaftlicher Partizipation in der Außenpolitik war in den 1970er Jahren zu verzeichnen. Zu jener Zeit waren zunehmend größere Teile der amerikanischen Öffentlichkeit unzufrieden mit dem Vietnamkrieg und der Kongress versuchte, politischen Spielraum zurückzugewinnen; dazu erhöhte er seine Mitarbeiterzahl. Nach dem Ende des Kalten Krieges kam es dann zu einem deutlichen Anstieg von Lobbyaktivitäten in der Außenpolitik. Der umfassende Zwang, Partikularinteressen der nationalen Sicherheit unterzuordnen, war weggefallen. Auch die vergleichsweise homogene außenpolitische Elite konnte ihre Machtbasis nicht mehr halten, denn die Notwendigkeit, die Geschicke des Landes in die Hände einer kleinen Minderheit zu legen, bestand nach dem Zusammenbruch der Sowjetunion nicht mehr.

In den 1990er Jahren befand sich die amerikanische Außenpolitik auf der Suche nach ihren Zielen und Prioritäten. In dieser Situation fiel es Interessengruppen viel leichter, Einfluss zu generieren. Losgelöst vom Zwang, die Außenpolitik einer anti-sowjetischen Strategie zu unterwerfen, genossen Aktivisten für Menschenrechte, Umweltschutz und wirtschaftliche Entwicklung in den 1990er Jahren sowohl in der Clinton-Regierung als auch im Kongress größere Aufmerksamkeit.

Der 11. September 2001 veränderte die Lage für viele Interessengruppen. Hatten etwa vor dem Herbst 2001 noch kulturelle und humanitäre Organisationen einen maßgeblichen Einfluss auf die wenig beachtete amerikanische Afghanistanpolitik, füllte das Pentagon anschließend diese Rolle quasi im Alleingang und mit Nachdruck aus. In anderen Bereichen, wie etwa der AIDS-Bekämpfung in Afrika, war die Regierung George W. Bush sehr aktiv und setzte bewusst auf Unternehmen und NGOs sowie ideologisch nahestehende Interessengruppen – vor allem christlich dominierte –, für Ausführung und Planung von Anti-AIDS-Kampagnen.

Interessengruppen versuchen prinzipiell, auf alle politischen Gewalten Einfluss auszuüben. In der Außenpolitik gelingt dies mit vergleichsweise niedrigen Hürden beim Kongress. Die Gründe dafür liegen in der hohen Abhängigkeit der Abgeordneten von Wählern, Wahlkampfspenden und der daraus resultierenden größeren Offenheit gegenüber den Interessengruppen. Insbesondere in der Außenpolitik ist indes nur schwer herauszufinden, wer die Auftraggeber der vielen Washingtoner Lobbyisten sind. Nicht selten stammen Geld und Aufträge aus dem Ausland.

In den USA erreichen traditionell ethnische Lobbyverbände eine hohe Wirkung auf die Außenpolitik. Darunter sind Gruppen zu verstehen, die sich vor einem gemeinsamen Abstammungs- oder Migrationshintergrund organisieren. Die bedeutendsten und aktivsten in der Wahlkampfunterstützung sind die jüdische Lobby, der *Polish-American Congress,* das *American Hellenic Institute Public Affairs Committee* und die *Armenian Assembly of America.* In jüngster Zeit beginnen die *Hispanics* eine stärkere Rolle in der Außenpolitik einzunehmen. In Florida ist die kubanische Diaspora mittlerweile eine die Wahlen entscheidende Akteurin. Die steigende Anzahl mittel- und südamerikanischer Einwanderer zwingt Kongressabgeordnete zunehmend, Rücksicht auf deren Interessen zu nehmen. Das gilt im Besonderen für die Einwanderungszentren in den südlichen Staaten und in vereinzelten Großstadtbezirken. Bei den Wahlen 2020 stellten die *Hispanics* mit einem Anteil von 32 Millionen Wahlberechtigten die größte ethnische Minderheit in der Wählerschaft. Während 2004 nur knapp 40 Prozent der *Hispanics*-Wähler George W. Bush ihre Stimme gaben, wählten 2008 mehr als zwei Drittel aller *Hispanics* Barack Obama und 2020 stimmten etwa 47 % für Trump. Dennoch konnten die *Hispanics* weder stärkeren Einfluss auf die amerikanische Einwanderungsgesetzgebung nehmen noch gab es einen nennenswerten Aufstieg von Interessengruppen in einem bestimmten Politikfeld oder in Bezug auf eine bestimmte Region in der Welt. Allerdings sprechen *Hispanics* nicht mit einer Stimme. *Hispanics* ist eher ein Sammelbegriff, der viele verschiedene Nationalitäten zusammenfasst, die sich kulturell oftmals sehr unterscheiden.

Tabelle 9.4: Das Fallbeispiel AIPAC

Die Lobby jüdischer und pro-israelischer Einflussgruppen in den USA gilt als Beispiel für besonders gut organisierte und effektive Lobbyarbeit in der Außenpolitik. Das 1963 gegründete *American Israel Public Affairs Committee (AIPAC)* ist die wichtigste pro-israelische Lobbygruppe in den USA und verfügt nach eigenen Angaben über 100.000 Mitglieder. *AIPAC* setzt sich heute vor allem beim Kongress (insb. in den Bewilligungsausschüssen) für eine möglichst hohe finanzielle Unterstützung Israels und gleichzeitig die Verhinderung von Rüstungsexporten in benachbarte arabische Länder ein. Es ist wohl nicht zuletzt *AIPAC* zu verdanken, dass Israel der größte Empfänger von finanziellen Zuwendungen, gemessen an Zuwendungen Pro-Kopf, ist.

AIPAC arbeitet vor allem durch direkte Kontakte mit Kongressabgeordneten, Wahlkampfunterstützung und die mediale Darstellung israelischer Interessen. Dabei wird die Unterstützung für Israel als Bekenntnis zu amerikanischen Werten gesehen. Die jüdische Glaubensgemeinschaft in den USA umfasst rund sechs Millionen Menschen. Jüdische Amerikaner sind häufig überdurchschnittlich politisch interessiert und ihre Wahlbeteiligung ist höher als die anderer gesellschaftlicher Gruppen. Dadurch fällt es *AIPAC* relativ leicht, als Fürsprecherin der gesamten jüdischen Gemeinde aufzutreten.

Donald Trump stand der *AIPAC* sehr nahe und hat bereits 2016 eine große Unterstützung israelischer Interessen versprochen. Obwohl Trump Auslandshilfen im Allgemeinen stark reduzierte, enthielt sein Haushalt für 2020 insgesamt 3,3 Milliarden Dollar für Israel. Das meiste ist jedoch ‚Militärhilfe'. Seit 1948 erhielt der Staat rund 135 Milliarden Dollar. Trumps Zuwendungen fallen also lediglich im Vergleich zu anderen Nationen aus dem Rahmen. Aber auch die Verlegung der US-Botschaft von Tel Aviv nach Jerusalem verdeutlichte die enge Beziehung von Präsident Trump, Israel und seinen Interessengruppen.

Eines der wichtigsten Reservoirs außenpolitischer Ideen und Personals in den USA ist das *Council of Foreign Relations*. Er repräsentiert nicht die amerikanische Zivilgesellschaft, sondern das eng miteinander verbundene außenpolitische *Establishment* der Vereinigten Staaten und der westlichen Welt. Das *Council* gibt die Zeitschrift *Foreign Affairs* heraus, durch die Meinungstrends innerhalb der nationalen und globalen Eliten hergestellt und künftige Politikoptionen diskutiert werden. Mit seinen Verbindungen in die Führungsetagen von Regierung, Wirtschaft und Wissenschaft bleibt das *Council of Foreign Relations* ein gewichtiges Sprachrohr für einen fortgesetzten amerikanischen Internationalismus.

Die ohnehin innenpolitisch relevanten *Iron Triangles* spielen je nach Politikfeld ebenfalls eine bedeutende Rolle in der Außenpolitik. Das klassische Beispiel hierfür ist der *Military-Industrial Complex*, eine Koalition aus dem Verteidigungsministerium, den zuständigen Ausschüssen im Kongress und der Rüstungsindustrie. Diesem Zirkel wird oft vorgeworfen, für eine bestimmte Art der Außenpolitik einzutreten, die vor allem die Rolle des Militärs und der Rüstungsindustrie stärkt. Auch andere amerikanische Industrien finden traditionell großes Gehör in Washington, wenn es um die politische Vorarbeit zur Erschließung ausländischer Märkte geht.

Der Einfluss zivilgesellschaftlicher Gruppen ist auf dem Feld der Außenpolitik dagegen relativ gering. Sofern sich der Kongress außenpolitisch eher zurückhält, haben *Grassroots*-Initiativen wenig Macht. Das gesellschaftspolitisch polarisierte Klima unter der Trump-Regierung dehnte den Einfluss vor allem konservativ-christlicher Kräfte auf die Außenpolitik aus. Beispielsweise machten sich v. a. die konservativen *Evangelicals* für eine Unterstützung Israels stark und befürworteten ein entschiedenes, auch militärisches, Vorgehen der Regierung im Nahost-Konflikt. Weiterhin sind die *Amendments*, durch die Geld für internationale Organisationen zur AIDS- und Armutsbekämpfung bereitgestellt werden, von konservativ-religiösen Interessengruppen kritisiert worden. Vor allem konservative Protestanten treten dafür ein, dass die Vereinten Nationen und ihre Unterorganisationen kein Geld für Entwicklungshilfe erhalten sollten, falls mit diesen Mitteln Projekte finanziert werden, die Abtreibung oder Verhütung vorsehen. Mit dem Amtsantritt Joe Bidens wird sich der Einfluss einiger fundamentalistisch orientierter Gruppen wohl erheblich reduzieren, nachdem die neue Regierung klarstellte, dass vor allem ideologisch progressiv orientierte Gruppen Unterstützung aus Washington erhalten würden.

9.2 Politikberatung in den USA: Think Tanks als Ideenagenturen

Think Tanks werden im Deutschen häufig fälschlich als *Denkfabriken* bezeichnet. Vielmehr sind sie eher Politikberatungsinstitutionen, die bei der Vermittlung von Orientierungswissen in modernen Gesellschaften eine bedeutende Rolle spielen. Während diese Institutionen in den meisten Ländern der westlichen Welt entweder Teil der Regierung sind oder von Parteien und Interessengruppen geschaffen wurden, existiert in den USA ein System externer Institutionen. In den USA bestehen knapp 2.000 private, nicht gewinnorientierte Forschungsinstitute, die sich mit politisch relevanten Fragestellungen beschäftigen. Knapp 200 dieser Unternehmen finden sich allein in Washington D. C. und Umgebung. Entscheidender als die Forschungsergebnisse von *Think Tanks* selbst ist ihre Verwendung: Sie liefern häufig wissenschaftliche Munition mit vorhersagbarer Tendenz.

Von politischen *Think Tanks* und *Ideenagenturen* (Gellner 1995) präsentierte Ideen dienen zumeist der Orientierung ihrer Adressaten: Politische Entscheidungsträger, Verwaltungen oder die allgemeine Öffentlichkeit. Bürger können eine mögliche Voreingenommenheit in den verbreiteten Meinungen häufig nicht einschätzen, nehmen aber die angebotene Orientierung – gezielt oder unbewusst – auf. Die vermeintliche Autorität der Quelle ist genau so entscheidend wie ihre Überzeugungs- oder Überredungskraft, die oftmals von ganz unwissenschaftlichen Faktoren abhängen: Rhetorik, Stilistik und Telegenität. Kein Wunder also, dass sich die Medien immer dann, wenn bedeutende Sachfragen zur Diskussion stehen, der Experten von *Think Tanks* bedienen und damit ihren journalistischen Beiträgen wissenschaftliche Autorität verleihen. Aber auch Adressaten aus Politik und Verwaltung lassen sich auf die angebotenen Orientierungen und Tendenzen ein.

Mit dem Begriff des *Think Tanks* verknüpft sich die Vorstellung eines idealen Ortes, an dem anwendungsbezogene wissenschaftliche Forschung betrieben und Ideen entwickelt werden. Aber schon der frühe Mythos von unabhängigen ‚Denkern', die in der Abgeschiedenheit ihres *Think Tanks* Ideen entwickeln und diese politischen Entscheidungsträgern zur Verfügung stellen, war falsch. Vielmehr waren diese Institutionen schon immer ein zweckgebundener und auf die praktische Verwertbarkeit von Ideen spezialisierter Teil des politischen Prozesses.

Dennoch war bis zu Beginn der 1980er Jahre die Welt der *Think Tanks* in den USA gewissermaßen in Ordnung. Das Feld wurde dominiert von der *RAND Corporation (RAND)* und der *Brookings Institution.* Bei diesen *Think Tanks* handelte es sich um einen wichtigen und – wenn auch abgestuft – wissenschaftlich renommierten Teil des politischen Forschungs-, Planungs- und Beratungsprozesses. Aus diesem Grund bezog sich die wissenschaftliche Analyse auch in der Regel auf den Beitrag dieser Institutionen zum öffentlichen Willensbildungsprozess. Gleichwohl waren parteiliche Etiketten sichtbar, ohne dass diese jedoch zu einer ideologisch bestimmten Konstellation beigetragen hätten.

Think Tanks waren allerdings damals schon als *Policy Planning Groups* verschrien und wurden von einigen als die eigentlich entscheidenden Träger der Macht im politischen Prozess verstanden. Demnach kommt Präsidenten und Kongress lediglich die Rolle der Gesetzgebung zu, während alle davor liegenden Phasen des politischen Prozesses von anderen Institutionen gesteuert werden. Daher werden mitunter diese Gruppen entsprechend als die eigentlichen Entscheidungsinstanzen angesehen. Eine eindeutige Dominanz der *Policy Planning Groups* im politischen Prozess wurde indes nie nachgewiesen. In Einzelfällen trifft dies durchaus zu; die Regel dürfte es jedoch nicht sein.

9.2.1 Dominanz der "Universitäten ohne Studenten"

Think Tanks wurden als spezialisierte analytische Agenturen gegründet, deren Experten wissenschaftliche Politikberatung betreiben. Sie sollten gewissermaßen intellektuelle Ressourcen mobilisieren und diese in den Dienst sozialer Problemlösungsstrategien stellen. Sie verkörperten damit die schon um die Mitte des 19. Jahrhunderts in den USA einsetzenden Bemühungen um die systematische Etablierung sozialwissenschaftlicher Forschungsinstitute.

Die erste Generation dieser *Think Tanks* lässt sich am ehesten im Zusammenhang mit den Ergebnissen der *Progressive Era* um die Wende zum 20. Jahrhundert sowie mit einer sozialwissenschaftlichen Euphorie in den USA verstehen. In der *Progressive Era* hatte das Axiom der guten Regierung (*Good Governance*) eine große Rolle gespielt und die herrschende Meinung war, dass der politische Meinungs- und Willensbildungsprozess (*Politics*) aus Regieren und Verwalten (*Policy*) herausgehalten werden sollte. Datensammlung durch sozialwissenschaftliche Forschung und damit mehr Rationalität in der Verwaltung hieß das Gebot der Stunde. In den Worten eines Beraters von Franklin Roosevelt: „to speak truth to power". Die Sorge, dass Wissenschaft und Politik sich durchdringen könnten und am Ende dieses Prozesses die Herrschaft der technokratischen Experten stände, wurde bereits früh thematisiert. Der ehemalige Professor für *Government* und dann zum Präsidenten gewählte Woodrow Wilson brachte dieses Bedenken im Wahlkampf des Jahres 1912 auf folgende Formel: „What I fear, is a government of experts. God forbid that in a democratic country we should resign the task and give the government over to experts" (zit. nach Smith 1991: 1).

Diese zwar überraschenden Sätze eines Experten sind sehr anschaulich für das nicht nur in den USA der Jahrhundertwende anzutreffende gespaltene Verhältnis zur Rolle der wissenschaftlichen Expertise. Der Glaube an ihre Unfehlbarkeit und an den Fortschritt der Gesellschaft durch sozialwissenschaftliche Planung kontrastiert eindrucksvoll mit dem populistischen Ressentiment gegenüber einer Herrschaft der Experten, die die Legitimität der gewählten politischen Institutionen gefährden könnten. Der gängigen Überzeugung nach würden sie die Politik unnötig verkomplizieren und damit den Glauben der Bürger an ihre eigene Fähigkeit untergraben, sich selbst zu regieren. Wie viele seiner Zeitgenossen der *Progressive Era* teilte Wilson diese Einstellung, die im Ergebnis nicht auf eine Verurteilung der Experten hinauslief, sondern auf die klare Trennung von *Policy* und *Politics*.

Diese Hassliebe bildet eine Konstante in der Einschätzung der Reputation von Experten in der Politik. Wilson selbst war schließlich das beste Beispiel für einen Expertenpolitiker, dessen Karriere nur vor dem Hintergrund des Aufstiegs der Sozial- und Verwaltungswissenschaften in den USA des frühen 20. Jahrhunderts zu verstehen ist. Wilson wandte sich jedoch lediglich in Ausnahmefällen an Experten und war insoweit sein eigener bester Ratgeber. Eine erste Blüte des Regiments der Experten fand unter einem weiteren Präsidenten dieser Zeit statt. In der Regierung Herbert Hoovers spielten wissenschaftliche Forschungsinstitute erstmals eine größere Rolle, was während Franklin D. Roosevelts Regierungszeit anhielt. Diese Institutionen hießen noch nicht *Think Tanks,* obwohl sie bereits – in funktionaler Perspektive – deren Aufgaben erfüllten. In diesem Zusammenhang sind u. a. die 1907 gegründete *Russell Sage Foundation,* das *Carnegie Endowment for International Peace* sowie der *Twentieth Century Fund* zu nennen.

Im Jahr 1927 war die *Brookings Institution* gegründet worden, die als erste den Namen *Think Tank* erhielt. Für eine breite Öffentlichkeit wurde ihre Existenz während des *New Deal* deutlich. Entgegen ihres Images als Institution sozialstaatlicher Fürsorge hatte *Brookings* allerdings die entsprechenden Programme dieser Epoche bekämpft – erste Anzeichen für die zumindest latente *Politics*-Nähe dieser Institution. Der Zweite Weltkrieg und die damit verbundene Nachfrage nach militärischen und ökonomischen Planungsdaten stimulierten schließlich weitere Gründungen von *Think Tanks.* In konsequenter Fortführung des US-amerikanischen sozialwissenschaftlichen Fortschrittsdogmas hießen die Schlagworte bei der Gründung der zweiten Generation von *Think Tanks*: *Operations Research* und *Systems Design*, bzw. als Sammelbegriff: *Research and Development (R&D).* Verkörpert wurde dieser ausgeweitete Ansatz in der *R&D-Corporation*, kurz *RAND* genannt. Die sozial- und naturwissenschaftlichen Arbeiten, die während des Krieges im Pentagon (und insbesondere bei der amerikanischen Luftwaffe) unternommen worden waren, sollten so in einer zivilen Institution fortgeführt werden.

Finanziell überragt die *RAND Corporation* alle diese Institutionen mit jährlichen Einnahmen von über 318,7 Mio. $ (2019) und einem Mitarbeiterstab von mehr als 1.950 Personen (davon knapp 1.000 Wissenschaftler). Dies hat mit deren Sonderstatus als Vertragsunternehmen des Verteidigungsministeriums zu tun. Ein Vergleich mit den anderen Institutionen ist daher nur eingeschränkt möglich. Die *Brookings Institution* hat beispielsweise jährliche Einnahmen von über 117,3 Mio. $ (2019) und einen Mitarbeiterstab von unter 500 Personen (davon etwa 300 Wissenschaftler).

Eine zweite Quelle für die Gründung von *Think Tanks* stellten die zunehmenden sozialstaatlichen Aktivitäten des Staates ab den 1930er Jahren dar. Die wichtigsten in dieser Zeit gegründeten Institutionen sind das *American Enterprise Institute (AEI), Ressources for the Future* und das *Urban Institute.* Charakteristisch für den Geist, der in diesen Institutionen herrschte, war die Überzeugung, dass die Konzeption einer empirischen Sozial- und Verwaltungswissenschaft analog zu den harten Wissenschaften möglich war. Regieren und Verwalten erschienen planbar und damit letztlich rational. Autoren wie John Dewey und Walter Lippmann waren begeisterte Bannerträger einer exakten, sich nicht an Philosophien oder Idealen orientierenden, sondern an der Praxis ausgerichteten Politikwissenschaft, die neue politische Technologien bereitstellen und damit das über alle anderen Disziplinen herausragende Instrument rationaler Herrschaft werden würde. Lippmann sprach mit Blick auf diese Wissenschaft von dem ‚Zwillingsbruder der politischen Demokratie'. Die Rhetorik war entsprechend. Es wurde von Diagnosen und Heilungsprozessen gesprochen sowie insbesondere nach Effizienz im Politik- und Verwaltungsprozess gesucht. Dieses Ideal durchzieht die Metaphorik des historisch ersten Typs von *Think Tanks,* der auch als *Universität ohne Studenten* charakterisiert wurde: Es ließen sich keine grundlegenden Unterschiede zwischen diesen beiden Wissenschaftsinstitutionen finden, außer der Abwesenheit von Studierenden.

Diese Fiktion einer exakten Wissenschaft, die soziale Phänomene nicht nur erfassen, sondern nach eindeutigen wissenschaftlichen Kriterien steuern könnte, zerbrach erst in den 1960er Jahren. Die Enttäuschung über den Misserfolg der nicht zuletzt von *Think Tanks* initiierten sozialstaatlichen Programme der *Great Society* und das Vietnam-Debakel warfen lange Schatten auf die noch in den 1950er Jahren so vorbehaltlos gehegten Überzeugungen, dass politische Prozesse exakt planbar und letztlich das Ergebnis empirisch getesteter, bestätigter Hypothesen wären. Als Konsequenz stellte sich Ernüchterung ein: Wissenschaftliche Erkenntnisse wurden vom Publikum (und damit auch in Politik und Verwaltung) nicht mehr vorbehaltlos akzeptiert. Die latente Verachtung für die Experten begann den Glauben an sie zu überlagern. Die angeblich exakte Wissenschaft wurde zunehmend als hauptsächlich forensische Übung eingeschätzt, als eine lediglich pseudowissenschaftliche Form der politischen Argumentation. Von den späten 1960er und frühen 70er Jahren an wurde die vermeintlich wissenschaftliche Arbeit von *Think Tanks* immer häufiger als ideologische Propaganda für Intellektuelle kritisiert.

Für die *Think Tanks* hatte dieser Glaubwürdigkeitsverlust Konsequenzen. Ihr Glaube an die Planbarkeit der gesellschaftlichen Entwicklung zerbrach und führte zur Politisierung der Wissenschaft selbst: Wenn es nicht eine einzige, gültige Antwort geben konnte, musste es mehrere geben. Der grundsätzliche Konsens zerbrach und löste sich als ideologisch geprägter Dissens im *War of Ideas* auf. Die *Think Tanks,* die sich in der Folge dieses Prozesses immer stärker ideologisierten, wurden Teil des verschärften ideologischen Kampfes. Diese Entwicklung war zwangsläufig, wenn die insbesondere durch Richard Nixon und noch einmal verstärkt durch Ronald Reagan personifizierten politischen Programme in Rechnung gestellt werden. Smith sieht einen Zusammenhang zwischen dem Niedergang der sozialwissenschaftlichen Glaubwürdigkeit und dem Aufstieg der *Konservativen:*

> „The loss of faith in the endeavors of social scientists was both a cause and a consequence of the breakup of liberalism. Liberal means – grounded in a technocratic social science – had either worked badly or not as promised. Knowledge itself seemed to have failed. And the political consequences proved to be profound as conservatives, holding different ideas about knowledge and its uses, ascended to power“ (Smith 1991: 18).

Ein Unterschied besteht in der Interpretation dieses Prozesses, den Smith als dysfunktional und damit als schädlich für die durch *Think Tanks* zu gewährleistenden Funktionen einschätzt. Die in den 1980er Jahren mit voller Wucht einsetzende Ausdifferenzierung des Marktes kann jedoch auch als Pluralisierung eines bis dahin von einer monopolistischen Elite von Sozialwissenschaftlern beherrschten Feldes interpretiert werden.

9.2.2 Interessenorientierte Think Tanks

Noch Anfang der 1980er Jahre wurden *Think Tanks* allgemein und undifferenziert als Innovationen innerhalb des amerikanischen Regierungssystems im Sinne von Politikberatungsinstitutionen beschrieben. Sie boten als *Non-Profit*-Organisationen gewissermaßen uneigennützig und weitgehend unparteiisch Politikberatung an und waren durch Spenden finanziert. Als normative Forderung ist dies verständlich und nachvollziehbar; die tatsächliche Situation sah jedoch bereits damals anders aus. Die *Policy*-orientierten *Think Tanks* sind in das Geschäft der *Politics* eingestiegen und die älteren und etablierten Institutionen, die *Universitäten ohne Studenten,* wurden durch die Polarisierung des politischen Umfelds zu stärker politisch motivierten Kursänderungen gezwungen.

Allgemein gilt der mit dem Wahlsieg Ronald Reagans augenfällige Aufstieg und Erfolg der *Heritage-Foundation*, welcher sich bereits Ende der 1970er Jahre als sichtbares Zeichen der Veränderung des Marktes ankündigte. Weil die *Heritage-Foundation* die Marktnische einer dezidiert konservativen, ideologisch motivierten Ideen- und insbesondere auch Personalagentur besetzte und in kurzer Zeit zu einem führenden Kontrahenten im Wettbewerb um Ideen wurde, mussten sich die bisher den Markt dominierenden *Universitäten ohne Studenten* anpassen. Diese Anpassungsprozesse, die sich für die verschiedenen Institutionen durchaus unterschiedlich gestalteten, lassen sich generell als eine Mischung aus Politisierung und ökonomischer Rationalisierung beschreiben. Politisierung insoweit, als durch das Auftreten zumeist an konservativem Gedankengut orientierter Gruppierungen die etablierten *Think Tanks* in Zugzwang gerieten, ihrerseits deutlichere Akzente im politischen Meinungs- und Willensbildungsprozess zu setzen. Besonders hervorstechende Beispiele hierfür sind die von vielen Autoren beschriebenen Politisierungsprozesse bei der *Brookings Institution* oder dem *American Enterprise Institute (AEI)*.

Entscheidend waren vor allem Veränderungen, die ihren Ursprung im Jahr 1971 hatten. Lewis F. Powell Jr. sandte damals ein Memo an die Nationale Handelskammer, in dem er Umstrukturierungen in Medien, Bildung und Politik forderte. Powell sah in den liberal dominierten medialen und intellektuellen Sphären eine *Business*-Feindlichkeit. Eine Folge dieses Memos war die Gründung von konservativen *Think Tanks*. Ihre Anzahl stieg nach 1971 rapide an. Deshalb kann dieses Jahr als Geburtsstunde einer neuen Art von politisch aggressiven und ideologischen Ideenagenturen gelten (vgl. Asen 2009: 273). Ein erster *Business Roundtable* wurde ein Jahr nach der Powell-Memo einberufen. An diesem versammelten sich 200 Vorstände von 42 der 50 größten Industrieunternehmen (vgl. Korten 2001: 148). Bei diesem Treffen wurden massive Zuwendungen u. a. für *Think Tanks* vereinbart, die eine *pro-business*-Linie vertreten würden. Diese wurden teilweise in den folgenden Jahren gegründet, wie die *Heritage Foundation*. Andere *Think Tanks* bestanden schon vor den 1970er Jahren, wie das *AEI*. Sie hatten jedoch nur eine geringe Wirkung. Vor allem drei Institutionen wurde eine besondere Aufmerksamkeit geschenkt: der *Heritage Foundation*, dem *Cato Institute* und dem *AEI* (vgl. Asen 2009: 273). Das ursprüngliche Jahresauskommen des *AEI* wurde beispielsweise innerhalb einer Dekade nach Powells Aufruf verzehnfacht: Von $ 1 Million Dollar im Jahre 1970 auf 10,4 Millionen US$ 1980 (vgl. Korten 2001: 145). Der Erfolg dieser *Think Tanks* lässt sich vor allem auf den politisch motivierten Einsatz enormer ökonomischer Ressourcen privater Unternehmer zurückführen, die ein Gegengewicht zu dem liberalen Establishment in *Think Tanks*, Universitäten und der Medienlandschaft schaffen wollten und damit auch nachhaltig erfolgreich waren. Der erzkonservative, wenn nicht reaktionäre Brauereimogul Adolph Coors gehörte zu den wichtigsten Geldgebern dieser neuen Institute, aber auch die Koch-Familie und andere Industrie-Giganten wie die Philip Morris Corporation.

Das Beispiel der *Heritage Foundation* wird aufgrund ihres Einflusses gerne zitiert. Zu Beginn der Reagan-Administration gab *Heritage* beispielsweise das *Mandate for Leadership* (1981) heraus. In diesem waren mehr als 2.000 konkrete Vorschläge enthalten, von denen ca. 60 % bereits im ersten Amtsjahr Reagans angenommen wurden. Zudem konnte *Heritage* aus den eigenen Reihen eine größere Anzahl von Regierungsangestellten vermitteln. *Heritage* war auch während der Präsidentschaft Donald Trumps sehr einflussreich. Sie leitete bereits die Transition zu Beginn seiner Amtszeit und eine große Anzahl Mitarbeiter von *Heritage* erhielt eine Anstellung in der Regierung. Zudem bekamen mehrere Hundert Personen Regierungsämter, die von der *Heritage Foundation* empfohlen wurden. Darunter sind nicht nur einflussreiche Richter, sondern auch Minister wie Betsy DeVos oder Jeff Sessions sowie der White House Chief of Staff, Mick Mulvaney.

Ein weiterer wichtiger konservativer *Think Tank* ist der *American Legislative Exchange Council (ALEC)*. *ALEC* wurde 1973 gegründet und vor allem von Großkonzernen getragen. Er liefert konservativen Abgeordneten in allen Bundesstaaten detaillierte Gesetzesvorlagen. *ALEC* bringt sowohl in Einzelstaaten als auch im Bund zahlreiche *Bills* ein, von denen nicht wenige auch tatsächlich als Gesetze verabschiedet werden oder zumindest teilweise auf *ALEC Model Legislation* zurückgehen. *ALEC* verlor ab den frühen 2010er Jahren an Macht, da der hohe Einfluss und Verstrickungen mit einigen Abgeordneten offengelegt wurden. Einige Großspender kappten daher die Verbindungen zu *ALEC*. Allerdings sahen andere in seinen Verbindungen und Einflussmöglichkeiten einen Anreiz und unterstützten von da an seine Arbeit.

Der Erfolg von *Heritage* oder *ALEC* verdeutlichte zugleich die zunehmende Sprachlosigkeit des linksliberalen Spektrums, das – bis auf das immer schon zum ideologischen Kampf gerüstete *Institute for Policy Studies* – keine entsprechend politisierten Organisationen zur Verfügung hatte. Dies ist nicht auf ein grundsätzlich anderes – wie z. B. Smith meint: besseres, empirisches – Wissenschaftsverständnis der amerikanischen Liberalen zurückzuführen. Der wichtigste Grund hierfür war schlicht die Krise des liberalen Establishments und insbesondere der Gewerkschaften sowie der Demokratischen Partei (vgl. Kapitel 7). Insbesondere diese beiden Akteure hatten den Trend zur stärkeren Politisierung der Ideenagenturen – wenn auch verspätet – wahrgenommen und gingen Mitte der 1980er Jahre an die konkrete Umsetzung dessen. Das Ergebnis waren zwei *Think Tanks*, die ganz deutlich nach dem Vorbild der konservativen Organisationen gestaltet wurden. Im Unterschied zu den interessenorientierten Instituten sollen sie hier aus systematischen Gründen zu einem weiteren Typ von *Think Tanks* gerechnet werden, den *interessenabhängigen Instituten.*

Nicht nur die Demokratische Partei und die Gewerkschaften gründeten entsprechende Institute, auch einzelne Politiker hatten die Zeichen der Zeit erkannt und wurden auf dem Ideenmarkt aktiv. Hier seien nur das von dem früheren US-Außenminister Edmund S. Muskie in Gang gebrachte *Center for National Policy* oder die entsprechenden Organisationen von Gary Hart (*Center for a New Democracy*), Jack Kemp (*Fund for an American Renaissance*) und Bruce Babitt (*American Horizons*) genannt. Diese, formal dem *Heritage*-Modell nachempfundenen, *Think Tanks* beschränkten sich in der Regel auf eine Zulieferung von wissenschaftlich begründeten, kurzen, im Wahlkampf oder der sonstigen politischen Arbeit direkt nutzbaren Argumenten.

Neben diesen Einzelaktivitäten können die von den beiden wichtigsten Akteuren des liberalen Spektrums gegründeten *Think Tanks* als außerordentlich erfolgreich angesehen werden. Einige größere Gewerkschaften stellten im Jahre 1986 das *Economic Policy Institute* auf die Beine und der konservative Flügel der Demokratischen Partei gründete 1989 im Rahmen des seit 1985 von damals konservativen Südstaaten-Senatoren geführten *Democratic Leadership Council (DLC)* das *Progressive Policy Institute (PPI)*. Es ist kein Zufall, dass der damalige Gouverneur von Arkansas, Bill Clinton, 1990 Vorsitzender des *DLC* war. Bei den Demokraten ist heute das 2003 gegründete links-liberale *Center for American Progress* sehr einflussreich. Es wurde nach dem Vorbild der *Heritage Foundation* modelliert und hat mit Einnahmen von mehr als 50 Mio. $ (2019) ein hohes Budget zur Verfügung.

Die Gründung solcher *interessenabhängigen Institute* wurde durch die Politisierung des Marktes ermöglicht und führte in der Konsequenz zu seiner Pluralisierung. Die von den Politikern gegründeten Institute stellten zudem eine willkommene Möglichkeit zur Umgehung von Wahlkampfgesetzen und zur gleichzeitigen Munitionierung ihrer Kampagnen dar: Von der Besteuerung befreite, nach Sektion 501 (c)(3) des Steuergesetzes als gemeinnützig geltende Organisationen, können theoretisch in der Höhe unbegrenzte Spenden von Individuen, Firmen, Gewerkschaften oder Stiftungen annehmen (vgl. Kapitel 8). Zwar dürfen diese Organisationen nicht direkt in den Wahlkampf eingreifen, aber die Bestimmungen der obersten amerikanischen Finanzbehörde sind ausreichend durchlässig und hängen von der Bestimmung des Begriffs *Substantial Lobbying* ab. Die Sponsoren dieser nur für Wahlkampfzwecke gegründeten Institute hatten und haben von deren Arbeit einen direkten Nutzen.

Ein Blick auf die Herkunft der jeweils verfügbaren Mittel verdeutlicht, dass sich die *Universitäten ohne Studenten* recht deutlich von den anderen Akteuren unterscheiden. Neben Regierungsaufträgen und den Spenden von Stiftungen und Firmen spielen für diese Institute Einnahmen aus Eigenkapital eine wichtige Rolle. Die neueren Institute mit Interessenorientierung oder -bindung sind in viel stärkerem Maße von individuellen Spenden und den Einnahmen aus Gebühren (z. B. für Konferenzen) und Verkäufen ihrer Produkte (z. B. von Zeitschriften) abhängig – bei vergleichbarem Anteil von Stiftungsgeldern. Damit erklärt sich die strategische Ausrichtung dieser *Think Tanks*, die ihre Aktivitäten stärker vermarkten müssen als die *Universitäten ohne Studenten*. Diese Institute unterwerfen ihre Produkte zunehmend den Gesichtspunkten des enger gewordenen Marktes und damit des politischen Marketings. Bei der absoluten Häufigkeit von Fernsehauftritten in Fernsehnetzwerken laufen die *Think Tank*-Mitarbeiter den selbstständigen Beratern und ehemaligen Politikern oftmals den ersten Rang ab.

9.2.3 Ideenagenturen als Vorbild und Notwendigkeit

Das wissenschaftliche System profitiert in diesem Zusammenhang von seiner – im Vergleich zum politischen System – höheren Verlässlichkeit, da seine Antworten auf die zivilisatorischen Risikofragen vermeintliche Sicherheit suggerieren. Vice versa haben die Politiker und Parteien die Nützlichkeit des *Think Tank*-Mythos entdeckt und zwischenzeitlich für eigene Zwecke nutzbar gemacht. Der Rückgriff auf deren wohlfeile Ideen lässt sich mit dem Label der Wissenschaftlichkeit legitimieren: *Think Tanks* werden so zu Legitimierungsinstanzen, da ihnen nach wie vor das Image unparteiischer Wissenschaftlichkeit anhaftet. Das Unvermögen der Parteien, neben der Ideenproduktion Eliten- und Informationstransfers zu bewerkstelligen, ist ursächlich dafür, dass in den USA vermehrt ideologisch geprägte *Think Tanks* diese Funktionen strategischer Denk- und Deutungseliten im politischen Prozess wahrnehmen. Außerdem kompensieren sie die Schwäche der politischen Parteien bei der Informations-, Diffusions- und Netzwerkfunktion und bieten Möglichkeiten des eleganten Elitentransfers. Die verstärkte ideologische Ausrichtung und Politisierung ist eine Konsequenz dieser Defizite, die spätestens Mitte der 1980er Jahre mit dem Erfolg der *Heritage Foundation* deutlich geworden waren. Alexis de Tocqueville hatte bereits auf die typisch amerikanische Fähigkeit verwiesen, eher neue Institutionen zu schaffen, als alte – wie die Parteien – zu modifizieren.

Ein weiterer Grund für die Ausdifferenzierung des Marktes in den USA mag in der zunehmenden Rivalität zwischen den Gewalten liegen, die sich in der Gesetzgebung gegenüberstehen. Dies gilt insbesondere seit den späten 1970er Jahren, wo sich der Kongress als die eigentliche gesetzgebende Gewalt zu reetablieren verstand. Die fragmentierte Ausschussstruktur des Kongresses sowie die fragmentierte Bürokratie und das Misstrauen gegenüber einer permanenten Ministerialbürokratie haben zur Stärkung des Marktes der *Think Tanks* geführt. Diese Ausdifferenzierung und Politisierung beschleunigte sich. Die zunehmende Bedeutung der Medien im *agenda-setting*-Prozess und deren Hunger nach wohlfeilen, am besten polarisierenden Expertenkommentaren waren dafür ursächlich. Hier hat sich eine Nachfrage sicherlich zu einem Teil ihr Angebot erst geschaffen. Ein Angebot jedenfalls, das von den amerikanischen Parteien nicht bereitgestellt wurde und wird. Die Medien setzen die Ergebnisse von *Think Tanks* und deren Vertretern in der Regel dramaturgisch unter polarisierenden Gesichtspunkten ein: Ein Experte von *Heritage* oder *AEI* wird mit einem des *PPI* oder des *EPI* in ein Studio gesetzt und schon stimmt die Dramaturgie: Die vermeintlichen Experten liefern in der Regel die erhofften, je nach Standpunkt verschiedenen, eindeutigen Antworten in unterhaltender, zumindest aber Eindeutigkeit und Sicherheit versprechender Manier.

Fragen

- Welche Funktionen erfüllen Interessengruppen im politischen Willensbildungsprozess?
- Was sind *for-profit* bzw. *non-profit* Unternehmen?
- Was sind *Think Tanks*?

Zur weiteren Lektüre empfohlen

Abelson, Donald E. (2018): Do Think Tanks Matter? Assessing the Impact of Public Policy Institutes. Montreal: McGill-Queen's University Press.

Berry, Jeffrey M.; Wilcox, Clyde (2018): The Interest Group Society. 6. Aufl. New York: Routledge.

McGann, James G.; Sabatini, Richard (2020): Global Think Tanks. Policy Networks and Governance. New York: Routledge.

Weidenbaum, Murray (2017): The Competition of Ideas. The World of the Washington Think Tanks. New York: Routledge.

10. Medien in den USA

Thomas Jefferson schrieb im Jahr 1787, er zöge eine politische Ordnung, in der nur die Presse regiere, einer Regierung ohne Presse vor. Die freie Information erachtete er als ‚die Währung der Demokratie'. Nicht umsonst ist die Presse verfassungsrechtlich geschützt. Im ersten Zusatzartikel ist festgelegt, dass die ‚Freiheit der Presse' durch kein Bundesgesetz eingeschränkt werden darf. Die Medien sind zwar formal kein Teil des *Checks and Balances* Systems, allerdings sind sie ein wesentlicher Faktor politischer Kontrolle. Nicht selten werden die Medien daher als ‚vierte Gewalt' bezeichnet.

Nachdem Jefferson aus dem Präsidentenamt ausgeschieden war, hatte sich seine Ansicht über die Printmedien verändert: Menschen, die niemals Zeitung lesen, seien besser informiert als deren Leser, denn Ignoranz sei der Wahrheit allemal näher als Fehlerhaftigkeit und Irrtümer, wovon die Presse voll sei. Auch heute noch muss die Medienlandschaft der USA kritisch und mit Blick auf den politischen Meinungs- und Willensbildungsprozess betrachtet werden. Seit den 1990er Jahren hat sich die Medienstruktur in den USA gewaltig verändert. Die Neuordnung medienrechtlicher Strukturen und die Digitalisierung ließen Alternativen zu den etablierten Medien entstehen. Dies entfachte einen Wettbewerb um die Gunst der Konsumenten und eine Spanne von Angeboten, die allzu häufig mit der politischen Einstellung ihrer Klientel korrespondiert.

10.1 Strukturen der Medienlandschaft

Die USA verfügen über ein Mediensystem, das in der westlichen Staatenwelt seinesgleichen sucht. Lange Zeit verfügte sie über ein hochgradig konzentriertes System, wo wenige Fernsehanstalten das gesamte Land über angeschlossene Stationen (*Affiliates*) erreichten.

Ab 1934 begannen staatliche Institutionen aufgrund der Knappheit der Sendefrequenzen des kurz zuvor etablierten Radios zu regulieren. Die *Federal Communications Commission (FCC)* wurde zur zeitlich begrenzten Vergabe von Rundfunklizenzen geschaffen und ab 1949 erließ diese die *Fairness Doctrine*, die jedoch 1987 wieder abgeschafft wurde.

Die Fairness Doctrine

Die *Fairness Doctrine* bestimmte, dass bei kontroversen Themen mindestens ‚beide Seiten' gehört werden sollten; Sendungen waren damit zu einer balancierten Medienberichterstattung verpflichtet. Die *Fairness Doctrine* wird heute zwar etwas idealistisch überhöht und staatlich verordnete ‚Ausgleich-Verordnungen' sind sicherlich kritisch zu betrachten. Bei den Inhalten, die heute in der amerikanischen Medienlandschaft gesendet werden, entsteht bei Beobachtern dennoch leicht der Eindruck, dass mehr Ausgewogenheit nötig wäre. Dies gilt nicht nur für spezifisch progressive oder konservative Sender.

Die Abschaffung der *Fairness Doctrine* durch die *FCC* und die Öffnung des US-amerikanischen Frequenzspektrums im Rahmen der Deregulierungsbemühungen

Ronald Reagans eröffneten die strukturelle Grundlage für die Entstehung eines Paralleluniversums zu den etablierten Medien. Neben den heute führenden Sendern *FOX News*, *MSNBC* und *CNN* konnte von dieser Öffnung ein breites Feld ideologisierter Online-Medien profitieren.

Zudem wurde ab 1984 immer wieder die Gesetzgebung des *Cross-Media-Ownership* dereguliert. Verschiedene Mediensparten und eine große Anzahl von Sendern durften nun in der Hand von Medienimperien sein. Dazu trug vor allem der Telecommunications Act (1996) bei, mit dem die vorher bestehende Trennung der Telekommunikations- und Rundfunkmärkte eliminiert wurde. Damit ermöglichten die Deregulierungen das Entstehen von Medien-Konglomeraten oder gar -Molochen, über die eigens produzierte Inhalte gesendet werden konnten.

Neben der Öffnung des Medienmarktes kollabierte der lokale Pressemarkt, vor allem im Printbereich. Wenn überhaupt, kann man neben dem Trivialblatt *USA Today* allenfalls die *New York Times* als nationale Zeitung ansehen. Allerdings schreckt die mitunter erkennbare sozialliberale Prägung der *Times* viele Leser ab, vor allem in eher ländlich geprägten Gebieten und den ‚Red States'.

Exkurs

Ein Teil der amerikanischen Bevölkerung lehnt den progressiven Pfad, den die USA in den letzten Jahrzehnten beschritten haben, so entschieden ab, dass er alles ihm – auch nur wahrgenommen – Zugehörige ausblendet und als ‚grundfalsch' zurückweist. Aufgrund dieser Haltung ist zu urteilen, dass selbst wenn sich Journalisten um bestmögliche Neutralität bemühen, die Einschätzung über die skeptische Heuristik ein Bias vermuten würde.

Das *Wall Street Journal* wird zwar ebenfalls national verbreitet, darf trotz gegenteiligen Anspruchs aufgrund seiner spezifischen Wirtschaftsorientierung immer noch als marktliberale Spartenzeitung mit konservativer Grundhaltung gelten. Tabelle 10.1 zeigt die zehn auflagenstärksten amerikanischen Tageszeitungen im Jahr 2019. Die *Washington Post* ist die auflagenstärkste Zeitung in Washington D.C. und hat eine nationale Reichweite. Mit dem Kauf der *Washington Post* durch Jeff Bezos ist die Tageszeitung mit einem noch deutlicher erkennbaren sozialliberalen Bias geprägt.

Tabelle 10.1: Amerikanische Tageszeitungen mit der größten Verbreitung, 2019

Rang	Zeitung (Ort des Herausgebers)	Auflage
1	USA Today, (Tysons, Virginia)	1.621.091
2	The Wall Street Journal, (New York City, New York)	1.011.200
3	The New York Times, (New York City, New York)	483.701
4	New York Post, (New York City, New York)	426.129
5	Los Angeles Times, (Los Angeles, Kalifornien)	417.936
6	The Washington Post, (Washington, D.C.)	254.379

Rang	Zeitung (Ort des Herausgebers)	Auflage
7	Star Tribune, (Minneapolis, Minnesota)	251.822
8	Newsday, (Melville, New York)	251.473
9	Chicago Tribune, (Chicago, Illinois)	238.103
10	The Boston Globe, (Boston, Massachusetts)	230.756

Quelle: Audit Bureau of Circulations 2020.

Im Gegensatz zur Tagespresse sind Zeitschriften wie die tendenziell liberalen *Time* und *Newsweek* und der eher konservative *U.S. News and World Report* nicht nur national verbreitet, sondern auch aufgrund ihrer vergleichsweise hohen Auflagen immer noch bedeutsam für den öffentlichen Meinungs- und Willensbildungsprozess. Sie verfügen außerdem über spezifische Weltausgaben, die durchaus globalen Einfluss auf Meinungsführer besitzen.

Time's Person of the Year

Die Auszeichnung als *Time's Person of the Year* ist eine immer noch hohe Ehre in den USA und zu größeren Teilen weltweit. Joe Biden und Kamala Harris wurden gemeinsam zur Person des Jahres 2020 vom *Time Magazine* gewählt, Donald Trump im Jahr 2016. Bei den Ernennungen wird jedoch nicht immer normativ geurteilt, sondern bezogen auf die Prägung des Weltgeschehens. So wurde Adolf Hitler 1938 zur *Person of the Year* gekürt, Josef Stalin 1939 und 1942.

Die regionalen Tageszeitungen außerhalb der Ost- und Westküsten sind in der Tendenz eher moderat-konservativ einzuschätzen, außer sie befinden sich in politisch eindeutig orientierten Regionen. Diese regionalen Tageszeitungen waren lange Zeit die Hauptinformationsquellen für viele Bürger. Allerdings befinden sie sich stark im Rückgang und das Informationsmonopol geht weiter über auf große Sender und Verlage.

Öffentlich-rechtliche Programme sind im Gegensatz zu Ländern wie Deutschland oder Großbritannien nur von geringer Bedeutung. Die *Corporation for Public Broadcasting* ist eine Kette von nichtkommerziellen Fernseh- und Rundfunkanstalten, die 1967 vom Kongress ins Leben gerufen wurde. Die bekanntesten sind der Public Broadcast Service (PBS), das National Public Radio (NPR) oder das Public Radio International (PRI). Diese Sender sind jedoch chronisch unterfinanziert und hatten im Jahr 2020 lediglich eine Haushaltszuweisung von 445 Millionen Dollar. Sie sind zunehmend von Spenden abhängig.

Im 20. Jahrhundert dominierten den Fernsehmarkt die *Big Three*, die Sender *CBS*, *ABC* und *NBC*. Sie büßten seit den 1980er Jahren durch den aufkommenden Markt des Kabel- und Satellitenfernsehens ihre Stellung als Marktführer ein. Mit dem *FOX-Network* von Rupert Murdoch war 1996 eine vierte und ausgesprochen Republikanisch orientierte Kraft hinzugetreten und hat sich neben dem ebenfalls 1996 konstituierten *MSNBC* zu einer Hauptinformationsquelle vieler

Bürger entwickelt. *MSNBC* (liberal) und *FOX News* (konservativ) sind die Paradebeispiele einer ideologisch geleiteten Berichterstattung. Zur informationellen Meinungsbildung der Zuschauer wird eine Schlacht mit zunehmend ideologischer Verbitterung und Polemik ausgetragen. Nicht zuletzt das führte zu einer Zerklüftung der Medienlandschaft.

10.2 Zerklüftung der Medienlandschaft

In vielen ‚Nachrichten'-Programmen bieten die Moderatoren keine nüchterne politische Information, sondern betten sie in eine gewisse Perspektive ein. Sie liefern ihre Interpretation bei der Berichterstattung mit. Man kann diese bei derlei Programmen durchaus als dogmatisch bezeichnen. In diesen sind häufig Mitarbeiter von ideologischen *Think Tanks* oder parteiisch geprägte Strategen zu Gast, die den Anschein von unbefangenen Experten mimen (vgl. Kap. 9.2). Damit ist die Grenze zwischen PR und Journalismus oftmals verwischt.

MSNBC kann als Stimme des linksliberalen Establishments angesehen werden, während Moderatoren bei *FOX News* nicht selten einen konservativen Kurs vertreten. Zu den starken Unterstützern Donald Trumps zählten die Top-Hosts wie Tucker Carlson oder Sean Hannity. Carlson war im Jahr 2020 der erfolgreichste Moderator überhaupt – mit durchschnittlichen Einschaltquoten von knapp 5,4 Millionen. Generell ist *FOX News* das erfolgreichste Netzwerk und konnte 2020 neue Rekorde für die Einschaltquoten von Kabelprogrammen erreichen: Durchschnittlich 1,9 Millionen Zuschauer pro Tag und 3,6 Millionen in der ‚Primetime'. Dass Ikonen wie Glenn Beck oder Bill O'Reilly in der Zwischenzeit von der *FOX News*-Palette verschwunden sind, scheint dem Sender nicht zu schaden. Sie waren in ihrem ideologischen Eifer über das Ziel hinausgeschossen oder in Skandale verwickelt. Chris Matthews und Ed Schulz prägten hingegen lange Zeit *MSNBC* mit ihrer klaren ideologischen Perspektive.

Eine weitere Domäne der ideologisch behafteten Berichterstattung sind die *Talk*-Radio-Shows, bei denen der konservative Rush Limbaugh der wohl einflussreichste Moderator war. Die *Rush Limbaugh Show* hatte in ihren Spitzenzeiten in den 1990er Jahren bis zu 20 Millionen Hörer pro Woche; 2020 waren es immer noch etwa 15,5 Millionen. Inhaltlich sind mittlerweile *Radio Hosts* wie Limbaugh noch als relativ moderat anzusehen. Allerdings gilt das lediglich im Vergleich zu Radiosprechern wie Alex Jones, dessen Standpunkte oftmals krude Verschwörungstheorien sind. Jones behauptete u. a., dass das Sandy-Hook-Schulmassaker von der Regierung inszeniert und von Kinderschauspielern gespielt worden sei. So sollten nach der Ansicht von Jones härtere Waffengesetze durchgebracht werden.

Während in der Berichterstattung die konservativen Programme die beliebteren sind, sieht es im Bereich *Comedy* hingegen anders aus. Die links-liberal geprägten Shows von Stephen Colbert oder Bill Maher suchen ihresgleichen auf der politischen Gegenseite. Mit diesem Format verschwamm die Trennung von Nachrichten und Unterhaltung, was u. a. dazu führt, dass vor allem junge Menschen bisweilen Information über Politik lediglich über *Comedy*-Shows aufnahmen.

Generell findet sich im Bereich der intellektuellen Öffentlichkeit vor allem an Ost- und Westküste ein nicht zu unterschätzendes kreatives Potenzial. Zeitschriften wie der *New Yorker* oder die *New York Review of Books* sind in ihrer Intellektualität weltweit kaum zu überbieten, besonders dann, wenn man den enormen kommerziellen Erfolg dieser vergleichsweise elitären Medien betrachtet. Ähnlich wie die *New York Times* werden diese jedoch von einem großen Teil der Gesellschaft lediglich mit Argwohn betrachtet.

Der Entwicklung entsprechend ist auch der amerikanische Online-Medienmarkt zunehmend stark zerklüftet, was sich in der Ideologisierung widerspiegelt. Auf der rechtskonservativen Seite kann von *Infowars, Breitbart News, the Conservative Tribune, the American Conservative, Gateway Pundit, WorldNetDaily* über *The New American* die Liste noch lange fortgeführt werden. Auf der sozialliberalen Seite ist von *Slate, Democracy now, Daily Beast, Mother Jones, Mic, The Huffington Post, New Republic, Daily Kos* bis hin zum *Palmer Report* der Mediensektor ähnlich zerklüftet.

Kernsatz

Viele Medien lösten sich vom verantwortlichen, wenngleich immer schon stark mediokratisch geprägten politischen Kommunikationsmuster hin zu einer Beliebigkeit anarchisch-individueller Informations- und Kommunikationsverhältnisse. Auch wenn diese breite Streuung an Medien einen ausgeprägten Pluralismus nach idealen Standards vermuten lässt, ist dies nicht der Fall.

Die breite Streuung und Loslösung von alten journalistischen Normen führte zu einer gewissen Beliebigkeit der Darstellung. Mittlerweile kann jede auch noch so abwegige politische Position vertreten oder Nachricht verbreitet werden. Medien wie *Infowars* oder der *Palmer Report* müssen gar als Desinformation gelten. Zudem geht mit dem Aufkommen dieser breiten Medienpalette und der starken Präsenz der Randmedien die von den traditionellen Medien repräsentierte politische Mitte zunehmend verloren. Die Medien der politischen Mitte haben ihre integrative Funktion weitgehend eingebüßt.

Viele Medien-*Outlets* fungieren außerhalb der traditionellen – balancierten – Berichterstattung. Dies ist besorgniserregend, da Medien nicht nur Institutionen der Berichterstattung sind. Vielmehr sind sie zugleich Vermittlerinnen von Werten und geteilten Interpretationen. Allerdings ist nicht eindeutig zu belegen, ob Medien verantwortlich für die zunehmende gesellschaftliche Polarisierung sind oder ob die polarisierte Teilgesellschaft nach einem entsprechenden Angebot verlangt hat. Es scheint jedoch sehr wahrscheinlich, dass sich die Polarisierung des Mediensystems fragmentierend auf die amerikanische Gesamtöffentlichkeit auswirkt. Damit entstehen düstere Perspektiven für eine funktionierende Mitte des politischen Systems, die für das politische System der USA – trotz aller Meinungsverschiedenheiten – bis in das 21. Jahrhundert hinein charakteristisch war.

Die Auswirkungen auf das Vertrauen in die Medien sind verheerend. Lediglich 9 % der Amerikaner vertrauen den Massenmedien sehr stark und noch 31 % ‚ziemlich viel'. 27 % von ihnen haben ‚nicht viel' Vertrauen und 33 % ‚überhaupt keines‘ (Brenan 2020). Diese Ablehnung der Massenmedien korreliert zu großen Teilen mit der Parteilichkeit: Republikaner betrachten die meisten der ‚Mainstream‘-Medienquellen als nicht vertrauenswürdig, während die Demokraten die meisten Quellen als eher glaubwürdig einstufen (Jurkowitz et al. 2020). Mittlerweile schätzen Amerikaner, dass gar 44% der vorhandenen Nachrichten ‚Fake News‘ – also Desinformation – seien (Jones 2018: 2, 4). In der Forschung zeigte sich darüber hinaus, dass für einige als ‚Fake News‘ bereits jene Nachrichten gelten, deren Inhalt sie keinen Glauben schenken mögen (Nielsen & Graves 2017).

10.3 Medien und Demoskopie im Meinungs- und Willensbildungsprozess

Politische Kommunikation ist in der entwickelten Mediengesellschaft nicht nur die Bereitstellung von *Inhalten*, sondern dient zunehmend der Kommunikation von Symbolen. In diesem fortlaufend stattfindenden Prozess spielen Journalisten im Hinblick auf die *Inhalte* eine geringere Rolle. Sie definieren vor allem die *Umstände* der Kommunikation. Die Auswahl und Präsentation von Kommunikatoren bzw. die Autorität der Quelle werden zum dominierenden Qualitätskriterium. Es ist daher nicht verwunderlich, sondern eher zwangsläufig, dass nicht-journalistische Kommunikatoren zunehmend diesen (erweiterten) inhaltlichen Raum ausfüllen. Hierbei kann man drei Arten von nicht- oder pseudojournalistischen Kommunikatoren unterscheiden: *Priester, Barden* und *Orakel.* Ihre besonderen Merkmale, die sie für die Medien so unentbehrlich machen, bestehen darin, dass sie mit Autorität sprechen und schreiben sowie – vor allem – unterhaltsam sind (Nimmo/McCombs 1992: 13–17).

Zu den *Priestern*, d. h. denjenigen, die mehr zu wissen scheinen als Durchschnittsbürger, zählen die Experten in den *Think Tanks* und die Berater der Mächtigen. Die *Barden* sind dagegen die populistischen Vertreter der *Vox Populi*, die zumeist als Gastgeber von Talkshows oder als Anwälte des Publikums in polemischen Streitsendungen des Fernsehens auftreten. Die *Orakel* schließlich sind die Prognostiker der Demoskopieunternehmen, die sich auf die zunehmend unterhaltsam präsentierte Erfassung und scheingenaue Präsentation öffentlicher Meinungen spezialisiert haben.

Gründe für diese Entwicklungen sind einerseits das wachsende Problem- und Risikobewusstsein moderner Kommunikationsgesellschaften, die umfassende Information zu jedem Thema nachfragen. Andererseits liegt dies an der Unterhaltungsorientierung des Publikums und den vielen verfügbaren Medienangeboten. Die Vermischung von (vermeintlicher) Autorität und Unterhaltungsorientierung zum *Infotainment* ist in den USA das Kennzeichen vieler politischer Informationssendungen im Fernsehen. Die Bürger nehmen Politik dadurch in viel stärkerem Maß als früher im Rahmen von Unterhaltungsprogrammen und v.a. Talkshows wahr. Zwar hat sich die durchschnittliche Nutzungsdauer für traditionelles Fernsehen, die bei etwa vier Stunden pro Tag liegt, in den letzten Jahren eher reduziert. Bemerkenswert ist dabei aber vor allem der Rückgang des Anteils der traditionellen Fernsehnachrichtensendungen und der großen Sendernetzwerke. Die traditionellen Nachrichtensender verloren in den letzten Jahrzehnten den Großteil ihrer

Zuschauer, die zu Kabel-Nachrichten und dem Internet abgewandert sind. So ist zwar mit 49 % das Fernsehen generell noch immer die beliebteste Nachrichtenquelle, aber mittlerweile präferieren 33 % der Amerikaner Online-Nachrichten und 20 % gar Social Media als Nachrichtenquelle. Die Printmedien waren mit 16 % in dieser Umfrage stark abgeschlagen (Geiger 2019).

Politisch relevant werden diese Veränderungen im Mediennutzungsverhalten beim Blick auf den Einfluss der Medien in politischen Entscheidungsprozessen. Wird danach gefragt, wo man etwas über präsidentielle Wahlkampagnen gehört habe, ergeben sich für die einzelnen Medien und die spezifischen Altersgruppen signifikante Unterschiede. Der Wissensgewinn aus der Zeitungslektüre sowie den regulären Abendnachrichten der großen Sendernetzwerke ist bei den älteren Zuschauern immer noch relativ hoch. Die jüngeren wenden sich dagegen von diesen beiden Medien ab und Unterhaltungsformaten bzw. dem Internet zu; sie haben dem traditionellen Fernsehen fast gänzlich abgeschworen.

Die Medien und ihre zentralen Akteure, die Journalisten, haben sich darüber hinaus zunehmend darauf verlegt, den Regierungsprozess und seine Akteure kritisch-negativ zu begleiten. Skandale, Streitigkeiten in Parteien und im Weißen Haus sowie Fehler der Präsidenten sind die beliebtesten Themen der Medien, die in einem erbarmungslosen Kampf um Einschaltquoten und Auflagen stehen. Weil die Inhalte der Politik selbst zumeist sehr komplex sind, rückte das persönliche Verhalten der Politiker in den Vordergrund.

Da es sich bei der Politik zwangsläufig um einen Machtkampf handelt, erscheint die Politik als ein undurchsichtiges und schmutziges Geschäft. Der vermeintliche Skandal ist allemal besser zu verkaufen als die seriös recherchierte Nachricht. Das Publikum kritisiert zwar einerseits die Medien für die zunehmende und oberflächliche Sensationsberichterstattung, saugt aber gleichzeitig alles gierig auf und kauft bzw. klickt auf bevorzugt tendenziell skandalträchtiges. Das von den amerikanischen Medien durchgängig erzeugte negative Meinungsklima lässt dem Publikum damit gewissermaßen keine andere Wahl. Politische Nachrichten müssen – überspitzt gesagt – schlechte Nachrichten sein.

Medien, die sich vor allem auf das Schlechte, den vermeintlichen Konflikt oder Skandal konzentrieren, erschweren den für den politischen Entscheidungsprozess wichtigen nicht-öffentlichen Dialog. Nicht jede Information muss zwangsläufig sofort oder überhaupt publiziert werden. Dieses Verantwortungsgefühl der Journalisten wurde in der amerikanischen Mediengesellschaft zunehmend schwächer. Insbesondere bei Wahlen verkünden die Medien dem Wahl- oder verstärkt Nicht-Wahl-Volk, dass die Kandidaten und Parteien im Grunde die politischen Ämter nicht wert seien, die sie anstrebten. Ein wesentlicher Grund für diese Fehleinschätzung ist die Neigung im Journalismus, den politischen Prozess ausschließlich als strategisches Spiel anzusehen und zu beschreiben, in dem die skandalträchtigen und korrupten Spieler sich auf Kosten der Steuerzahler bereichern wollen.

Die Tendenz jedenfalls, *Bad News* in den Vordergrund zu rücken und dafür *Good News* zu vernachlässigen, lässt sich über die letzten Jahrzehnte nachweisen. Noch in den 1960er Jahren dominierten gute Nachrichten zu knapp drei Vierteln, während in jüngerer Zeit die schlechten Nachrichten weit über 50 Prozent einnehmen. Interessanterweise haben *Bad News* zum ersten Mal in dem Wahlkampf zwischen Jimmy Carter und Ronald Reagan die *Good News* überholt. Dies mag damit zu tun gehabt haben, dass die meisten Medien den populistischen Kandidaten und früheren Schauspieler Ronald Reagan nicht akzeptieren wollten und ihn eher negativ einschätzten. Spätestens seit diesen Jahren haben die *Bad News* an Anzahl und Bedeutung zugenommen. Dieser veränderte Schwerpunkt der Berichterstattung ist allerdings an der Einschätzung der Medien durch die Nutzer nicht spurlos vorbeigegangen. Das Publikum zeigt sich über die Jahre zunehmend unzufrieden mit der Berichterstattung der Nachrichtenmedien. Die Berichterstattung wurde in den letzten Jahrzehnten zunehmend als politisch einseitig, harsch, aggressiv, aufdringlich und mit einer Tendenz zum Negativen eingeschätzt.

Larry Sabato (2000) hat in seiner Typologie die jüngeren Formen der Medienberichterstattung als *Junkyard-Dog-Journalismus* bezeichnet und damit von den vorangehenden Formen des *Lapdog-Journalismus* bzw. des investigativen *Watchdog-Journalismus* abgegrenzt. Selbstverständlich wussten die wichtigeren Medienvertreter im Umfeld des Weißen Hauses sowohl von den persönlichen Umständen im Roosevelt'schen Weißen Haus, wie auch von den Aktivitäten im Umfeld des Präsidenten Kennedy. In diesen Zeiten des selbstgefälligen Journalismus wurde geschwiegen. Dies änderte sich. Während noch Richard Nixon von investigativen Journalisten, den *Watchdogs*, zu Fall gebracht wurde, verbissen sich einige in Bill Clinton, die den besonneneren Vertretern des Journalismus die Haare zu Berge stehen ließen. Kathleen Hall Jamieson bezeichnete dieses Verhalten sogar als *Attack-Journalism* (Jamieson 1992: 265). Ähnlich erging es Donald Trump: Eine internationale Vergleichsstudie zeigt, dass die Medien ihm zu Beginn der Präsidentschaft kaum eine Chance gelassen haben – was in der Regel Usus war. Innerhalb der ersten 100 Tage seiner Präsidentschaft war die Berichterstattung der etablierten Medien mit 80 % negativ. Im Vergleich dazu hatte Barack Obama mit 41 % eine wesentlich positivere ‚Honeymoon Phase' – den hunderttätigen Zeitraum, in dem die Medien die Präsidenten traditionell noch etwas wohlwollender betrachten[11] (Patterson 2017).

Das Verhältnis zwischen Medien und Weißem Haus war schon länger spannungsgeladen. Unter Trump hat sich dieses Verhältnis jedoch zu einem Konflikt aufgeschaukelt, wie er nie zuvor aufgetreten ist. Sogar etablierte Pressevertreter verloren im Zuge dessen ihre Zutrittsrechte für den Briefing-Room des Weißen Hauses. Dies war freilich nur die Spitze des Eisbergs in der Präsidentschaft, in der das Schlagwort ‚Fake News' bestimmend für den Umgang mit Pressevertretern war. Neben einigen persönlichen Querelen mit einzelnen Journalisten sah sich die Trump-Regierung faktisch im Krieg mit den etablierten Medien. Mit Sendern wie *FOX News* oder anderen konservativ-rechten Online-Medien waren dagegen oft enge Symbiosen zu beobachten. Der Präsident stand für sie bisweilen für lange Exklusivinterviews bereit, während bei den Pressekonferenzen die traditionellen Nachfragerechte der Journalisten beschnitten wurden. Allerdings krachte es auch

11 Eklatant ist dabei interessanterweise die deutsche Medienberichterstattung: Die ARD war mit 98 % negativer Trump-Berichterstattung führend (Patterson 2017).

schon früh in der Biden-Regierung. In den ersten Wochen musste bereits ein Vizepressesprecher seinen Posten räumen, da er einer Journalistin drohte.

Exkurs: Der ‚Fake News' Präsident

Donald Trump begann noch vor seiner Amtseinführung den Term ‚Fake News' als Bezeichnung für etablierte Medien zu nutzen. Der CNN-Reporter Jim Acosta versuchte bei einer Pressekonferenz im Januar 2017 dem ‚President Elect' vehement eine Antwort abzuringen, indem er mit seiner Frage die Journalistin unterbrach, der Trump das Wort erteilt hatte. Trump wiederholte seine Ermahnung ‚Don't be rude' mehrfach und schleuderte Acosta schließlich entgegen: „I am not gonna give you a question. You are Fake News" (Sutton 2017). Zur Zeit von Trumps Wahlkampf wurde der Begriff ‚Fake News' breit diskutiert. Insbesondere in der Online-Welt erschien damals eine Welle von Falschberichten und die Bezeichnung ‚Fake News' wurde als Genre für eine stark verzerrte oder gar aus der Luft gegriffene ‚Berichterstattung' genutzt. Trump griff einen bereits breit diskutierten Begriff auf und nutzte ihn zur Diskreditierung der etablierten Medien. Dies war möglich, da viele Konservative diese schon länger als einen verlängerten Arm der liberalen Elite wahrnahmen (Guardino & Snyder 2012: 542).

Ein Höhepunkt der Auseinandersetzung zwischen Trump und den etablierten Medien war sein Retweet eines Videos im Juli 2017. In diesem schlägt Trump in einer Wrestling-Show einen Kontrahenten nieder. In diesem Video wurde anstatt des Kopfes dieses Gegners ein CNN-Logo eingefügt. Trump erntete harsche Kritik für den Re-Post sowie den Vorwurf, Gewalt zu billigen. Schließlich brachte nur etwas über einen Monat zuvor Greg Gianforte, ein republikanischer Kandidat für das Abgeordnetenhaus, bei einer Begrüßungsveranstaltung in seinem Büro einen Journalisten des Guardian zu Boden. Trump lobte indirekt sein Verhalten mit den Worten „Any guy who can do a body slam, he is my type!" (Keneally 2017). Auch entgegnete Trump Acosta hinsichtlich einer kritischen Frage zu seiner Migrationspolitik: „You have an Agenda, you are CNN, you are Fake News." Schließlich lancierte Trump im Jahr 2017 die ‚Fake News' Awards. Der Präsident verlieh den Preis zumeist an CNN und die New York Times, auch die Washington Post und Newsweek landeten unter den Top 10.

Trump trug wohl stark dazu bei, dass etablierte Medien bei größeren Teilen der Gesellschaft heute als ‚Fake-News' gelten. Dass diese kein gutes Haar an Trump ließen, kann ein Faktor sein, warum seine Anhänger ihnen keinen Glauben mehr schenken wollen. Zudem gab es tatsächlich einzelne Berichte, in denen etablierte Medien Falschinformation über Trump verbreiteten. So berichtete ein Reporter des *Time Magazines*, dass Trump eine Büste von Martin Luther King Jr. hatte aus dem Oval Office entfernen lassen. Dies war nicht korrekt und wurde zeitnah berichtigt. Trump stufte die Nachricht als vorsätzlich falsche Berichterstattung ein. Das Fact-Checking-Portal Politifact bestätigte einige Vorwürfe Trumps gegenüber der Presse, so stufte Politifact beispielsweise jene Berichte als falsch ein, dass Trump im Jahr 2016 eine Mutter mit einem schreienden Kind aus einer Veranstaltung verwies (Politifact 2016). 2017 gaben 46% der Amerikaner an, davon überzeugt zu sein, dass die Presse Nachrichten über Trump erfinde (Politico 2017).

In verschärfter Form gilt die Negativberichterstattung für Skandaljournalisten oder politisch motivierte Journalisten und Blogger des Internets, die mit der Präsidentschaft Barack Obamas erstmals bedeutend die Meinungsbildung beeinflussen konnten. Hiermit ist gewissermaßen eine vierte Stufe des Journalismus erreicht worden, die mit dessen überkommenen ethischen und professionellen Standards kaum noch zu vereinbaren ist. Das Internet als ein weitgehend anarchisches, keinerlei ethischen und moralischen Codes unterworfenes Medium, hat jedenfalls das Potential, verantwortungsvolle Berichterstattung nachhaltig zu untergraben. Durch das Internet kommt es naturgemäß immer häufiger zu Negativberichterstattung. Das Internet wird in solchen Fällen zu einem alternativen Verbreitungskanal für Nachrichten ohne jede Aufsicht, denn anders als bei Zeitungen, Zeitschriften oder Rundfunksendern fehlt es im Internet nach wie vor an wirksamen Kontrollinstanzen.

Exkurs: Die Clinton-Lewinsky-Affäre und das Internet

Als Nachrichten verbrämte Gerüchte verbreiten sich im Cyberspace bekanntlich wie ein Lauffeuer. Dies ist jedoch nicht erst seit der starken Mediendominanz im Internet der letzten Jahrzehnte der Fall. Bei der Clinton-Lewinsky-Affäre arbeitete das Nachrichtenmagazin *Newsweek* an einer Story über die Beziehung zwischen Bill Clinton und Monica Lewinsky. Die Geschichte wurde zurückgehalten, um dem Reporter Gelegenheit zu geben, die schwerwiegenden Behauptungen und Beschuldigungen seiner Informanten gebührend zu prüfen. An diesem Punkt kam der notorische Cyber-Gerüchte-Händler Matt Drudge ins Spiel. Er berichtete in seinem *Drudge-Report* über die *Newsweek-Story*, bevor das Magazin Gelegenheit hatte, die Fakten zu prüfen. An diesem Punkt explodierte die Geschichte förmlich. Drudge hatte die Skandalgeschichte nicht offengelegt, aber aller Welt mitgeteilt, dass *Newsweek* sie in Händen hielt. Von da an begannen Journalisten jeder Couleur die große Jagd. Allerdings gab es nur wenige Fakten, über die man hätte berichten können, also konzentrierte man sich auf Gerüchte und Spekulationen. Der *Drudge-Report* ist ein immer noch wichtiger konservativer Online-Berichterstatter, der sich interessanterweise schon früh von der Unterstützung Donald Trumps lossagte und damit an Popularität einbüßte. Es ist jedoch möglich, dass Drudge wieder einmal den richtigen ‚Riecher' hatte und sich bereits dann von Trump lossagte, bevor er toxisch wurde. Ob Trump tatsächlich irgendwann Gift für die Konservativen wird, ist zum jetzigen Zeitpunkt und trotz der vielzähligen Skandale allerdings noch nicht abzusehen.

Auch die weit über das Internet verbreitete Demoskopie muss heute kritisch betrachtet werden. Ursprünglich sollten demoskopische Umfragen für eine durchaus sinnvolle Rückkoppelung des politischen Entscheidungsprozesses sorgen. Dies jedenfalls insoweit, als sie zu jeweils gegebenen Zeitpunkten Informationen über die öffentliche Meinung bereitstellen und damit den Willensbildungsprozess speisen sollten. Allerdings hat die Rolle der Umfragen ein groteskes Ausmaß angenommen. Bereits Bill Clinton hat sich als ein plebiszitärer Präsident erwiesen, der jeglichen Entscheidungsvorgang an den Ergebnissen von Meinungsumfragen orientierte. Während die Berater Ronald Reagans sich noch auf drei Umfragetage pro Woche beschränkten, bevorzugte Clinton das *Overnight Polling*. In Fokusgruppenbefragungen wurden unterschiedliche Entscheidungsalternativen getestet und dann umgesetzt. Bemerkenswerterweise bezieht sich dies auf den ‚normalen' Regierungsprozess und nicht auf den ohnehin umfragelastigen Wahlkampf. Dies gilt im Übrigen nicht nur für Präsidenten, auch die Gesetzgeber im Kongress können zumeist nicht widerstehen, der angenommenen öffentlichen Meinung zu folgen. Auch Donald Trump hat sich in seinem Regierungsstil stark darauf gestützt, was die Demoskopie als bevorzugten Weg nahelegte. Trump behielt dabei jedoch nicht die gesamte Öffentlichkeit im Auge, sondern fast ausschließlich seine Basis. Auch seine Beliebtheitswerte betrachtete Trump gerne unter dem Zuschnitt auf die Unterstützer seiner Partei. Damit waren diese Werte stets immens hoch.

Fragen

- Was sollte die 1987 abgeschaffte *Fairness Doctrine* sicherstellen?
- Was versteht man unter *Junkyard-Dog-Journalismus*?

Zur weiteren Lektüre empfohlen

Brock, David; Rabin-Havt, Ari; Media Matters for America (2012): The Fox Effect. How Roger Ailes Turned a Network Into a Propaganda Machine. New York: Anchor Books.

Graber, Doris A; Dunaway, Johanna (2018): Mass Media and American Politics. 10. Aufl. Thousand Oaks, Kalifornien: Sage and CQ Press.

Jurkowitz, Mark; Mitchell, Amy; Shearer, Elisa; Walke, Mason (2020): U.S. Media Polarization and the 2020 Election: A Nation Divided. Deep partisan divisions exist in the news sources Americans trust, distrust and rely on. https://www.journalism.org/wp-content/uploads/sites/8/2020/01/PJ_2020.01.24_Media-Polarization_FINAL.pdf

Schroeder, Alan (2016): Presidential Debates: Risky Business on the Campaign Trail. New York: Columbia University Press.

Williams, Bruce Alan; Delli Carpini, Michael X. (2012): After Broadcast News. Media Regimes, Democracy, and the New Information Environment. New York: Cambridge University Press.

11. Der amerikanische Populismus – damals und heute[12]

11.1 Der Begriff des Populismus

Donald Trump gewann seinen Wahlkampf im Jahr 2016 u. a. mit dem Vorwurf, die Eliten hätten das Volk verraten: Arbeitsplätze seien aufgrund der Freihandelsverträge in andere Länder ‚verschifft' worden. Das politische Establishment ist in dieser Zuschreibung allein für den Verlust von Industriearbeitsplätzen verantwortlich. Die Erfassung der Problematik ist sicherlich nicht vollkommen falsch, in jedem Fall aber verkürzt und simplifiziert dargestellt. Die Frage nach dem Rückgang von Arbeitsplätzen müsste mit Argumenten der Rentabilität, der technologischen Entwicklung oder dem Wettbewerb beantwortet werden. Trump folgte einer Strategie, die auf Basis einer Rhetorik fußt, die zumeist als Populismus interpretiert wird – einer Politik für das ‚einfache Volk'. Das Volk sind hierbei jene, die sich vernachlässigt fühlen und die von den Effekten der Globalisierung negativ beeinflusst wurden – dies betrifft vor allem weiße Arbeiter.

Populismus

Populismus wird häufig als politischer Stil verstanden, mit welchem Protestpotenzial gebündelt wird. Seine strukturellen Merkmale sind die Simplifizierung und Projektion. Populisten geben auf komplexe Problemstellungen einfache Antworten, die eine breite Unterstützung versprechen. Außerdem projizieren sie zumeist eine Schuldzuweisung für Missstände auf eine spezifische Personengruppe, welche die Interessen des Volkes verrieten. In diesem Sinne verstehen sich Populisten als Sprachrohr ‚des Volkes'. Insbesondere der amerikanische Populismus kann als ein klassisches Majorzdenken verstanden werden, bei dem stets der Wille einer (mitunter vermeintlichen) Mehrheit umgesetzt werden soll. Pluralismus wird infolgedessen meist vernachlässigt oder gar negiert.

Der Populismus in den USA ist nicht nur älter als vergleichbare Formen in Europa, sondern kulturell pfadabhängig. In seinem ursprünglichen Charakter ist er weder als positiv oder negativ noch als eindeutig links oder rechts zu verorten. Ihm ist nach wie vor die Bedeutung implizit, dass seine Vertreter für die Interessen der ‚einfachen' Bevölkerung eintreten. Der Populismus in den Vereinigten Staaten ist daher immer noch positiver konnotiert als in anderen Westlichen Demokratien. Dem amerikanischen Populismus wird bisweilen sogar ein kultureller Wert beigemessen, da im Verständnis von vielen Bürgern Populisten als Vertreter der ‚vergessenen Leute' die Aufgabe eines Korrektivs erfüllen. Zudem hat die populistische Bewegung des späten 19. und frühen 20. Jahrhunderts einige Erfolge für die Farmer und Arbeiter erreicht. Im Kern ist der amerikanische Populismus daher:

> „a language whose speakers conceive of ordinary people as a noble assemblage not bounded narrowly by class; view their elite opponents as self-serving and undemocratic; and seek to mobilize the former against the latter." (Kazin 1995: 1)

12 Ein ähnliches Kapitel ist im Handbuch Politik USA erschienen: Oswald, Michael (2020): Der Populismus in den USA. In: Lammert, Christian; Siewert Markus; Vormann, Boris (Hg.), Handbuch Politik USA. Wiesbaden, S. 55–72.

Die als eigennützig und undemokratisch verstandene Elite wird von jenen herausgefordert, die in ihrem Selbstverständnis ein Teil des Volkes, nicht aber des Systems sind (Taggart 1996: 32). Populismus wird bisweilen als ein Bestreben gesehen, etablierte Institutionen der Interessenvermittlung und Kontrolle durch die Elite herauszufordern. Damit soll eine ‚direkte' Stimme des Volkes etabliert werden (Kitschelt und McGann 1997: 160). Politische Führung wird dabei durch moralische Kategorien und den Glauben an einen ‚wahren Volkswillen' ersetzt. Dies liegt in der Vorstellung begründet, dass gute moralische Grundsätze nur bei der einfachen Bevölkerung vorherrschten; Eliten verfolgten dagegen dekadent ihre eigenen Interessen. Die Vertretung der Interessen eines Volkes kann daher im populistischen Selbstverständnis nur von ihm selbst ausgehen.

Da der amerikanische Populismus stark pfadabhängig ist, ist er nur über seine Geschichte zu verstehen. Dies gilt insbesondere für seinen Wandel, den er seit der zweiten Hälfte des letzten Jahrhunderts erlebt hat.

11.2 Früher Populismus

Populistische Bestrebungen gibt es in den Vereinigten Staaten bereits seit dem 17. Jahrhundert. Schon damals traten Konflikte zwischen den politisch-wirtschaftlichen Eliten und den eher ländlich geprägten Menschen auf: Landwirte, Kleinunternehmer und Minenarbeiter fühlten sich um ihren politischen Einfluss betrogen. Insbesondere die Landwirte beklagten sich über das Preisdumping bei ihren Produkten in Kombination mit einer hohen Steuerlast. Die Folge waren verschiedene Aufstände. Bei der *Bacons Rebellion* von 1676 in Virginia sorgten sowohl der niedrige Tabakpreis, hohe Steuern als auch eine gefühlte Schutzlosigkeit gegenüber den Einwohnern für Unmut. Auch die *Shays Rebellion* (vgl. Kapitel 2) oder die *Whiskey Rebellion* über ein Jahrhundert später in Pennsylvania sind in ihrer Form des Protests populistisch. Die Aufständischen richteten ihre Wut allerdings nicht grundlegend gegen den Staat – sie sahen sich vielmehr als Patrioten. Damit richtete sich ihre Wut gegen die Regierung, die in ihren Augen korrupte Interessen bediente und sich nähme, was ihr nicht zugestanden habe (Freidel 1973: 79f.).

Das regierungskritische Ethos im Populismus ist allerdings kein reines Aufbegehren gegen die Eliten: Die Wurzeln des amerikanischen Populismus sind bereits im *Jeffersonianism* und insbesondere in Andrew Jacksons *Democratic Party Coalition* zu finden. Die Bewegung um Thomas Jefferson bestand aus treuen Republikanern, die kritische Positionen gegenüber der ‚fernen Macht' der Bundesregierung, Händlern oder auch Bankiers vertraten. Die Jefferson'sche Bewegung romantisierte die Tugenden der *Yeoman-Farmer*, Bauern mit Kleingrundbesitz und einer familienbetriebenen Landwirtschaft ohne Sklaven. Den Jeffersonians zufolge bestellten die *Yeoman-Farmer* rechtschaffend ihre Felder und lebten moralisch, im Gegensatz zum ‚sündigen' Leben in der Stadt (Freidel 1973: 80).

In Jacksons Ära erweiterte sich die Vorstellung der Farmer als aufrechte, moralische Schicht um Arbeiter aus den aufstrebenden Industrien als auch um Sklavenbesitzer. Jene Gruppen agierten gemeinschaftlich in der *Democratic Party Coalition* und verstanden sich als Leistungsträger und ‚Produzenten' (siehe Exkurs zu *Producerismus*). Damit grenzten sie sich vor allem von den aus ihrer Sicht unproduktiven Reichen, wie beispielsweise den Bankiers ab. Es liegt jedoch auf der Hand, dass einige Anhänger dieser Bewegung auch Ressentiments gegen die afroamerikanische Bevölkerung hegten. Für deren Rechte geschah in der Jackson-Ära generell wenig.

Im Umfeld der ersten populistischen Bewegungen formierte sich ein Narrativ, ohne das der amerikanische Populismus in seiner Form bis heute kaum in der Form existieren würde: der *Producerismus*.

Exkurs: *Producerismus*

Der *Producerismus* ist in erster Linie ein moralischer Diskurs, der von Populisten und politischen Parteien verwendet wurde, um Klassenhierarchien gegen das System der Umverteilung zu rechtfertigen. In diesem Narrativ wird die Gesellschaft in zwei Lager dichotomisiert: Die Produzenten und die ‚Parasiten', oder die *Makers* und *Takers* (vgl. Peck 2014: 529f.). Im Grunde handelt es sich beim *Producerismus* um einen breit angelegten Steuerframe, der als Agrarwirtschaftsnarrativ dem frühen 19. Jahrhundert entsprang, als Farmer den Staat bezichtigten, sich ihre Verdienste einzuverleiben (vgl. Guardino/Snyder 2012: 540). Seither sehen sich seine Vertreter als ‚Produzierende' in einer Art Schraubstock zwischen korrupten Eliten und faulen, sündigen ‚Parasiten'. Sie müssten sich damit gleichzeitig gegen Attacken von ‚oben' als auch von ‚unten' wehren, da beide Schichten sich auf ihre Kosten bereicherten. Staatsbedienstete lebten nicht nur von ihren Steuern, sondern leiteten sie überdies an unwürdige Arme weiter (vgl. Guardino/Snyder 2012: 540; Berlet 2012: 568). Das Narrativ baut auf eine etablierte Konfliktlinienstruktur. In der amerikanischen Geschichte walteten stetig Konflikte zwischen den im Selbstverständnis ‚Produktiven' einerseits, sowie Eliten der Politik, Akademikern als auch Medienikonen andererseits. Die *Producers* verstanden sich zwar als Patrioten, standen jedoch der Regierung sowie einigen sozialen, kulturellen und ökonomischen Veränderungen kritisch gegenüber (vgl. Guardino/Snyder 2012: 540; Langman 2011: 491). Die Weltanschauung über den *Producerismus* transportiert latent subversive Ansichten, da der Staat äußerst kritisch gesehen wird.

Mit der Konfliktlinienstruktur des *Producerismus* etablierte sich der Begriff des ‚vergessenen Mannes', derjenigen, die unter hohen Steuern und geringen Einkommen litten. Der ursprünglich agrarisch-handwerklich geprägte *Producerismus* ging mit dieser Ausdehnung auf die ‚Vergessenen' auf jedwede Berufsschichten über, die sich vom Staat vernachlässigt und ausgebeutet fühlten. Der Begriff *The Forgotten Man* wurde vom Sozialwissenschaftler William Graham Sumner in einem Essay von 1893 verbreitet. Er sah eine produceristische Struktur im Staat, die entgegen der Interessen der Fleißigen angelegt ist:

„The Forgotten Man is delving away in patient industry, supporting his family, paying his taxes, casting his vote, supporting the church and the school, reading his newspaper, and cheering for the politician of his admiration, but he is the only one for whom there is no provision in the great scramble and the big divide." (Sumner 1919: 491)

Das *Populist Movement* ist noch heute ein Symbol für den Kampf jener 'einfachen Menschen' gegen ihre perzipierte Ausbeutung durch eine übermächtige Regierung. Zeitgleich mit Sumners Publikation bekamen die ‚vergessenen Menschen' eine politische Stimme – die *People's Party*.

11.3 People's Party

Der amerikanische Populismus wurde stark von der *People´s Party* geprägt. Jene Partei wurde gegen Ende des 19. Jahrhunderts als ein Zusammenschluss von Arbeitern und Farmern gegründet, die in der populistischen Bewegung aktiv waren (Judis 2016: 19). Der Agrarprotest war nur ein Teil des Konfliktspektrums zwischen jenem Segment der Gesellschaft und der Regierung. Dieser Konflikt war jedoch so gravierend, dass er die Pfadabhängigkeit der gesamten populistischen Bewegung einläutete.

Ein starker Preiseinbruch im Agrarsektor in den 1870er und 1890er Jahren führte zu einer schweren Krise, durch welche die Einkünfte eklatant zurückgingen. In Folge dieser Missstände formierten sich verschiedene politische Aufstände, in deren Zentrum Forderungen der Farmer für ein staatliches Eingreifen gegen den dramatischen Preisverfall standen (Argersinger 1984: 43). Politisch versuchte die Agrarbewegung zuerst über die Regierungen der Einzelstaaten zu intervenieren, um sich dann mit der *People´s Party* auf nationaler Ebene zu organisieren (Freidel 1973: 85).

Exkurs: Die Agrarwirtschaftskrise im späten 19. Jahrhundert

Die sinkenden Preise für Landwirtschaftsprodukte in den 1870er und 1890er Jahren hatten starke Auswirkungen auf den gesamten Agrarsektor. So sank der Weizenpreis von über 2 $ je Scheffel im Jahr 1866 auf 49 Cent bis 1894. 1896 war der Maispreis nur noch ein Drittel so hoch wie 30 Jahre zuvor. Auch die Baumwollernte von 1898 wurde für 50 Millionen $ weniger verkauft als jene von 1866; obgleich sie etwa sechsmal so groß war (Freidel 1973: 85). Die Hauptursache für den Preisrückgang der Waren lag vor allem in der Überproduktion auf den Weltmärkten. Die industrielle Revolution sorgte zwar für eine enorme Ausdehnung der Erzeugnisse und für einen günstigen Transport auf die europäischen Märkte; sie verschärfte jedoch auch den Wettbewerb durch die Internationalisierung. Die Landwirte waren zudem davon überzeugt, dass sich die Eisenbahngesellschaft, die Zwischenhändler sowie die reichen Finanziers im Osten des Landes mit den Politikern in Washington verschworen hatten, um sie um ihre Gewinne zu bringen.

Die *United States People's Party* wurde im Jahr 1892 gegründet. Sie bestand größtenteils aus Landwirten und ihren Schirmherrschaftsorganisationen, wie der Farmers' Alliance und den Überbleibseln der Greenback Party. Aber auch andere Menschen, die sich an den Rand gedrängt fühlten, gesellten sich dazu. Die Präambel der *People's Party* liest sich wie ein Grundsatzwerk, das aus der Feder eines heutigen Populisten stammen könnte:

> „The conditions which surround us best justify our co-operation; we meet in the midst of a nation brought to the verge of moral, political and material ruin. [...] The people are demoralized [...]. The newspapers are largely subsidized or muzzled; public opinion silenced; business prostrate, our homes covered with mortgages, labor impoverished and the land concentrating in the hands of capitalists." (Freeman Clark 2005: 257)

Die *People's Party* muss mehr als eine logische Konsequenz denn als Beginn des politischen Aktivismus interpretiert werden. Die Populisten mobilisierten schon vor der Parteigründung erfolgreich und schließlich zogen die ersten elf Abgeordneten 1890 in den 52. Kongress ein. Die *People's Party* hievte die populäre Kritik am Monopolkapitalismus noch stärker in die Politik, was ihr in vielen südlichen und westlichen Staaten eine Massenanhängerschaft bescherte (Green 1980: 8). Sie übersetzten Aufstände wie den Haymarket-Aufruhr in Chicago 1886 oder den Streik in den Homestead-Werken von Pennsylvania 1892 in die Politik. Die Gegner der industriellen Hegemonie formierten schließlich eine gesellschaftliche Massenbewegung, da an der Seite der Landwirte städtische Reformer der Mittelklasse, Arbeiter, Kumpel und Kleinunternehmer standen. Mit diesem Zusammenschluss entstand eine starke Front gegen die Industriellen und das Establishment. Die Populisten errangen sich auf diesem Wege eine hohe Legitimität und ein starkes politisches Mandat (Freidel 1973: 84).

Die *People's Party* setzte sich vehement für eine Reihe sozialer Veränderungen ein. Sie forderte ein Gesetz für Arbeitslose (Clanton 1984: 148), sie waren auch Vorkämpfer für das Frauenwahlrecht und die Direktwahl von Senatoren. Insgesamt traten aufgrund ihres Engagements auf kommunaler, staatlicher und nationaler Ebene viele Regulierungen in Kraft, wie zum Beispiel Schutzauflagen für Arbeitsplätze oder Neuerungen in der Gesundheits- und Wohnungsbaupolitik. Vielfach schufen diese Initiativen die Grundlagen für die weitreichenden Sozialreformen des 20. Jahrhunderts. Auf Bundesebene setzten sie eine Reform des öffentlichen Dienstes genauso durch wie eine Regulierung der Monopole und der Eisenbahnen durch eine Bundeskommission (Freidel 1973: 84). Trotz dieser federführenden Impulse wurde die Partei mit dem Beginn des 20. Jahrhunderts allmählich bedeutungslos, vor allem weil ihre Forderungen schließlich von den beiden großen Parteien adaptiert wurden (Clanton 1984: 142). Richard Hofstadter beschrieb die *People's Party* ihrem Schicksal entsprechend treffend mit der Analogie einer Biene: Nachdem sie das politische Establishment gestochen hatte, verstarb sie (Hofstadter 1955).

In der Forschung wurden die Populisten lange Zeit als Vertreter reformorientierter Kleinbauern charakterisiert, welche das Grunddenken der liberalen Demokratien des 20. Jahrhunderts vorwegnahmen (Argersinger 1984: 43). Aus dieser Sicht heraus wird das *Populist Movement* als eine noble Bewegung verstanden, die für einen großen Teil der Bevölkerung einen angemessenen Anteil im Industriekapitalismus geltend machen wollte (Freidel 1973: 83). Vor allem John D. Hicks's *Populist Revolt* (1931) trug einen großen Teil dazu bei, dass die Populisten als Kämpfer gegen eine ungezügelte Macht der Wirtschaft und der politischen Eliten wahrgenommen wurden. Mitunter sah man sie gar als Wegbereiter für die *New-Deal*-Reformen, was sicherlich nicht falsch ist. So kann auf Basis dieser Beobachtungen die *People's Party* tendenziell eher der linken Variante des Populismus zugeordnet werden. In der Tat ist die Geschichte des Populismus und des Sozialismus in Amerika teils eng miteinander verwoben (Green 1988: 8).

Während eine (Teil-)Fusion der Populisten mit der Demokratischen Partei 1896 einen großen Teil der Bewegung demoralisierte, schloss sich eine andere Gruppe der *Socialist Party of America* an. Die sozialistische Partei wurde insbesondere in den Staaten Oklahoma, Texas, Louisiana und Arkansas populär und konnte hier ihre größten Basisgruppen rekrutieren. Die enorme Anziehungskraft sowohl des linken Populismus als auch links- und sozialpolitischer Forderungen kam Franklin D. Roosevelt während der *Great Depression* der 1930er Jahre zugute (Green 1988: 8). Er versprach der ‚vergessenen Schicht' zu helfen. Mit diesem gegen die Wirtschaftsspekulanten gerichteten Identitätskonstrukt mobilisierte Roosevelt die Arbeiter. Daneben betraten linke Populisten wie Huey Long die politische Bühne. Der Gouverneur und Senator von Louisiana forderte während der Great Depression mit dem Slogan ‚every man a king' eine extreme Wohlstandsumverteilung (Lowndes 2018: 233).

In den 1950er Jahren setzte ein Wandel ein, in dessen Folge der Populismus – retrospektiv betrachtet – verstärkt kritisch diskutiert wurde. Autoren wie Richard Hofstadter, Edward Shils und Seymour Martin Lipset rüttelten an der romantischen Vorstellung von den Populisten und deuteten sie als parochiale Reaktionäre, die auf die industriellen Entwicklungen irrational reagierten und eine mythische Vergangenheit wiederbeleben wollten (Argersinger 1984: 43). Hofstadter stellt sie in *Age of Reform* gar als paranoide Eiferer dar, die sich nicht an die moderne Wirtschaft anpassen konnten, weshalb ihre Wut dem progressiven Wandel galt (Lowndes 2018). Ihr Populismus wurde damit als eine Art hilflose Artikulation von Ängsten und Wut derjenigen neu interpretiert, die sich nach einem einfacheren, prämodernen Leben sehnten.

Die heftige Kritik der Autoren hatte damit zu tun, dass sich zu jener Zeit der Populismus selbst wandelte und sie eine Nähe zu neuen Bewegungen wie dem McCarthyismus oder die rechtsextreme *John Birch Society* sahen (Müller 2016: 17). Tatsächlich war ein Teil des *Populist Movement* von Antisemitismus (Abneigung gegen jüdische Bankiers) und Nativismus geprägt.

Die populistische Bewegung war politisch und sozial nie so homogen, wie die Beschreibung dies zunächst erscheinen lässt. So zeigten sich einige Populisten inklusiv in Bezug auf die afroamerikanische Bevölkerung, die meisten bevorzugten jedoch eine Maxime der Ausgrenzung (Kazin 1995: 37f.). Des Weiteren akzeptierte ein Teil der populistischen Reformbewegung Privateigentum und forderte ein wettbewerbsfähiges Marktsystem. Ihr Konterpart glich hingegen mehr einer radikaleren sozialistischen Bewegung, die das amerikanische Credo der Demokratischen Klassenlosigkeit und der Chancenfreiheit offen in Frage stellte (Green 1988: 8). Unter diesen Teilströmungen war es die nativistische Position, die in den nächsten Jahrzehnten in Politik und Gesellschaft Fuß fassen sollte.

11.4 Von Wallace zu Nixons Southern Strategy

Einige der Charaktereigenschaften des rechten Populismus nutzten auch radikale Politiker wie George C. Wallace, der eine segregierte Gesellschaft forderte. Wallace trat 1968 für die *American Independent Party* gegen Richard Nixon (R) und Hubert Humphrey (D) an. Der ehemalige Gouverneur von Alabama konnte jedoch nur fünf Staaten des *Deep South* gewinnen. Allerdings entwickelten einige seiner Ideen eine große Wirkmacht auf der Bundesebene: Teile davon fanden sich beispielsweise in Nixons *Southern Strategy* wieder.

Nixon war zwar kein Populist, griff allerdings hin und wieder auf populistische Strategien und Rhetoriken zurück, um jene Menschen zu bündeln und zu mobilisieren, die er als *Silent Majority* bezeichnete. Der Begriff der *Silent Majority* entstammt einem Strategiepapier der Berater Nixons. Diese suchten nach Wegen, die Resonanz der populistischen Agitation Wallaces gegen die liberalen Vorstellungen der Washingtoner Elite in den Wahlkämpfen von 1964 und 1968 in Nixons Wahlkampf zu übertragen (Lowndes 2016: 26). Die Mehrheiten für Wallace im *Deep South* waren Stimmen gegen die Bürgerrechtsbewegung, darüber hinaus waren sie auch ein Protest gegen die Regierung in Washington. Wallace sprach stets von ‚vergessenen Amerikanern', dem ‚Common Man' und den ‚Average Citizens'. Jene Menschen würden nach Wallace in Washington D. C. nicht vertreten (Lowndes 2018: 237).

Aufgrund des großen Erfolgs von Wallace im *Deep South* forderte Nixon von seinen Beratern ein Strategiepapier ein, wie man die ‚vergessenen Amerikaner' in Zukunft besser erreichen könne. Nixon hatte zwar die Wahl 1968 klar gewonnen, allerdings votierten lediglich 43% der US-Amerikaner für ihn. Die Wiederwahl sollte daher durch Mehrheiten gesichert werden, die Nixon im Süden vermutete. Die Suche nach einer Zielgruppe bestimmte verschiedene Variablen, wie beispielsweise Einkommen, Bildung, Alter und Art der Beschäftigung. Dabei zeigte sich, dass es keine uniforme Klasse von ‚vergessenen Amerikanern' gab, welche statistisch belegt werden konnte. Da somit die direkte Ansprache dieser Wählerschicht nicht möglich war, führte Nixons Redenschreiber William Safire den Begriff der *Silent Majority* ein. Dieser sollte im Selbstverständnis rechtschaffene und moralische Amerikaner zu einer Gruppe vereinen. Dies war der Entwurf für eine kollektive Identität jener Menschen, die sich als fleißige, rechtschaffene Bürger verstehen und ein bescheidenes Leben, geprägt von traditionellen Werten, führen. Geographisch seien diese vorwiegend im *Middle America* verortet und im Selbstverständnis größtenteils ‚vergessene Amerikaner' (Lowndes 2016: 25).

Jene, die sich als *Forgotten People* verstanden, waren mehrheitlich Weiße. Sich im Selbstverständnis als ‚vernachlässigte Weiße' zu sehen, war durch einen Wertewandel verstärkt worden, der sich aus den Errungenschaften der Bürgerrechtsbewegung und einem neuen sozialliberalen Denken in der Gesellschaft speiste. In den 1960er Jahren änderte sich dadurch die Politische Kultur (vgl. Kap. 1) stark. Dies zeigte sich vor allem an den Universitäten, wo sich die Studierenden zu drei Fünfteln selbst als politisch links verorteten (Nash 2006: 23ff.). Obwohl seit den 1960er Jahren der Populismus in erster Linie ideologisch rechts ausgelegt war, hat die Neue Linke dieser Zeit eine Form von Populismus entwickelt, der schließlich in der Demokratischen Partei seine politische Heimat fand. Dieser entflammte allerdings immer nur kurzzeitig, wie um die Präsidentschaftskandidaturen Jesse Jacksons in den 1980er Jahren.

Jackson mobilisierte primär Afroamerikaner, wobei er auch auf marginalisierte Weiße in ländlichen Regionen und Latinos abzielte. Allerdings waren die Armen in den Städten nicht mit den Minenarbeitern und Migranten, die im Agrarsektor arbeiteten, auf eine gemeinsame Identität zu abstrahieren, wie dies für die weiße *Producer*-Identität möglich war (Lowndes 2018: 235). Damit war es strategisch schwieriger, diese als ein Segment zu adressieren und zu erreichen. Der Demokratische Populismus fristete in Konsequenz von der Mitte des 20. Jahrhunderts bis in das Jahr 2015 ein Nischendasein, da er von einer Mehrheit als sozialistisch abgelehnt wurde.

Der Erfolg von Nixons *Southern Strategy* sorgte dafür, dass der Populismus bei den Republikanern einen festen Platz bekam. Dabei mischte sich die Agitation gegen den Staat mit der konservativen Ablehnung von sozialpolitisch motivierten Interventionen und der Regulierung von Marktmechanismen. Die Watergate-Affäre (vgl. Kap. 5) und Nixons Rücktritt aus dem Weißen Haus verzögerten diese Moralstrategie zwar; über die nächsten vier Jahrzehnte entwickelte sich jedoch der konservative Populismus zu einem festen Bestandteil der Republikanischen politischen Identität (Lowndes 2016: 27). Auch Ronald Reagan nutzte einen Ableger der Nixon'schen Strategie, mit der er die *Silent* und *Moral Majority* ansprach: Er echauffierte sich über die Macht der Regierung ebenso wie über ‚parasitäre Welfare Queens'. Er ging als Außenseiter gegen Korruption und die Übermacht der Regierung in das Rennen um die Präsidentschaft und versprach, *Middle America* zu vertreten (Lowndes 2018: 233, 237). Reagans Populismus brachte ein neues Momentum in die Republikanische Partei, während Steuersenkungen, ökonomisches Wachstum, Deregulation und der Rückbau des Staates mit den Forderungen der *Silent Majority* korrespondierte.

In den 1990er und 2000er Jahren war der Geist des Populismus in der Republikanischen Partei zwar noch vorhanden, de facto fristete er jedoch auch in dieser ein Nischendasein. Daher kamen populistische Impulse vermehrt von außerhalb der Partei, wie mit dem Aktivismus von Ross Perot gegen George W. Bushs *Big-State*-Konservatismus. Es war gerade jener Regierungsstil, der einen Unmut in der Republikanischen Partei wachsen ließ, der sich mit der Präsidentschaft Obamas in einen Populismus übersetzte, der schließlich die GOP grundlegend veränderte.

11.5 Die TEA Party: Der Pro-Finanzeliten-Populismus

Erneut war es eine Krise, welche die Wut jener entfachte, die sich an den Rand der Gesellschaft gedrängt fühlten. Die Wirtschafts- und Finanzkrise von 2008 bereitete den Boden für eine weitere starke populistische Bewegung: die *Tea Party*.

Das Potenzial für die Resonanz populistischer Forderungen entsteht nicht in einem Vakuum. Entsprechende Wahlerfolge sind nicht ohne bestehende Missstände oder negative Befindlichkeiten möglich – häufig handelt es sich um Verlustgefühle oder Ängste. Populistische Bewegungen stehen daher oft in einem Narrativ des Niedergangs (Stone 2012). Entsprechend wurden die *Tea Party* und *Occupy Wallstreet* aufgrund der schmerzhaften Erfahrungen der Wirtschaftskrise der Jahre 2008 und 2009 groß. In beiden Bewegungen herrschten anti-elitäre Tendenzen. Die *Tea Party* konnte jedoch im Gegensatz zu *Occupy* den gesamten Ärger ihrer Klientel in Richtung der politischen Eliten in Washington kanalisieren. Damit veränderte der Populismus der *Tea Party* nicht nur die Republikanische Partei, sondern auch den Konservatismus in den Vereinigten Staaten erheblich.

Bis zur *Tea Party* gab es immer wieder Spannungen zwischen der eher sozialkonservativen Strömung in der Republikanischen Partei und jenen, die fiskalkonservative und Pro-Business-Initiativen unterstützten (Lowndes 2016: 27). Mit den Erfahrungen der Wirtschaftskrise und der als links-sozialistisch assoziierten Präsidentschaft Obamas konnte der Populismus der *Tea Party* Wut gegen das Establishment als eine einheitliche Front generieren. Die ursprüngliche Skepsis gegenüber Finanzeliten und Großunternehmern galt nunmehr allein dem politischen Establishment. Dies hat zur Folge, dass der heutige rechte Populismus dem Gedanken an staatliche Regulierung kritisch gegenübersteht und stattdessen zumeist einen unregulierten Markt präferiert. Verstärkt wurde dies nicht zuletzt durch eine geschickte Nutzung des Producer-Narrativs innerhalb der *Tea Party.*

Der *Producerismus* wurde durch die *Tea Party* so ausgelegt, dass drei abgeleitete Erzählstrukturen eine bedeutende Wirkung auf das konservative Selbstverständnis hatten. Erstens würden in einer deregulierten Wirtschaft die ‚Parasiten' auf der Strecke bleiben. Somit würde der Markt sich moralisch selbst regeln, die ‚Tüchtigen' belohnen und der Selbstverantwortung eine erneute Wertigkeit zuweisen. Zweitens sei die Besteuerung von Unternehmen ihrer wirtschaftlichen Entwicklung abträglich und hätte für die Arbeitnehmer negative Konsequenzen. Drittens sei eine Allianz mit den Arbeitnehmern gegen das politische Establishment die Lösung gegen das verschwenderische Wirtschaften der Regierung. Diese Form des Populismus führte zu einer Unterstützung der Arbeitnehmer für Steuerreduzierungen von Unternehmen und sozialpolitischer Deregulierung. Sie birgt im Grunde die einzige Erklärung, warum Menschen, die Gehälter oder gar ihren Arbeitsplatz aufgrund einer Finanzkrise einbüßen mussten, für eine finanzielle und sozialpolitische Deregulierung eintreten (Oswald 2018). Dieser Diskurs basiert auf der angebotsorientierten Wirtschaftstheorie, in der die utilitaristische Moraltheorie und *Trickle-Down*-Ökonomie einen positiven Effekt für Arbeitnehmer birgt – der ‚eingesparte' Reichtum der Unternehmen würde in Form von höheren Löhnen oder Boni an sie weitergegeben. Regulationen und Steuern hingegen verhindern in dieser Sicht einen wirtschaftlichen Aufschwung, weil sie notwendige Investitionen durch die finanzielle Belastung vereiteln.

Zuträglich für die Unterstützung dieser Wirtschaftstheorie war die Strategie der *Tea Party*, das Denken über Unternehmer zu verändern. Im Producerismus waren jene Menschen Produzenten bzw. *Makers*, die tatsächlich ein Produkt hervorbrachten. In der Interpretation der *Tea Party* wurden auch Unternehmer zu dieser Schicht gezählt, schließlich seien sie *Job Creators.* Mit dieser Auslegung werden sie ein Teil der Produzenten. Demgegenüber zählten im traditionellen Populismus die Unternehmer in einer klassischen Arbeit/Kapital-Dichotomie zumeist noch zum Feindbild. Die Neuinterpretation macht sie zu einer Art Patron der Mittelklasse. Vor allem zählten sie so zu jenen vergessenen Menschen, die ihre Steuern bezahlen und vom Staat geschröpft werden. Ähnlich verstärkten Fox News-Kommentatoren wie O'Reilly, Hannity und Beck diese produceristische Interpretation mit einem Narrativ um die vergessenen Amerikaner, indem sie die Business-Elite zu Produzenten im Sinne der *Job Creators* erklärten. Zudem hoben sie hervor, dass Arbeitgeber und Reiche den größten gesellschaftlichen Nutzen kreierten, da sie die größte Steuerlast trügen und den Reichtum in den USA produzierten (Peck 2014: 531; Guardino und Snyder 2012: 530–532). Die Fehden zwischen Arbeitnehmern und Arbeitgebern sollten damit dem rechten Populismus der Vergangenheit angehören. Damit veränderte sich jener Populismus im Laufe der letzten 100 Jahre deutlich.

Der neue *Producerismus* war zentral in der Agitation gegen Obamas Präsidentschaft, die mit einer Rettungsaktion für zahlungsunfähige Kreditnehmer aufgrund der Immobilienkrise begann und im weiteren Verlauf von Umweltauflagen in Form von *EPA*-Regulationen geprägt war. Jene neuen Regulationen hatten einen Anteil daran, dass beispielsweise Kohleminen schließen mussten, da sie ebenjene Standards nicht erfüllen konnten. Dies verstärkte den Verlust von Arbeitsplätzen, die durch Automatisierung, Outsourcing und generelle Unwirtschaftlichkeit vor allem nach der Krise wegfielen. Ein großer Verlust von Industriearbeitsplätzen traf insbesondere Regionen um die Appalachen, aber auch Staaten wie Michigan und Wisconsin – Regionen, die 2016 die Wahl für Trump entschieden. Der Rückgang von gut bezahlten Arbeitsplätzen, für die eine geringe Ausbildung benötig wurde, war nur ein Teil des Wiedererstarkens des Populismus. Vor allem hatten sich, trotz einer positiven wirtschaftlichen Entwicklung ab 2010, die Löhne der Mittelklasse nicht mehr von der Wirtschaftskrise 2008 erholt. Dies nutzte ein Teil des Bewerberfeldes um die Präsidentschaftskandidatur im Jahr 2015.

11.6 Frustration und der Populismus seit 2015

Donald Trump konnte in seinem Wahlkampf mit der Frustration vieler Menschen Resonanz erzeugen. Sein Kampagnenauftakt mit den Worten ‚the American Dream is dead' sollte sowohl ökonomisch benachteiligte Menschen sowie jene ansprechen, die Verlustängste hegen. Im Kern des ‚Amerikanischen Traums' steht nicht zentral die Floskel ‚vom Tellerwäscher zum Millionär'. Sie ist lediglich der plakativste Teil eines Narrativs, welches eher als Versprechen zu sehen ist, dass die Möglichkeit für einen sozialen Aufstieg gegeben ist. Implizit ist diesem die Aussicht auf die Teilhabe an der Mittelklassengesellschaft und auf einen stetig besseren Lebensstil für nachfolgende Generationen (Langman 2011: 482). Dieser Trend hat sich verkehrt: Die wenigsten Menschen haben heute mehr Geld zur Verfügung als noch ihre Eltern oder sogar Großeltern. Die Geburtenkohorte 1980 war die erste, bei der eine Mehrheit weniger als ihre Eltern verdiente (Chetty et al. 2017). Im Jahr 2015 war das Einkommen vieler Amerikaner oftmals trotz teils zweier Arbeitsverhältnisse nicht hoch genug, um alle Ausgaben zu decken. Im Durchschnitt büßten Familien knapp mehr als 50.000 $ Jahreseinkommen ein, wenn man sie bereinigt mit dem Durchschnitt vor der Krise vergleicht (Pew 2015b).

Die Wirtschafts- und Finanzkrise hatte einen großen Anteil an der negativen Einkommensentwicklung. Sie kann dagegen auch als ein Beschleuniger einer ungünstigen Genese gesehen werden: Seit Jahrzehnten stagnieren die Reallöhne der Mittelklasse, in einigen Berufszweigen sanken sie sogar. Der Einbruch der Löhne in der Mittelklasse liegt hauptsächlich im Rückgang jener gut bezahlten Industriearbeitsplätze, die ohne College-Abschluss verfügbar waren. Ähnlich wie die populistische Bewegung der ersten industriellen Phase der Globalisierung löste nun ein erneuter Umbruch die Rentabilität jener Berufe ab, die für ein gesamtes Gesellschaftssegment das Sprungbrett zur Teilhabe an der Mittelklassegesellschaft war. Allein zwischen den Jahren 1980 und 2016 verschwanden knapp drei Viertel der damals 20 Millionen Industriearbeitsplätze in den USA. Die jüngste ‚Anti-Establishment-Bewegung' ist daher ein Produkt der Frustration und Besorgnis, die sich aus dieser Situation ergibt. Diese Menschen fühlten sich unter Obama umso mehr als Vergessene, da Banken und Großunternehmen von der Regierung gerettet wurden und nun wieder Profite auf Vorkrisenniveau machten, während das Gesamteinkommen der Mittelklasse im Jahr 2016 unter dem der reichsten ‚ein Prozent' lag. Damit entstand durch die Große Rezession von 2008 das größte Wohlstandsgefälle in der Geschichte der USA (Lowndes 2016: 27; Pew 2015b).

Es war der linke Populismus von Bernie Sanders, mit dem er seine Bewerbung um die Präsidentschaftskandidatur gegen diese Ungleichheit und die Finanzelite richtete. In den Augen von Sanders ist sie es, die den wirklichen Verrat am Volk und damit an der amerikanischen Demokratie selbst begangen hat. Er forderte 2020 eine massive Ausdehnung der *Social Security*, einen Mindestlohn von 15 $ pro Stunde, ein *College for All*, einen Erlass von Schulden des Studiums, einen *Green New Deal* und eine Gesundheitsvorsorge für alle. Sanders wollte ursprünglich mit seiner Präsidentschaftskandidatur im Jahr 2015 seine Botschaft eines sozialdemokratischen Wohlfahrtsstaates verbreiten. Diese stieß auf so viel Resonanz, dass er eine starke Konkurrenz für den Demokratischen Mainstream wurde.

Obwohl Sanders auf ähnliche ökonomische Probleme wie Donald Trump verwies, sind die Kontexte, in denen diese diskutiert werden, grundverschieden. Während Populisten des rechten Flügels zwar gegen die Eliten des Landes aufbegehren, verläuft ihre Botschaft vielmehr entsprechend der konservativen Maxime der Selbstverantwortung. Sie interpretieren die Einkommensungleichheit nicht wie der linke Flügel, dass Reiche und Unternehmer zu wenig zum Allgemeingut beitragen, weil sie zu geringe Steuern zahlten. Vielmehr sehen sie die Wirtschaft derart manipuliert, dass sie den Interessen der Machthaber diene – insbesondere durch Korruption und eine moralisierende Linke. Vor allem in Trumps Interpretation des *Rigged Systems* geht es um die Vorstellung, dass aufgrund von Freihandelsabkommen Arbeitsplätze in das Ausland abwanderten oder aufgrund von (Umwelt-)Regulationen veritable Industrien geschlossen werden mussten. Dies ist nicht falsch, allerdings sind diese Antworten verkürzt und simplifiziert beantwortet. Des Weiteren ist die Agitation gegen die ökonomischen Eliten durch die *Trickle-Down*-Vorstellung stark abgeschwächt. Im rechten Populismus dominiert die Vorstellung, dass Körperschaftssteuern den Arbeitnehmern schaden, da sie höhere Löhne und Expansionen von Unternehmen vermeiden. Im Kreuzfeuer stehen höchstens die Finanzeliten der Wall-Street, weil diese vorgeblich nur mit Geld spekulierten, das sie nicht erwirtschaftet hätten, wobei selbst diese Kritik in der Regel auf ein Minimum beschränkt wird. Donald Trump nutzte diesen Populismus in seinem Wahlkampf ausgiebig.

11.7 Der Populismus seit 2015

In der *Tea Party* wurde die sozialkonservative Strömung vor allem für libertäre Interessen instrumentalisiert. Allerdings gewann dieser Teil der *Tea Party* bald die Oberhand und im Jahr 2015 mündete dieser rechte Populismus schließlich in die *Make America Great Again (MAGA)*-Bewegung.

Donald Trump schuf eine Form von Massenklientelismus, in der er insbesondere die Mittelschicht und religiöse Menschen ansprach. In fast allen Wahlkampfreden setzte er auf alte populistische Konzepte, wie die kollektive Identität der ‚vernachlässigten weißen Amerikaner'. Zudem nahm er Anleihen an Nixons Strategie, wenn er seine Anhänger als *Silent Majority* bezeichnete. Er gab mit seiner Interpretation dieser Gesellschaftsschicht eine Stimme und befand, sie sei ‚not so silent anymore'. In seinem Framing setzte er *Producerismus* so ein, dass er eine Allianz zwischen Unternehmern und Angestellten beschreibt, die geschlossen gegen einen gemeinsamen Feind stünden: die Regierung und das politische Establishment. Da die Regierung das ‚hart verdiente Steuergeld' für eine gescheiterte Politik oder gar für ihren eigenen Nutzen verschwendete, hätten die Unternehmen in den USA einen schweren Stand. Daher könnten sie es sich nicht leisten, höhere Löhne zu bezahlen. Mit dieser Auslegung des *Producerismus* legitimiert er nicht nur Steuersenkungen für Unternehmen, er macht dies sogar für Arbeitnehmer attraktiv – schließlich würden seiner Einschätzung zufolge die versprochenen Steuersenkungen in höhere Löhnen münden.

Trump versprach den Reichtum von international agierenden Unternehmen wieder in die USA zurückzuholen. Mit den dafür notwendigen Steuerreduktionen sollten auch die ‚vergessenen Amerikaner' begünstigt werden. Vor allem vermutete Trump einen *Trickle-Down*-Effekt: Die Einsparungen der Unternehmen würden an Arbeitnehmer zurückfließen. Die *Silent Majority* definiert er damit sozioökonomisch und versprach den ‚vergessenen Amerikanern' die Rückkehr der gut bezahlten Arbeitsplätze, für die keine teure Ausbildung notwendig ist. Zunächst zeigte sich tatsächlich ein relativ konstanter Zuwachs bei den Einkommen in Trumps Amtszeit und eine historisch geringe Arbeitslosigkeit. Mit der Corona-Krise wurden diese Zahlen jedoch ins Gegenteil verkehrt und die Arbeitslosigkeit schnellte im April 2020 auf 14,7 Prozent – ein Nachkriegsrekord. Trumps brachiale Maßnahmen wie der Druck auf Staaten und Firmen mittels Zollschranken griffen nicht so effektiv, wie er es sich erhofft hatte. Neben den anti-pluralistischen Elementen von Trumps Populismus – er legte schließlich starke Gruppenpräferenzen an den Tag –, stand zwar auch die Botschaft eines ökonomischen Aufschwungs im Wahlkampf 2020 noch prominent in Trumps Programm; allerdings schoss er sich mehr als zuvor auf den kulturellen Populismus ein. Er brachte damit die rechten Populismen der USA zusammen, die seit Wallace und Goldwater mit Hilfe der medialen Präsenz von Limbaugh etc. zumindest im konservativen Spektrum mehrheitsfähig wurden. Trump erreichte 2020 schließlich die höchste Wählerzahl eines Republikanischen Präsidentschaftskandidaten. Allerdings lehnten noch mehr diese Form von Populismus in den USA ab und stimmten gegen ihn.

Amerikaner, die sich seit 2008 den populistischen Bewegungen zuwandten, plagten sicherlich wirtschaftliche Unsicherheiten und Ängste. Spätestens mit Trumps Präsidentschaft wurde jedoch klar, dass im rechten Populismus diese ökonomische Dimension klar mit einer festen Vorstellung von der amerikanischen Identität und traditionellen Werten verwoben ist. Der seit den 1950er Jahren beschworene Verlust der traditionellen amerikanischen Kultur wurde zu einem starken Mobilisierungsfaktor der Konservativen. Die Frustration über den progressiven Wandel auf der bundespolitischen Ebene wurde zunächst von der *Tea Party* in den Mainstream getragen; ein großer Teil dieser Bewegung mündete jedoch in die *MAGA*-Bewegung. Die traditionelle Identität wiederzubeleben scheint sogar mit autoritaristischen Einstellungen und Vorgehensweisen legitim zu sein. So entstand aus einer Unzufriedenheit mit dem politischen Kurs des Landes eine breite Front gegen den sozialen und kulturellen Wandel in den USA, der im 'Sturm auf das Kapitol' am 06. Januar 2021 kulminierte. Der Trump'sche Populismus ist mit seinen Schockwellen und der Wahl Bidens keineswegs verschwunden, selbst große Teile der Republikanischen Partei scheinen auch nach dem 'Sturm auf das Kapitol' noch hinter Trump zu stehen.

Der Populismus hat nicht nur die Partei(politik) der Republikaner verändert. Auch Bernie Sanders spricht immer wieder davon, dass Finanzeliten der Gesellschaft immens geschadet hätten. Vor allem trügen sie Schuld an den stagnierenden Löhnen der Mittelklasse, die auch Sanders indirekt immer wieder als Merkmal für ‚vernachlässigte Amerikaner' ansprach. Neben dem Aufstieg der linken Alexandria Ocasio-Cortez erreichte der linke Populismus eine dominante Position in der Demokratischen Partei. Bereits in der Vorwahl um die Präsidentschaftskandidatur 2020 zeichnete sich deutlich ab, dass die Positionen von Sanders nicht nur tragfähig in der Demokratischen Partei, sondern bisweilen sogar zum Mainstream der Partei geworden sind. Schlagworte wie *Medicare for all* und die gleichzeitige Abschaffung der privaten Krankenversicherung sind heute kein Tabu mehr.

Fragen

- Wann war die kurze Wirkzeit der *United States People's Party*?
- Warum wird der Populismus in den USA als kulturell pfadabhängig betrachtet?

Zur weiteren Lektüre empfohlen

Norris, Pippa; Inglehart, Ronald (2019): Cultural Backlash: Trump, Brexit, and Authoritarian Populism. New York: Cambridge University Press.

Müller, Jan-Werner (2016): Was ist Populismus?: Ein Essay. Berlin: Suhrkamp.

Oswald, Michael (2020): Der Populismus in den USA. In: Lammert, Christian; Siewert Markus; Vormann, Boris (Hg.), Handbuch Politik USA. Wiesbaden: Springer VS, S. 55-72.

12. Bürgerrechte und Zivilgesellschaft

Kernsatz

In Bezug auf Bürgerrechte und Zivilgesellschaft gilt es zunächst zwei fundamentale Konzepte zu unterscheiden: *Civil Liberties* (individuelle Freiheitsrechte) und *Civil Rights* (Bürgerrechte).

12.1 Civil Liberties

Individuelle Freiheit ist ein elementarer Bestandteil der amerikanischen Demokratie und in jeder Hinsicht zentral für das amerikanische politische System. Wie keine andere Idee füllt die Vorstellung von Freiheit den *American Creed* aus. Freiheit steht dabei für das Wesen des *American Exceptionalism,* denn sie bedeutet Freiheit zur Verwirklichung des Individuums und damit Freiheit von der überkommenen europäischen Gesellschaftsordnung und von staatlicher Bevormundung. Dieses Bewusstsein wurde zu einem Axiom für politisches Handeln in den USA. Das System der *Checks and Balances* dient dazu, eine übermächtige Staatsgewalt zu verhindern; die Reichweite amerikanischer Staatsgewalt bemisst sich aus dem Freiheitsbedürfnis der Bürger.

Kernsatz

In den USA versteht man unter *Civil Liberties* die unveräußerlichen Freiheiten, die jedem Menschen von Natur aus zustehen und die durch keine Staatsgewalt beschnitten werden können.

Der Begriff *Civil* signalisiert, dass es sich um Freiheitsrechte handelt, die man in einer politischen Gemeinschaft genießt. Nicht nur im allgemeinen Verständnis der amerikanischen Rechtsprechung ist die Verfassung primär dazu da, individuelle Freiheiten zu garantieren, sondern auch im Verständnis der amerikanischen Bürger. Freiheitsrechte sind diesem Verfassungsverständnis zufolge ein besonderes menschliches Gut. Diese Ansicht vertreten die meisten Amerikaner heute genauso vehement wie vor knapp 250 Jahren, auch wenn sich die Vorstellung, welche Freiheiten geschützt werden sollen, heute oft stark unterscheidet. Dennoch dienen im modernen politischen Diskurs die *Civil Liberties* zumindest als symbolisches Bollwerk zum Schutz vor staatlicher Gängelung. *Civil Liberties* sind zunächst Freiheiten von staatlicher Regelung. Ihre Grundlage für den politischen und juristischen Diskurs ist die *Bill of Rights.*

Wenn der Staat allerdings durch Gesetze bestimmte, unveräußerliche Freiheiten schützt, muss er gegebenenfalls die Freiheit Einzelner beschneiden, um die allgemeinen Rechte aller vor Missbrauch zu schützen. Eine grenzenlose Freiheit kann es somit genauso wenig geben wie eine grenzenlose Staatsgewalt, denn eine Tyrannei der Mehrheit steht in fundamentalem Gegensatz zur Freiheit des Individuums.

Nach Baum lassen sich *Civil Liberties* wie folgt beschreiben:

> „[P]rocedural rights of people involved in government proceedings; the right of disadvantaged groups for equal treatment; and certain 'substantive'

rights, the most important of which are freedom of expression and freedom of religion" (Baum 2004: 163).

In den Einzelstaaten gab es im Laufe der Geschichte unterschiedliche Gesetze, die verschiedene Freiheiten einschränkten, etwa die Pressefreiheit und die freie Meinungsäußerung. Dies mündete schließlich in einer juristischen Behandlung des Problems: 1833 stellte das oberste Verfassungsgericht im Urteil *Barron v. Baltimore* fest, dass die *Bill of Rights* nur für den Zentralstaat Gültigkeit besaß. Der Konflikt war damit keineswegs gelöst. Erst nach dem Amerikanischen Bürgerkrieg wurde 1868 mit dem 14. Verfassungszusatz mehr Klarheit geschaffen: Ihm zufolge darf keine einzelstaatliche Gewalt „life, liberty, or property" einschränken, ohne einen „due process" (vgl. auch Artikel V der amerikanischen Verfassung). Dies bedeutet, dass die genannten bürgerlichen Freiheiten unter einzelstaatlicher Gesetzgebung denselben schutzwürdigen Status haben wie auf Bundesebene. Zunächst änderte sich für die einzelstaatlichen Bestimmungen allerdings kaum etwas. Verschiedene Staaten verfügten immer noch über Gesetze, die Meinungs- und Versammlungsfreiheiten unterschiedlich stark einschränkten. Erst gegen Ende des 19. Jahrhunderts begann der *Supreme Court* letztinstanzlich einzelne Gesetze auf ihre Vereinbarkeit mit den in der *Bill of Rights* aufgeführten Freiheitsgarantien zu überprüfen. Diese eingehende Prüfung der Garantie von Freiheitsrechten wird in Anlehnung an die sich allmählich durchsetzende Interpretation des 14. Verfassungszusatzes *Incorporation Doctrine* genannt.

Mit seinen Entscheidungen schuf das oberste Verfassungsgericht eine Zweiteilung von Freiheitsrechten. Während die Bundesgewalt keine der in der *Bill of Rights* genannten Garantien einschränken darf, gilt dies nicht für einzelne Staaten. Auch wenn *First-Amendment*-Rechte (freie Meinungsäußerung, Religionsausübung und das Versammlungsrecht) nicht durch einzelstaatliche Gesetze verletzt werden dürfen, können andere Verfassungsgarantien wie das Recht, Waffen zu tragen oder das Anrecht auf einen Prozess vor einem Geschworenengericht in Zivilsachen, durchaus auf einzelstaatlicher Ebene eingeschränkt werden. Mit dieser zurückhaltenden Strategie, auch *Selective Incorporation* genannt, gewährt das Verfassungsgericht den Einzelstaaten einen gewissen Spielraum, der immer wieder zu politischen Auseinandersetzungen führt.

Das manchmal schwer zu durchschauende Gewirr von Freiheitsbeschränkungen verdeutlicht die Sensibilität, mit der das Thema in den USA behandelt wird. Die symbolische Bewahrung der *Civil Liberties* ist eine Konstante jeder amerikanischen Regierung. Die Definition, die dem Begriff zugrunde liegt, hat sich im Laufe der amerikanischen Geschichte immer wieder verändert. Während die Debatte um die *First-Amendment*-Rechte die Freiheit *von* etwas betonte, spielt in den politischen Diskursen heutzutage häufig die Freiheit *zu* etwas eine größere Rolle.

12.2 Civil Rights

Die politischen und rechtlichen Maßnahmen der Regierung, die den Schutz der Freiheiten gewährleisten sollen, heißen in den USA *Civil Rights* (Bürgerrechte). Die politische *Civil-Rights*-Debatte nahm ihren Anfang mit dem 14. Verfassungszusatz, denn die Verfassung der Vereinigten Staaten sieht keine expliziten Bestimmungen zu politischer Gleichheit vor. Zudem war die Definition von Bürgern im ausgehenden 18. Jahrhundert bekanntlich wesentlich anders als die heutige. Nach dem Bürgerkrieg wurde das heute noch gültige Fundament für die Bürgerrechtsbewegung gelegt. Ein Jahrhundert später erreichte sie ihren Höhepunkt. Im ersten Abschnitt des 14. Verfassungszusatzes heißt es: „no state shall [...] deny to any person within its jurisdiction the equal protection of the laws". Damit wurde das Streben nach Gleichheit zum Hauptanliegen der Bürgerrechtsbewegung und nach dem Zweiten Weltkrieg zum Kern weiter Teile der regulativen Sozialpolitik der USA.

Zunächst drehte sich die amerikanische Rechtspolitik nach der Verabschiedung der *Civil War Amendments* (13. bis 15. Verfassungszusätze) um die Abschaffung einer auf ethnischer Trennung basierenden Gesellschaftsordnung. 1866 verabschiedete der Kongress einen *Civil Rights Act,* durch den einzelstaatliche Gesetze zur Verweigerung der amerikanischen Staatsbürgerschaft für Afroamerikaner annulliert wurden. Die Staaten der ehemaligen Konföderation erließen als Reaktion darauf die berüchtigten *Jim Crow Laws.* Dieser Sammelbegriff bezeichnet Gesetze, welche die Trennung und Ungleichbehandlung von weißen und afroamerikanischen Bürgern legalisierten. Die Rechtsprechung des *Supreme Court* zementierte dieses *Separate-but-Equal*-Prinzip für über ein halbes Jahrhundert (vgl. Kapitel 5).

Im Schatten der Kontroverse um die Legitimität von Sklavenhaltung und der daraus entstandenen Abolitionsbewegung hatten Frauen seit den 1830er Jahren begonnen, ihrerseits politische Mitsprache zu fordern. Trotz kleinerer Erfolge in Einzelstaaten konnten die *Suffragisten* aber erst mit Hilfe des *Progressive Movement* zu Beginn des 20. Jahrhunderts ihre Ziele erfolgreich umsetzen (vgl. Kapitel 8). Die Zeit des *Progressive Movement* brachte demgegenüber der afroamerikanischen Minderheit keine nennenswerten Erfolge, wenngleich sich Afroamerikaner verstärkt durch Interessengruppen am politischen Willensbildungsprozess beteiligten und 1909 zusammen mit weißen Aktivisten die *National Association for the Advancement of Colored People (NAACP)* gründeten. Bis heute tritt die *NAACP* für die Verbesserung der Lebensbedingungen der afroamerikanischen Bevölkerung in den USA ein. Politisch waren ihnen lange Zeit aber nur bescheidene Erfolge vergönnt. Erst 1954 konnten sie die bis dahin wichtigste Änderung der Bürgerrechtspolitik in den USA initiieren und durchsetzen. Auf Bestreben der *NAACP* verklagte die afroamerikanische Schülerin Linda Brown die Verwaltung einer lokalen Schule, weil sie keine den weißen Schülern vorbehaltene Schule besuchen durfte. In der Verhandlung über eine Sammelklage verstieß die Trennung nach Hautfarbe im Erziehungswesen nach Auffassung der Richter gegen den Gleichheitsgrundsatz des 14. Verfassungszusatzes. Der *Supreme Court* gab der ursprünglichen Klage der Schülerin in der einstimmig gefällten Entscheidung im Fall *Brown v. Board of Education* 1954 Recht und schaffte damit de jure die Grundlage für das *Separate-but-Equal*-Prinzip ab (vgl. Kapitel 5).

Exkurs: Thurgood Marshall

Thurgood Marshall war Chefanwalt der NAACP von 1938 bis 1961 und leitender Anwalt der Sammelklage *Brown v. Board of Education*. Er bestritt 32 Fälle vor dem Obersten Gerichtshof und gewann 29 davon. Von Lyndon B. Johnson wurde er 1967 schließlich selbst zum *Supreme-Court*-Richter ernannt. Er wurde als erster Afroamerikaner zum höchsten Gericht berufen.

Vor dem Hintergrund dieser Entscheidung erhielt die Bürgerrechtsbewegung neuen Auftrieb. Sie setzte sich zum Ziel, die politische Grundlage für Diskriminierung jeglicher Art, nicht nur im Schulwesen, aufzuheben. Dieses Ziel konnte die Bewegung jedenfalls in formaler Hinsicht in relativ kurzer Zeit erreichen. Maßgeblich dafür war die Konstellation der politischen Akteure in den 1950er und 1960er Jahren. Seit dem Zweiten Weltkrieg trieb die Demokratische Exekutive unter Präsident Truman gesetzesmäßige Erleichterungen für Afroamerikaner voran, die mit der Sozialgesetzgebung des *New Deal* begonnen hatten. Präsident Eisenhower stellte sich der Bürgerrechtsgesetzgebung zumindest nicht ernsthaft in den Weg und die Demokratischen Nachfolger Kennedy und Johnson beschleunigten die Entwicklung weiter. Die dafür notwendigen Gesetze wurden unter den Bezeichnungen *New Frontier* und *Great Society* bekannt. Im Kongress war die Stimmung verhaltener, vor allem die Abgeordneten der Südstaaten waren strikt gegen eine schnelle Abschaffung der Diskriminierung. Sie stellten häufig die entscheidenden Ausschussmitglieder und konnten so auf den Inhalt und den Zeitplan zur Verabschiedung von Bürgerrechtsgesetzen Einfluss nehmen. Sie konnten sich letztlich wegen des Rückhalts, den die Gesetze zunehmend in der amerikanischen Öffentlichkeit besaßen, den Entwicklungen nicht langfristig in den Weg stellen. Ein Meilenstein der Bürgerrechtsbewegung war der nach dem längsten *Filibuster* der Senatsgeschichte verabschiedete *Civil Rights Act* von 1964 (vgl. Kapitel 3). Der Institution des *Filibuster* wird allerdings bis heute eine ‚rassistische' Vergangenheit zugeschrieben.

Die *Pro-Civil Rights*-Koalition im Kongress war so stark, dass das Gesetz den *Filibuster* ohne Abstriche überstand. Der *Civil Rights Act* von 1964 führte das Verbot staatlicher Rassentrennung ein, die bis dahin weitreichendste Abschaffung staatlicher Diskriminierung von Minderheiten, zu dieser Zeit hauptsächlich Afroamerikaner. Die Verabschiedung des *Voting Rights Act* ein Jahr später stellte den vorläufigen Höhepunkt der rechtlichen Gleichstellung von Afroamerikanern und Weißen dar. Im Zuge dieser Reformen verabschiedete der Kongress 1966 den *Freedom of Information Act*. Demnach muss die Regierung den Bürgern Zugang zu Dokumenten gewähren, solange sie nicht unter bestimmte Ausnahmen oder unter den Geheimnisschutz fallen. Das Gesetz illustriert die oben angedeutete Schwerpunktverschiebung vom *Schutz* individueller Freiheiten hin zur *Gewährung* von Rechten.

Die Bürgerrechtsgesetze der 1960er Jahre stellten das vorläufige Ende einer von der Mehrheit der Bürger getragenen Bewegung dar. Weiterreichende Gesetze waren nach der Amtszeit von Präsident Johnson (1963–1969) indes nicht mehrheitsfähig. Zudem ist der *Supreme Court* seit den 1970er Jahren wieder zu konservativeren Positionen zurückgekehrt. In vielen Fällen hat er die Bürgerrechtsgesetzgebung Washingtons als nicht bindend für die Einzelstaaten erklärt. Seither bestimmen Konflikte um die richtigen Mittel zur Herstellung von Gleichheit die politische Bürgerrechtsagenda. Bis heute umstritten sind die *Affirmative Action*-Programme, durch die Minderheiten in staatlichen Institutionen bevorzugt zu behandeln sind.

Tabelle 12.1: Policy-Making im Politikfeld Bürgerrechte – das Beispiel Affirmative Action

Die in den USA kontrovers geführte Diskussion um die *Affirmative Action* dreht sich im Kern um das amerikanische Ideal der Gleichheit. Auf der Basis des *Civil Rights Act* von 1964 setzten die Präsidenten Johnson und Nixon zunächst per Verordnung eine bevorzugte Behandlung von Minderheiten für öffentliche Personalverfahren durch: Angehörige von Minderheiten sollten im öffentlichen Sektor proportional zu ihrem Bevölkerungsanteil ohne Qualifikationsnachweis beschäftigt sein. Präsident Kennedy hatte mit der Gründung der *Commission on Equal Employment Opportunity* den Grundstein für diese Politik gelegt. Kongress und Justiz unterstützten diese Maßnahmen. Nachdem *Affirmative Action*-Initiativen seit den 1960er Jahren umgesetzt wurden, verloren sie jedoch ihren Rückhalt in Politik und Öffentlichkeit. Unter Präsident Reagan und nach der Übernahme des Kongresses durch die Republikaner 1994 verschärfte sich die Situation weiter. Eine breite Unterstützungsbasis wie bei den klassischen *Civil rights* hat es für *Affirmative Action* ohnehin nie gegeben. Auch heute hat die amerikanische Regierung noch keine befriedigende Antwort auf die Gleichstellung von Minderheiten gefunden. Die Amtszeit des ersten afroamerikanischen Präsidenten im Weißen Haus hat daran wenig geändert, obwohl Präsident Obama sich als dezidierter Befürworter von *Affirmative Action*-Programmen aussprach. In den letzten beiden Jahrzehnten wurden von den Gerichten schärfere Maßstäbe zum Beweis von Ungleichbehandlung gefordert, sodass legislative Vorstöße allein wenig Aussicht auf durchschlagenden Erfolg hatten. Auch die Volksabstimmung zum *Proposal 209* hat 1996 in Kalifornien faktisch zur Abschaffung fast aller staatlichen *Affirmative-Action*-Programme geführt und im Jahr 2020 wurde diese Entscheidung mit 56,5 % der Stimmen aufrechterhalten.

Allerdings stützte in dem aufsehenerregenden Fall *Grutter vs. Bollinger* der *Supreme Court* im Jahr 2003 die Rechtmäßigkeit von Quotenregeln an Universitäten. Das Urteil wurde als Erfolg für eine bessere Gleichbehandlung von Minderheiten angesehen und es beeinflusst noch heute Auswahlprozesse. Dies führte wiederum auch zu Klagen, beispielsweise gegenüber der *Harvard University* und der *University of North Carolina at Chapel Hill*. Bis 2020 war nicht vollständig geklärt, ob *Affirmative-Action*-Programme verfassungsgemäß sind, da vom *Supreme Court* noch keine finale Entscheidung getroffen wurde. *Affirmative Action* hat in der jüngsten Zeit allerdings deutlich an Zustimmung gewinnen können: Im Jahr 2019 befürworten 65 Prozent *Affirmative Action* für Frauen und 61 Prozent für Minderheiten. Beide sind neue Höchstwerte und der Anstieg resultiert vor allem aus der höheren Akzeptanz der Programme bei Weißen (Norman 2019). Auch Joe Biden unterstützt *Affirmative-Action*-Programme, daher kann hier ein weiteres Engagement erwartet werden.

Quelle: Eigene Zusammenstellung / Gallup.

12.3 Staat und Religion

In keiner anderen westlichen Demokratie ist der Anteil bekennender Christen an der Gesamtbevölkerung so hoch wie in den USA. Gleichzeitig beharren jedoch die meisten amerikanischen Bürger entschieden auf einer klaren Trennung zwischen Staat und Religion.

Die Geschichte der Beziehung zwischen Politik und Religion in den USA beginnt mit der puritanischen Selbstverwaltung in den ersten Siedlungen an der Atlantikküste. Sie zeichnete sich durch eine breite politische Partizipationsbasis religiöser Eiferer, aber eine säkulare Regierung aus. Religiöser Verfolgung entronnen, war es für die Glaubensgemeinschaften in der neuen Welt unvorstellbar, der staatlichen Gewalt ein Mandat für die Bestimmung einer offiziellen Religion zu geben. Trotzdem war es beispielsweise lange Zeit in Massachusetts nur möglich, als Christ Bürger dieser Kolonie zu werden (Bellah 1978: 18). Die national gesinnten, vorsehungsorientierten Erweckungsbewegungen des 18. Jahrhunderts trugen zu einem konservativ-religiösen Bewusstsein in den Kolonien bei, das schließlich in der amerikanischen Revolution als ihrer endgültigen Befreiung gipfelte. Während der Debatte um die Annahme der Bundesverfassung war die Trennung von Kirche und Staat eine conditio sine qua non: Die Verfassungsväter, allen voran Thomas Jefferson, sprachen sich eindeutig zugunsten individueller Freiheitsrechte und damit gegen eine allgemeine Staatsreligion aus.

Der Gottesbezug ist trotzdem im täglichen Leben der Amerikaner sichtbar. Präsident Lincoln bezeichnete die Vereinigten Staaten in seiner berühmten *Gettysburg Address* als ‚this nation under God', die Ein-Dollar-Note erinnert ‚in God we trust', in politischen Reden wird regelmäßig darum gebeten, dass Gott die Vereinigten Staaten segne und Präsident George W. Bush pflegte selbstbewusst zu verkünden, dass Jesus sein Lieblingsphilosoph sei, der ihn auf einen Kreuzzug in den Vorderen Orient geschickt habe. Donald Trump verwendete religiöse Begriffe und Verweise auf Gott gar häufiger als frühere Präsidenten. Religiosität ist ein beständiges Charakteristikum der amerikanischen Gesellschaft, schließlich ist das amerikanische Experiment ‚God's own country'. Die Hälfte der Amerikaner gehört einer kirchlichen oder kirchenähnlichen Vereinigung an, aber dieser Zahl war eine drastische Schrumpfung vorausgegangen. 1999 waren es noch 70 Prozent. Dennoch geben 77 Prozent der Amerikaner an, eine religiöse Affiliation zu haben. Aber auch dies ist ein Einbruch im Vergleich zu den 90 Prozent aus dem Jahr 1998 (Jones 2019). Das öffentliche Bekenntnis des eigenen Glaubens und politische Forderungen nach mehr Mitsprache wurde während der Präsidentschaft Ronald Reagans verstärkt eingesetzt und als fundamentalistisch-evangelikale Revolution weiterentwickelt. Ihren vorläufigen Höhepunkt fand die *Christliche Rechte* in der Trump-Regierung, die sich zu den *Moral Issues* dieser Gruppierungen bekannte und ihre Politik stark an den Präferenzen dieser Basis ausrichtete.

Tabelle 12.2: Zugehörigkeit zu Glaubensgemeinschaften in den USA 2014 und 2007 in Mio. (über 18-jährige Bevölkerung)

Protestanten	46,5% (2014)	51,3% (2007)
Katholiken	23,9 (2014)	20,8% (2007)
Juden	1,9% (2014)	1,7% (2007)
Muslime	0,9% (2014)	0,4% (2007)
Nicht affiliiert	22,8% (2014)	16,1 % (2007)

Quelle: Pew 2015a

Kernsatz

Der erste Verfassungszusatz, im Besonderen die *Establishment Clause*, verbietet es der amerikanischen Bundesregierung, eine Staatsreligion zu bestimmen; aus diesem Prinzip wird die staatsrechtliche Trennung von Kirche und Staat abgeleitet.

Für die Einzelstaaten galt die Trennung von Staat und Kirche in der Anfangsphase der Republik nicht. Staatlich anerkannte Kirchen mit entsprechenden Steuern waren in den meisten Kolonien die Regel. Massachusetts war 1833 der letzte Staat, der die Religionssteuer abschaffte. Der erste Verfassungszusatz enthält das verbriefte Recht auf einen freien, d. h. von staatlicher Gewalt unabhängigen Glauben (*Free Exercise Clause*). Einschränkungen findet das Recht auf freie Religionsausübung nur dort, wo es gegen bestimmte Bundesgesetze verstößt, wie im Falle der Polygamie oder der Einnahme von Rauschmitteln.

Die politische Rolle der Religionsgemeinschaften ist ambivalent. Zunächst ist festzuhalten, dass es im amerikanischen politischen System seit der Amtszeit Präsident Reagans eine zunehmende Korrelation zwischen religiöser Orientierung und politischem Verhalten gibt (vgl. Kapitel 8). Unter der Regierung Trumps verstärkte sich dieser Trend noch einmal. Die Polarisierung der amerikanischen Gesellschaft, die sich in den Wahlergebnissen seit 2000 äußert, beruht zu einem großen Teil auf der unterschiedlichen Bedeutung, die die amerikanischen Bürger religiösen Werten zuschreiben.

Obwohl die *Christliche Rechte* ein gut organisierter, fester Bestandteil der amerikanischen Gesellschaft ist, zeigte die Wahl Joe Bidens, dass ihre politische Wirkungsmacht nicht immer ausreicht, nationale Mehrheiten für unerwünschte Kandidaten zu verhindern. Bei der Wahl 2016 mag dies ein mitbestimmender Faktor gewesen sein, aber der Einfluss der *Christlichen Rechten* konnte 2008 Barack Obama und 2012 die Nominierung des Mormonen Mitt Romney als Republikanischen Präsidentschaftskandidaten nicht verhindern. Dennoch ist der Einfluss der Strömung auf die Republikanische Politik und Kandidatenauswahl groß: Vor allem durch ihre Unterstützung wurde Trump nicht nur Kandidat, sondern auch Präsident.

Das Erstarken der religiös-konservativen Bevölkerungsgruppen basiert auf der politischen Nutzung von Werten wie Familienzusammenhalt, Individualismus und moralischer Reinheit. Die Umsetzung dieser Werte war u. a. ein Wahlversprechen von Trump. In seiner Politik konnte man dies in der Ausrichtung gegenüber dem Staat Israel erkennen: Religiösere Kandidaten unterstützen diesen in der Regel kompromissloser. Oft geht mit einem höheren Grad an Religiosität die Ablehnung einer Gleichstellung von Homo- oder Transsexuellen einher sowie die Fürsprache einer stärkeren Rolle der Kirchen im politischen Diskurs.

Die religiöse Einfärbung des politischen Diskurses hat gravierende Konsequenzen für die Sozialpolitik. Seit dem Ende der *New Deal*-Koalition ist der Grad an religiösem Bekenntnis zu einer politischen *Cleavage* (vgl. Kapitel 8) zwischen konservativen und gemäßigten Kräften geworden. Sie bildet heute einen der markantesten Unterschiede zwischen Republikanern und Demokraten. Dabei geht es vor allem um das Ausmaß staatlicher Wohlfahrtspolitik. Während diese unter Republikanern generell nie sonderlich beliebt war, ist die staatliche Unterstützung von Programmen, die konservativen und religiösen Vorstellungen zuwiderlaufen könnten, für sie völlig inakzeptabel. Klassische *Moral Issues* betreffen Themen wie Abtreibung, aber auch die Sozialhilfe. Unter der Regierung Trumps war ein klarer Trend zur Beschneidung staatlicher Wohlfahrtsprogramme zu beobachten.

12.4 Einschränkung der Bürgerrechte – Das Beispiel USA Patriot Act

Nach den Anschlägen vom 11. September begann die amerikanische Regierung damit, die Befugnisse von Strafverfolgungsbehörden auszuweiten, um besser gegen Terroristen vorgehen zu können. Nach Ansicht vieler Kritiker, allen voran der mit der größten Öffentlichkeitswirkung ausgestatteten *American Civil Liberties Union* (*ACLU*), ist dies auf Kosten der bürgerlichen Freiheiten geschehen. Der unvermeidbare Zielkonflikt zwischen Freiheit und Sicherheit ist indes nicht neu. Präsident Lincoln hatte durch die Aussetzung des *Habeas Corpus*-Gesetzes während des Amerikanischen Bürgerkriegs Zehntausende festnehmen lassen und während des Zweiten Weltkriegs wurden Bürger japanischer Abstammung ohne gesetzliche Grundlage interniert.

Das *Uniting and Strengthening America by Providing Appropriate Tools Required to Intercept and Obstruct Terrorism Act of 2001* (*USA Patriot Act*) betrifft primär nicht aktive Freiheitsrechte, sondern vielmehr Rechte zum Schutz vor dem Staat, wie etwa hinsichtlich der Unversehrtheit der Wohnung und der Privatsphäre. Nach einem für die amerikanische Politik bemerkenswert schnellen Gesetzgebungsverfahren trat der weitgehend vom Justizministerium verfasste *Patriot Act* bereits eineinhalb Monate nach dem 11. September 2001 in Kraft. Er betrifft Ausführungsbestimmungen zu einer Vielzahl von Rechtsgebieten und erweitert die Befugnisse der Exekutive.

Kritiker nahmen vor allem an den Einschränkungen der Privatsphäre Anstoß. Durchsuchungen und Konfiskationen durften nach dem *Patriot Act* ohne entsprechende Befehle durchgeführt sowie Bankkonten und andere elektronisch gespeicherte Daten überprüft werden. Bestimmungen zum Abhören von Telefongesprächen wurden gelockert und Migranten durften bei Terrorismusverdacht auf unbestimmte Zeit festgehalten werden. Ausländische Terrorismusverdächtige konnten vor Militärgerichte gestellt werden, in denen ihre Verteidigung erheblich schwieriger ist als vor Zivilgerichten.

Parallel zu dem Gesetz hat eine Verordnung des Innenministeriums den Geist des *Freedom of Information Act* in sein Gegenteil verkehrt. Während durch besagtes Gesetz die Regierung Bürgern nur dann Informationen vorenthalten durfte, wenn es ausnahmsweise dem Schutz Dritter oder der nationalen Sicherheit dient, gilt nach heutigem Verständnis, dass Informationen nur in Ausnahmefällen zugänglich gemacht werden dürfen. Zudem sieht der *Patriot Act* vor, dass Exekutivbehörden einfacher auf Datenbanken anderer Behörden zugreifen können.

Der bei weitem aktivste politische Akteur im Rahmen des *Patriot Act* war die Exekutive, allen voran das Justizministerium. Sie hat das Gesetz quasi allein auf ihre Bedürfnisse abgestimmt und dem Kongress regelrecht oktroyiert, wogegen sich dieser aufgrund der Stimmung im Land kaum wehren konnte. Präsident Bush und sein Justizminister John Ashcroft warben mehrfach im Kongress dafür, befristete Programme im Rahmen des Gesetzes zu verlängern. Überhaupt profilierte sich die Exekutive im Bereich der inneren Sicherheit mit dem *Patriot Act* und ähnlichen Bestimmungen noch stärker gegenüber den anderen politischen Gewalten.

Dabei handelt es sich bei dem Gesetz keineswegs nur um eine Maßnahme der Bush-Regierung. Obama verlängerte das Gesetz bis 2015 und als *USA Freedom Act* blieben einige Bestandteile des Gesetzes auch in der Trump-Regierung gültig. Die Verlängerung eines wesentlichen Bestandteils scheiterte schließlich an einer Veto-Drohung von Präsident-Trump. Nach Stand 2020 ist damit der *Patriot Act* außer Kraft, allerdings ist die Abstimmung darüber lediglich aufgeschoben. Die amerikanische Öffentlichkeit steht zwei Jahrzehnte nach dem 11. September 2001 immer noch unter der Nachwirkung der Anschläge und ist heute noch bereit, Freiheiten für mehr Sicherheit zu opfern. Der *Patriot Act* könnte in seiner damaligen Form heute nicht mehr durchgesetzt werden; allerdings wäre ein solches Gesetz vor den Anschlägen genauso undenkbar gewesen, da es unvereinbar mit der Vorstellung der *Civil Liberties* in den Vereinigten Staaten ist. Seit dem Ende des 20. Jahrhunderts hat sich allerdings auch die Zivilgesellschaft in den USA stark verändert.

12.5 Zivilgesellschaft in den USA

Die amerikanische Zivilgesellschaft setzt die Gewährleistung von individuellen Freiheitsrechten voraus, um die Beteiligung der Bürger und den Wettbewerb politischer Gruppen aufrechtzuerhalten. Adam Smith und die schottischen Moralphilosophen bemühten sich darum, Individualismus und Gemeinwohl theoretisch zu vereinbaren. Smiths *Moral Sense* sollte neben dem individualistischen Imperativ ökonomischen Handelns als Leitbild dienen. Hamilton argumentierte später auf dieser Grundlage, dass eine Vielzahl freier Interessen das Gemeinwohl hervorbringe und gegen die Tyrannei einer einzelnen Gruppe schütze.

Tocqueville zeigte sich während seines Besuchs in den USA zur Zeit der *Jacksonian Democracy* erstaunt über die einzigartige amerikanische „Kunst, sich zusammenzuschließen" (Tocqueville 1976: 23). Traditionell schlossen Amerikaner sich in kleinen und homogenen Gemeinschaften außerhalb der großen Städte zusammen. Bis zum *New Deal* waren die dünn besiedelten Teile des Landes von der Abwesenheit einer Staatsbürokratie gekennzeichnet. Das Leben in der *Frontier* ließ ein passives öffentliches Leben nicht zu, dasselbe galt für die verschiedenen Gruppen von Migranten in den großen Städten. Almond und Verba haben in ihrem Standardwerk die amerikanische Politische Kultur (vgl. Kap. 1) daher als *participatory* gekennzeichnet, im Gegensatz zu einer passiven politischen Kultur (Almond/Verba 1963).

In den USA wird die Existenz einer Zivilgesellschaft als Voraussetzung für Demokratie begriffen. Eine aktive Zivilgesellschaft hat die Funktion eines *Checks* der Regierung. Der Begriff deutet in seiner politikwissenschaftlichen Dimension nicht nur auf die Abwesenheit parteiendominierter öffentlicher Institutionen hin. Gerade die amerikanische Ausprägung von Zivilgesellschaft, die weltweit Maßstäbe gesetzt hat, geht über einen eng definierten Begriff hinaus. Zivilgesellschaft in den USA zeichnet sich durch die Bereitschaft zur Übernahme öffentlicher Verantwortung und einen durch die Bewahrung der individuellen Freiheiten geförderten Populismus aus.[13] Daraus entsteht die typisch amerikanische Neigung, persönliche und öffentliche Ziele selbst zu vertreten, anstatt sie von politischen Institutionen repräsentieren zu lassen. Ein weiteres konstitutives Merkmal der amerikanischen politischen Kultur ist die Ambivalenz zwischen dem soliden, oftmals kaum zu erschütternden Stolz auf das eigene Land und der verbreiteten Überzeugung, dass den in Washington versammelten Repräsentanten der politischen Parteien, *Big Business* und den Gewerkschaften, kurz, dem politischen Establishment, nicht zu trauen sei. Gelöst wird dieser Grundwiderspruch der amerikanischen politischen Kultur durch den bereits erwähnten pragmatisch-populistischen Reformeifer, der immer wieder hervorbricht.

---

13 Studien zeigen, dass sich die Organisation der amerikanischen Zivilgesellschaft näher an der Verwaltungsstruktur der USA orientiert als gemeinhin angenommen.

Das *Social Capital* befindet sich in den USA schon seit einiger Zeit in Gefahr. Diese Gesamtheit an sozialen Beziehungen, die gegenseitiges Vertrauen herstellen und dadurch Kooperation hervorrufen, bewirken: „better schools, faster economic development, lower crime, and more effective government" (Putnam 1995: 65f). Traditionelle Quellen zur Schaffung von Sozialkapital sind die Erfahrungen in der *Frontier* und die verbreitete Gemeinschaftshilfe in der Einwanderungskultur. Seit den 1990er Jahren bereits beklagen amerikanische Politikwissenschaftler den Niedergang des Sozialkapitals (Putnam 2000; Skocpol/Fiorina 1999). Als Gründe werden der wachsende Individualismus seit den 1960er Jahren und der technologische Fortschritt genannt. Zwar sind solche Befunde differenziert zu betrachten, dennoch ist kaum zu leugnen, dass die Prognose des weiter schwindenden *Social Capital* eingetreten ist. Seit Beginn des 21. Jahrhunderts gibt es eine stärkere soziale Differenzierung, die die Herausbildung extensiver sozialer Netzwerke erschwert. Dazu kommt die gesellschaftspolitische Polarisierung.

Im Zeitalter der digitalen Kommunikation eröffnet nicht zuletzt das Internet neue und andere Formen der öffentlichen Betätigung, die mit hergebrachten Formen sozialen Engagements schwer zu vergleichen oder nicht vereinbar sind. Autoren wie Putnam sehen die virtuelle Vernetzung durch das Internet indes als nicht geeignet, um den Verlust an Sozialkapital wieder wettzumachen. Im Jahr 2020, in dem knapp 80 % der Amerikaner soziale Medien nutzen, sind es nach wie vor Aktivisten der Ränder des politischen Spektrums, die aktiv die Inhalte virtueller Netzwerke gestalten. Eine Renaissance des traditionellen Sozialkapitals ist dagegen bisher ausgeblieben. Das muss allerdings nicht heißen, dass neue Formen der politischen Beteiligung zwangsläufig zu einem Niedergang der Bürgergesellschaft und der Qualität des Regierens führen – auch wenn es dafür einige Anhaltspunkte gibt. Allerdings entspricht es dem typisch amerikanischen Geist, neuen, von politischer Bevormundung befreiten Entwicklungen einen freien Wettbewerb zu bieten und darauf zu vertrauen, dass dieser zum Wohl des Gemeinwesens beitragen wird.

Fragen

- Was sind *Civil Liberties*?
- Was waren die *Jim Crow Laws*?
- Aus welchem Prinzip wird die staatsrechtliche Trennung von Kirche und Staat abgeleitet?

Zur weiteren Lektüre empfohlen

Keynes, Edward (1996): Liberty, Property, and Privacy. Toward a Jurisprudence of Substantive Due Process. University Park: Pennsylvania State University Press.

Klarman, Michael J. (2004): From Jim Crow to Civil Rights: The Supreme Court and the Struggle for Racial Equality. New York: Oxford University Press.

Levy, Leonard W. (1994): The Establishment Clause. Religion and the First Amendment. 2. Aufl. Chapel Hill: The University of North Carolina Press.

Putnam, Robert (1995): Bowling Alone. America´s Declining Social Capital. In: *Journal of Democracy* 6 (1), S. 65–78.

Putnam, Robert (2020): Bowling Alone: Revised and Updated: The Collapse and Revival of American Community. New York: Simon & Schuster.

Rosenblum, Nancy (2021): Obligations of Citizenship and Demands of Faith: Religious Accommodation in Pluralist Democracies. Princeton: Princeton University Press.

Antworten zu den jeweiligen Fragen an den Kapitelenden

1. Vom Recht frei zu sein und sein Erbe in der Politischen Kultur

- Was geschah am 4. Juli 1776?

  Der Zweite Kontinentalkongress verabschiedete am 4. Juli 1776 die Unabhängigkeitserklärung in Philadelphia. Damit lösten sich die amerikanischen Kolonien vom Königreich Großbritannien.)
- Wann ereignete sich der amerikanische Bürgerkrieg?

  1861–1865
- Wie lautet der Leitsatz im Staatswappen der USA und was bedeutet er übersetzt?

  e pluribus unum–aus vielen eines

2. Die Verfassungsorgane

- Mit welchem Vorfall begann der Unabhängigkeitskrieg?

  Am 19. April 1775 kam es in Lexington zur bewaffneten Konfrontation zwischen britischen Soldaten und Milizen.
- Was ist die Funktion des *Checks and Balances* Systems?

  Das *Checks and Balances* System soll eine gegenseitige Kontrolle der ansonsten getrennten Gewalten in Hinsicht auf deren verfassungsrechtlichen Kompetenzen ermöglichen; die Gewalten sind damit durch verschiedene Kontroll- und Ausgleichsmechanismen verschränkt.
- Im starken *Checks and Balances* System kommt es bisweilen zu einem *Gridlock*. Für was steht dieser Begriff?

  Ein *Gridlock* ist eine Blockade bei der Umsetzung von Politikvorhaben. In gewissen Konstellationen kommt *Gridlock* einem politischen Stillstand gleich.

3. Die Legislative

- Was sind *Conference Committees*?

  Conference Committees sind Vermittlungsausschüsse und werden einberufen, wenn sich beide Kammern nicht auf dieselbe Version eines Gesetzentwurfs einigen können.
- Wann wird ein Gesetz dem Präsidenten zur Unterschrift vorgelegt?

  Nachdem eine einfache Mehrheit in beiden Kammern für seine Annahme gestimmt hat. Ein Quorum der Hälfte aller Abgeordneten ist dafür jeweils notwendig.
- Was sind die zentralen Vorgaben aus der *War Powers Resolution*?

  Der Präsident darf Truppen nur auf Basis einer gesetzlichen Grundlage, einer Kriegserklärung oder im Falle einer Dringlichkeit in Kampfhandlungen entsenden und der Kongress muss umgehend darüber in Kenntnis gesetzt werden. Ein Einsatz auf Befehl des *Commander in Chief* darf nicht länger als 60 Tage dauern, außer der Kongress genehmigt ihn entsprechend.

4. Die Exekutive

- Was sind zwei Gründe dafür, dass die Verfassungsväter keine direkte Volkswahl der Präsidenten wollte?

  Das Land war zum einen zu groß und zum anderen fehlte vor allem das Vertrauen in die Rationalität des Wählerverhaltens.
- Was sind *Executive Orders*?

  Rechtsverordnungen, die gleichwertig mit Gesetzen sind und ohne Zustimmung des Kongresses erlassen werden können.
- Was sind die legislativen Kompetenzen der Vizepräsidenten?

  Sie sitzen formal dem Senat vor und haben das Recht, ein Patt (i. d. R. 50:50) durch ihre Stimme aufzulösen.

5. Die Judikative

- Wie ist die Judikative in den USA föderal strukturiert?

  Das Bundes- und das Staatensystem sind auf Basis der verfassungsrechtlichen föderalen Gewaltenteilung getrennte Gerichtssysteme.
- Welche Teile der Judikative sind verfassungsrechtlich festgelegt und wie werden andere Teilsysteme bestimmt?

  Verfassungsrechtlich festgelegt ist nur die Institution des *Supreme-Courts* (Artikel III), alle anderen Teilsysteme wurden vom Kongress festgelegt.
- Was ist die *Political Question Doctrine*?

  Die *Political Question Doctrine* ist eine selbstauferlegte Beschränkung des *Supreme-Courts*, nach der politisch motivierte verfassungsrechtliche Kontroversen vom *Supreme Court* als nicht justiziabel eingestuft und politischen Akteuren zur Klärung überlassen werden.

6. Vertikale Gewaltenteilung – Föderalismus in den USA

- Was bedeutet Trennföderalismus?

  Im Trennföderalismus bestehen zwei Regierungsebenen mit je eigenen Zuständigkeitsbereichen, die sich mitunter jedoch gegenseitig beschränken.
- Warum ist der 10. Verfassungszusatz für den Föderalismus in den USA bedeutend?

  Dem 10. Verfassungszusatz zufolge verbleiben alle Kompetenzen bei den Staaten, wenn sie ihnen nicht ausdrücklich verwehrt oder dem Kongress vorbehalten sind.
- Warum war der 16. Verfassungszusatz aus dem Jahre 1913 so bedeutend für die Entwicklung des politischen Systems?

  Der 16. Verfassungszusatz begründete das Recht der Bundesregierung, eine Bundeseinkommenssteuer zu erheben, was die Grundlage für die Sozialpolitik seit der New-Deal-Ära legte.

7. Politische Parteien

- Wie wird nach Valdimer O. Keys die Funktion von Parteien analytisch aufgeteilt?

  Eine Dreiteilung in: *Party-in-Government* (Partei in öffentlichen Ämtern) *Party-as- Organization* (Partei als Organisation in der Gesellschaft) und *Party-in-the-Electorate* (Partei in der Wählerschaft).

- Welche Wählergruppen zählten zur *New Deal Coalition*?

  Große Teile der Südstaatenbevölkerung, Arbeiter, Juden, Katholiken, Afroamerikaner, Bauern, städtische Intellektuelle, Gewerkschaftsanhänger sowie Kleingewerbetreibende und Wähler im Einflussbereich der *Machines*.

- Welche strukturellen Nachteile haben die Demokraten heute?

  Den Verlust des Südens als homogener Demokratischer Block, ungünstige Wahlkreiszuschnitte und eine ideologische Zersplitterung der verschiedenen Wählergruppen.

8. Wahlen

- Wie häufig und zu welchem Tag finden auf der Bundesebene Wahlen statt?

  Präsidentschaftswahlen alle vier Jahre, Wahlen des Repräsentantenhauses und jeweils ein Drittel des Senats alle zwei Jahre; gewählt wird am ersten Dienstag nach dem ersten Montag im November eines Schaltjahrs, also in geraden Jahren.

- Über wie viele Wahlleute verfügt das *Electoral College*?

  538: Da jeder Staat so viele *Electors* erhält, wie er Abgeordnete im Repräsentantenhaus hat, plus die Anzahl der Senatoren, sind es 535 *Electors* für die Staaten (435 + 100) und drei Vertreter des *District of Columbia*.

- Welche Einschränkungen des Wahlrechts müssen Einwohner des Hauptstadtbezirks *District of Columbia* hinnehmen?

  Einwohner des *District of Columbia* dürfen zwar durch den 1961 verabschiedeten 23. Verfassungszusatz bei Präsidentschaftswahlen wählen, eine volle Kongress-Repräsentation bleibt ihnen jedoch bis heute verwehrt.

9. Interessengruppen und *Think Tanks* im politischen Prozess

- Welche Funktionen erfüllen Interessengruppen im politischen Willensbildungsprozess:

  Agenda-Setting, Informationsbereitstellung, Integration, Partizipation, Legitimation, Interessenaggregation, -selektion und -artikulation sowie die Kontrolle politischer Akteure.

- Was sind *for-profit* bzw. *non-profit* Unternehmen?

  For-profit Unternehmen sind gewinnorientiert und schütten Gewinne aus; *non-profit*-Organisationen investieren ihre Gelder gemeinnützig.

- Was sind *Think Tanks*?

Spezialisierte Politikberatungsinstitutionen, die bei der Vermittlung von Orientierungswissen in modernen Gesellschaften eine bedeutende Rolle spielen.

10. Medien in den USA

- Was sollte die 1987 abgeschaffte *Fairness Doctrine* sicherstellen?

  Die *Fairness Doctrine* verpflichtete Medienmacher, dass bei kontroversen Themen mindestens ‚beide Seiten' dargestellt werden oder ausgewogen berichtet wird.
- Was versteht man unter *Junkyard-Dog*-Journalismus?

  Junkyard-Dog-Journalismus ist politisch einseitig, harsch, aggressiv, aufdringlich und mit einer Tendenz zum Negativen gespickt.

11. Der amerikanische Populismus – damals und heute

- Wann war die kurze Wirkzeit der *United States People's Party*?

  Im letzten Jahrzehnt des 20. Jahrhunderts.
- Warum wird der Populismus in den USA als kulturell pfadabhängig betrachtet?

  Von den ersten populistischen Bewegungen im 17. Jahrhundert bis hin zur *People's Party* wirkte der Populismus als ein Korrektiv für das ‚einfache Volk' gegen staatliche Macht.

12. Bürgerrechte und Zivilgesellschaft

- Was sind *Civil Liberties*?

  Civil Liberties sind die unveräußerlichen Freiheiten, die jedem Menschen von Natur aus zustehen und die durch keine Staatsgewalt beschnitten werden dürfen. Die politisch-juristische Grundlage dafür ist die *Bill of Rights*.
- Was waren die *Jim Crow Laws*?

  Jim Crow Laws sind ein Sammelbegriff für Gesetze, auf deren Basis die Trennung und Ungleichbehandlung von weißen und afroamerikanischen Bürgern legalisiert war.
- Aus welchem Prinzip wird die staatsrechtliche Trennung von Kirche und Staat abgeleitet?

  Der erste Verfassungszusatz, im Besonderen die *Establishment Clause*, verbietet es der Bundesregierung, eine Staatsreligion festzulegen.

Bibliographie

Abelson, Donald E. (2018): Do Think Tanks Matter? Assessing the Impact of Public Policy Institutes. Montreal: McGill-Queen's University Press.

Aberbach, Joel D.; Peterson, Mark W. (Hg.) (2008): Institutions of American Democracy. The Executive Branch. Oxford: Oxford University Press.

Abraham, Henry J. (1998): The Judicial Process. An Introductory Analysis of the Courts of the United States, England, and France. 7. Aufl. New York: Oxford University Press.

Adams, Angela; Adams, Willi P. (1994): Hamilton/Madison/Jay. Die Federalist-Artikel. Politische Theorie und Verfassungskommentar der amerikanischen Gründerväter. Paderborn: Schöningh.

Adams, Willi P. (1985): Republikanische Verfassung und bürgerliche Freiheit. Die Verfassungen und politischen Ideen der Amerikanischen Revolution, 1763-1787. Frankfurt am Main.

Aldrich, John H. (1995): Why Parties? The Origin and Transformation of Party Politics in America. Chicago: University of Chicago Press.

Almond, Gabriel A.; Verba, Sidney (1963): The Civic Culture. Princeton: Princeton University Press.

Anton, Thomas J. (1989): American Federalism and Public Policy. Philadelphia: Temple University Press.

Argersinger, Peter H. 1984. Ideology and Behavior: Legislative Politics and Western Populism. Agricultural History 58 (1), S. 43-58.

Ashley, Jeffrey S.; Hubbard, Secody J. (2004): Negotiated Sovereignty. Working to Improve Tribal-State Relations. Westport: Praeger Publishers.

Audit Bureau of Circulations (2020): Average Circulation at the Top 25 U.S. Daily Newspapers. http://www.auditbureau.org/downloads.html.

Barbour, Christine; Wright, Gerald C. (2014): Keeping the Republic. Power and Citizenship in American Politics: The Essentials. 7. Aufl. Thousand Oaks, California: Sage and CQ Press.

Baum, Lawrence (2004): The Supreme Court. 8. Aufl. Washington, D.C.: CQ Press.

Baum, Lawrence (2009): The Supreme Court. 10. Aufl. Washington, D.C.: CQ Press.

Beer, Samuel H. (1998): To Make a Nation. The Rediscovery of American Federalism. Cambridge: Harvard University Press.

Bellah, Robert N. (1978): Religion and Legitimation of the American Republic. In: *Society* 15 (4), S. 16–23.

Berlet, C. 2012. Collectivists, Communists, Labor Bosses, and Treason: The Tea Parties as Right-Wing Populist Counter-Subversion Panic. Critical Sociology 38 (4). S. 565–587.

Berry, Jeffrey M.; Wilcox, Clyde (2018): The Interest Group Society. 6. Aufl. New York: Routledge.

Billington, James H. (2010): Respectfully Quoted: A Dictionary of Quotations. New York: Dover Publications.

Bowman, Ann; Kearney, Richard C. (2021): State and Local Government. 11. Aufl. Boston: Cengage Learning.

Brenan, Megan (2020): Americans Remain Distrustful of Mass Media. https://news.gallup.com/poll/321116/americans-remain-distrustful-mass-media.aspx.

Brock, David; Rabin-Havt, Ari; Media Matters for America (2012): The Fox Effect. How Roger Ailes Turned a Network Into a Propaganda Machine. New York: Anchor Books.

Brünneck, Alexander von (1992): Verfassungsgerichtsbarkeit in den westlichen Demokratien. Ein systematischer Vergleich. Baden-Baden: Nomos.

Burk, Dan L. (1997): How State Regulation of the Internet Violates the Commerce Clause. In: *Cato Journal* 17 (2), S. 147–161.

Campbell, Angus; Converse, Philip E.; Miller, Warren E.; Stokes, Donald E. (1960): The American Voter. New York: Wiley.

Caro, Robert A. (2011): The Years of Lyndon Johnson. The Path to Power. New York: Vintage Books.
Caroli, Betty Boyd (2010): First Ladies. From Martha Washington to Michelle Obama. Oxford: Oxford University Press.
Cheney, Dick (2011): In My Time. A Personal and Political Memoir. New York: Threshold Editions.
Chetty, R. / Grusky, D. / Hell, M. / Hendren, N. / Manduca, R. / Narang, J. 2017. The fading American dream: Trends in absolute income mobility since 1940. Science 356 (6336), S. 398-406.
Clanton, G. 1984. 'Hayseed Socialism' on the Hill: Congressional Populism, 1891-1895. Western Historical Quarterly 15 (2): 139-162.
CNN (2020): Exit Polls, https://edition.cnn.com/election/2020/exit-polls/president/national-results.
Collins, Paul M. (2004): Friends of the Court. Examining the Influence of Amicus Curiae Participation in U.S. Supreme Court Litigation. In: *Law and Society Review* 38 (4), S. 807–832.
Dahl, Robert (1950): Congress and Foreign Policy. Westport: Praeger Publishers.
Dahl, Robert (1971): Polyarchy. Participation and Opposition. New Haven: Yale University Press.
Dahl, Robert (2005): Who Governs? Democracy and Power in an American City. New Haven: Yale University Press.
Dark, Taylor E. (2001): The Unions and the Democrats. An Enduring Alliance. Ithaca/London: Cornell University Press/ILR Press.
Dippel, Horst (1985): Die amerikanische Revolution, 1763-1787. Frankfurt am Main: Suhrkamp.
Duffin (2020a): Voter turnout in U.S. presidential primaries, by state 2020. https://www.statista.com/statistics/1102189/voter-turnout-us-presidential-primaries-state/.
Duffin (2020b): Presidential Election exit polls: share of votes by ethnicity U.S. 2020. https://www.statista.com/statistics/1184425/presidential-election-exit-polls-share-votes-ethnicity-us/.
Duffin (2020c): Voter turnout in U.S. presidential election, by state 2020. Jan 7, 2021. https://www.statista.com/statistics/1184621/presidential-election-voter-turnout-rate-state/
Dumbrell, John (1990): The Making of U.S. Foreign Policy. Manchester: Manchester University Press.
Dye, Thomas R. (1990): American Federalism. Competition Among Governments. Lexington: Lexington Books.
Edwards, George C., III; Wattenberg, Martin P.; Lineberry, Robert L. (2012): Government in America. People, Politics, and Policy. 16. Aufl. Boston: Pearson.
Epstein, Lee; Walker, Thomas (2010): Constitutional Law for a Changing America. Institutional Powers and Constraints. 7. Aufl. Washington, D.C: CQ Press.
Executive Office of the President (1987): Executive Order No. 12612, 52 Fed. Reg. 41685 (26. Oktober 1987).
Federal Election Commission (2004): Campaign Guide for Political Party Committees. Washington, D.C.
Federal Election Commission (2020): Federal Election Commission 2020 https://www.fec.gov/data/candidates/president/?election_year=2020&cycle=2020&election_full=true.
Fiorina, Morris P. (1989): Congress. Keystone of the Washington Establishment. New Haven: Yale University Press.
Fisher, Louis (2014): Constitutional Conflicts between Congress and the President. Lawrence: University Press of Kansas.
Fraenkel, Ernst (1976): Das amerikanische Regierungssystem. Eine politologische Analyse. Wiesbaden: Vieweg & Teubner.

Fraenkel, Ernst (1991) [engl. 1964]: Deutschland und die westlichen Demokratien. Frankfurt am Main: Suhrkamp.

Freeman Clark, J. (2005): The Gilded Age. Eyewitness History Series. New York: Facts on File.

Freidel, F. 1973. The Old Populism and the New. Proceedings of the Massachusetts Historical Society. Third Series 85: 78-90.

Gaillard, Frye (2009): Prophet from Plains. Jimmy Carter and His Legacy. 2. Aufl. Athens: University of Georgia Press.

Geiger, Abigail W. (2019): Key findings about the online news landscape in America, in: pewresearch.org. https://www.pewresearch.org/fact-tank/2019/09/11/key-findings-about-the-online-news-landscape-in-america/.

Gellner, Winand (1995): Ideenagenturen für Politik und Öffentlichkeit. Think Tanks in den USA und in Deutschland. Opladen: Westdeutscher Verlag.

Gellner, Winand (1996): Die Blockade der politischen Gewalten in den USA. In: Aus Politik und Zeitgeschichte (8-9), S. 3–10.

Gellner, Winand (2001): Effizienz und Öffentlichkeit. Entscheiden im präsidentiellen System der USA. In: Klaus Dicke (Hg.): Politisches Entscheiden. Baden-Baden: Nomos (Veröffentlichungen der Deutschen Gesellschaft für Politikwissenschaft (DGfP), 17), S. 71–87.

Gellner, Winand; Oswald, Michael (2018): Die gespaltenen Staaten von Amerika – Die Wahl Donald Trumps und die Folgen für Politik und Gesellschaft. Wiesbaden: Springer VS.

Giglio, James N. (2006): The Presidency of John F. Kennedy. 2. Aufl. Lawrence: University Press of Kansas.

Graber, Doris A; Dunaway, Johanna (2018): Mass Media and American Politics. 10. Aufl. Thousand Oaks, Kalifornien: Sage and CQ Press.

Green, J. 1980. Populism, Socialism and the Promise of Democracy. Radical History Review 24: 7–40.

Green, John C.; Herrnson, Paul S. (Hg.) (2003): Responsible Partisanship? The Evolution of American Political Parties Since 1950. Lawrence: University Press of Kansas.

Green, John C.; Shea, Daniel M. (Hg.) (1999): The State of the Parties. The Changing Role of Contemporary American Parties. 3. Aufl. Lanham: Rowman & Littlefield Publishers.

Greene, Jack P. (1988): Pursuits of Happiness. The Social Development of Early Modern British Colonies and American Culture. Chapel Hill: University of North Carolina Press.

Greenstein, Fred I. (1994): The Hidden-Hand Presidency. Eisenhower as Leader. Baltimore: Johns Hopkins University Press.

Grossmann, Joel B.; Epp, Charles R. (2002): Agenda. In: Ralf Rogowski und Thomas Gawron (Hg.): Constitutional Courts in Perspective. The U.S. Supreme Court and the German Federal Constitutional Court. New York: Berghahn, S. 219–238.

Guardino, M. / Snyder, D. 2012. The Tea Party and the Crisis of Neoliberalism: Mainstreaming New Right Populism in the Corporate News Media. New Political Science 34 (4): 527–548.

Hacker, Jacob; Pierson, Paul (2005): Off Center. The Republican Revolution and the Erosion of American Democracy. New Haven: Yale University Press.

Hamilton, Nigel (2011): Bill Clinton. An American Journey. New York. Kindle Ausgabe.

Hamilton, Nigel (2012): Bill Clinton. Mastering the Presidency. New York. Kindle Ausgabe.

Haney, Patrick (2010): Organizing for Foreign Policy Crises. Presidents, Advisers, and the Management of Decision Making. Ann Arbor: University of Michigan Press.

Hartig, Hannah (2020): Before Ginsburg's death, a majority of Americans viewed the Supreme Court as 'middle of the road'. https://www.pewresearch.org/fact-tank/2020/09/25/before-ginsburgs-death-a-majority-of-americans-viewed-the-supreme-court-as-middle-of-the-road/

Hartz, Louis (1955): The Liberal Tradition in America. New York: Harcourt, Brace and Company.
Hayes, Stephen F. (2007): Cheney. The Untold Story of America's Most Powerful and Controversial Vice President. New York: HarperCollins.
Heclo, Hugh; Salamon, Lester M. (2019): The Illusion of Presidential Government. New York: Routledge.
Heideking, Jürgen; Mauch, Christof (2020): Geschichte der USA. 7. Aufl. Tübingen: Narr Francke Attempto.
Hershey Party, Marjorie Randon (2017): Politics in America. 17. Auflage. New York: Routledge.
Howell, William (2015): Power Without Persuasion. The Politics of Direct Presidential Action. Princeton: Princeton University Press.
Hübner, Emil; Münch, Ursula (2013): Das politische System der USA. Eine Einführung. 7. Aufl. München: C.H.Beck.
Jamieson, Kathleen Hall (1992): Dirty Politics. Deception, Distraction, and Democracy. New York: Oxford University Press.
Janis, Irving L. (1983): Group Think. Boston: Houghton Mifflin.
Jefferson, Thomas (1800): From Thomas Jefferson to Samuel Adams, 26 February [1800]," Founders Online, National Archives, https://founders.archives.gov/documents/Jefferson/01-31-02-0338. [Original source: The Papers of Thomas Jefferson, vol. 31, 1 February 1799 – 31 May 1800, ed. Barbara B. Oberg. Princeton: Princeton University Press, 2004, p. 395.]
Jones, Charles O. (1994): The Presidency in a Separated System. Washington, D.C.: The Brookings Institution.
Jones, Jefferey M. (2019): U.S. Church Membership Down Sharply in Past Two Decades. https://news.gallup.com/poll/248837/church-membership-down-sharply-past-two-decades.aspx.
Judis, J. B. (2016): The Populist Explosion: How the Great Recession Transformed American and European Politics. New York: Columbia Global Reports.
Jurkowitz, Mark; Mitchell, Amy; Shearer, Elisa; Walke, Mason (2020): U.S. Media Polarization and the 2020 Election: A Nation Divided. Deep partisan divisions exist in the news sources Americans trust, distrust and rely on. https://www.journalism.org/wp-content/uploads/sites/8/2020/01/PJ_2020.01.24_Media-Polarization_FINAL.pdf
Kazin, M. (1995): The Populist Persuasion: An American History. New York: Basic Books.
Key, Valdimer O. (1958): Politics, Parties, and Pressure Groups. 4. Aufl. New York: Crowell.
Key, Valdimer O. (1964): Politics, Parties, and Pressure Groups. 5. Aufl. New York: Crowell.
Keynes, Edward (1996): Liberty, Property, and Privacy. Toward a Jurisprudence of Substantive Due Process. University Park: Pennsylvania State University Press.
Kitschelt, H. und McGann, A. (1997). The Radical Right in Western Europe. Ann Arbor: University of Michigan Press.
Klarman, Michael J. (2004): From Jim Crow to Civil Rights: The Supreme Court and the Struggle for Racial Equality. New York: Oxford University Press.
Koger, Gregory (2010): Filibustering. A Political History of Obstruction in the House and Senate. Chicago: University of Chicago Press.
Kornacki, Steve (2019): The Red and the Blue: The 1990s and the Birth of Political Tribalism. New York: Ecco.
Kremp, Werner (Hg.) (2003): 24. Februar 1803. Die Erfindung der Verfassungsgerichtsbarkeit und ihre Folgen. Trier: Wissenschaftlicher Verlag Trier.
Kühne, Ulrich (2015): Amicus Curiae. Richterliche Informationsbeschaffung durch Beteiligung Dritter", Dissertation 2014. Freiburg im Breisgau: Mohr-Siebeck.

LaCerra, Charles (1997): Franklin Delano Roosevelt and Tammany Hall of New York. Lanham: University Press of America.
Langman, L. 2012. Cycles of Contention: The Rise and Fall of the Tea Party. Critical Sociology 38 (4): 469–494.
Lepore, Jill (2020) Diese Wahrheiten: Eine Geschichte der Vereinigten Staaten von Amerika, München: C.H.Beck.
Levy, Leonard W. (1994): The Establishment Clause. Religion and the First Amendment. 2. Aufl. Chapel Hill: The University of North Carolina Press.
Lewallen, Jonathan (2020): Committees and the Decline of Lawmaking in Congress (Legislative Politics & Policy Making), Ann Arbor: University of Michigan Press.
Lipset, Seymour M. (1979): The First New Nation. The United States in Historical and Comparative Perspective. New York: Basic Books.
Lipset, Seymour M.; Rokkan, Stein (Hg.) (1967): Party Systems and Voter Alignments. Cross-National Perspectives. New York: Free Press.
Lowi, Theodore J. (1999): Toward a Responsible Three-Party System. In: John C. Green und Daniel M. Shea (Hg.): The State of the Parties. The Changing Role of Contemporary American Parties. 3. Aufl. Lanham: Rowman & Littlefield, S. 171–189.
Lowi, Theodore J.; Ginsberg, Benjamin; Shepsle, Kenneth A.; Ansolabehere, Stephen (2019): American Government. Power and Purpose. 15. Aufl. New York: W. W. Norton.
Lowndes, J. 2016. White Populism and the Transformation of the Silent Majority. The Forum 2016; 14(1): 25–37.
Lowndes, J. 2018. Populism in the United States. In Cristóbal Rovira Kaltwasser, Paul A. Taggart, Paulina Ochoa Espejo, und Pierre Ostiguy [Hrsg.]. The Oxford Handbook of Populism. Oxford University Press. Oxford: 232-247.
Mann, Thomas E.; Ornstein, Norman J. (2008): The Broken Branch: How Congress is Failing America and How to Get it Back on Track. Oxford: Oxford University Press.
Mayhew, David R. (2005): Divided We Govern. Party Control, Lawmaking, and Investigations, 1946-2002. 2. Aufl. New Haven: Yale University Press.
McConnell, Michael W. (2020): The President Who Would Not Be King: Executive Power under the Constitution. Princeton: Princeton University Press.
McCullough, David (2003): Truman. New York: Simon & Schuster.
McGann, James G.; Sabatini, Richard (2020): Global Think Tanks. Policy Networks and Governance. New York: Routledge.
Milkis, Sidney M.; Rhodes, Jesse H.; Charnock, Emily J. (2012): What Happened to Post-Partisanship? Barack Obama and the New American Party System. In: *Perspectives on Politics* 10 (1), S. 57–76.
Mitchell, Amy; Rosenstiel, Tom (2012): Pew Research Center´s Project for Excellence in Journalism. The State of the News Media 2012. An Annual Report on American Journalism. Key Findings. Washington, D.C. http://stateofthemedia.org/2012/overview-4/key-findings/.
Müller, J. (2016): What Is Populism? Philadelphia: University of Pennsylvania Press.
Nash, G. H. (2006): The conservative intellectual movement in America since 1945. Wilmington: ISI Books.
Nelson, Michael (Hg.) (2005): The Elections of 2004. Washington, D.C.: CQ Press.
Nelson, Michael (Hg.) (2010): The Elections of 2008. Washington, D.C.: CQ Press.
Neustadt, Richard E. (1990): Presidential Power and the Modern Presidents: The Politics of Leadership. New York: Wiley.
Nice, David C. (1998): The Intergovernmental Setting of State-Local Relations. In: Russel L. Hanson (Hg.): Governing Partners. State-Local Relations in the United States. Boulder: Westview Press, S. 17–36.
Nimmo, Dan D.; Combs, James E. (1992): The Political Pundits. New York: Praeger.
Norman, Jim (2019): Americans' Support for Affirmative Action Programs Rises. https://news.gallup.com/poll/247046/americans-support-affirmative-action-programs-rises.aspx.

Open Secrets (2020): https://www.opensecrets.org/industries/mems.php.
Oswald, Michael (2018): Die Tea Party als Obamas Widersacher und Trumps Wegbereiter. Strategischer Wandel im Amerikanischen Konservatismus, Wiesbaden: Springer VS.
O'Toole, Laurence J. (2013): American Intergovernmental Relations. 5. Aufl. Washington, D.C.: CQ Press.
Patterson, Thomas E. (2004): The American Democracy. 4. Aufl. New York: McGraw-Hill Higher Education.
Patterson, Thomas E. (2017): News Coverage of Donald Trump's First 100 Days." HKS Faculty Research Working Paper Series RWP17-040, May.
Patterson, Thomas E.; Halter, Gary M. (2012): The American Democracy. 11. Aufl. New York: McGraw-Hill Higher Education.
Peck, Reece. 2014. 'You say rich, I say job creator': how Fox News framed the Great Recession through the moral discourse of producerism. Media, Culture & Society 36 (4): 526–535.
Peterson, Paul (1995): The Price of Federalism. Washington, D.C.: The Brookings Institution.
Pew Research Center (2015a): America's Changing Religious Landscape. Pew Research Center: Religion & Public Life. May 12, 2015. https://www.pewforum.org/2015/05/12/americas-changing-religious-landscape/.
Pew Research Center (2015b): The American Middle Class Is Losing Ground: No longer the majority and falling behind financially. Washington, D.C.
Pew Research Center (2018): Wide Gender Gap, Growing Educational Divide in Voters' Party Identification. College graduates increasingly align with Democratic Party. https://www.pewresearch.org/politics/2018/03/20/wide-gender-gap-growing-educational-divide-in-voters-party-identification/.
Pfiffner, James P. (2011): The Modern Presidency. 6. Aufl. Boston: Cengage Learning.
Pika, Joseph August; Maltese, John Anthony (2018): The Politics of the Presidency. 9. Aufl. Thousand Oaks, California: Sage and CQ Press.
Polsby, Nelson W. (2003): How Congress Evolves. Social Bases of Institutional Change. New York: Oxford University Press.
Polsby, Nelson W.; Wildavsky, Aaron; Schier, Steven E.; Hopkins, David A. (2015): Presidential Elections. Strategies and Structures of American Politics. 14. Aufl. Lanham: Rowman & Littlefield Publishers.
Putnam, Robert (1993): Making Democracy Work. Princeton: Princeton University Press.
Putnam, Robert (1995): Bowling Alone. America´s Declining Social Capital. In: *Journal of Democracy* 6 (1), S. 65–78.
Putnam, Robert (2000): Bowling Alone. The Collapse and Revival of American Community. New York: Simon & Schuster.
Putnam, Robert (2020): Bowling Alone: Revised and Updated: The Collapse and Revival of American Community. New York: Simon & Schuster.
Rawls, John (1971): A Theory of Justice. Cambridge: Belknap Press.
Reichley, James A. (1999): American Two-Party System after 1996. In: John C. Green und Daniel M. Shea (Hg.): The State of the Parties. The Changing Role of Contemporary American Parties. 3. Aufl. Lanham: Rowman & Littlefield, S. 10–27.
Rockman, Bert A.; Rudalevige, Andrew (Hg.) (2020): The Obama Legacy. Lawrence: University Press of Kansas.
Rodden, Jonathan A. (2006): Hamilton´s Paradox. The Promise and Peril of Fiscal Federalism. New York: Cambridge University Press.
Rodriguez, Daniel B.; Weingast, Barry R. (2003): The Positive Political Theory of Legislative History. New Perspectives on the 1964 Civil Rights Act and its Interpretation. http://igs.berkeley.edu/programs/seminars/ppt/papers/drodriguez.pdf.
Rosenblum, Nancy (2021): Obligations of Citizenship and Demands of Faith: Religious Accommodation in Pluralist Democracies. Princeton: Princeton University Press.

Sabato, Larry J. (2000): Feeding Frenzy. How Attack Journalism has Transformed American Politics. Baltimore: Lanahan Publishers.
Sabato, Larry J. (2008): The Sixth Year Itch. The Rise and Fall of the George W. Bush Presidency. New York: Pearson.
Sautter, Udo (2020): Geschichte der Vereinigten Staaten von Amerika. 8. Aufl. Stuttgart: Nikol.
Schattschneider, Elmer E. (1975): The Semi-Sovereign People. Boston: Cengage Learning
Schlesinger Jr., Arthur M. (1973): The Imperial Presidency. Boston: Houghton Mifflin.
Schlesinger Jr., Arthur M. (1986): The Cycles of American History. Boston: Houghton Mifflin.
Schlesinger Jr., Arthur M. (1998): The Disuniting of America. Reflections on Multicultural Society. New York: W. W. Norton.
Schroeder, Alan (2016): Presidential Debates: Risky Business on the Campaign Trail. New York: Columbia University Press.
Sinclair, Barbara (2017): Unorthodox Lawmaking. New Legislative Processes in the U.S. Congress. Thousand Oaks, California: Sage and CQ Press.
Skocpol, Theda; Fiorina, Morris P. (Hg.) (1999): Civic Engagement in American Democracy. Washington, D.C.: Brookings Institution.
Small, Melvin (1999): The Presidency of Richard Nixon. Lawrence: University Press of Kansas.
Smith, James A. (1991): The Idea Brokers. Think Tanks and the Rise of the New Policy Elite. New York: The Free Press.
Spitzer, Robert J. (1993): President and Congress. Executive Hegemony at the Crossroads of American Government. Philadelphia: Temple University Press.
Stöver, Bernd (2018) Geschichte der USA: Von der ersten Kolonie bis zur Gegenwart, München: C.H.Beck.
Sumner, William Graham ed. by Albert Galloway Keller (1919). The Forgotten Man and other essays. New Haven: Yale University Press.
Sundquist, James L. (1988): Needed: A Political Theory for the New Era of Coalition Government in the United States. In: *Political Science Quarterly* 103 (4), S. 613–635.
Sunstein, Cass R. (2005): Judges and Democracy. The Changing Role of the United States Supreme Court. In: Kermit Hall und Kevin T. McGuire (Hg.): The Judicial Branch. Oxford; New York: Oxford University Press, S. 32–59.
Sunstein, Cass R.; Schkade, David; Ellman, Lisa M.; Sawicki, Andreas (2006): Are Judges Political? An Empirical Analysis of the Federal Judiciary. Washington, D.C.: Brookings Institution.
Suskind, Ron (2011): Confidence Men. Wallstreet, Washington, and the Education of a President. New York: HarperCollins.
Sutton, Robert P. (2002): Federalism. Westport: Greenwood.
Taggart, P.A. (1996): The New Populism and the New Politics: New Protest Parties in Sweden in a Comparative Perspective. London: Palgrave MacMillan.
Tarr, Alan G. (1994): Judicial Process and Judicial Policy-Making. St. Paul: West.
Tarr, Alan G.; Porter, Mary C. (2009): State Supreme Courts in State and Nation. 2. Aufl. New Haven: Yale University Press.
Tisdale, Elkanah (1812): The Gerry-Mander. In: *Boston Gazette* (26. März 1812).
Tocqueville, Alexis de (1976): Über die Demokratie in Amerika. Stuttgart: Deutsche Verlags-Anstalt [1835/40].
Turner, Frederick J. (2017): The Frontier in American History. North Charleston: CreateSpace Independent Publishing Platform [1920].
United States Senate 2020: Vetoes, 1789 to Present. Summary of Bills Vetoed https://www.senate.gov/legislative/vetoes/vetoCounts.htm.
U.S. Census Bureau (2011): Consolidated Federal Funds Report for FY 2010. State and County Areas. Washington, D.C.

Walker, David B. (2000): The Rebirth of Federalism. Slouching Toward Washington. 2. Aufl. New York; London: Chatham House.
Weber, Max (2005) [1920]: Die protestantische Ethik und der Geist des Kapitalismus. Erftstadt: Area.
Weidenbaum, Murray (2017): The Competition of Ideas. The World of the Washington Think Tanks. New York: Routledge.
Whittington, Keith E. (2005): Judicial Review and Interpretation. Have the Courts Become Sovereign When Interpreting the Constitution? In: Kermit Hall und Kevin T. McGuire (Hg.): The Judicial Branch. Oxford; New York: Oxford University Press, S. 116–141.
Wilcox, Clyde (1994): Risky Business? PAC Decision Making in Congressional Elections. London; New York: Routledge.
Wildavsky, Aaron (Hg.) (1975): Perspectives on the Presidency. Boston: Little, Brown.
Wilentz, Amy (1986): On the Intellectual Ramparts. New Think Tanks are Advocating as Well as Incubating Ideas. In: *Time Magazine* (1. September 1989), S. 23.
Wilentz, Sean (2006): The Worst President in History? In: *Rolling Stone* (May 2006).
Williams, Bruce Alan; Delli Carpini, Michael X. (2012): After Broadcast News. Media Regimes, Democracy, and the New Information Environment. New York: Cambridge University Press.
Wilson, James Q.; DiIulio, John J.; Bose, Meenekshi; Levendusky, Matthew (2019): American Government. Institutions and Policies. 16. Aufl. Boston, Massachusetts: Cengage.
Woodward, Bob; Armstrong, Scott (2011): The Brethren. Inside the Supreme Court. New York: Simon & Schuster.
Wright, Deil S. (1988): Understanding Intergovernmental Relations. 3. Aufl. Pacific Grove, Californien: Brooks/Cole.
Wright, John R. (2000): Interest Groups, Congressional Reform, and Party Government in the United States. In: *Legislative Studies Quarterly* 25 (2), S. 217–235.
Zimmerman, Joseph F. (2009): Contemporary American Federalism: The Growth of National Power. 2. Aufl. New York: State University of New York Press.

Sachregister

Personenregister

Bereits erschienen in der Reihe
STUDIENKURS POLITIKWISSENSCHAFT (ab 2017)

Demokratie
Von Prof. Dr. Samuel Salzborn
2., aktualisierte und erweiterte Auflage, 2021, 186 Seiten, broschiert, ISBN 978-3-8487-8296-3

Migrationspolitik
Von Prof. Dr. Hannes Schammann und Dr. Danielle Gluns
2021, 274 Seiten, broschiert, ISBN 978-3-8487-4054-3

Chinese Politics
Von Prof. Dr. Dr. Nele Noesselt
2021, ca. 270 Seiten, broschiert, ISBN 978-3-8487-4673-6

Föderalismus
Von Prof. Dr. Roland Sturm
3., umfassend aktualisierte Auflage, 2020, 201 Seiten, broschiert, ISBN 978-3-8487-7786-0

Das politische System der Schweiz
Von Prof. Dr. Adrian Vatter
4., vollständig aktualisierte Auflage, 2020, 592 Seiten, broschiert, ISBN 978-3-8487-6564-5

Rechtsextremismus
Von Prof. Dr. Samuel Salzborn
4., überarbeitete und erweiterte Auflage 2020, 186 S., broschiert, ISBN 978-3-8487-6759-5

Das erste Forschungsprojekt
Von Prof. Dr. Tom Mannewitz
2020, 344 Seiten, broschiert, ISBN 978-3-8487-6760-1

Entscheidungs- und Spieltheorie
Von Prof. Dr. Joachim Behnke
2., durchgesehene und aktualisierte Auflage 2020, 230 S., broschiert, ISBN 978-3-8487-6254-5

Hispanoamerika
Von Prof. Dr. rer. pol. Hartmut Sangmeister
2019, 249 S., broschiert, ISBN 978-3-8487-5102-0

Internationale Politische Ökonomie
Von Prof. Dr. Stefan A. Schirm
4., unveränderte Auflage 2019, 290 S., broschiert, ISBN 978-3-8487-5984-2

Theoretiker der Politik
Von Prof. em. Dr. Frank R. Pfetsch
3. Auflage 2019, 614 S., broschiert, ISBN 978-3-8487-5015-3

Chinesische Politik
Von Prof. Dr. Dr. Nele Noesselt
2., aktualisierte und überarbeitete Auflage 2018, 252 S., broschiert, ISBN 978-3-8487-4238-7

Einführung in die Politikwissenschaft
Von Prof. Dr. Thomas Bernauer, Prof. Dr. Detlef Jahn, Dr. Patrick M. Kuhn und Prof. Dr. Stefanie Walter
4., durchgesehene Auflage 2018, 566 S., broschiert, ISBN 978-3-8487-4872-3

Internationale Sicherheit und Frieden
Von Prof. Dr. Heinz Gärtner
3., erweiterte und aktualisierte Auflage 2018, 338 S., broschiert, ISBN 978-3-8487-4198-4

Methoden der Politikwissenschaft
Von Prof. Dr. Bettina Westle
2. Auflage 2018, 436 S., broschiert, ISBN 978-3-8487-3946-2

Parlamentarismus
Von Prof. Dr. Stefan Marschall
3., aktualisierte Auflage 2018, 265 S., broschiert , ISBN 978-3-8487-5231-7

Weltbilder und Weltordnung
Von Prof. Dr. Gert Krell und Prof. Dr. Peter Schlotter
5., überarbeitete und aktualisierte Auflage 2018, 462 S., broschiert, ISBN 978-3-8487-4183-0

Grundbegriffe der Politik
Von Dr. Martin Schwarz, Prof. Dr. Karl-Heinz Breier und Prof. Dr. Peter Nitschke
2., aktualisierte und erweiterte Auflage 2017, 246 S., broschiert, ISBN 978-3-8487-4197-7

Zeitfracht Medien GmbH
Ferdinand-Jühlke-Straße 7
99095 Erfurt, Deutschland
produktsicherheit@kolibri360.de